Inferencia y descubrimiento causal en Python

Machine Learning & Pearlian Perspective

Inferencia y descubrimiento causal en Python

Descubra los secretos del aprendizaje automático
causal moderno con DoWhy, EconML, PyTorch y mucho más

Aleksander Molak

Prólogo de Ajit Jaokar, director del curso de Inteligencia Artificial en la Universidad de Oxford

TÍTULO ESPECIAL

TÍTULO DE LA OBRA ORIGINAL: Causal Inference and Discovery in Python: Unlock the secrets of modern causal machine learning with DoWhy, EconML, PyTorch and more.

TRADUCTOR: Virginia Aranda González

REVISIÓN: Claudia Valdés-Miranda Cros

MAQUETACIÓN: OkDesignforLife.com

REALIZACIÓN DE CUBIERTA: Celia Antón Santos

RESPONSABLE EDITORIAL: Eugenio Tuya Feijoó

Edición española:

© EDICIONES ANAYA MULTIMEDIA (GRUPO ANAYA, S. A.), 2024
    Valentín Beato, 21. 28037 Madrid
    Depósito legal: M-283-2024
    ISBN: 978-84-415-4920-3
    Impreso en España

PAPEL DE FIBRA
CERTIFICADA

A mi esposa, Katia.
Tú me haces sonreír. Te estoy agradecido por cada día que pasamos juntos.

Agradecimientos

Solamente aparece un nombre en la portada de este libro, pero no existiría sin muchas otras personas cuyos nombres no están ahí.

En él han colaborado muchas personas cuyas ideas, amor y apoyo han dejado una huella significativa en mi vida. Estoy profundamente agradecido a cada uno de vosotros.

Quiero agradecer a mi esposa, Katia, por el amor, apoyo y comprensión que me brindó durante todo el año que duró el proceso de su elaboración.

Quiero dar las gracias a Shailesh Jain, la primera persona de Packt con la que compartí la idea de este libro.

El maravilloso equipo de Packt logró que escribir este volumen fuera una experiencia mucho más sencilla de lo que hubiera sido de otro modo. Doy las gracias a Dinesh Chaudhary por la gestión del proceso, por estar abierto a ideas no habituales y por conseguir que el viaje haya sido como un paseo.

Quiero dar las gracias a mi editor, Tazeen Shaikh, y a mi jefe de proyecto, Kirti Pisat. Vuestro apoyo, paciencia, energía increíble y voluntad de ir un poco más allá son difíciles de exagerar. Me siento agradecido por haber tenido la oportunidad de trabajar con vosotros.

Tres revisores técnicos me han ofrecido valiosos comentarios que han convertido este libro en una versión mejorada de sí mismo. Agradezco inmensamente a Amit Sharma (Microsoft Research), Nicole Königstein (impactvise) y Mike Hankin (VideoAmp) sus comentarios y preguntas, que me dieron pistas de mucho valor, a veces me desafiaron y, lo que es más importante, me dieron la oportunidad de ver el texto a través de sus ojos.

Quiero agradecer a todas las personas que me han proporcionado aclaraciones e información adicional, accedido a incluir sus materiales o aportado apreciados comentarios sobre algunas partes fuera del proceso de revisión formal: Kevin Hillstrom, Matheus Facure, Rob Donnelly, Dr. Mehmet Süzen, Dr. Piotr Migdal, Dr. Quentin Gallea, Dr. Uri Itai, el profesor Judea Pearl y Alicia Curth.

Quiero dar las gracias a mis amigos, Uri Itai, Natan Katz y Leah Bar, con quienes analizamos y discutimos algunos de los artículos mencionados en el libro.

Asimismo, quiero agradecer a los profesores Frank Harrell y Stephen Senn por sus valiosos intercambios en Twitter, que me aportaron muchos conocimientos sobre experimentación y modelos causales desde el punto de vista de la bioestadística y la estadística médica.

Me siento agradecido a los miembros de la comunidad CausalPython.io que compartieron sus comentarios sobre el contenido: Marcio Minicz, Dr. Elie Kawerk, Dr. Tony Diana, David Jensen y Michael Wexler.

Recibí un importante apoyo de parte de los miembros de causalpython.io y de usuarios de LinkedIn y Twitter, que compartieron sus ideas, sus preguntas y su emoción, o me expresaron su apoyo siguiéndome o dándole a me gusta y compartiendo el contenido relacionado con este libro. ¡Muchas gracias!

Por último, quiero dar las gracias a Rahul Limbachiya, Vinishka Kalra, Farheen Fathima, Shankar Kalbhor y al equipo completo de Packt por su compromiso y gran trabajo en este proyecto, y al equipo de Safis Editing por sus útiles sugerencias.

He hecho lo posible por no pasar por alto a nadie de esta lista. No obstante, si se me ha pasado tu nombre, la siguiente línea es para ti.

¡Gracias!

También quiero darte las gracias por comprar este libro.

Enhorabuena por empezar hoy tu viaje causal.

Sobre el autor

Aleksander Molak es investigador y asesor independiente de machine learning. Adquirió experiencia en empresas de las listas Fortune 100, Fortune 500 e Inc. 5000 por toda Europa, Estados Unidos e Israel, donde ayudó a crear y diseñar sistemas de machine learning a gran escala. En su misión por democratizar la causalidad para las empresas y los profesionales del aprendizaje automático, Aleksander es un prolífico escritor, creador y orador internacional. Como cofundador de Lespire.io —un innovador proveedor de IA y de formación en machine learning para equipos corporativos—, está comprometido con la ayuda a las empresas para aprovechar todo el potencial de las tecnologías de última generación que les permitan mantenerse a la vanguardia en su sector.

Sobre los revisores

Nicole Königstein es una experimentada científica de datos e investigadora cuantitativa, que actualmente trabaja como directora de ciencia de datos y tecnología en impactvise, una compañía de análisis de ESG, y como directora de tecnología e investigadora cuantitativa principal en Quantmate, una innovadora empresa emergente basada en datos alternativos de modelos predictivos. Como profesora invitada, comparte su experiencia en Python, machine learning y deep learning en varias universidades. Nicole es ponente habitual en conferencias de renombre, en las que imparte talleres y sesiones educativas. También es revisora habitual de libros de su campo, con lo que contribuye aún más a la comunidad. Es autora del curso en línea *Math for Machine Learning*, que ha tenido una gran aceptación, y también del libro *Transformers in Action*.

Mike Hankin es científico de datos y estadístico, licenciado por la Universidad de Columbia y doctor por la Universidad del Sur de California (tema de su tesis: comprobación secuencial de múltiples hipótesis). Pasó cinco años en Google trabajando en una amplia variedad de proyectos de inferencia causal. Además de la inferencia causal, trabaja en modelos bayesianos, estadística no paramétrica y deep learning (incluida su contribución a TensorFlow y Keras). En 2021 asumió un papel principal de científico de datos en VideoAmp, donde trabaja como líder tecnológico de alto nivel, supervisando todo el desarrollo metodológico. Además, es voluntario en un laboratorio de esquizofrenia del Departamento de Asuntos de los Veteranos, donde se ocupa del diseño de experimentos y del análisis de datos multimodal.

Amit Sharma es investigador principal en Microsoft Research India. Su trabajo tiende puentes entre las técnicas de inferencia causal y el machine learning para mejorar la generalización, la capacidad de explicación de las cosas y las posibilidades de evitar sesgos ocultos en modelos de machine learning. Para lograr estos objetivos, Amit ha codirigido el desarrollo de la librería de código abierto DoWhy para inferencia causal y de la librería DiCE para explicaciones contrafactuales. El tema general de su trabajo gira en torno al aprovechamiento del machine learning para mejorar la toma de decisiones. Amit es doctor en Informática por la Universidad de Cornell y licenciado en Informática e Ingeniería por el Instituto Indio de Tecnología (IIT) de Kharagpur.

Índice de contenidos

3

Regresión, observaciones e intervenciones   59

4

Modelos gráficos   77

5

Bifurcaciones, cadenas e inmoralidades 91

Parte 2. Inferencia causal 113

6

Nodos, aristas y la (in)dependencia estadística 115

7

El proceso en cuatro fases de la inferencia causal   143

8

Modelos causales: hipótesis y desafíos   167

9

Inferencia causal y machine learning: del emparejamiento a los metaaprendices   187

10

Inferencia causal y machine learning: estimadores, experimentos, evaluaciones y mucho más   227

11

Inferencia causal y machine learning: deep learning, PLN y mucho más   281

Parte 3. Descubrimiento causal   321

12

Grafos causales   323

13

Descubrimiento causal y machine learning: de las hipótesis a las aplicaciones   335

14

Descubrimiento causal y machine learning: deep learning avanzado y mucho más   379

15

Epílogo   407

Índice alfabético   423

Prólogo

Hace tiempo que sigo los trabajos de Aleksander Molak sobre causalidad.

En mis clases en la Universidad de Oxford he estado utilizando librerías para la inferencia causal, como DoWhy, y la causalidad es uno de los temas claves que enseño en mi curso.

Sobre la base de las conversaciones mantenidas con Aleksander, lo he invitado a presentar una sesión en Oxford en nuestro curso de otoño de 2023.

Por ello, me complace escribir el prólogo de su nuevo libro, *Inferencia y descubrimiento causal en Python*.

A pesar de que la causalidad se está convirtiendo en un tema clave para la IA y también cada vez más para la IA generativa, la mayoría de los desarrolladores no están familiarizados con conceptos como los grafos causales y las consultas contrafactuales.

El libro facilita a los desarrolladores el viaje al mundo de la causalidad; abarca tanto conceptos técnicos como código y ofrece recomendaciones para la elección de enfoques y algoritmos que permitan abordar escenarios causales específicos.

Es exhaustivo, al tiempo que accesible. Los ingenieros e investigadores de machine learning y los científicos de datos que deseen ampliar su conjunto de herramientas de ciencia de datos con machine learning causal lo encontrarán de lo más útil.

De cara al futuro de la IA, las secciones sobre machine learning causal y grandes modelos de lenguaje me parecen especialmente relevantes, tanto para los lectores como para nuestro trabajo.

Ajit Jaokar

Profesor invitado, Departamento de Ciencias de la Ingeniería,
Universidad de Oxford, y director del curso *Artificial Intelligence:
Cloud and Edge Implementations*, Universidad de Oxford.

Prefacio

Escribí este libro con un propósito en mente.

Mi viaje hacia la causalidad práctica fue un camino apasionante, pero también complicado.

El paso de los grandes libros teóricos a la implementación de modelos en la práctica, y de la traducción de hipótesis a su verificación en escenarios reales, exigió un trabajo considerable. No pude encontrar recursos unificados y completos que pudieran servirme de guía en este viaje.

Este libro pretende ser esa guía, haciendo las veces de mapa, que permita adentrarse en el mundo de la causalidad. Comenzamos por las motivaciones básicas del pensamiento causal y una introducción exhaustiva a los conceptos causales pearlianos: modelo causal estructural, intervenciones, contrafactuales, etc. Cada concepto lleva asociada una explicación teórica y una serie de ejercicios prácticos, acompañados de código Python.

A continuación, nos sumergimos en el mundo de la estimación del efecto causal. Empezando de forma sencilla, vamos progresando de manera coherente hacia métodos modernos de machine learning. Paso a paso, introducimos el ecosistema causal de Python y aprovechamos la potencia de los algoritmos de vanguardia.

En la última parte del libro accedemos al mundo secreto del descubrimiento causal. Exploramos la mecánica de cómo las causas dejan huella y comparamos las principales familias de algoritmos para desentrañar el potencial del descubrimiento causal completo y del aprendizaje *human-in-the-loop*.

Cerramos el libro con una amplia perspectiva del futuro de la inteligencia artificial causal. Examinamos desafíos y oportunidades y ofrecemos una amplia lista de recursos para obtener más información.

A quien está destinado este libro

El público principal para el que escribí este libro está formado por ingenieros de machine learning, científicos de datos e investigadores de machine learning con tres o más años de experiencia, que deseen ampliar y mejorar sus herramientas de ciencia de datos e investigar el nuevo territorio inexplorado del machine learning causal.

Las personas familiarizadas con la causalidad que han trabajado con otra tecnología (por ejemplo, R) y deseen cambiar a Python pueden también beneficiarse de este libro, así como quienes lo han hecho con la causalidad tradicional y quieran ampliar sus conocimientos para aprovechar el potencial del machine learning causal.

Por último, este libro puede beneficiar a empresarios expertos en tecnología que deseen crear una ventaja competitiva para sus productos e ir más allá de las limitaciones del machine learning tradicional.

Contenido del libro

El capítulo 1, «Causalidad: ¿para qué molestarse si ya tenemos machine learning?», aborda brevemente la historia de la causalidad con una serie de ejemplos motivadores. Este capítulo presenta la noción de falsedad y demuestra que algunas definiciones clásicas de causalidad no captan aspectos importantes del aprendizaje causal (que los bebés humanos conocen). En él se establece la distinción básica entre aprendizaje estadístico y causal, lo que constituye una pieza clave para el resto del libro.

El capítulo 2, «Judea Pearl y la escalera de causalidad», nos proporciona una definición de la escalera de causalidad, un concepto clave introducido por Judea Pearl que enfatiza las diferencias entre consultas y distribuciones observacionales, intervencionistas y contrafactuales. Nos basamos en estas ideas y las traducimos en ejemplos concretos de código. Por último, analizamos brevemente cómo se relacionan las distintas familias de machine learning (supervisado, por refuerzo, semisupervisado y no supervisado) con los modelos causales.

El capítulo 3, «Regresión, observaciones e intervenciones», nos prepara para echar un vistazo a la regresión lineal desde una perspectiva causal. Analizamos importantes propiedades de los datos observacionales y discutimos la importancia de estas propiedades para el razonamiento causal. Reevaluamos el problema del control estadístico a través de la lente causal e introducimos los modelos causales estructurales o SCM (*Structural Causal Models*). Estos temas nos ayudan a construir una base sólida para el resto del libro.

El capítulo 4, «Modelos gráficos», comienza con un repaso a los grafos y a su teoría básica. Tras recordar los conceptos fundamentales, los emplearemos para definir grafos acíclicos dirigidos o DAG (*Directed Acyclic Graphs*), uno de los conceptos decisivos en la causalidad pearliana. Presentamos brevemente las fuentes de grafos causales en el mundo real y abordamos de pasada los modelos causales que no son fáciles de describir con grafos DAG. Todo esto nos prepara para el capítulo 5.

El capítulo 5, «Bifurcaciones, cadenas causales e inmoralidades», se centra en tres estructuras gráficas básicas: las bifurcaciones, las cadenas y las inmoralidades (también conocidas como colisionadores). Aprendemos las propiedades esenciales de estas estructuras y demostramos cómo se manifiestan estos conceptos gráficos en las propiedades estadísticas de los datos. El conocimiento adquirido en este capítulo será uno de los pilares fundamentales para los conceptos y técnicas presentadas en las partes 2 y 3 del libro.

El capítulo 6, «Nodos, aristas y la (in)dependencia estadística», se basa en los conceptos introducidos en el capítulo 5, llevándolos un paso más allá. Introducimos el concepto de la d-separación, que nos permitirá evaluar de forma sistemática las consultas de independencia condicional en los DAG, y definimos la noción de parámetro causal. Para terminar, analizamos tres métodos de estimación de efectos causales y las condiciones en las que se aplican.

El capítulo 7, «El proceso en cuatro fases de la inferencia causal», nos lleva al lado práctico de la causalidad. Introducimos DoWhy, una librería de inferencia causal de código abierto creada por investigadores de Microsoft, y mostramos cómo llevar a cabo un proceso de inferencia causal completo usando sus intuitivas API. Demostramos cómo definir un modelo causal, encontrar una estimación relevante, estimar efectos causales y realizar pruebas de refutación.

El capítulo 8, «Modelos causales: hipótesis y desafíos», vuelve a llamar nuestra atención sobre el tema de las hipótesis. Las hipótesis son una parte fundamental e indispensable de cualquier proyecto o análisis causal. En este capítulo, adoptamos una perspectiva más amplia y tratamos las hipótesis más importantes desde el punto de vista de dos formalismos causales: el marco pearliano (basado en grafos) y el marco de posibles resultados.

El capítulo 9, «Inferencia causal y machine learning: del emparejamiento a los metaaprendices», abre una puerta a la estimación causal más allá de los sencillos modelos lineales. Empezamos por las ideas esenciales del emparejamiento y las puntuaciones de propensión, y explicamos por qué no deberían emplearse estas puntuaciones para el emparejamiento. Presentamos los metaaprendices, una clase de modelos que se emplean para la estimación de los efectos promedio de tratamientos condicionales o CATE (*Conditional Average Treatment Effects*) y para implementarlos con los paquetes DoWhy y EconML.

El capítulo 10, «Inferencia causal y machine learning: estimadores avanzados, experimentos, evaluaciones y mucho más», presenta estimadores más avanzados: DR-Learner, doble machine learning o DML (*Double Machine Learning*) y el bosque causal. Mostramos cómo utilizar estimadores CATE con datos experimentales e incorporamos una serie de útiles mediciones de evaluación aplicables en situaciones reales. Concluimos el capítulo con un breve análisis de las explicaciones contrafactuales.

El capítulo 11, «Inferencia causal y machine learning: aprendizaje profundo, PLN y mucho más», presenta modelos de deep learning para estimación CATE y una librería CATENets basada en PyTorch. En la segunda parte, echamos un vistazo a la intersección de la inferencia causal y el PLN y hablamos de CausalBert, un modelo basado en Transformer que se emplea para eliminar relaciones falsas presentes en datos de texto. Cerramos el capítulo con una introducción al estimador de control sintético, utilizado para estimar efectos causales en datos reales.

El capítulo 12, «Grafos causales», nos ofrece una visión más profunda de las fuentes de conocimiento causal del mundo real y nos presenta el concepto del descubrimiento causal automatizado. Vemos la idea del conocimiento experto y su valor en el proceso del análisis causal.

El capítulo 13, «Descubrimiento causal y machine learning: de las hipótesis a las aplicaciones», comienza con una revisión de las hipótesis requeridas por algunos de los algoritmos de descubrimiento causal más conocidos. Presentamos cuatro familias principales de métodos de descubrimiento causal e implementamos algoritmos clave mediante la librería gCastle, abordando por el camino algunos de los retos más importantes. Por último, demostramos cómo codificar el conocimiento experto cuando se trabaja con métodos seleccionados.

El capítulo 14, «Descubrimiento causal y machine learning: deep learning avanzado y mucho más», formula un algoritmo avanzado de descubrimiento causal: DECI. Lo implementamos con los módulos procedentes de una librería de código abierto de Microsoft, Causica, y lo entrenamos utilizando PyTorch. Presentamos métodos que nos permiten trabajar con conjuntos de datos con factor de confusión oculto e implementamos uno de ellos: la inferencia causal rápida o FCI (*Fast Causal Inference*), empleando la librería causal-learn. Por último, discutimos brevemente dos marcos que nos permiten combinar datos observacionales y de intervención, para que el descubrimiento causal sea más eficiente y menos propenso a errores.

El capítulo 15, «Epílogo», cierra la parte 3 de este libro con un resumen de lo que hemos aprendido, un debate sobre la causalidad en las empresas, un vistazo al (posible) futuro de este campo e indicaciones a más recursos sobre inferencia y descubrimiento causal para los lectores que estén preparados para continuar su viaje causal.

Para sacar el máximo partido de este libro

El código de este libro se proporciona en forma de *notebooks* de Jupyter. Para ejecutarlos, será necesario instalar los paquetes requeridos.

La forma más fácil de instalarlos es usar Conda, un estupendo administrador de paquetes para Python. Si no tienes Conda instalado en tu sistema, encontrarás las instrucciones de instalación en el sitio web `https://conda.io/projects/conda/en/latest/user-guide/install/index.html`.

Conviene tener en cuenta que la licencia de Conda podría tener algunas restricciones para su uso comercial. Tras instalar Conda, sigue las instrucciones de instalación del entorno dadas en el archivo `README.md` que encontrarás en la página web del libro (`https://github.com/PacktPublishing/Causal-Inference-and-Discovery-in-Python?utm_source=preface&utm_medium=book&utm_campaign=link`).

Si quieres recrear algunos de los gráficos del libro, necesitarás instalar además Graphviz. Quizá necesites controladores CUDA para acelerar la GPU. En el mismo archivo `README.md` ubicado en la página web antes mencionada encontrarás los requisitos necesarios para instalar Graphviz y CUDA y las instrucciones correspondientes.

El código de este libro solo se ha probado en Windows 11 (64 bits).

Software/hardware incluido en el libro	Requisitos de sistema operativo
Python 3.9	Windows, macOS o Linux
DoWhy 0.8	Windows, macOS o Linux
EconML 0.12.0	Windows, macOS o Linux
CATENets 0.2.3	Windows, macOS o Linux
gCastle 1.0.3	Windows, macOS o Linux
Causica 0.2.0	Windows, macOS o Linux
Causal-learn 0.1.3.3	Windows, macOS o Linux
Transformers 4.24.0	Windows, macOS o Linux

Uso de los códigos de ejemplo

Los ejemplos de código se encuentran en la página web de Anaya Multimedia en `http://www.anayamultimedia.es`. Haciendo clic en el botón Selecciona Complemento de la ficha del libro, se puede descargar el contenido para usarlo directamente. También es posible descargar el material de la página web original del libro (`https://github.com/PacktPublishing/Causal-Inference-and-Discovery-in-Python`).

Convenios utilizados en el libro

Existen varios convenios de texto que se emplean a lo largo del libro.

- *Cursiva*: Es un tipo que se emplea para diferenciar términos anglosajones o de uso poco común. También se usa para destacar algún concepto.

- **Negrita**: Te ayudará a localizar rápidamente elementos como las combinaciones de teclas.

- Fuente especial: Nombres de botones y opciones de programas. Por ejemplo, Aceptar para hacer referencia a un botón con ese nombre.

- `Monoespacial`: Se emplea para el código y dentro de los párrafos para hacer referencia a elementos como nombres o funciones.

Truco o nota importante

También encontrarás a lo largo del libro recuadros con elementos destacados sobre el texto normal, que comunican de manera breve y rápida algún concepto relacionado con el texto, un truco o que advierten sobre algo.

Parte 1. Causalidad: una introducción

La parte 1 de este libro nos equipará con el conjunto de herramientas necesario para entender y enfrentar los desafíos de la inferencia y el descubrimiento causales.

Aprenderemos las diferencias entre consultas y distribuciones observacionales, intervencionistas y contrafactuales, y mostraremos las conexiones entre la regresión lineal, los grafos y los modelos causales.

Por último, conoceremos las importantes propiedades de las estructuras gráficas que juegan un papel esencial en casi cualquier tarea causal.

Esta parte comprende los siguientes capítulos:

- Capítulo 1. Causalidad: ¿para qué molestarse si ya tenemos machine learning?
- Capítulo 2. Judea Pearl y la escalera de la causalidad
- Capítulo 3. Regresión, observaciones e intervenciones
- Capítulo 4. Modelos gráficos
- Capítulo 5. Bifurcaciones, cadenas causales e inmoralidades

Causalidad: ¿para qué molestarse si ya tenemos machine learning?

Nuestro viaje comienza aquí.

En este capítulo, formularemos unas cuantas preguntas sobre causalidad.

¿Qué es? ¿Es distinta la inferencia causal de la inferencia estadística? Si es así, ¿en qué se diferencian?

¿Para qué necesitamos la causalidad, si el machine learning parece suficiente?

Si el lector ha seguido el cambiante panorama del machine learning en los últimos 5 o 10 años, probablemente haya observado muchos ejemplos de (como nos gusta llamarlo en la comunidad de machine learning) la irracional eficacia de los algoritmos de machine learning modernos en la visión por ordenador, el procesamiento del lenguaje natural y otras áreas.

Algoritmos como DALL-E 2 o GPT-3/4 han logrado llegar no solo a la conciencia de la comunidad investigadora, sino también al público en general.

Podríamos preguntarnos: si todo esto funciona tan bien, ¿por qué molestarnos en buscar otra cosa?

Empezaremos este capítulo hablando brevemente sobre la historia de la causalidad. Después, sopesaremos un par de motivaciones para utilizar un enfoque causal en vez de uno puramente estadístico, y presentaremos el concepto del factor de confusión.

Por último, veremos ejemplos de cómo puede ayudarnos el enfoque causal a resolver desafíos en marketing y medicina. Al final de este capítulo, el lector tendrá una idea bastante buena de las razones por las que la inferencia causal puede ser útil y en qué contextos, será capaz de explicar lo que es el factor de confusión y dar razones de su importancia.

En este capítulo, trataremos los siguientes temas:

- Una breve historia de la causalidad.
- Motivaciones para emplear un enfoque causal para la creación de modelos.
- Cómo no perder dinero... ni vidas humanas.

Una breve historia de la causalidad

La causalidad tiene una larga historia y ha sido abordada por la mayoría de las culturas avanzadas que conocemos, si no todas. Aristóteles, uno de los filósofos más prolíficos de la antigua Grecia, afirmaba que comprender la estructura causal de un proceso es un ingrediente necesario para su conocimiento. Sostenía además que ser capaz de responder a preguntas del tipo «por qué» es la esencia de las explicaciones científicas (Falcon, 2022). Aristóteles distingue cuatro tipos de causas (materiales, formales, eficientes y finales), una idea que podría captar ciertos aspectos interesantes de la realidad tanto como podría parecerle contradictoria a un lector contemporáneo.

David Hume, famoso filósofo escocés del siglo XVIII, propuso un marco más unificado para las relaciones causa-efecto. Hume parte de la observación de que nunca advertimos las relaciones causa-efecto en el mundo; lo único que experimentamos es que algunos acontecimientos están asociados:

«Lo único que descubrimos es que, en realidad, uno sigue al otro. El impulso de una bola de billar es acompañado por un movimiento de la segunda. Esto es todo lo que aprecian los sentidos externos. La mente no experimenta ningún sentimiento o impresión interna de esta sucesión de objetos; como consecuencia, no hay, en ningún caso particular de causa y efecto, nada que sugiera la idea de poder o conexión necesaria» (traducido de Hume y Millican, 2007; original publicado en 1739).

Una interpretación de la teoría de la causalidad de Hume (aquí simplificada por motivos de claridad) es la siguiente:

- Solo observamos que el movimiento o aspecto del objeto A precede al movimiento o aspecto del objeto B.

- Si experimentamos una sucesión similar un número suficiente de veces, desarrollaremos una sensación de expectativa.

- Esta sensación de expectativa es la esencia de nuestro concepto de causalidad (no se trata del mundo, sino de un sentimiento que desarrollamos).

> **La teoría de la causalidad de Hume**
>
> La interpretación de la teoría de la causalidad de Hume que damos aquí no es la única. Primero, Hume presentó otra definición de causalidad en su obra posterior *An Enquiry Concerning the Human Understanding* (1758). Segundo, no todos los académicos estarán necesariamente de acuerdo con nuestra interpretación, por ejemplo, Archie (2005).

Esta teoría es muy interesante al menos desde dos perspectivas.

En primer lugar, los elementos de esta teoría se parecen mucho a una idea muy poderosa de la psicología llamada condicionamiento. El condicionamiento es una forma de aprendizaje. Hay varios tipos de condicionamiento, pero todos ellos tienen un fundamento común: la asociación (de ahí el nombre de este tipo de aprendizaje: aprendizaje asociativo). En cualquier tipo de condicionamiento, tomamos un acontecimiento o un objeto (normalmente llamado estímulo) y lo asociamos a un comportamiento o reacción. El aprendizaje asociativo funciona en todas las especies. Lo encontramos en humanos, simios, perros y gatos, pero también en organismos mucho más simples, como los caracoles (Alexander, Audesirk y Audesirk, 1985).

> **Condicionamiento**
>
> Para saber más sobre los distintos tipos de condicionamiento, consulta la página web `https://www.youtube.com/watch?v=PRdCowYEtAg`, o busca frases como «condicionamiento clásico frente a condicionamiento operante» y nombres como Ivan Pavlov y Burrhus Skinner, respectivamente.

En segundo lugar, la mayoría de los algoritmos de machine learning funcionan también sobre la base de la asociación. Cuando entrenamos una red neuronal de forma supervisada, intentamos encontrar una función que relacione la entrada con la salida. Para hacerlo de manera eficaz, tenemos que averiguar qué elementos de la entrada son útiles para predecir la salida. En la mayoría de los casos, la asociación es suficiente para conseguirlo.

¿Por qué causalidad? ¡Pregunta a los bebés!

¿Falta algo en la teoría de la causalidad de Hume? Aunque muchos otros filósofos intentaron responder a esta pregunta, nos centraremos en una respuesta especialmente interesante que proviene de... los bebés.

Interactuando con el mundo

Alison Gopnik es una psicóloga infantil americana que estudia cómo desarrollan los bebés sus modelos del mundo. También trabaja con científicos informáticos, ayudándoles a comprender cómo los bebés construyen conceptos de sentido común sobre el mundo exterior. Los niños, en mayor medida que los adultos, utilizan el aprendizaje asociativo, pero también son experimentadores insaciables.

¿Has visto alguna vez a un padre intentando convencer a su hijo de que deje de tirar un juguete? Algunos padres tienden a interpretar este tipo de comportamiento como maleducado, destructivo o agresivo, pero los bebés suelen tener una motivación diferente. Realizan experimentos sistemáticos que les permiten aprender las leyes de la física y las reglas de las interacciones sociales (Gopnik, 2009). Los bebés de tan solo 11 meses prefieren realizar experimentos con objetos que muestran propiedades impredecibles (por ejemplo, que pueden atravesar una pared) que con objetos que se comportan de una forma predecible (Stahl y Feigenson, 2015). Esta preferencia les permite construir modelos del mundo con eficacia.

Lo que aprendemos de los bebés es que no nos limitamos a observar el mundo, como Hume sugiere, sino que también podemos interactuar con él. En el contexto de la inferencia causal, estas interacciones se denominan intervenciones; aprenderemos más sobre ellas en el capítulo 2. Las intervenciones son la base de lo que muchos consideran el santo grial del método científico: el ensayo controlado aleatorizado (RCT, *Randomized Controlled Trial*).

Factor de confusión: relaciones que no son reales

El hecho de que podamos realizar experimentos aumenta nuestra paleta de posibilidades más allá de lo que pensaba Hume. Aunque los experimentos no resuelvan todos los problemas filosóficos relacionados con la obtención de nuevos conocimientos, sí permiten solucionar algunos de ellos. Un aspecto muy importante de un experimento aleatorizado correctamente diseñado es que nos permite evitar el factor de confusión. ¿Por qué es esto importante?

Una variable de confusión influye en otras dos o más variables y produce una asociación falsa entre ellas. Desde un punto de vista puramente estadístico, tales asociaciones son indistinguibles de las producidas por un mecanismo causal. ¿Por qué esto supone un problema? Veamos un ejemplo.

Imagina que trabajas en un instituto de investigación e intentas comprender las causas de los ahogamientos. Tu empresa te proporciona una enorme base de datos de variables socioeconómicas, así que decides ejecutar un modelo de regresión con un gran conjunto de estas variables para predecir el número de ahogamientos diarios en tu área de interés. Al comprobar los resultados, resulta que el mayor coeficiente obtenido corresponde a las ventas diarias de helados. ¡Qué interesante! El helado suele contener una gran cantidad de azúcar, de modo que quizá el azúcar afecte a la atención o al rendimiento físico de las personas mientras están en el agua.

Quizá esta hipótesis tenga sentido, pero antes de continuar, hagámonos algunas preguntas. ¿Qué pasa con otras variables no incluidas en el modelo? ¿Hemos añadido al modelo suficientes predictores para describir todos los aspectos relevantes del problema? ¿Y si hemos añadido demasiados? Añadir otra variable al modelo, ¿podría cambiar por completo el resultado?

Añadir demasiados predictores

Añadir demasiados predictores al modelo puede ser perjudicial desde una perspectiva tanto estadística como causal. Estudiaremos más este tema en el capítulo 3.

Pues resulta que es posible.

Permíteme presentarte nuestro factor de confusión: la temperatura media diaria. Una temperatura diaria más alta hace que la gente sea más propensa a comprar helados y a ir a nadar. Cuando hay más gente nadando, hay también más accidentes. Intentemos visualizar esta relación (figura 1.1).

En la figura 1.1, vemos que añadir la temperatura media diaria al modelo elimina la relación entre las ventas de helados y los ahogamientos diarios. Este resultado puede parecerte sorprendente o no, dependiendo de tu experiencia. Estudiaremos más el mecanismo que subyace bajo este efecto en el capítulo 3.

Antes de seguir adelante, debemos dejar clara una cosa importante: el factor de confusión es un concepto estrictamente causal. ¿Qué significa esto? Que no podemos decir mucho sobre ello con un lenguaje puramente estadístico (nótese que esto significa que la definición de Hume, tal y como la presentamos aquí, no puede captarlo). Para mayor claridad, veamos la figura 1.2.

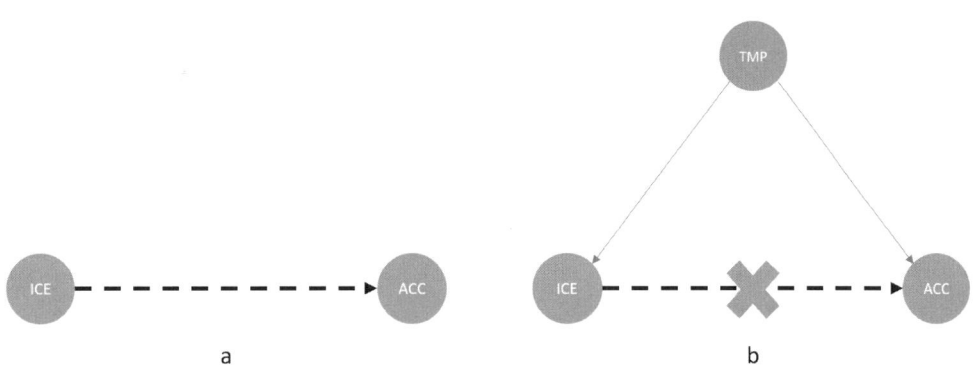

Figura 1.1. Representación gráfica de modelos con dos (a) y tres variables (b). Las líneas discontinuas representan la asociación y las continuas representan la causalidad. ICE = ventas de helados, ACC = el número de accidentes y TMP = temperatura.

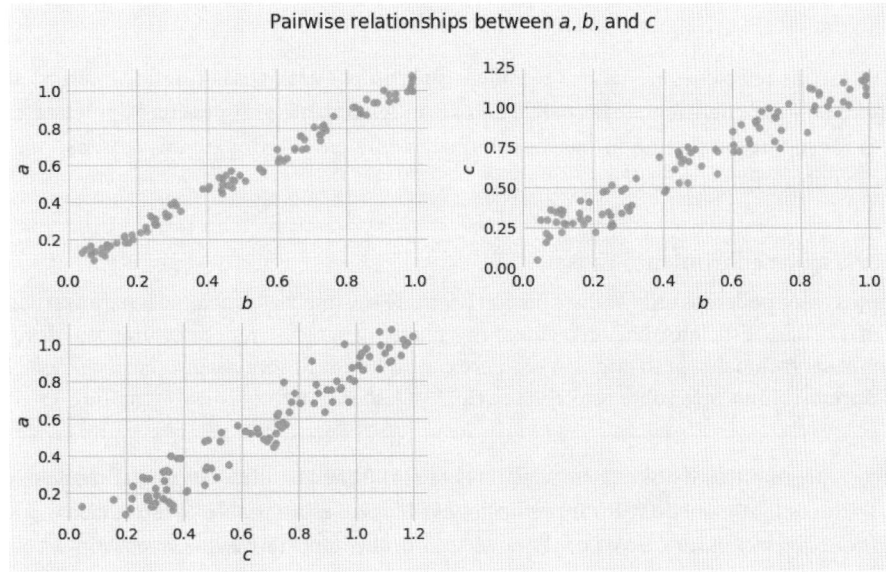

Figura 1.2. Gráficos de dispersión por pares de las relaciones entre a, b y c.
El código para recrear esta imagen se encuentra en los archivos de ejemplo del libro: `Chapter_01.ipynb`.

En la figura 1.2, los puntos más claros (2 gráficas superiores) significan una relación causal, mientras que los más oscuros (gráfica inferior) indican una relación falsa, y las variables *a*, *b* y *c* están relacionadas del siguiente modo:

- *b* causa *a* y *c*.
- *a* y *c* son independientes causalmente hablando.

La figura 1.3 presenta una representación gráfica de estas relaciones.

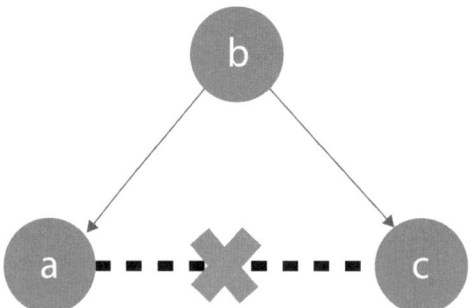

Figura 1.3. Relaciones entre a, b y c.

La línea discontinua negra con la cruz indica que no hay relación causal entre *a* y *c* en ninguna dirección.

Pero en la figura 1.2 sí se ve alguna relación. Vamos a descubrirla.

En la figura 1.2, las relaciones no falsas (2 gráficas superiores) y las falsas (gráfica inferior) se parecen bastante entre sí, y sus coeficientes de correlación serán igualmente grandes. En la práctica, la mayoría de las veces no se pueden distinguir basándose únicamente en criterios estadísticos, así que para ello necesitamos conocimientos causales.

> **Asimetrías y descubrimiento causal**
>
> En algunos casos podemos utilizar distribución del ruido o asimetrías funcionales para averiguar qué dirección es causal. Esta información puede aprovecharse para recuperar estructuras causales a partir de datos observacionales, pero también requiere ciertas hipótesis sobre el proceso de generación de datos. Aprenderemos más sobre esto en la parte 3, «Descubrimiento causal» (capítulo 13).

Hemos dicho que nuestros datos tienen relaciones falsas. Al añadir otra variable al modelo, cambió el resultado. Dicho esto, aún puedo realizar predicciones útiles sin esta variable. Si eso es cierto, ¿por qué me preocuparía que la relación sea falsa o no? ¿Por qué tendría que importarme que la relación sea o no causal?

Cómo no perder dinero... ni vidas humanas

Hemos aprendido que los experimentos aleatorizados nos ayudan a evitar la confusión. Lamentablemente, no siempre están disponibles. En ocasiones, los experimentos pueden ser demasiado costosos de realizar, poco éticos o prácticamente imposibles (por ejemplo, realizar un experimento en el que el tratamiento sea la migración de un grupo grande de población). En esta sección veremos un par de situaciones en las que estamos limitados a datos observacionales, pero aún querremos sacar conclusiones causales. Estos ejemplos nos servirán de base para los siguientes capítulos.

El dilema del vendedor

Imagínate que eres un vendedor experto en tecnología y quieres asignar de manera eficaz tu presupuesto en marketing directo. ¿Cómo enfocarías esta tarea? A la hora de asignar el presupuesto para una campaña de marketing directo, nos gustaría saber qué rendimiento podemos esperar si gastamos una cierta cantidad de dinero en una persona concreta. En otras palabras, nos interesa estimar el efecto de nuestras acciones en los resultados de algunos clientes (Gutierrez, Gérardy, 2017). ¿Quizá podríamos usar aprendizaje supervisado para resolver este problema? Para responder a esta pregunta, veamos más de cerca qué es exactamente lo que queremos predecir.

Nos interesa saber cómo reaccionaría una determinada persona ante nuestro contenido. Codifiquémoslo en una fórmula:

$$\tau_i \ = \ Y_i(1) - Y_i\big(0\big)$$

En la fórmula anterior se aplica lo siguiente:

- τ_i es el efecto del tratamiento para la persona i.
- $Y_i(1)$ es el resultado para la persona i cuando recibió el tratamiento T (en nuestro ejemplo, recibió nuestro contenido de marketing).
- $Y_i(0)$ es el resultado para la misma persona i suponiendo que no recibiera el tratamiento T.

Lo que dice la fórmula es que queremos tomar el resultado Y_i de la persona i cuando no recibe el tratamiento T y restarlo del resultado de la misma persona cuando sí recibe el tratamiento T.

Lo interesante aquí es que, para resolver esta ecuación, necesitamos saber cuál es la respuesta de la persona i con y sin tratamiento. En realidad, nunca podemos observar a la misma persona bajo dos condiciones mutuamente excluyentes al mismo tiempo. Para resolver la ecuación de la fórmula anterior, necesitamos contrafactuales.

Los contrafactuales son estimaciones de cómo sería el mundo si cambiáramos el valor de una o más variables, manteniendo todo lo demás constante. Como los contrafactuales no pueden observarse, se desconoce el verdadero efecto causal τ. Esta es una de las razones por las que el machine learning clásico no puede resolver este problema por nosotros. Una familia de técnicas causales que se suele aplicar a problemas como este es la denominada modelado *uplift* o de elevación, de la que aprenderemos más en los capítulos 9 y 10.

Juguemos a los médicos

Tomemos otro ejemplo. Imagina que eres médico. Uno de tus pacientes, María, tiene una enfermedad rara, E. Además, le diagnosticaron riesgo de desarrollar trombos. Estudias la información sobre los dos medicamentos más habituales para E. Ambos tienen una eficacia prácticamente idéntica sobre E, pero no estás seguro de cuál de ellos será más seguro para María, dado su diagnóstico, así que estudias los datos de investigación presentados en la tabla 1.1.

Tabla 1.1. Datos para los medicamentos A y B.

Medicamento	A		B	
Trombos	Sí	No	Sí	No
Total	27	95	23	99
Porcentaje	22 %	78 %	19 %	81 %

Los números de la tabla 1.1 representan el número de pacientes diagnosticados con la enfermedad E a los que se administró el medicamento A o B. La fila 2 (Trombos) nos da información sobre si se detectaron trombos en los pacientes. Los porcentajes están redondeados. Basándonos en estos datos, ¿qué medicamento escogeríamos? La respuesta parece bastante obvia. El 81 % de los pacientes que recibieron el medicamento B no desarrollaron trombos. Lo mismo les ocurría a solo el 78 % de los pacientes que recibieron el medicamento A. El riesgo de trombosis es aproximadamente un 3 % menor en los pacientes que recibieron el fármaco B comparado con los que recibieron el fármaco A.

Parece una respuesta aceptable, pero te sientes escéptico. Sabes que los trombos pueden ser muy peligrosos y quieres investigar más, así que buscas datos más precisos que tengan en cuenta el sexo del paciente. Veamos la tabla 1.2.

Tabla 1.2. Datos para los medicamentos A y B con resultados específicos añadidos según el sexo.
M = mujer, H = hombre. Los mejores resultados aparecen sombreados en un tono
más oscuro, mientras que los peores aparecen en un tono más claro.

Medicamento	A		B	
Trombos	Sí	No	Sí	No
Mujer	24	56	17	25
Hombre	3	39	6	74
Total	27	95	23	99
Porcentaje	22 %	78 %	18 %	82 %
Porcentaje (M)	30 %	70 %	40 %	60 %
Porcentaje (H)	7 %	93 %	7,5 %	92,5 %

Aquí ha ocurrido algo extraño. Tenemos los mismos números que antes y el fármaco B sigue siendo preferible para la totalidad de pacientes, pero parece que el medicamento A funciona mejor para mujeres y hombres. ¿Hemos descubierto un gato de Schrödinger médico (https://es.wikipedia.org/wiki/Gato_de_Schr%C3%B6dinger) que invierte el efecto de un fármaco cuando se observa el sexo de un paciente?

Si piensas que nos hemos equivocado con las cifras, no me creas: compruébalo tú mismo. Los datos se encuentran en los archivos de ejemplo del libro: `/data/ch_01_drug_data.csv`.

Lo que acabamos de experimentar es lo que se denomina la paradoja de Simpson (también conocido como el efecto Yule-Simpson). La paradoja de Simpson aparece cuando la partición de los datos (que se puede conseguir controlando la variable o variables adicionales en la configuración de regresión) cambia de manera significativa el resultado del análisis. En el mundo real suele haber muchas formas de dividir los datos. De acuerdo, pero podrías preguntarte: ¿cómo sé qué partición es la correcta?

Podríamos intentar responder a esta pregunta desde un punto de vista puramente de machine learning: realizando una selección de características de validación cruzada y eligiendo las variables que contribuyen significativamente al resultado. Esta solución es suficiente en algunos casos. Por ejemplo, funcionará bien cuando solo nos preocupe hacer predicciones (en vez de tomar decisiones) y sepamos que nuestros datos de producción serán independientes y estarán distribuidos de manera idéntica. En otras palabras, nuestros datos de producción deben tener una distribución que sea prácticamente idéntica (o al menos bastante similar) a nuestros datos de entrenamiento y validación. Si queremos más, necesitaremos algún tipo de modelo (causal) del mundo real.

Asociaciones en estado salvaje

Algunas personas piensan que las relaciones puramente asociativas rara vez ocurren en el mundo real, o que suelen ser débiles, por lo que no pueden influir demasiado en nuestros resultados. Para ver todo lo fuertes y sólidas que pueden ser las relaciones falsas en el mundo real, recomiendo la página de Tyler Vigen (`https://www.tylervigen.com/spurious-correlations`). Las relaciones entre muchas variables son a veces muy fuertes y duran mucho tiempo. Personalmente me gusta la relación entre los lanzamientos espaciales y los doctorados de sociología, y la uso mucho en mis conferencias y presentaciones.

Para terminar

«Dejemos que los datos hablen» es un eslogan atractivo y potente pero, como ya hemos visto, los datos por sí solos no siempre bastan. Vale la pena recordar que en muchos casos «los datos no pueden hablar por sí mismos» (Hernán, Robins, 2020) y podríamos necesitar más información que las meras observaciones para dar respuesta a algunas de nuestras preguntas.

En este capítulo hemos aprendido que, cuando pensamos en la causalidad, no nos limitamos a las observaciones, como pensaba David Hume. También podemos experimentar, como los bebés.

Por desgracia, los experimentos no siempre están disponibles. Cuando es así, podemos intentar utilizar datos observacionales para sacar una conclusión causal, pero los datos en sí no suelen bastar para este fin. También necesitamos un modelo causal. En el siguiente capítulo presentaremos la escalera de la causalidad, una bonita metáfora para entender los tres niveles de causalidad propuestos por Judea Pearl.

Referencias

Alexander, J. E., Audesirk, T. E. y Audesirk, G. J. (1985). «Classical Conditioning in the Pond Snail Lymnaea stagnalis». *The American Biology Teacher, 47*(5), 295–298. `https://doi.org/10.2307/4448054`.

Archie, L. (2005). *Hume's Considered View on Causality* [preliminar]: `http://philsci-archive.pitt.edu/id/eprint/2247` (acceso 23-4-2022).

Falcon, A. «Aristotle on Causality». En *The Stanford Encyclopedia of Philosophy* (edición de primavera de 2022). Edward N. Zalta (ed.). `https://plato.stanford.edu/archives/spr2022/entries/aristotle-causality/`. Obtenido el 23-4-2022.

Gopnik, A. (2009). *The philosophical baby: What children's minds tell us about truth, love, and the meaning of life*. Farrar, Straus y Giroux.

Gutierrez, P. y Gérardy, J. (2017). «Causal Inference and Uplift Modelling: A Review of the Literature». Actas de la 3.ª conferencia internacional sobre aplicaciones predictivas y API en actas de investigación sobre machine learning, 67, 1-13.

Hernán M. A. y Robins J. M. (2020). *Causal Inference: What If*. Chapman y Hall/CRC.

Hume, D. y Millican, P. F. (2007). *An enquiry concerning human understanding*. Oxford University Press.

Kahneman, D. (2011). *Thinking, Fast and Slow*. Farrar, Straus y Giroux.

Lorkowski, C. M. `https://iep.utm.edu/hume-causation/`. Obtenido el 23-4-2022.

Stahl, A. E. y Feigenson, L. (2015). «Cognitive development. Observing the unexpected enhances infants' learning and exploration». *Science, 348*(6230), págs. 91–94. `https://doi.org/10.1126/science.aaa3799`.

2

Judea Pearl
y la escalera de la causalidad

En el capítulo anterior analizamos por qué la asociación no es suficiente para extraer conclusiones causales. Hablamos de las intervenciones y los contrafactuales como herramientas que nos permiten realizar inferencia causal basada en datos observacionales. Ahora ha llegado el momento de dar a todo esto un poco más de estructura.

En este capítulo introduciremos el concepto de la escalera de la causalidad. Hablaremos de asociaciones, intervenciones y contrafactuales desde puntos de vista teóricos y matemáticos. Por último, implementaremos un par de modelos causales estructurales en Python para consolidar nuestra comprensión de los tres conceptos mencionados. Al final de este capítulo, el lector debe conocer perfectamente las diferencias entre asociaciones, intervenciones y contrafactuales. Este conocimiento será la base de muchas de las ideas que veremos más adelante en el libro, y nos permitirá comprender la mecánica de los métodos más sofisticados que presentaremos en la parte 2, «Inferencia causal» y la 3, «Descubrimiento causal».

En este capítulo, trataremos los siguientes temas:

- El concepto de la escalera de la causalidad.
- Diferencias conceptuales, matemáticas y prácticas entre asociaciones, intervenciones y contrafactuales.

De las asociaciones a la lógica y la imaginación: la escalera de la causalidad

En esta sección presentamos el concepto de la escalera de la causalidad y resumimos sus componentes. La figura 2.1 muestra una representación simbólica. Cuánto más alto es el peldaño, más sofisticadas serán nuestras capacidades. Pero empecemos por el principio.

La escalera de la causalidad, introducida por Judea Pearl (Pearl, Mackenzie, 2019), es una útil metáfora para entender los distintos niveles de las relaciones entre variables, desde asociaciones sencillas hasta razonamiento contrafactual. La escalera de Pearl tiene tres peldaños. Cada peldaño está relacionado con una actividad, ofrece respuestas a distintos tipos de preguntas causales y va acompañado de diferentes herramientas matemáticas.

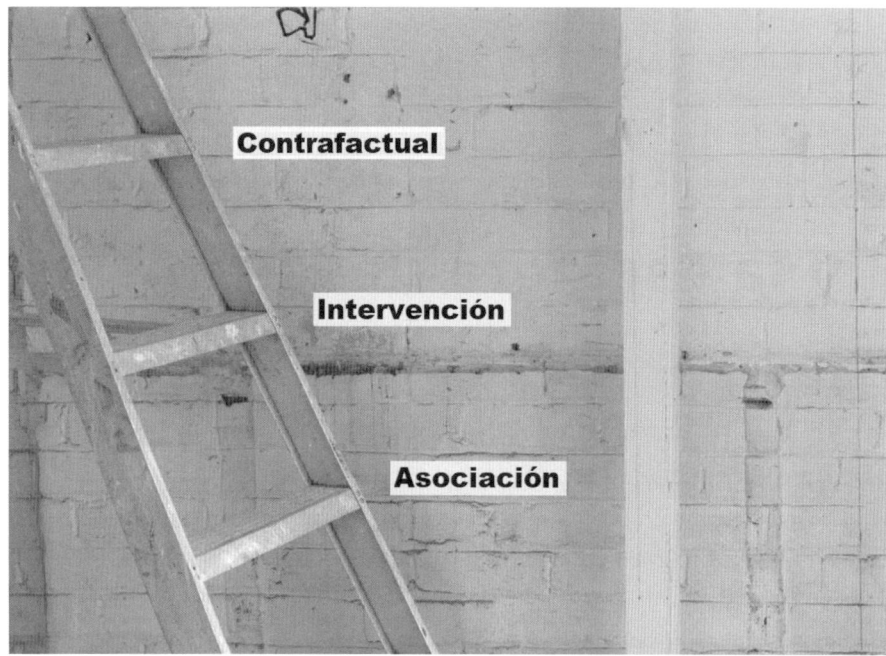

Figura 2.1. La escalera de la causalidad. Imagen del autor (traducida) basada en una fotografía de Laurie Shaw (https://www.pexels.com/photo/brown-wooden-door-frame-804394/).

Judea Pearl

Judea Pearl es un investigador y científico informático israelí-estadounidense que dedicó gran parte de su carrera a investigar la causalidad. Su original y esclarecedor trabajo ha sido reconocido por la ACM (*Association for Computing Machinery*, Asociación de Maquinaria Computacional), que le otorgó el Premio Turing, considerado por muchos como el equivalente al Premio Nobel en informática. La escalera de la causalidad se introdujo en el conocido libro de Pearl sobre la causalidad, *The Book of Why* (Pearl, Mackenzie, 2019).

El primer peldaño de la escalera representa la asociación. La actividad relacionada con este nivel es observar. Mediante la asociación, podemos responder a preguntas sobre cómo ver una cosa cambia nuestras creencias sobre otra; por ejemplo, al observar el éxito de un lanzamiento espacial de SpaceX cambia nuestra creencia de que el precio de las acciones de SpaceX subirá.

El segundo peldaño representa la intervención. ¿Recuerdas a los bebés del capítulo anterior? La acción relacionada con este peldaño es hacer o intervenir. Al igual que los bebés lanzan sus juguetes para aprender las leyes de la física, podemos intervenir en una variable para comprobar cómo influye en otra.

Las intervenciones nos ayudan a responder preguntas sobre qué ocurrirá con una cosa si cambiamos otra; por ejemplo, si me acuesto antes, ¿tendré más energía a la mañana siguiente?

El tercer peldaño representa el razonamiento contrafactual. Las actividades asociadas al tercer peldaño son imaginar y comprender. Los contrafactuales son útiles para responder a preguntas sobre qué habría pasado si hubiéramos hecho algo de otra manera. Por ejemplo, ¿habría llegado a tiempo a la oficina si hubiera viajado en tren en vez de hacerlo en coche?

La tabla 2.1 resume los tres peldaños de la escalera de la causalidad.

Tabla 2.1. Resumen de los tres peldaños de la escalera de la causalidad.

Peldaño	Acción	Pregunta
Asociación (1)	Observar	¿Cómo observar X cambia mi creencia en Y?
Intervención (2)	Hacer	¿Qué le ocurrirá a Y si hago X?
Contrafactual (3)	Imaginar	Si hubiera hecho X, ¿cómo sería Y?

Para afianzar nuestras intuiciones, veamos un ejemplo de cada uno de los peldaños.

Imagina que eres médico y te planteas recetar el medicamento E a uno de tus pacientes. En primer lugar, es posible que recuerdes haber oído a otros médicos decir que E ayudó a sus pacientes. Parece que, en el grupo de médicos a los que has oído hablar de E, existe una asociación entre que sus pacientes tomen el fármaco y mejoren. Ese es el primer peldaño. Somos escépticos acerca de las pruebas de este primer escalón porque podría darse el caso de que estos médicos solo trataran a pacientes con ciertas características (quizá solo casos leves o solo pacientes de cierta edad). Para superar la limitación del primer peldaño, decides leer artículos sobre ensayos clínicos aleatorizados.

Ensayos controlados aleatorizados

Los ensayos controlados aleatorios o RCT (*Randomized Controlled Trials*), a veces denominados experimentos aleatorios, suelen considerarse la referencia en inferencia causal. La idea clave de estos ensayos es la aleatorización. Los sujetos de un experimento se asignan aleatoriamente a los grupos de tratamiento y control, lo que nos ayuda a evitar el factor de confusión. Hay muchos diseños posibles de RCT. Si el lector necesita una introducción sobre el tema, le recomiendo Matthews (2006). También tratamos brevemente los ensayos RCT en el capítulo 12.

Estos ensayos se basaron en intervenciones (segundo peldaño) y, suponiendo que estuvieran correctamente diseñados, sirven para determinar la eficacia relativa del tratamiento. Por desgracia, no pueden decirnos si un paciente estaría mejor si hubiera tomado el tratamiento antes, o cuál de los dos tratamientos disponibles, con una eficacia relativa similar, habría funcionado mejor para este paciente en particular. Para responder a este tipo de preguntas, necesitamos el tercer peldaño.

Veamos ahora con más detalle cada uno de los peldaños y su respectivo material matemático.

Asociaciones

En esta sección, mostraremos cómo cuantificar las relaciones de asociación utilizando la probabilidad condicional. A continuación, presentaremos brevemente los modelos causales estructurales. Por último, implementaremos consultas de probabilidad condicional utilizando Python.

Ya hemos aprendido mucho sobre las asociaciones. Sabemos que están relacionadas con la observación y que nos permiten generar predicciones. Echemos un vistazo a las herramientas matemáticas que nos permitirán hablar de asociaciones de una manera más formal.

Podemos ver las matemáticas del primer peldaño desde un par de puntos de vista. En esta sección, nos centraremos en la perspectiva de la probabilidad condicional.

> **Probabilidad condicional**
>
> La probabilidad condicional es la probabilidad de que se produzca un suceso, dada la ocurrencia de otro. El símbolo matemático usado para expresar la probabilidad condicional es | (conocido como pleca o barra vertical). Leemos $P(X|Y)$ como una probabilidad de X dado Y. Esta notación está un poco simplificada (o mal empleada, si se prefiere). Lo que normalmente queremos decir con $P(X|Y)$ es $P(X = x|Y = y)$, la probabilidad de que la variable X tome el valor x, dado que la variable Y toma el valor y. Esta notación también se puede extender a casos continuos, en los que queremos trabajar con densidades de probabilidad; por ejemplo, $P(0 < X < 0.25|Y > 0.5)$.

Imagina que diriges una librería en Internet. ¿Qué probabilidad hay de que una persona compre el libro A, dado que ya ha comprado el libro B? Esta pregunta se responde con la siguiente consulta de probabilidad condicional:

$P(libro\ A|libro\ B)$

Observamos que la fórmula anterior no nos da información alguna sobre la relación causal entre ambos sucesos. No sabemos si la compra del libro A hizo que el cliente comprara el libro B, si la compra del libro B hizo que el cliente comprara el libro A, o hay otro suceso (no observado) que causó ambas cosas. Para ver esto con claridad, implementaremos este ejemplo de la librería en Python pero, antes de empezar, introduciremos brevemente otro concepto muy importante.

Los modelos causales estructurales o SCM (*Structural Causal Models*) son una herramienta sencilla, pero potente, para codificar las relaciones causales entre variables. Quizá el lector se sorprenda al notar que estamos hablando de un modelo causal en la sección dedicada a la asociación. ¿No acabamos de decir que la asociación no suele ser suficiente para resolver cuestiones causales? Es cierto. La razón por la que estamos introduciendo un modelo SCM ahora es que nos servirá como proceso de generación de datos. Tras generar los datos, fingiremos olvidar el SCM. De este modo, imitaremos una situación real frecuente, en la que el verdadero proceso de generación de datos es desconocido, y lo único que tenemos son datos observacionales.

Desviémonos ligeramente de nuestro ejemplo de la librería y echemos un vistazo a la figura 2.2.

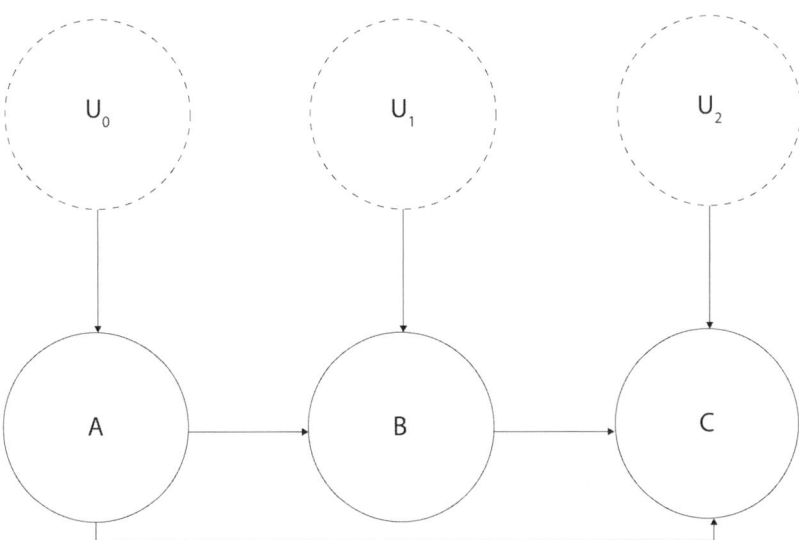

Figura 2.2. Representación gráfica de un modelo causal estructural.

Los círculos o nodos de la figura representan variables. Las líneas con flechas o aristas representan las relaciones entre variables.

Como vemos, hay dos tipos de variables (marcadas con líneas discontinuas frente a líneas continuas). Las flechas del final de las líneas representan la dirección de la relación.

Los nodos A, B y C están marcados con líneas continuas. Representan las variables observadas en nuestro modelo. Llamamos endógena a este tipo de variable. Las variables endógenas son siempre hijas de al menos otra variable de un modelo.

El otro tipo de nodos (nodos U_x) están marcados con líneas discontinuas. Estas variables se denominan exógenas y están representadas en el grafo mediante nodos raíz (no son descendientes de ninguna otra variable; Pearl, Glymour y Jewell, 2016). Las variables exógenas también se conocen como variables de ruido.

Variables de ruido

Tengamos en cuenta que la mayoría de los métodos de inferencia y descubrimiento causal requieren que las variables de ruido no estén relacionadas entre ellas (de lo contrario, se convierten en factores de confusión no observados). Esta es una de las principales dificultades de la inferencia causal en el mundo real, ya que a veces es muy difícil estar seguro de que se cumple esta hipótesis.

Un modelo SCM se puede representar gráficamente (como en la figura 2.2) o como una serie de ecuaciones. Ambas representaciones tienen distintas propiedades y podrían requerir distintas hipótesis (por el momento dejaremos de lado esta complejidad), pero se refieren al mismo objeto: un proceso de generación de datos.

Volvamos al modelo SCM de la figura 2.2. Definiremos las relaciones funcionales de este modelo de la siguiente manera:

$$A := f_A(U_0)$$
$$B := f_B(A, U_1)$$
$$C := f_C(A, B, U_2)$$

A, B, C y U_X representan los nodos de la figura 2.1, y := es un operador de asignación, también conocido como operador walrus. Aquí lo usamos para enfatizar que la relación que estamos describiendo es direccional (o asimétrica), a diferencia del signo de igual normal, que sugiere una relación simétrica. Por último, f_A, f_B y f_C representan funciones arbitrarias (pueden ser tan sencillas como una suma o tan complejas como se desee). Esto es todo lo que necesitamos saber sobre los modelos SCM por el momento. Aprenderemos más sobre ellos en el capítulo 3.

Una vez equipados con conocimientos básicos de los modelos SCM, estamos preparados para pasar a nuestro ejercicio con código de la siguiente sección.

A practicar

Para este ejercicio, recordemos nuestro ejemplo de la librería del principio de la sección.

Primero, definamos un modelo SCM que genere datos con una probabilidad distinta de cero de comprar el libro A, dado que hemos comprado el libro B. Hay muchos posibles modelos SCM que podrían generar datos como estos. La figura 2.3 presenta el modelo que hemos elegido para esta sección.

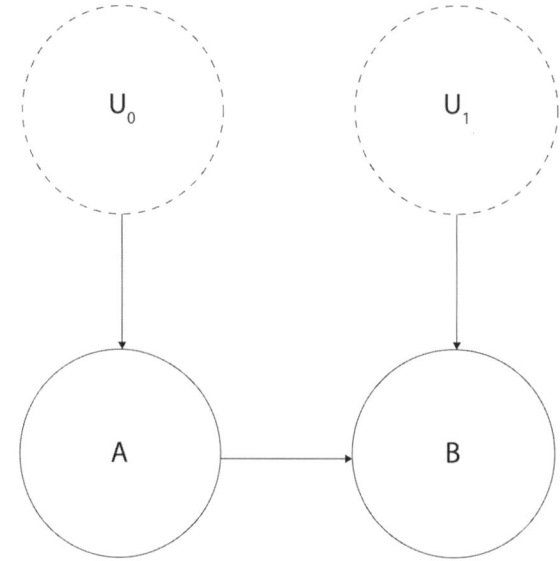

Figura 2.3. Modelo gráfico que representa el ejemplo de la librería.

Para definir con precisión las relaciones causales que dirigen nuestro modelo SCM, escribamos una serie de ecuaciones:

$$U_0 \sim U(0, 1)$$
$$U_1 \sim N(0, 1)$$
$$A := 1_{\{U_0 > .61\}}$$
$$B := 1_{\{(A + .5^*U_1) > .2\}}$$

En las fórmulas anteriores, U_0 es una variable continua aleatoria uniformemente distribuida entre 0 y 1. U_1 es una variable aleatoria normalmente distribuida, con un valor medio de 0 y una desviación estándar de 1. A y B son variables binarias, y $1_{\{f\}}$ es una función indicadora.

La función indicadora

La notación de la función indicadora puede parecer complicada, pero la idea en la que se basa es muy sencilla. La función indicadora devuelve 1 cuando la condición encerrada entre llaves se cumple, y 0 en caso contrario. Por ejemplo, tomemos la siguiente función:

$$X = 1_{\{Z > 0\}}$$

Si $Z > 0$ entonces $X = 1$, en caso contrario $X = 0$.

Ahora creemos de nuevo este modelo SCM con código. Dicho código se puede descargar de los archivos de ejemplo del libro: `Chapter_02.ipynb`.

1. Primero, importemos las librerías necesarias:

```
import numpy as np
from scipy import stats
```

2. A continuación, definamos el modelo SCM. En esta ocasión usaremos el método orientado a objetos, aunque quizá el lector prefiera elegir otras formas, lo que también es correcto.

```
class BookSCM:

    def __init__(self, random_seed=None):
        self.random_seed = random_seed
        self.u_0 = stats.uniform()
        self.u_1 = stats.norm()

    def sample(self, sample_size=100):
        """Samples from the SCM"""
        if self.random_seed:
            np.random.seed(self.random_seed)

        u_0 = self.u_0.rvs(sample_size)
```

```
u_1 = self.u_1.rvs(sample_size)
a = u_0 > .61
b = (a + .5 * u_1) > .2

return a, b
```

Descifremos este código. En el método __init__() de nuestro BookSCM, definimos las distribuciones para U_0 y U_1, y establecemos una semilla aleatoria para la reproducibilidad. El método .sample() obtiene una muestra de U_0 y U_1, calcula valores para A y B (de acuerdo con las fórmulas especificadas antes) y los devuelve.

Ya estamos listos para generar algunos datos y cuantificar una asociación entre las variables mediante la probabilidad condicional:

1. Primero, creemos una instancia de nuestro modelo SCM y establezcamos la semilla aleatoria en 45:

```
scm = BookSCM(random_seed=45)
```

2. A continuación, obtengamos 100 muestras del modelo:

```
buy_book_a, buy_book_b = scm.sample(100)
```

Comprobemos que las formas sean tal como esperábamos:

```
buy_book_a.shape, buy_book_b.shape
```

El resultado es el siguiente:

```
((100,), (100,))
```

Las formas son correctas. Hemos generado los datos y ya estamos preparados para responder a la pregunta planteada al principio de esta sección: ¿qué probabilidad hay de que una persona compre el libro *A*, dado que ya ha comprado el libro *B*?

3. Calculemos la probabilidad condicional *P(libro A|libro B)* para responder a la pregunta:

```
proba_book_a_given_book_b = buy_book_a[buy_book_b].sum() / buy_
book_a[buy_book_b].shape[0]
print(f'Probability of buying a book A given B: {proba_book_a_
given_book_b:0.3f}')
```

Esto devuelve el siguiente resultado:

```
Probability of buying a book A given B: 0.638
```

Como podemos comprobar, la probabilidad de comprar el libro *A*, dado que hemos comprado el libro *B*, es de un 63,8 %. Esto indica una relación positiva entre ambas variables (si no hubiera asociación alguna entre ellas, esperaríamos que el resultado fuera del 50 %). Estos resultados nos informan de que podemos realizar predicciones con significado empleando únicamente datos observacionales. Esta capacidad es la esencia de la mayoría de los modelos contemporáneos de machine learning (supervisado).

Hagamos un resumen. Las asociaciones son útiles y nos permiten generar predicciones significativas de una importancia práctica potencialmente elevada, en ausencia de conocimientos sobre el proceso de generación de datos. Hemos utilizado un modelo SCM para generar datos hipotéticos en nuestro ejemplo de la librería y hemos estimado la fuerza de la asociación entre las ventas del libro A y el libro B, empleando una consulta de probabilidad condicional. La probabilidad condicional nos permitió sacar conclusiones sin conocer el verdadero proceso de generación de datos, basándonos únicamente en los datos observacionales (nótese que, aunque conocíamos el verdadero modelo SCM, no usamos ningún conocimiento sobre él al calcular la consulta de probabilidad condicional; prácticamente lo olvidamos todo sobre el modelo causal antes de generar las predicciones). Dicho esto, las asociaciones solo nos permiten responder preguntas del primer peldaño.

Subamos al segundo peldaño de la escalera de la causalidad para ver cómo superar algunas de estas limitaciones.

¿Qué son las intervenciones?

En esta sección resumiremos lo que hemos aprendido de las intervenciones hasta ahora e introduciremos herramientas matemáticas para describirlas. Por último, usaremos nuestro conocimiento recién adquirido para implementar un ejemplo de intervención en Python.

La idea de la intervención es muy sencilla. Cambiamos una cosa del mundo y observamos si afecta a otra y cómo lo hace. Esta es la esencia de los experimentos científicos. Para describir las intervenciones de forma matemática, usamos un operador especial do. Normalmente este operador se expresa en notación matemática de la siguiente manera:

$$P(Y = 1 | do(X = 0))$$

La fórmula anterior afirma la probabilidad de $Y = 1$, dado que establecemos X en 0. El hecho de que tengamos que cambiar el valor de X es aquí fundamental y pone de relieve la diferencia inherente entre intervención y condicionamiento (el condicionamiento es la operación usada en la sección anterior para obtener probabilidades condicionales). El condicionamiento solo modifica nuestra visión de los datos, mientras que la intervención afecta a la distribución estableciendo activamente una (o más) variables en un valor fijo (o una distribución). Esto es muy importante, ya que la intervención cambia el sistema, pero el condicionamiento no. Quizá el lector se pregunte: ¿qué significa que la intervención cambia el sistema? Gran pregunta.

La saga de los grafos: padres, hijos, etc.

Cuando hablamos de grafos, solemos usar términos como padres, hijos, descendientes y ancestros. Para asegurarme de que el lector entiende con claridad la siguiente subsección, ofreceré en un párrafo una breve explicación de estos términos. Decimos que el nodo X es padre del nodo Y y que Y es hijo de X cuando hay una flecha directa que une X con Y. Si también hay una flecha de Y a Z, decimos que Z es nieto de X y que X es abuelo de Z. Cada hijo de X, todos sus hijos y los hijos de sus hijos, y los hijos de los hijos de sus hijos, y así sucesivamente, son descendientes de X, que es su ancestro. El capítulo 4 ofrece una explicación más formal.

Cambiando el mundo

Cuando intervenimos en un sistema y establecemos un valor, o modificamos la distribución de alguna variable (llamémosla X), pueden ocurrir una de tres cosas:

- Que el cambio en X influya en los valores de sus descendientes, suponiendo que X tenga descendientes, y excluyendo casos especiales, en los que la influencia de X se anula (por ejemplo, $f(x) = x - x$).

- Que X sea independiente de sus ancestros (suponiendo que X tenga ancestros).

- Que ocurran ambas situaciones (suponiendo que X tenga descendientes y ascendientes, excluyendo casos especiales).

Tengamos en cuenta que no se daría ninguno de estos casos si pusiéramos X como condición, porque el condicionamiento no cambia el valor de ninguna de las variables (ni cambia el sistema).

Traduzcamos las intervenciones a código. Utilizaremos para ello el siguiente modelo SCM:

$$U_0 \sim N(0, 1)$$
$$U_1 \sim N(0, 1)$$
$$A := U_0$$
$$B := 5A + U_1$$

La representación gráfica de este modelo es idéntica a la de la figura 2.3. Pero sus asignaciones funcionales son distintas y, lo que es más importante, configuramos A y B como variables continuas (a diferencia del modelo de la sección anterior, donde A y B eran binarias; nótese que este es un nuevo ejemplo y lo único que comparte con el de la librería es la estructura del grafo).

1. Primero, definimos el tamaño de la muestra para nuestro experimento y establecemos una semilla aleatoria para la reproducibilidad:

```
SAMPLE_SIZE = 100
np.random.seed(45)
```

2. A continuación, creamos nuestro modelo SCM. Calcularemos además el coeficiente de correlación entre A y B y sacaremos un par de estadísticas:

```
u_0 = np.random.randn(SAMPLE_SIZE)
u_1 = np.random.randn(SAMPLE_SIZE)
a = u_0
b = 5 * a + u_1

r, p = stats.pearsonr(a, b)
print(f'Mean of B before any intervention: {b.mean():.3f}')
print(f'Variance of B before any intervention: {b.var():.3f}')
print(f'Correlation between A and B:\nr = {r:.3f}; p =
{p:.3f}\n')
```

Obtenemos el siguiente resultado:

```
Mean of B before any intervention: -0.620
Variance of B before any intervention: 22.667
Correlation between A and B:
r = 0.978; p = 0.000
```

Como podemos comprobar, la correlación entre los valores de A y B es muy alta ($r = .978$; $p < .001$). No resulta sorprendente, dado que B es una función lineal sencilla de A. La media de B es ligeramente inferior a cero, y la varianza se sitúa en torno a 22.

3. Ahora intervengamos en A fijando su valor en 1.5:

```
a = np.array([1.5] * SAMPLE_SIZE)
b = 5 * a + u_1
```

Hemos dicho que una intervención cambia el sistema. Si eso es cierto, las estadísticas de B deberían cambiar como resultado de nuestra intervención. Vamos a comprobarlo:

```
print(f'Mean of B after the intervention on A: {b.mean():.3f}')
print(f'Variance of B after the intervention on A:
{b.var():.3f}\n')
```

El resultado es el siguiente:

```
Mean of B after the intervention on A: 7.686
Variance of B after the intervention on A: 0.995
```

Tanto la media como la varianza han cambiado. La nueva media de B es notablemente más alta que la anterior. Esto es porque el valor de nuestra intervención sobre A (1.5) es mucho más grande de lo que esperábamos de la distribución original de A (centrada en 0). Al mismo tiempo, la varianza ha encogido, debido a que A permaneció constante, y la única variabilidad restante de B procede de su padre estocástico, U_1.

¿Qué ocurriría si, en cambio, interviniéramos sobre B? Veamos un par de estadísticas:

```
a = u_0
b = np.random.randn(SAMPLE_SIZE)

r, p = stats.pearsonr(a, b)

print(f'Mean of B after the intervention on B: {b.mean():.3f}')
print(f'Variance of B after the intervention on B: {b.var():.3f}')
print(f'Correlation between A and B after intervening on B:\nr =
{r:.3f}; p = {p:.3f}\n')
```

Este código tiene el siguiente resultado:

```
Mean of B after the intervention on B: 0.186
Variance of B after the intervention on B: 0.995
Correlation between A and B after intervening on B:
r = -0.023; p = 0.821
```

Observamos que la correlación entre A y B disminuyó casi a cero ($r = -.023$), y el correspondiente valor p indica poca importancia ($p = .821$). Esto significa que tras la intervención, A y B resultaron ser (linealmente) independientes. Este resultado sugiere que no hay vínculo causal de B a A. Al mismo tiempo, anteriores resultados demostraron que intervenir sobre A cambia B, lo que indica que sí existe vínculo causal de A a B (explicaremos con todo detalle en el capítulo 4 lo que es un vínculo causal).

Antes de concluir esta sección, tenemos que mencionar una cosa más.

Correlación y causalidad

Quizá hayas escuchado la frase de que la correlación no es causalidad. Es más o menos cierta.

¿Qué pasa con la afirmación opuesta? ¿Es la causalidad correlación? Veámoslo.

La figura 2.4 presenta los datos generados de acuerdo con el siguiente conjunto de ecuaciones estructurales:

$$X := \mathcal{U}(-2, 2)$$
$$Y := X^2 + 0.2 \times \mathcal{N}(0, 1)$$

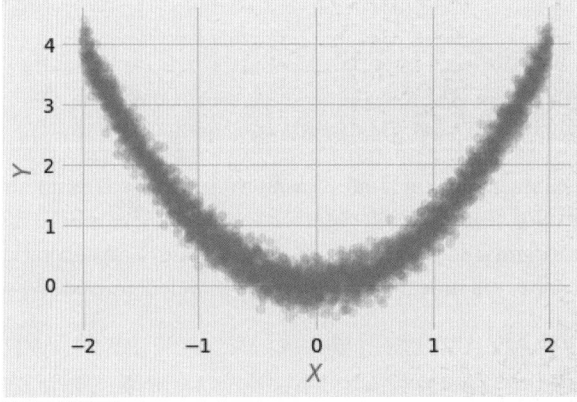

Figura 2.4. Gráfico de dispersión de los datos de un proceso causal de generación de datos.

Aunque, desde el punto de vista estructural, exista un claro vínculo causal entre X e Y, el coeficiente de correlación para este conjunto de datos es básicamente igual a 0 (es posible experimentar con estos datos en los archivos de ejemplo del libro: `Chapter_02.ipynb`). La razón de esto es que la relación entre X e Y no es monótona, y las mediciones conocidas de la correlación, como r de Pearson o *rho* de Spearman no pueden captar relaciones no monótonas. Esto nos lleva a la importante constatación de que la ausencia de correlación tradicional no implica independencia entre las variables.

Existen distintas herramientas para realizar pruebas de independencia más generales. Por ejemplo, mediciones teóricas de la información, como el coeficiente de información máxima o MIC (*Maximal Information Coefficient*) (Reshef *et al.*, 2011; Reshef *et al.*, 2015; Murphy, 2022, págs. 217-219) funcionan para datos no lineales y no monótonos. Lo mismo ocurre con el criterio de independencia de Hilbert-Schmidt (HSIC: *Hilbert-Schmidt Independence Criterion*) (Gretton *et al.*, 2007) y otras mediciones. Otra situación en la que podríamos no ver correlación, aunque esté presente la causalidad, es cuando la muestra no cubre el soporte completo de variables relevantes (véase la figura 2.5).

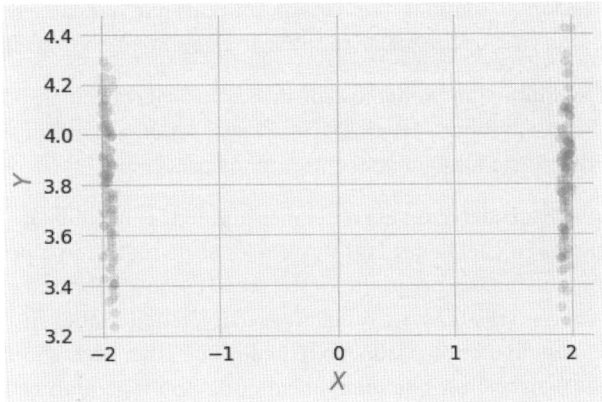

Figura 2.5. Gráfico de dispersión de datos con obtención selectiva de muestras.

Estos datos son resultado exactamente del mismo proceso que los presentados en la figura 2.4. La única diferencia es que hemos obtenido las muestras con la siguiente condición:

$$X_{muestra} = 1.9 < X < -1.9$$

Es prácticamente imposible estimar la relación real entre X e Y a partir de estos datos, incluso con herramientas sofisticadas.

Situaciones como estas pueden producirse en la vida real. Todo, desde sensores defectuosos hasta el sesgo de selección en estudios médicos, elimina una importante cantidad de información de los datos observacionales y puede llevarnos a conclusiones erróneas.

En esta sección hemos visto las intervenciones con gran detalle. Hemos introducido el operador do y tratado sus diferencias con respecto al condicionamiento. Por último, hemos implementado un sencillo modelo causal en Python y hemos demostrado que las intervenciones sobre una variable afectan a la distribución de otras.

Si todo esto confunde un poco, no hay por qué preocuparse. La mayoría de las personas que proceden de un entorno estadístico necesitan tiempo para adaptarse a la conversión al pensamiento causal, ya que requiere romper determinados hábitos que todos adquirimos al aprender pensamiento estadístico. Uno de estos hábitos es pensar en términos de variables como entidades básicas, en vez de en términos del proceso que generó estas variables.

¿Preparado para continuar? Subamos al tercer peldaño: el mundo de los contrafactuales.

¿Qué son los contrafactuales?

¿Te has preguntado alguna vez dónde estarías hoy si hubieras elegido algo distinto en tu vida? ¿Qué hubiera pasado si te hubieras mudado a otra ciudad hace 10 años? ¿O si hubieras estudiado arte? ¿O si hubieras salido con otra persona? ¿Y si hubieras hecho un viaje en moto por Europa? Responder a estos tipos de preguntas requiere la creación de mundos alternativos, mundos que nunca hemos observado. Si alguna vez has intentado hacer esto, ya sabes de forma intuitiva lo que son los contrafactuales.

Intentemos estructurar esta intuición. Podemos considerar los contrafactuales como una modificación mínima de un sistema (Pearl, Glymour y Jewell, 2016). En este sentido, son similares a las intervenciones. No obstante, existe una diferencia fundamental entre ambos conceptos.

Los contrafactuales pueden considerarse intervenciones hipotéticas o simuladas que suponen un cierto estado del mundo (tengamos en cuenta que las intervenciones no requieren hipótesis sobre el estado del mundo). Por ejemplo, responder a una pregunta contrafactual como «¿habría comprado Juan el chocolate el viernes pasado si hubiera visto el anuncio la semana pasada?», requiere que sepamos muchas cosas sobre Juan (y su entorno) en el pasado. Por otro lado, no tenemos que saber nada sobre la vida o el entorno de Juan de la semana pasada para realizar una intervención (mostrar a Juan un anuncio y ver si compra el chocolate).

A diferencia de las intervenciones, los contrafactuales nunca se pueden observar.

También podemos ver la diferencia entre contrafactuales e intervenciones desde otro ángulo (dos modelos causales contrafactuales pueden dar lugar a la misma distribución intervencionista).

Por ejemplo, Pearl (2009) describe un escenario de dos modelos, en el que el efecto causal medio (intervencionista) de un medicamento es igual a 0. Esto es cierto para ambos modelos.

La diferencia es que, en uno de los modelos, ningún paciente se ve afectado por el fármaco, mientras que en el segundo, todos los pacientes se ven afectados por él (una diferencia bastante llamativa). Como es de esperar, los resultados contrafactuales para ambos modelos difieren; para más detalles sobre esto, consúltese Pearl (2009, págs. 33-38).

Una idea que resalta la diferencia fundamental entre contrafactuales e intervenciones es que las consultas intervencionistas se calculan como el valor esperado de las consultas contrafactuales sobre la población (Huszár, 2019). Este hecho subraya aún más la asimetría entre ambos y, al mismo tiempo, revela la profunda y bella estructura del formalismo causal pearliano.

Pongámonos raros (pero formales)

Ha llegado el momento de expresar matemáticamente los contrafactuales. Pero antes, pongamos un ejemplo para poder hacer referencia a algo familiar, mientras exploramos al mismo tiempo la rareza inherente del País de las Maravillas Contrafactual. Imagina que tomaste un café esta mañana y ahora te sientes mal del estómago. ¿Te sentirías igual o mejor si no te hubieras tomado el café?

Tengamos en cuenta que no podemos responder a esta pregunta con intervenciones. Un experimento aleatorizado solo nos permitiría responder a preguntas como «¿cuál es la probabilidad de que personas similares a ti reaccionen al café del modo en que tú reaccionaste, dadas unas circunstancias similares?» o «¿cuál es la probabilidad de que te sientas mal tras tomar un café por la mañana en un día similar al de hoy, dadas unas circunstancias similares?».

Los contrafactuales intentan responder a otra pregunta: «dado un mundo alternativo idéntico al nuestro, que solo difiere en el hecho de que no bebiste café esta mañana (más las consecuencias necesarias de no beberlo), ¿cuál es la probabilidad de que te sientas mal del estómago?».

Intentemos formalizarlo. Indicaremos el hecho de que bebiste café esta mañana con $X = 1$, y el hecho de que ahora te sientes mal como $Y_{X=1} = 1$. El subíndice $_{X=1}$ nos informa de que el resultado, Y, ocurrió en el mundo en el que tomaste el café por la mañana ($X = 1$). La cantidad que queremos estimar, por tanto, es la siguiente:

$$P\left(Y_{X=0} = 1 \mid X = 1, Y_{X=1} = 1\right)$$

Leemos esto como la probabilidad de que te sientas mal si no has tomado café, dado que lo tomaste y que te sentiste mal.

Vamos a descifrarlo:

- $P(Y_{X=0} = 1)$ indica la probabilidad de que te sintieras mal (en el mundo alternativo) si no hubieras tomado el café.

- $X = 1$ indica que tomaste el café en el mundo real.

- $Y_{X=1} = 1$ nos dice que tomaste el café y te sentiste mal (en el mundo real).

Observamos que todo lo del lado derecho de la barra de condicionamiento procede de la observación real. La expresión del lado izquierdo de la barra condicional se refiere al mundo alternativo e hipotético.

Muchas personas se sienten incómodas al ver esta notación por primera vez. El hecho de que estemos condicionando sobre $X = 1$ para estimar la cantidad en el mundo en el que $X = 0$ parece bastante poco intuitivo. Sin embargo, a un nivel más profundo, esto tiene sentido. Esta notación hace prácticamente imposible reducir los contrafactuales a expresiones do (Pearl, Glymour y Jewell, 2016). Esto refleja la relación inherente entre las intervenciones y los contrafactuales que hemos analizado anteriormente en esta sección.

> **Notación contrafactual**
>
> En este libro seguimos la notación empleada por Pearl, Glymour y Jewell (2016). Hay otras opciones disponibles en la literatura de este campo. Por ejemplo, Peters, Janzing y Schölkopf (2017) proponen emplear un estilo de notación distinto. Otra opción conocida es la notación relacionada con el marco de posibles resultados de Donald Rubin. Merece la pena asegurarse de entender bien la notación ya que, de otro modo, puede ser una importante fuente de confusión.

El problema fundamental de la inferencia causal

Los contrafactuales dejan muy claro que la inferencia causal tiene un problema inherente y fundamental. Es decir, nunca podemos observar el mismo objeto (o sujeto) recibiendo dos tratamientos mutuamente excluyentes al mismo tiempo en las mismas circunstancias.

Quizá el lector se pregunte, dado el problema fundamental de la inferencia causal (Holland, 1986), si hay alguna forma de calcular los contrafactuales. Resulta que sí la hay.

Calculando contrafactuales

La idea básica del cálculo de contrafactuales es sencilla en teoría, pero el objetivo no es siempre fácil de alcanzar en la práctica, dado que este proceso requiere un modelo causal que esté completamente especificado, al menos para todas las variables relevantes. ¿Qué significa esto? Que necesitamos tener un completo conocimiento de las funciones asociadas a variables relevantes del modelo SCM y de los valores de todas las variables exógenas importantes de un sistema. Por suerte, si conocemos las ecuaciones estructurales, podemos calcular variables de ruido que describen al sujeto en el paso de abducción (véase la siguiente nota «Cálculo de contrafactuales paso a paso»).

Cálculo de contrafactuales paso a paso

Judea Pearl y otros colegas (Pearl, Glymour y Jewell, 2016) propusieron una estructura en tres pasos para calcular contrafactuales:

- **Abducción:** utilizar la evidencia para calcular los valores de variables exógenas.

- **Modificación (antes llamada acción):** reemplazar la ecuación estructural del tratamiento con un valor contrafactual.

- **Predicción:** emplear el modelo causal modificado para calcular el nuevo valor del resultado según el contrafactual.

Aplicaremos muy pronto esta estructura.

Tomemos nuestro ejemplo del café. Dejemos que T indique el tratamiento (beber café), mientras que U te caracterizará plenamente como individuo en nuestro mundo simplificado. $U = 1$ significa sensibilidad al café, mientras que $U = 0$ se refiere a su ausencia. Además, supongamos que conocemos el mecanismo causal de la reacción al café. El mecanismo viene definido por el siguiente modelo SCM:

$$T := t$$
$$Y := TU + (T - 1)(U - 1)$$

Conocemos el resultado bajo el tratamiento real, $Y_{T=1} = 1$ (bebiste el café y te sentiste mal), pero no conocemos tus características (U). ¿Podemos hacer algo al respecto?

Resulta que nuestro modelo nos permite deducir sin ambigüedades el valor de U (que denotaremos como u), dado que conocemos los valores de Y e T. Resolvamos para u transformando nuestra ecuación estructural para Y:

$$u = \frac{T + Y - 1}{2T - 1}$$

Ahora, asignemos los valores para T e Y:

$$u = \frac{1 + 1 - 1}{2 * 1 - 1} = \frac{2 - 1}{2 - 1} = 1$$

El valor obtenido para U revela que eres una persona sensible al café.

Este paso (resolver para los valores de variables exógenas U) se llama abducción.

Ya tenemos a nuestra disposición todos los elementos necesarios para calcular resultados contrafactuales (un modelo causal y conocimiento sobre las características personales). Por tanto, estamos preparados para el siguiente paso, la modificación. Fijaremos el valor de nuestro tratamiento en el contrafactual de interés, ($T = 0$):

$$T := 0$$
$$Y := 0U + (0 - 1)(U - 1)$$

Finalmente, estamos listos para el último paso, la predicción. Para hacer una predicción, tenemos que sustituir U por el valor o valores de las características personales que calculamos antes:

$$Y := 0 * 1 + (0 - 1)(1 - 1) = 0$$

Ya tenemos la respuesta: no te sentirías mal si no te hubieras tomado el café.

Genial, ¿verdad?

Contrafactuales deterministas y probabilísticos

Quizá el lector se haya dado cuenta de que al presentar nuestro ejemplo del café, hablábamos en términos de probabilidad, aunque lo resolvimos de forma determinista. Es una gran observación.

En el mundo real, no siempre somos capaces de calcular contrafactuales de forma determinista. Por suerte, la estructura de tres pasos previamente introducida generaliza bien para configuraciones probabilísticas. Para más información sobre el cálculo de contrafactuales probabilísticos, recomiendo consultar el capítulo 4 del título *Causal inference in statistics: A primer* (Pearl, Glymour y Jewell, 2016) o el excelente vídeo de YouTube de Brady Neal (Neal, 2020).

A codificar

Lo último que haremos antes de concluir esta sección es implementar nuestro cálculo contrafactual en Python:

1. Primero, crearemos una clase `CounterfactualSCM` con tres métodos correspondientes a los tres pasos del cálculo de contrafactuales (abducción, modificación y predicción):

```python
class CounterfactualSCM:

    def abduct(self, t, y):
        return (t + y - 1)/(2*t - 1)

    def modify(self, t):
        return lambda u: t * u + (t - 1) * (u - 1)

    def predict(self, u, t):
        return self.modify(t)(u)
```

Tengamos en cuenta que cada método implementa los pasos que hemos realizado en el código anterior:

- `.abduct()` calcula el valor de U, dados los valores del tratamiento y el resultado real.

- `.modify()` modifica el modelo SCM asignando t a T.

- `.predict()` toma el modelo causal modificado y genera la predicción contrafactual, asignando el valor real de U al modelo modificado.

2. Creemos una instancia del modelo SCM y asignemos el tratamiento conocido y los valores resultantes a las variables t e y respectivamente:

```python
coffee = CounterfactualSCM()
t = 1
y = 1
```

3. A continuación, obtengamos el valor de U realizando abducción y veamos el resultado:

```python
u = coffee.abduct(t=t, y=y)
u
```

El resultado es congruente con nuestros cálculos:

```
1.0
```

4. Por último, calculemos la predicción contrafactual:

```python
coffee.predict(u=u, t=0)
```

Ya lo tenemos. Esta es la respuesta:

```
0.0
```

Si no te hubieras tomado el café por la mañana, ahora te sentirías mejor.

Esto finaliza nuestra sección sobre los contrafactuales. Hemos aprendido que los contrafactuales son distintos de las intervenciones. Al mismo tiempo, existe un vínculo más profundo entre los peldaños segundo y tercero de la escalera de la causalidad. Hemos conocido el problema fundamental de la inferencia causal y hemos visto además que, aunque es difícil, podemos calcular contrafactuales cumpliendo determinadas hipótesis. Por último, hemos practicado el cálculo de contrafactuales con herramientas matemáticas y código Python.

Los contrafactuales volverán brevemente en la parte 2, «Inferencia causal», donde los veremos en el contexto de las explicaciones contrafactuales.

Extra: ¿todo el machine learning es causalmente igual?

Hasta ahora, al hablar de machine learning nos referíamos en general a métodos supervisados. Podríamos preguntarnos cuál es la relación entre otros tipos de aprendizaje automático y la causalidad.

Causalidad y aprendizaje por refuerzo

La primera familia de métodos de machine learning que les viene a la mente a muchas personas cuando piensan en la causalidad es el aprendizaje por refuerzo.

En la formulación clásica de este tipo de aprendizaje, un agente interactúa con el entorno, lo que sugiere que un agente de aprendizaje por refuerzo puede realizar intervenciones en el entorno. Intuitivamente, esta posibilidad sube a este tipo de aprendizaje de un primer peldaño asociativo a un segundo peldaño intervencionista. Bottou *et al.* (2013) amplificaron esta intuición, proponiendo que los modelos causales se reduzcan a problemas de bandido multibrazo (en otras palabras, los algoritmos de bandido del aprendizaje por refuerzo son casos especiales de modelos causales de segundo peldaño).

Aunque a primera vista parezca intuitiva la idea de que todo el aprendizaje por refuerzo es causal, la realidad es más matizada. Resulta que, incluso para determinados problemas de bandido, los resultados pueden no ser óptimos si no aplicamos un modelo a la causalidad de forma explícita (Lee y Bareinboim, 2018).

Es más, los algoritmos de aprendizaje por refuerzo basados en modelos pueden sufrir de confusión. Esto incluye modelos como el famoso MuZero de DeepMind (Schrittwieser *et al.*, 2019), que era capaz de ganar juegos como el ajedrez, el go y muchos otros sin conocer las reglas de manera explícita.

Rezende y otros (2020) propusieron eliminar el factor de confusión de estos modelos empleando el criterio de la puerta trasera (en el capítulo 6 aprenderemos más sobre este criterio). Wang *et al.* (2022) propusieron añadir un modelo causal al algoritmo de aprendizaje por refuerzo y utilizar una proporción entre términos causales y no causales en una función de recompensa, para animar a un agente a explorar el espacio en el que el término no causal es más grande, lo que sugiere que el modelo causal podría estar causalmente sesgado.

Si se desea disponer de una visión general de la bibliografía existente sobre las relaciones entre causalidad y aprendizaje por refuerzo, recomiendo la lectura de Kaddour *et al.* (2022), págs. 70-98.

Causalidad y los aprendizajes semisupervisado y no supervisado

Peters *et al.* (2017, págs. 72-74) propusieron emplear métodos semisupervisados para el descubrimiento causal, aprovechando la asimetría de la teoría de la información entre probabilidades condicional y no condicional. Basados en una idea similar, Sgouritsa *et al.* (2015) propusieron la regresión inversa no supervisada como método para descubrir qué dirección causal entre dos variables es la correcta. Wu *et al.* (2022) exploraron los vínculos entre la causalidad y el aprendizaje semisupervisado en el contexto de la adaptación al dominio, mientras que Vowels *et al.* (2021) se valieron de incrustaciones neuronales no supervisadas para el descubrimiento causal de representaciones en vídeo de sistemas dinámicos.

Además, el aumento de los datos en aprendizaje semisupervisado puede verse como una forma de desenredar la representación, logrando así que las aprendidas sean menos confusas. Como en este caso la confusión es solamente parcial, estos modelos no se consideran totalmente causales, pero quizá se podría pensar en colocar estas representaciones con la confusión parcialmente eliminada en algún lugar entre los peldaños primero y segundo de la escalera de la causalidad (Berrevoets, 2023).

En resumen, la relación entre las distintas ramas del machine learning contemporáneo y la causalidad está matizada. Dicho esto, la mayoría de los modelos de machine learning ampliamente adoptados funcionan en el primer peldaño, sin tener un modelo causal del mundo real. Esto también se aplica a grandes modelos de lenguaje como GPT-3, GPT-4, LlaMA o LaMDA, y a otros modelos generativos conocidos como DALL-E 2. Modelos como GPT-4 responden a veces correctamente a consultas causales o contrafactuales, aunque su rendimiento general sugiere que estas capacidades no siempre generalizan bien (en el capítulo 11 se incluye una breve explicación y referencias).

Resumen

En este capítulo hemos introducido el concepto de la escalera de la causalidad. Hemos hablado de los tres peldaños de la escalera: asociaciones, intervenciones y contrafactuales. Presentamos material matemático para describir cada uno de los peldaños y hemos traducido a código las ideas en que se basan. Estas ideas son fundamentales para el pensamiento causal y nos permitirán comprender temas más complejos más adelante en el libro. Además hemos ampliado nuestra perspectiva sobre la causalidad analizando las relaciones entre la causalidad y las distintas familias de algoritmos de machine learning.

En el siguiente capítulo, echaremos un vistazo al vínculo entre observaciones, intervenciones y regresión lineal, para comprobar las diferencias entre los peldaños primero y segundo desde otra perspectiva adicional.

Referencias

Berrevoets, J., Kacprzyk, K., Qian, Z. y van der Schaar, M. (2023). *Causal Deep Learning*. Preliminar de arXiv, https://arxiv.org/abs/2303.02186.

Bottou, L., Peters, J., Quiñonero-Candela, J., Charles, D. X., Chickering, D. M., Portugaly, E., Ray, D., Simard, P. y Snelson, E. (2013). «Counterfactual Reasoning and Learning Systems: The Example of Computational Advertising». *Journal of Machine Learning Research, 14*(1), 3207-3260.

Gretton, A., Fukumizu, K., Teo, C. H., Song, L., Schölkopf, B. y Smola, A. (2007). *A Kernel Statistical Test of Independence*. NIPS.

Holland, P. (1986). «Statistics and Causal Inference». *Journal of the American Statistical Association, 81*, 945-960.

Huszár, F. (24 de enero de 2019). *Causal Inference 3: Counterfactuals*. https://www.inference.vc/causal-inference-3-counterfactuals/.

Kaddour, J., Lynch, A., Liu, Q., Kusner, M. J. y Silva, R. (2022). *Causal Machine Learning: A Survey and Open Problems*. arXiv, https://arxiv.org/abs/2206.15475.

Lee, S. y Bareinboim, E. (2018). «Structural Causal Bandits: Where to Intervene?». Actas de la 32.ª conferencia internacional sobre sistemas neuronales de procesamiento de la información (NeurIPS), 2573-2583.

Matthews, J. N. S. (2006). *Introduction to Randomized Controlled Clinical Trials* (2.ª ed.). Chapman y Hall/CRC.

Murphy, K. (2022). *Probabilistic Machine Learning*. MIT Press.

Neal, B. (9 de diciembre de 2020). *14.2 – Computing Counterfactuals* []. YouTube. https://www.youtube.com/watch?v=wuYda40rqgo.

Pearl, J. (2009). *Causality: Models, Reasoning and Inference* (2.ª ed.). Cambridge University Press.

Pearl, J., Glymour, M. y Jewell, N. P. (2016). *Causal inference in statistics: A primer*. Wiley.

Pearl, J. y Mackenzie, D. (2019). *The book of why*. Penguin Books.

Peters, J., Janzing, D. y Schölkopf, B. (2017). *Elements of Causal Inference: Foundations and Learning Algorithms*. MIT Press.

Reshef, D. N., Reshef, Y. A., Finucane, H. K., Grossman, S. R., McVean, G., Turnbaugh, P. J., Lander, E. S., Mitzenmacher, M. y Sabeti, P. C. (2011). «Detecting novel associations in large data sets». *Science, 334*(6062), 1518-1524. https://doi.org/10.1126/science.1205438.

Reshef, D.N., Reshef, Y.A., Sabeti, P.C. y Mitzenmacher, M. (2015). *An Empirical Study of Leading Measures of Dependence*. arXiv, https://arxiv.org/abs/1505.02214.

Jimenez Rezende, D., Danihelka, I., Papamakarios, G., Ke, N.R., Jiang, R., Weber, T., Gregor, K., Merzic, H., Viola, F., Wang, J.X., Mitrovic, J., Besse, F., Antonoglou, I. y Buesing, L. (2020). *Causally Correct Partial Models for Reinforcement Learning*. arXiv, https://arxiv.org/abs/2002.02836.

Schrittwieser, J., Antonoglou, I., Hubert, T., Simonyan, K., Sifre, L., Schmitt, S., Guez, A., Lockhart, E., Hassabis, D., Graepel, T., Lillicrap, T. y Silver, D. (2019). «Mastering Atari, Go, Chess and Shogi by Planning with a Learned Model». *Nature*.

Sgouritsa, E., Janzing, D., Hennig, P. y Schölkopf, B. (2015). *Inference of Cause and Effect with Unsupervised Inverse Regression*. AISTATS.

Vowels, M. J., Camgoz, N. C. y Bowden, R. (2021). *Shadow-Mapping for Unsupervised Neural Causal Discovery*. arXiv, https://arxiv.org/abs/2104.08183.

Wang, Z., Xiao, X., Xu, Z., Zhu, Y., Stone, P. (2022). «Causal Dynamics Learning for Task-Independent State Abstraction». Actas de la 39.ª conferencia internacional sobre machine learning (ICML), en actas de investigación sobre machine learning, 162, 23151-23180.

Wu, X., Gong, M., Manton, J. H., Aickelin, U. y Zhu, J. (2022). *On Causality in Domain Adaptation and Semi-Supervised Learning: an Information-Theoretic Analysis*. arXiv, https://arxiv.org/abs/2205.04641.

3

Regresión, observaciones e intervenciones

En este capítulo, crearemos un vínculo entre asociaciones, intervenciones y modelos de regresión. Echaremos un vistazo a la lógica del control estadístico, una herramienta empleada por científicos con la esperanza de hacer sus modelos más robustos. Por último, veremos la conexión entre modelos de regresión y estructurales.

Al final, el lector debe tener una sólida comprensión del control estadístico, y de cómo ayuda a estimar efectos causales a partir de datos observacionales. Este conocimiento nos permitirá crear los modelos no lineales más complejos introducidos en la parte 2, «Inferencia causal».

En este capítulo, trataremos los siguientes temas:

- Asociaciones en datos observacionales frente a regresión lineal.
- Perspectiva causal en control estadístico.
- Modelos de regresión y estructurales.

Empezando por lo sencillo: datos observacionales y regresión lineal

En capítulos anteriores, hemos visto el concepto de asociación. En esta sección cuantificaremos las asociaciones entre variables empleando un modelo de regresión. Estudiaremos la interpretación geométrica de este modelo y mostraremos que la regresión se puede llevar a cabo en una dirección arbitraria. Por motivos de simplicidad, centraremos nuestra atención en los casos lineales.

Regresión lineal

La regresión lineal es un algoritmo básico de ajuste de datos, que se emplea para predecir el valor esperado de una variable (objetivo) dependiente, Y, dados los valores de uno o varios predictores, X. Formalmente, esto se escribe como $\hat{Y}_{X=x} = E[Y|X = x]$.

En la fórmula anterior, $\hat{Y}_{X=x}$ es el valor predicho de Y dado que X toma el valor o los valores x. $E[\,.\,]$ es el operador de valor esperado. Nótese que X puede ser multidimensional. En estos casos, X se suele representar como una matriz, X, con forma $N \times D$, donde N es el número de observaciones y D es la dimensionalidad de X (el número de variables predictoras). Denominamos regresión múltiple al modelo de regresión con X multidimensional.

Una característica importante de la regresión lineal es que nos permite cuantificar con facilidad la fuerza de la relación entre los predictores y la variable objetivo, calculando coeficientes de regresión. De una forma intuitiva, los coeficientes de regresión se consideran como la cantidad de cambio de la variable de salida predicha relativa a un cambio de unidad en la variable de entrada.

Coeficientes y regresión múltiple

En regresión múltiple con k predictores $X_1, \ldots, X_k$, cada predictor, X_j, tiene su coeficiente respectivo, β_j. Cada coeficiente, β_j, representa la contribución relativa de X_j al cambio del objetivo predicho, $\hat{Y}$, manteniendo todo lo demás constante.

Tomemos un modelo con un único predictor, X. Lo describimos mediante la siguiente fórmula:

$$\hat{y}_i = \alpha + \beta x_i$$

En la fórmula anterior, $\hat{y}$ es un valor predicho para la observación i, α es un término de intercepción aprendido, x_i es el valor observado de X, y β es el coeficiente de regresión para X. Denominamos a α y β parámetros del modelo. Construyamos un sencillo ejemplo:

1. Primero, definiremos nuestro proceso de generación de datos. Haremos que el proceso siga la fórmula de regresión lineal (anterior) y asignaremos valores arbitrarios a los parámetros (verdaderos) α^* y β^*. Elegiremos 1.12 como valor de α^* y 0.93 como valor de β^* (se pueden utilizar otros valores si se desea). Añadiremos también ruido al modelo y lo marcaremos como ϵ. Elegimos que ϵ sea normalmente distribuido con media cero y desviación estándar uno. Además, dimensionaremos ϵ en 0.5. Con estos valores, nuestra fórmula generadora de datos se convierte en lo siguiente:

$$y_i = 1.12 + 0.93\, x_i + 0.5\, \epsilon_i$$

Asociaciones no lineales e interacciones

Las asociaciones no lineales también son cuantificables. Incluso la regresión lineal se puede usar para configurar algunas relaciones no lineales. Esto es posible porque la regresión lineal tiene que ser lineal en parámetros, pero no necesariamente en los datos. Las relaciones más complejas se cuantifican con mediciones basadas en entropía, como la información mutua (Murphy, 2022; págs. 213-218). Los modelos lineales también manejan términos de interacción. Hablamos de interacciones cuando el resultado del modelo depende de una relación de multiplicación entre dos o más variables. En regresión lineal, configuramos la interacción entre dos predictores añadiendo a la ecuación un término de multiplicación adicional. Por ejemplo, si queremos configurar una interacción entre dos características, X_1 y X_2, sumamos la multiplicación de X_1 y X_2 a la ecuación: $Y = X_1 + X_2 + X_1 X_2$.

2. A continuación, traducimos nuestra fórmula generadora de datos a código para generar los datos. El código de este capítulo está en los archivos de ejemplo del libro `Chapter_03.ipynb`.

Pongámoslo en funcionamiento.

1. Empezaremos importando las librerías que usaremos en este capítulo. Emplearemos `statsmodels` para ajustar nuestro modelo de regresión lineal.

```
import numpy as np
import statsmodels.api as sm
import matplotlib.pyplot as plt
plt.style.use('fivethirtyeight')
```

---

statsmodels

`statsmodels` es una librería estadística muy conocida en Python que ofrece soporte de sintaxis y resúmenes de modelo de estilo R (un famoso lenguaje de programación estadístico de código abierto). `statsmodels` es una estupenda opción si la intención es trabajar con modelos estadísticos tradicionales. El paquete ofrece cómodos resúmenes de modelo que contienen valores p y otras estadísticas útiles. Si el lector tiene experiencia en Scikit-learn, quizá la API de `statsmodels` le resulte algo confusa. Hay varias diferencias esenciales entre ambas librerías. Una de ellas es el método `.fit()`, que en `statsmodels` devuelve una instancia de un objeto de envoltura, que se puede usar posteriormente para generar predicciones. Para más información sobre `statsmodels`, recomiendo consultar su documentación: `https://www.statsmodels.org/stable/index.html`.

---

2. A continuación, establecemos una semilla aleatoria para la reproducibilidad y definimos el número de muestras que generaremos.

```
np.random.seed(45)
N_SAMPLES = 5000
```

3. Una vez hecho esto, definiremos nuestros parámetros de modelo, $\alpha^{\wedge *}$ y $\beta^{\wedge *}$.

```
alpha = 1.12
beta = 0.93
epsilon = np.random.randn(N_SAMPLES)
```

4. Por último, utilizaremos nuestra fórmula del modelo para generar los datos.

```
X = np.random.randn(N_SAMPLES)
y = alpha + beta * X + 0.5 * epsilon
```

5. Hay un paso más que tenemos que dar antes de ajustar el modelo. La librería `statsmodels` requiere que añadamos una característica constante a los datos. Esto es necesario para realizar los cálculos de intercepción. Muchas librerías realizan este paso de forma implícita; no obstante, `statsmodels` quiere que lo hagamos explícitamente. Para facilitarnos la vida, los autores nos han proporcionado un conveniente método, `.add_constant()`. Apliquémoslo.

```
X = sm.add_constant(X)
```

Ahora, nuestra X tiene una columna adicional de unos en el índice de columna 0. Obtengamos las primeras cinco filas de X para verlo.

```
print(X[:5, :])
```

El resultado es el siguiente:

```
[[ 1.          0.11530002]
 [ 1.         -0.43617719]
 [ 1.         -0.54138887]
 [ 1.         -1.64773122]
 [ 1.         -0.32616934]]
```

Ya estamos listos para ajustar el modelo de regresión utilizando statsmodels y obtener el resumen.

```
model = sm.OLS(y, X)
fitted_model = model.fit()
print(fitted_model.summary())
```

El resultado del resumen del modelo se muestra en la figura 3.1. Hemos marcado los coeficientes estimados con una elipse:

```
                          OLS Regression Results
==============================================================================
Dep. Variable:                      y   R-squared:                       0.771
Model:                            OLS   Adj. R-squared:                  0.771
Method:                 Least Squares   F-statistic:                 1.681e+04
Date:                Sun, 05 Jun 2022   Prob (F-statistic):               0.00
Time:                        10:51:22   Log-Likelihood:                 -3615.0
No. Observations:                5000   AIC:                             7234.
Df Residuals:                    4998   BIC:                             7247.
Df Model:                           1
Covariance Type:            nonrobust
==============================================================================
                 coef    std err          t      P>|t|      [0.025      0.975]
------------------------------------------------------------------------------
const          1.1243      0.007    159.391      0.000       1.110       1.138
x1             0.9212      0.007    129.669      0.000       0.907       0.935
==============================================================================
Omnibus:                        0.129   Durbin-Watson:                   1.986
Prob(Omnibus):                  0.938   Jarque-Bera (JB):                0.163
Skew:                           0.002   Prob(JB):                        0.922
Kurtosis:                       2.972   Cond. No.                         1.02
==============================================================================
```

Figura 3.1. Resumen de los resultados de un sencillo modelo de regresión lineal.

El coeficiente marcado como const es α, la estimación del verdadero parámetro α^*, mientras que el coeficiente marcado como x1 es β, la estimación de β^*. Son ligeramente distintos de sus homólogos reales ($\alpha^* = 1.12$, $\beta^* = 0.93$), porque hicimos que nuestro modelo fuera ruidoso añadiendo el término ϵ. Observamos que ambos coeficientes están asociados a valores p por debajo de 0.001 (en la columna denominada P>|t|), lo que indica que son estadísticamente significativos al nivel habitual $p < .05$.

Valores p y significado estadístico

En términos generales, el valor p es un dispositivo estadístico que ayuda a distinguir entre la señal y el ruido en comparaciones o resúmenes estadísticos. Más concretamente, el valor p es la probabilidad de observar datos al menos tan extremos como los que observamos, dado que la hipótesis nula es cierta.

La hipótesis nula suele afirmar que no hay efecto o diferencia entre dos o más objetos que comparamos. En el contexto de la regresión lineal, probamos dos tipos de hipótesis nulas:

- Hipótesis nulas para coeficientes (incluyendo la intercepción).

- Una hipótesis nula para el modelo completo.

La hipótesis nula para un determinado coeficiente afirma que este no es significativamente distinto de cero. La hipótesis nula para el modelo afirma que el modelo completo no es significativamente distinto del modelo nulo (en el contexto del análisis de regresión simple, el modelo nulo se representa como un modelo solo de intercepción).

Para más información sobre las hipótesis nulas y las pruebas de hipótesis, recomiendo revisar la serie de vídeos de Khan Academy (`https://www.youtube.com/watch?v=cn4S3QqEBRg&feature=youtu.be`).

Dada una hipótesis nula, los valores p se utilizan como cómodo resumen cuantitativo, que nos ayuda a comprender si podemos rechazar con seguridad esta hipótesis nula para un cierto valor de umbral (una buena práctica es elegir el valor de umbral antes de iniciar el análisis o, preferiblemente, antes de iniciar el proceso de recogida de datos).

Como los valores p son la probabilidad de observar datos al menos tan extremos como los nuestros bajo la hipótesis nula, cuanto menor es el valor p, menos probable es la hipótesis nula. En otras palabras, cuanto menor es el valor p, menos cómodos nos encontramos manteniendo que la hipótesis nula es verdadera, y más probable es que estemos de acuerdo con que debe ser rechazada. Si el valor p es inferior al umbral elegido, decimos que rechazamos la hipótesis nula (nótese que no decimos que hemos probado una alternativa a la hipótesis nula).

Aunque los valores p han sido ampliamente adoptados en la estadística moderna y la ciencia, también se ha abusado mucho de ellos, lo que ha dado lugar a muchas y severas críticas de los valores p y el significado estadístico, resaltando que con frecuencia se utilizan e interpretan mal, lo que a su vez lleva a consecuencias perjudiciales en el mundo real. Para una visión crítica, recomiendo Wasserstein y Lazar (2016).

Interpretación geométrica de la regresión lineal

La regresión lineal también puede verse desde un punto de vista geométrico. Veamos en un gráfico los datos generados junto a la línea de regresión ajustada.

Cada punto de la figura 3.2 representa una observación, mientras que la línea representa la línea de mejor ajuste hallada por el algoritmo de regresión lineal. En el caso de la regresión múltiple, la línea se convierte en un hiperplano.

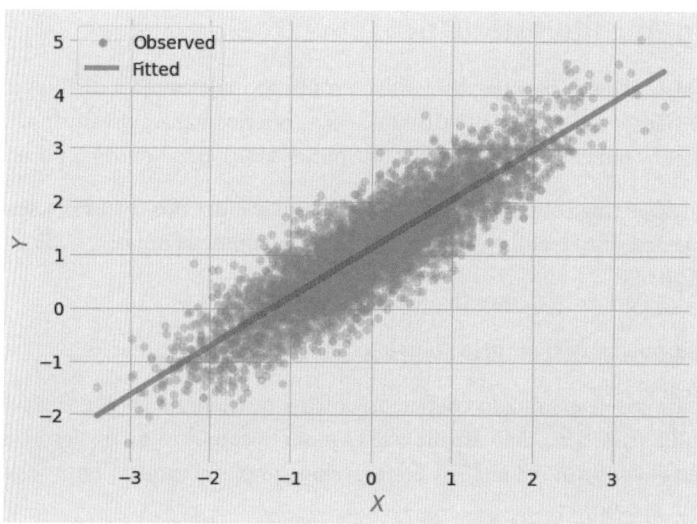

Figura 3.2. Datos generados y línea de regresión ajustada.

Regresión y correlación

Si imaginamos el gráfico de la figura 3.2 sin la línea, seguimos pudiendo reconocer una fuerte relación lineal entre X e Y. Quizá esto recuerde el concepto de la correlación. De hecho, hay distintas similitudes entre el coeficiente de correlación de Pearson y la regresión lineal. Por ejemplo, si estandarizamos un coeficiente de X en el modelo de regresión $Y \sim X$, tendrá el mismo valor que la r de Pearson entre X e Y. Hay también algunas diferencias. Por ejemplo, la r de Pearson entre X e Y será la misma que entre Y y X, aunque los coeficientes no estandarizados en los modelos de regresión $Y \sim X$ y $X \sim Y$ normalmente difieran.

Invirtiendo el orden

La regresión es un modelo de primer peldaño puramente estadístico, y se utiliza para cuantificar la asociación entre X e Y, así como entre Y y X. En otras palabras, la regresión no dice nada de la estructura causal de los datos. En particular, podría no haber vínculo causal alguno entre dos variables, pero aún podemos encontrar una relación entre ellas mediante un modelo de regresión.

En el primer capítulo analizamos el ejemplo de una asociación entre ventas de helado y ahogamientos. Demostramos que esta asociación era falsa, pero el modelo de regresión la seguiría cuantificando como existente (suponiendo que la asociación fuera lo bastante fuerte y se pudiera expresar mediante el modelo elegido, en nuestro caso la regresión lineal). Esta es la naturaleza del primer peldaño de la escalera de la causalidad y, como ya comentamos en el capítulo 2, puede ser muy útil en ciertos casos.

Más sobre vocabulario de regresión

Cuando usamos X como predictor e Y como variable objetivo (también llamada variable dependiente), decimos que se regresa Y sobre X. Si utilizamos Y como predictor de X, decimos que se regresa X sobre Y. La regresión de Y sobre X se expresa también en notación de estilo R como $Y \sim X$, y la regresión de X sobre Y como $X \sim Y$. Emplearemos esta notación en el libro para describir varios modelos. Decidimos usarla por su claridad y simplicidad. En algunos casos, quizá quedaría más claro decir sencillamente que se regresa Y sobre X en vez de usar una fórmula. Utilizaremos este estilo descriptivo allí donde la claridad lo requiera.

Para hacerlo más práctico, veamos cómo es el modelo de regresión inversa. Ahora regresaremos X sobre Y. El código para crear el modelo inverso es muy similar al empleado para crear el modelo original, por lo que no lo explicaremos aquí; se puede encontrar en los archivos de ejemplo del libro `Chapter_03.ipynb`.

Echemos un vistazo al resumen de resultado de la figura 3.3.

```
                          OLS Regression Results
==============================================================================
Dep. Variable:                      y   R-squared:                       0.771
Model:                            OLS   Adj. R-squared:                  0.771
Method:                 Least Squares   F-statistic:                 1.681e+04
Date:                Sun, 05 Jun 2022   Prob (F-statistic):               0.00
Time:                        19:16:00   Log-Likelihood:                 -3375.0
No. Observations:                5000   AIC:                             6754.
Df Residuals:                    4998   BIC:                             6767.
Df Model:                           1
Covariance Type:            nonrobust
==============================================================================
                 coef    std err          t      P>|t|      [0.025      0.975]
------------------------------------------------------------------------------
const         -0.9441      0.010    -96.048      0.000      -0.963      -0.925
x1             0.8368      0.006    129.669      0.000       0.824       0.849
==============================================================================
Omnibus:                        0.590   Durbin-Watson:                   1.994
Prob(Omnibus):                  0.745   Jarque-Bera (JB):                0.582
Skew:                          -0.026   Prob(JB):                        0.748
Kurtosis:                       3.003   Cond. No.                        2.83
==============================================================================
```

Figura 3.3. Resumen de resultados para el modelo inverso.

Se observa que los coeficientes han cambiado. En particular, la intercepción es ahora negativa. Como estamos regresando X sobre Y, la intercepción se convirtió en el punto en el que la línea ajustada cruza el eje X (en lugar del eje Y en el modelo original). En las figuras 3.2 (modelo original) y 3.4 (modelo inverso) es posible verificar que la línea ajustada cruza el eje X por debajo de 0.

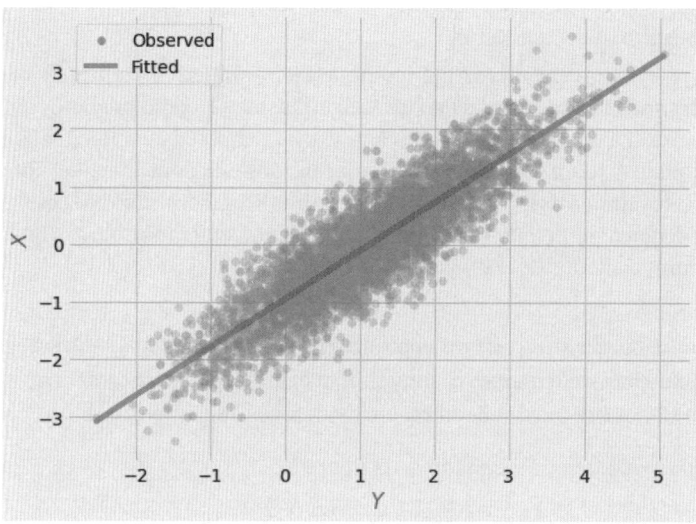

Figura 3.4. Visualización del modelo inverso.

El modelo de regresión en sí no nos ayuda a entender qué variable es la causa y cuál el efecto. Para determinarlo, necesitamos algún tipo de conocimiento externo.

Las atribuciones causales resultan cada vez más complicadas en la regresión múltiple, en la que cada predictor adicional puede influir en la relación entre las variables del modelo. Por ejemplo, el coeficiente aprendido para la variable X podría ser 0.63, pero cuando añadimos la variable Z al modelo, el coeficiente para X cambia a -2.34. Una pregunta natural en estos casos es la siguiente: si el coeficiente ha cambiado, ¿cuál es aquí el verdadero efecto?

Analicemos esta cuestión desde el punto de vista del control estadístico.

¿Deberíamos siempre controlar todas las covariables disponibles?

La regresión múltiple ofrece a los científicos y analistas una herramienta para realizar control estadístico (un procedimiento que elimina influencias no deseadas de determinadas variables del modelo). En esta sección, exploraremos distintas perspectivas sobre control estadístico e intuiremos la razón por la que el control estadístico puede llevarnos fácilmente por el mal camino.

Empecemos con un ejemplo. Al estudiar los predictores de la dislexia, quizá nos interese entender si el hecho de que los padres fumen influye en el riesgo de dislexia de sus hijos. En nuestro modelo, nos podría interesar controlar la educación de los padres, ya que podría afectar a la atención que dedican los padres a la lectura y escritura de sus hijos, y esto a su vez podría impactar en las habilidades y otras características de los niños. Al mismo tiempo, el nivel de educación podría reducir la probabilidad de fumar, dando posiblemente lugar a confusión. Pero, ¿cómo sabemos realmente si se trata de un factor de confusión?

En ciertos casos podemos remitirnos a investigaciones anteriores para hallar una respuesta o, al menos, una pista. En otros, podemos fiarnos de nuestra intuición o conocimiento del mundo (por ejemplo, sabemos que las habilidades de un niño en un determinado momento no pueden ser causa de la educación pasada de los padres). No obstante, en muchos casos, nos quedaremos sin una respuesta clara. Esta inevitable incertidumbre ha dado lugar al desarrollo de varias heurísticas, que guían en la elección de variables que deberían incluirse como controles estadísticos.

Navegar por el laberinto

Una de las heurísticas existentes es controlar tantas variables como sea posible. Esta idea se basa en «la (...) suposición de que añadir variables de control produce necesariamente pruebas de hipótesis más conservadoras» (traducido de: Becker *et al.*, 2016). Lamentablemente, esto no es cierto. Es más, controlar las variables erróneas puede distorsionar gravemente los resultados, incluyendo la creación de efectos falsos y signos de efectos inversos.

Algunos autores ofrecen heurísticas más ajustadas. Por ejemplo, Becker y sus colegas (Becker *et al.* (2016): `https://www.semanticscholar.org/paper/Statistical-control-in-correlational-studies:-10-Becker-Atinc/79ef4e505101a050f55418b7c0323eaabc82a95d`) compartieron una serie de diez recomendaciones sobre cómo abordar el control estadístico. Algunas de ellas son las siguientes (el orden original se indica entre paréntesis):

* Si no estás seguro de una variable, no la utilices como control (1).
* Usa variables de control conceptualmente significativas (3).
* Realiza pruebas comparativas de las relaciones entre las variables independientes y las de control (7).
* Obtén resultados con y sin las variables de control y contrasta tus descubrimientos (8).

Veremos en un momento un par de ejemplos de situaciones que dan lugar a confusión pero, primero, analicemos con detalle algunas de las recomendaciones del autor.

Si no sabes adónde vas, puedes acabar en cualquier otro sitio

Las recomendaciones (1) y (3) desaconsejan añadir variables al modelo. Esto quizá parezca razonable: si no estás seguro, no las añadas, porque podrías romper algo por accidente. Parece racional, quizá porque la mayoría de nosotros hemos visto o participado en situaciones como esta en la vida real: alguien no entiende cómo funciona algo, hace algo que le parece sensato, pero no es consciente de sus propios puntos ciegos y entonces la cosa se rompe.

Un aspecto importante de esta historia es que la cosa está rota, lo que sugiere que antes funcionaba bien. No es necesariamente una suposición válida desde el punto de vista causal. No incluir una variable en el modelo podría también dar lugar a confusión y falsedad, dado que hay varios patrones de estructura de independencia posibles entre tres variables cualesquiera. Consideremos el modelo causal estructural presentado en la figura 3.5.

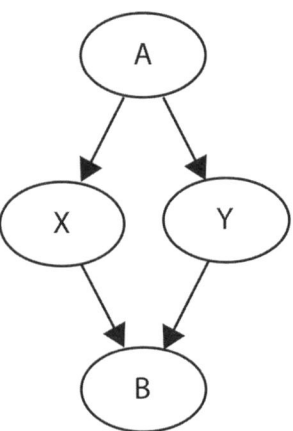

Figura 3.5. Un modelo SCM de ejemplo con varios patrones que dan lugar a asociaciones falsas.

Más sobre las representaciones gráficas de modelos SCM

La representación del modelo SCM de la figura 3.5 difiere ligeramente de la que empleamos en el capítulo anterior. Primero, no contiene variables de ruido. Se puede considerar como una versión simplificada con variables de ruido implícitos (más clara y más centrada). Segundo, los nodos se representan como elipses en vez de usar círculos, porque utilizamos el modo predeterminado de la librería `graphviz` para generarlos. La diferencia de formas no tiene ningún significado especial en nuestro caso. No obstante, esta es una estupenda oportunidad para presentar `graphviz`, un paquete de software y librería de Python para visualización de diagramas. Es una herramienta útil cuando se trabaja con modelos causales y grafos o redes pequeñas. Para aprender la sintaxis básica de `graphviz`, recomiendo utilizar los archivos de ejemplo del libro. Si se desea una introducción más completa, conviene consultar su documentación (`https://graphviz.readthedocs.io/en/stable/`).

Por la estructura del modelo, se ve claramente que X e Y son causalmente independientes. No hay flecha entre ellas, ni una ruta dirigida que las conecte de manera indirecta. Ajustemos cuatro modelos y analicemos qué variables, una vez controladas, conducen a relaciones falsas entre X e Y.

1. Primero, empezaremos de un modo sencillo con un modelo que regresa Y sobre X.

2. Después, añadiremos A a este modelo.

3. A continuación, ajustaremos un modelo sin A, pero con B.

4. Para terminar, crearemos un modelo con las cuatro variables.

De los cuatro modelos, ¿cuáles captarán correctamente la independencia causal entre X e Y? Animo al lector a escribir sus hipótesis en un papel antes de que revelemos la respuesta. ¿Preparados? ¡Averigüémoslo!

El código de este experimento está en los archivos de ejemplo del libro `Chapter_03.ipynb`. Sigamos estas instrucciones:

1. Primero, definamos el modelo SCM:

```
a = np.random.randn(N_SAMPLES)
x = 2 * a + 0.5 * np.random.randn(N_SAMPLES)
y = 2 * a + 0.5 * np.random.randn(N_SAMPLES)
b = 1.5 * x + 0.75 * y
```

Tengamos en cuenta que todos los coeficientes empleados para dimensionar las variables se eligen de manera arbitraria.

2. Después, definamos cuatro variantes del modelo y ajustemos los modelos de forma iterativa:

```
# Define four model variants
variants = [
    [x],
    [x, a],
    [x, b],
    [x, a, b]
]

# Fit models iteratively and store the results
for variant in variants:
    X = sm.add_constant(np.stack(variant).T)
    model = sm.OLS(y, X)
    fitted_model = model.fit()
```

3. Por último, examinemos los resultados en la tabla 3.1.

Tabla 3.1. Resumen de los resultados de cuatro modelos de regresión.

Modelo	X		A		B	
	Valor p	Coeficiente	Valor p	Coeficiente	Valor p	Coeficiente
$Y \sim X$	$< .001$	0.947	-	-	-	-
$Y \sim X + A$	.6565	0.014	$<.001$	1.967	-	-
$Y \sim X + B$	$< .001$	-2.000	-	-	$< .001$	1.333
$Y \sim X + A + B$	$< .001$	-2.000	$<.001$	0.000	$< .001$	1.333

Lo que vemos en la tabla 3.1 es que el único modelo que reconoció la independencia causal de X e Y correctamente (el valor p grande para X, sugiriendo la falta de significado) es el segundo modelo ($Y \sim X + A$). Sin duda esto nos muestra que los demás esquemas de control estadístico condujeron a resultados no válidos, incluyendo el modelo que controla variables adicionales.

¿Por qué funcionó el control de *A* y no funcionaron los demás esquemas? La respuesta tiene tres elementos:

- Primero, *A* es un factor de confusión entre *X* e *Y*, y necesitamos controlarlo para poder eliminar la confusión. Esta situación es estructuralmente idéntica a la del ejemplo del helado del primer capítulo.

- Segundo, *X*, *Y* y *B* forman un patrón que denominamos colisionador o inmoralidad. Este patrón tiene un comportamiento muy interesante: permite el flujo de información entre las variables padre (*X* e *Y* en nuestro caso) cuando controlamos la variable hija (*B* en nuestro ejemplo). Esto es exactamente lo contrario de lo que ocurrió cuando controlamos *A*.

- Tercero, no controlar ninguna variable da lugar al mismo resultado en términos del significado de *X* que controlar *A* y *B* (nótese que los resultados son distintos en términos de coeficientes, pero como ahora nos interesan las propiedades estructurales del sistema, esto tiene una importancia secundaria). Esto es exactamente porque los efectos del control de *A* y *B* son exactamente opuestos desde un punto de vista estructural y se anulan mutuamente.

Dedicaremos el capítulo 5 completo a tratar con detalle el colisionador y otros dos patrones gráficos (ya conoces sus nombres, ¿verdad?).

Participemos

Volvamos ahora a las recomendaciones dadas por Becker y sus colegas. Las recomendaciones (7) y (8) son interesantes. Realizar pruebas comparativas entre variables puede resultar de inmensa utilidad en el descubrimiento de relaciones causales entre ellas. Aunque Becker propone realizar las pruebas solo entre variables independientes y de control, no tenemos que (y no debemos) limitarnos a esto. De hecho, las pruebas comparativas de independencia son un ingrediente esencial de algunos de los métodos de descubrimiento causal que analizaremos en la parte 3, «Descubrimiento causal».

¿Controlar o no controlar?

El hecho de que personas inteligentes de todo el mundo creen heurísticas para decidir si una determinada variable se debe incluir en un modelo pone de manifiesto lo difícil que resulta comprender las relaciones causales entre variables, en los escenarios complejos y ruidosos del mundo real.

Si tuviéramos pleno conocimiento del grafo causal, la tarea de decidir qué variables debemos controlar resultaría relativamente sencilla (y, tras leer los próximos dos capítulos, puede que incluso parezca casi trivial). Si se desconoce la verdadera estructura causal, la decisión es fundamentalmente difícil.

No existe una solución única para la cuestión de controlar o no controlar, pero entender la causalidad ayudará a tomar decisiones mucho más acertadas en este sentido.

La causalidad no ofrece un nuevo punto de vista sobre el control estadístico, sino una óptica totalmente nueva que permite ver lo invisible desde la perspectiva del primer peldaño de la escalera de la causalidad. Para disponer de un resumen de lo que constituyen buenos y malos controles, recomiendo el excelente artículo de Cinelli *et al.* (2022: `https://ftp.cs.ucla.edu/pub/stat_ser/r493.pdf`).

Modelos de regresión y estructurales

Antes de concluir este capítulo, estudiemos la conexión entre modelos de regresión y SCM. Quizá el lector ya tenga la intuición de que están relacionados de algún modo. En esta sección hablaremos de la naturaleza de esta relación.

Modelos SCM

En el capítulo anterior aprendimos que los modelos SCM son una herramienta útil para codificar modelos causales. Consisten en una serie de variables (exógenas y endógenas) y unas cuantas funciones que definen las relaciones entre estas variables. Vimos que los SCM se representan como grafos, donde los nodos representan las variables y las aristas dirigidas representan las funciones. Por último, aprendimos que los modelos SCM producen distribuciones intervencionistas y contrafactuales.

> **Los modelos SCM y las ecuaciones estructurales**
>
> En la literatura causal, los nombres modelo de ecuación estructural o SEM (*Structural Equation Model*) y modelo causal estructural o SCM (Structural Causal Model) a veces se intercambian (por ejemplo, Peters *et al.*, 2017). Otros hacen referencia a los modelos SEM como una familia de técnicas específicas de modelado multivariado con variables latentes (por ejemplo, Bollen y Noble, 2011). SEM, como técnica de modelado, es un tema amplio y rico. Para una buena introducción al respecto, recomiendo Pearl (2012).

Regresión lineal frente a modelos SCM

La regresión lineal es un modelo que nos permite cuantificar la fuerza (relativa) de una relación (lineal en parámetros) entre dos o más variables. No hay noción alguna de direccionalidad causal en la regresión lineal y, en este sentido, no sabemos qué dirección (si hay alguna) es la correcta causalmente hablando. Esta condición se conoce como equivalencia observacional (Peters *et al.*, 2017).

Encontrar el vínculo

En la sección anterior utilizamos regresión lineal para estimar coeficientes que interpretamos como estimaciones causales de la fuerza de una relación entre variables.

Al ajustar los cuatro modelos que describen el SCM de la figura 3.5, vimos que en el modelo correcto ($Y \sim X + A$), la estimación del coeficiente para A era igual a 1.967. Es una cantidad muy próxima al verdadero coeficiente, que era igual a 2. Este resultado muestra la dirección de nuestra conclusión.

La regresión lineal se emplea para estimar efectos causales, dado que conocemos la estructura causal subyacente (que nos permite elegir qué variables deberíamos controlar) y que el sistema subyacente es lineal en términos de parámetros.

Los modelos lineales son un microscopio útil para el análisis causal (Pearl, 2013).

Para afianzar nuestra intuición en referencia al vínculo entre la regresión lineal y los modelos SCM, creemos otro modelo SCM, que será lineal en términos de parámetros pero no lineal en términos de datos, y estimemos sus coeficientes con regresión lineal.

1. Como siempre, empecemos diseñando la estructura causal. La figura 3.6 muestra una representación gráfica de nuestro modelo.

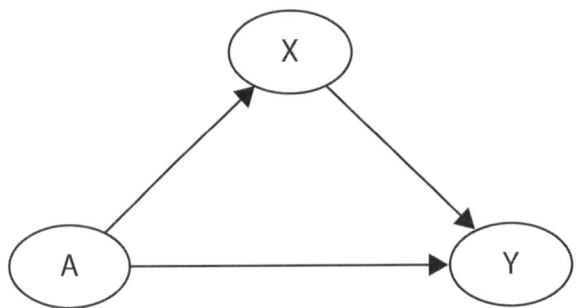

Figura 3.6. Representación gráfica de un modelo SCM de ejemplo.

2. A continuación, definamos las asignaciones funcionales (emplearemos los mismos ajustes que antes para el tamaño de la muestra y la semilla aleatoria):

```
a = np.random.randn(N_SAMPLES)
x = 2 * a + .7 * np.random.randn(N_SAMPLES)
y = 2 * a + 3 * x + .75 * x**2
```

3. Añadamos una constante y después inicialicemos y ajustemos el modelo:

```
X = sm.add_constant(np.stack([x, x**2, a]).T)
model = sm.OLS(y, X)
fitted_model = model.fit()
print(fitted_model.summary(xname=['const', 'x',
    'x^2', 'a']))
```

Observamos que nuestra asignación funcional contenía no solamente X sino también X^2. Queremos asegurarnos de que añadimos también el término cuadrado al modelo. Esta es la forma más sencilla de introducir la no linealidad en un modelo de regresión lineal. Vemos asimismo que el modelo sigue siendo lineal en parámetros (solamente utilizamos suma y multiplicación).

Otra cosa importante que se advierte es que incluimos A en el modelo, dado que A es un factor de confusión de nuestro conjunto de datos y (como aprendimos antes) hemos de tener el control de un factor de difusión para obtener estimaciones no sesgadas.

Muy bien, veamos los resultados.

```
                        OLS Regression Results
================================================================================
Dep. Variable:                      y   R-squared:                        1.000
Model:                            OLS   Adj. R-squared:                   1.000
Method:                 Least Squares   F-statistic:                  3.294e+32
Date:                Sun, 05 Mar 2023   Prob (F-statistic):                0.00
Time:                        12:51:10   Log-Likelihood:                  30899.
No. Observations:                1000   AIC:                          -6.179e+04
Df Residuals:                     996   BIC:                          -6.177e+04
Df Model:                           3
Covariance Type:            nonrobust
================================================================================
                 coef    std err          t      P>|t|      [0.025      0.975]
--------------------------------------------------------------------------------
const        -2.22e-16   3.57e-16     -0.622      0.534   -9.23e-16    4.79e-16
x               3.0000   4.14e-16   7.25e+15      0.000       3.000       3.000
x^2             0.7500   4.78e-17   1.57e+16      0.000       0.750       0.750
a               2.0000   8.67e-16   2.31e+15      0.000       2.000       2.000
================================================================================
Omnibus:                        0.858   Durbin-Watson:                    1.912
Prob(Omnibus):                  0.651   Jarque-Bera (JB):                 0.763
Skew:                          -0.062   Prob(JB):                         0.683
Kurtosis:                       3.054   Cond. No.                          24.4
================================================================================
```

Figura 3.7. Los resultados del modelo con un término no lineal.

La figura 3.7 muestra los resultados de nuestro análisis de regresión. El coeficiente de X está marcado como x, el coeficiente de X^2 como x^2, y el coeficiente de A como a. Si comparamos los valores de coeficiente con los coeficientes verdaderos de nuestro SCM, detectamos que son exactamente iguales, porque hemos configurado Y como una función determinista de X y A, sin añadir ruido alguno.

También observamos que el modelo decodificó correctamente el coeficiente para el término no lineal (X^2). Aunque la relación entre X^2 e Y es no lineal, están relacionados mediante una asignación funcional lineal.

Regresión y efectos causales

Hemos visto un ejemplo de regresión lineal con un solo predictor y otro con un término cuadrático adicional. En el caso puramente lineal, la interpretación causal del resultado de la regresión es sencilla: el coeficiente de X representa la magnitud del impacto causal de X sobre Y.

Para consolidar nuestra intuición, veamos un ejemplo.

Si el coeficiente de X es igual a 6.7, esperamos que aumentando el valor de X en 1, observemos un incremento de 6.7 en Y.

Esto también se puede generalizar a la regresión múltiple. Si tuviéramos tres predictores, X_1, X_2 y X_3, cada uno de sus respectivos coeficientes tendría una interpretación ambigua. El coeficiente de X_1 cuantificaría el efecto causal de X_1 sobre Y (manteniendo todo lo demás constante), y así sucesivamente.

Al añadir una versión transformada de una variable al modelo (como hicimos al añadir X^2), la interpretación resulta levemente menos intuitiva.

Para entender cómo interpretar los coeficientes de un modelo como este, volvamos primero al caso sencillo de variable única.

Representemos el caso de la variable única con la siguiente fórmula simplificada (omitimos la intercepción y el ruido):

$$Y = \beta_1 X_1$$

Dijimos antes que el coeficiente cuantifica la magnitud del impacto de X_1 sobre Y. Esto se puede entender como una derivada de Y con respecto a X_1.

Si el lector sabe algo de cálculo, rápidamente habrá observado que esta derivada es igual a β_1 (nuestro coeficiente). Si no es así, no hay de qué preocuparse.

Añadamos ahora el término cuadrático de nuestra ecuación:

$$Y = \beta_1 X_1 + \beta_2 X_1^2$$

Tomar la derivada de esta expresión con respecto a X_1 nos dará lo siguiente:

$$\frac{dY}{dX_1} = \beta_1 + 2\beta_2 X_1$$

Tengamos en cuenta que podemos obtener este resultado aplicando a nuestra ecuación una técnica denominada regla de la potencia (https://mathworld.wolfram.com/PowerRule.html).

Una cosa interesante es que ahora la magnitud del impacto de X_1 sobre Y depende del valor de X_1. Ya no se cuantifica únicamente por su coeficiente. Cuando el efecto de una variable sobre el resultado depende del valor de la variable, decimos que el efecto es heterogéneo. Hablaremos de efectos heterogéneos en la parte 2, «Inferencia causal».

Nótese que otra perspectiva del término cuadrático es que es un caso especial de interacción entre X_1 y el propio término. Esto es congruente con la definición multiplicativa de interacción que presentamos anteriormente en este capítulo. Desde esta óptica, el término cuadrático puede verse como $X_1 \cdot X_1$.

Resumiendo, añadir términos no lineales a modelos de regresión lineal complica la interpretación de estos modelos (aunque no la imposibilita). Esto es cierto en ambos enfoques (asociativo y causal).

La interpretación causal de la regresión lineal solo es válida cuando no hay relaciones falsas en los datos. Este es el caso en dos situaciones: cuando se controla un conjunto de todas las variables necesarias (a veces este conjunto puede estar vacío) o cuando los datos proceden de un experimento aleatorio correctamente diseñado. Cada vez que se realiza un análisis de regresión sobre datos observacionales arbitrarios del mundo real, existe un riesgo importante de que haya factores de confusión ocultos en los datos y, por tanto, las conclusiones causales de dicho análisis sean (causalmente) sesgadas.

Además, recordemos que para obtener un modelo de regresión válido, deben cumplirse una serie de hipótesis básicas de regresión (linealidad en los parámetros, homocedasticidad de la varianza, independencia de las observaciones y normalidad de Y para cualquier valor fijo de X). Para obtener más información sobre estas hipótesis, consulte Westfall y Arias (2022, págs. 17-19).

Para terminar

Este capítulo ha proporcionado mucho material. Felicidades por llegar al final.

En él hemos aprendido los vínculos entre regresión, datos observacionales y modelos causales. Empezamos revisando la regresión lineal. Después, tratamos el concepto de control estadístico y demostramos cómo puede llevarnos por mal camino. Analizamos algunas recomendaciones sobre el control estadístico y las evaluamos desde una perspectiva causal. Por último, examinamos los vínculos entre la regresión lineal y los modelos SCM.

Una comprensión sólida de los vínculos entre los datos observacionales, la regresión y el control estadístico nos ayudará a movernos con soltura en el mundo de modelos mucho más complejos, que empezaremos a introducir en la parte 2, «Inferencia causal».

Ya estamos preparados para examinar con detalle el aspecto gráfico de los modelos causales. Nos vemos en el próximo capítulo.

Referencias

Becker, T. E., Atinc, G., Breaugh, J. A., Carlson, K. D., Edwards, J. R. y Spector, P. E. (2016). «Statistical control in correlational studies: 10 essential recommendations for organizational researchers». *Journal of Organizational Behavior, 37*(2), 157-167.

Bollen, K. A. y Noble, M. D. (2011). «Structural equation models and the quantification of behavior». PNAS: Actas de la Academia Nacional de Ciencias de Estados Unidos de América, 108 (Supl. 3), 15639-15646.

Cinelli, C., Forney, A. y Pearl, J. (2022). «A Crash Course in Good and Bad Controls». *Sociological Methods & Research, 0*(0), 1-34.

Kline, R. B. (2015). *Principles and Practice of Structural Equation Modeling*. Guilford Press.

Murphy, K. P. (2022). *Probabilistic Machine Learning: An Introduction*. MIT Press.

Pearl, J. (2012). «The causal foundations of structural equation modeling». En Hoyle, R. H. (ed.), *Handbook of structural equation modeling* (págs. 68–91). Guilford Press.

Pearl, J. (2013). «Linear Models: A Useful "Microscope" for Causal Analysis». *Journal of Causal Inference, 1*(1), 155-170.

Peters, J. Janzing, D. y Schölkopf, B. (2017). *Elements of Causal Inference: Foundations and Learning Algorithms*. MIT Press.

Wasserstein, R. L. y Lazar, N. A. (2016). «The ASA Statement on p-Values: Context, Process, and Purpose». *The American Statistician, 70*(2), 129-133.

Westfall, P. H. y Arias, A. L. (2022). *Understanding Regression Analysis: A Conditional Distribution Approach*. CRC Press LLC.

4

Modelos gráficos

Bienvenidos al capítulo 4.

Hasta ahora, para visualizar nuestros modelos, hemos utilizado sobre todo grafos. En este capítulo veremos que, desde el punto de vista causal, los grafos son mucho más que solo una herramienta de visualización. Empezaremos con un repaso general de los grafos y de su teoría básica. A continuación, debatiremos la idea de los modelos gráficos y el papel de los grafos acíclicos dirigidos o DAG (*Directed Acyclic Graphs*) en la causalidad. Por último, veremos cómo hablar de causalidad más allá de los DAG. Al final de este capítulo, el lector debe tener una sólida comprensión de lo que son los grafos y de cómo se relacionan con la inferencia y el descubrimiento causal.

Este conocimiento nos servirá como fundamento para entender el capítulo 5. El capítulo actual y el siguiente son esenciales para comprender la esencia misma de la inferencia causal, tal como se entiende en este libro.

En este capítulo, trataremos los siguientes temas:

- Un repaso de los grafos.
- Modelos gráficos en causalidad.
- Grafos DAG causales.
- Causalidad más allá de los grafos DAG.

Grafos, grafos, grafos

Esta sección será un repaso rápido de los grafos y su teoría básica. Si el lector no está familiarizado con ellos, no hay de qué preocuparse, pues podrá tratar esta sección como un curso acelerado sobre el tema. Empecemos.

Los grafos se definen de varias maneras. Se pueden considerar como estructuras matemáticas discretas, representaciones abstractas de entidades del mundo real y de las relaciones entre ellas, o estructuras de datos computacionales. Todas estas posibilidades tienen en común los componentes básicos de los grafos: los nodos (también llamados vértices) y las aristas (arcos o líneas) que conectan los nodos.

Tipos de grafos

Podemos dividir los grafos en tipos basándonos en diversos atributos. Hablemos de los más relevantes desde el punto de vista causal.

No dirigidos frente a dirigidos

Los grafos dirigidos tienen aristas dirigidas, mientras que los no dirigidos tienen líneas no dirigidas. La figura 4.1 presenta un ejemplo de ambos tipos de grafos.

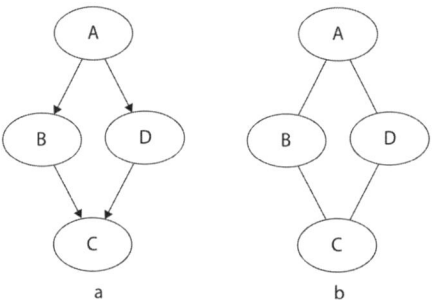

Figura 4.1. Grafos dirigido (a) y no dirigido (b).

Como vimos en el capítulo anterior, marcamos la dirección de la arista con una flecha. Las líneas sin flecha indican aristas no dirigidas. También se ven en ocasiones líneas con dos flechas (en ambas direcciones) que denotan una arista no dirigida o bien indican correlación en lugar de causalidad (por ejemplo, en modelos de ecuaciones estructurales).

En ciertos casos, es posible que no conozcamos por completo la orientación de todas las aristas de un determinado grafo.

Cuando sí conocemos todas las aristas del grafo, pero no estamos seguros de la dirección de algunas de ellas, empleamos grafos acíclicos parcialmente dirigidos completos o CPDAG (*Complete Partially Directed Acyclic Graphs*) para representar estos casos.

Los grafos CPDAG son un caso especial de una clase más amplia de grafos parcialmente dirigidos.

En la parte 3, «Descubrimiento causal», veremos que algunos métodos de descubrimiento causal solo recuperan en ciertos casos estructuras causales parciales a partir de los datos. Estas estructuras se codifican como grafos parcialmente dirigidos.

En general también existen grafos con distintos tipos de aristas, indicando distintos tipos de relaciones entre nodos. Esto ocurre a menudo en grafos de conocimiento, ciencia de redes y en algunas aplicaciones de las redes neuronales de grafos. En este libro nos centraremos casi exclusivamente en grafos con un solo tipo de arista.

Cíclicos frente a acíclicos

Los grafos cíclicos son grafos que permiten bucles. En general, los bucles son caminos que van de un determinado nodo a sí mismo. Los bucles pueden ser directos (yendo de un nodo a sí mismo) o indirectos (yendo a otros nodos). La figura 4.2 presenta un ejemplo de un grafo acíclico y otro cíclico.

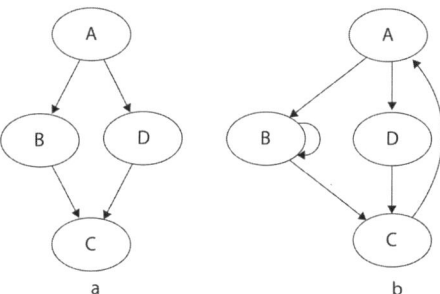

Figura 4.2. Grafos acíclico (a) y cíclico (b).

El grafo de la derecha de la figura 4.2 (b) contiene dos tipos de bucles. Hay uno formado entre el nodo *B* y sí mismo y hay otros dos bucles más grandes. ¿Puedes localizarlos?

Empecemos en *A*. Hay dos caminos que podemos tomar. Si vamos a *B*, podemos quedarnos en *B* (mediante su bucle) o pasar a *C*. Desde *C*, solo podemos volver a *A*. Pero si pasamos de *A* a *D*, también podemos ir a *C* y volver a *A* desde allí.

La mayoría de los métodos que presentaremos en este libro supondrán que el sistema subyacente se puede representar con precisión con un grafo acíclico. Dicho esto, también existen métodos causales que soportan relaciones cíclicas (y que veremos brevemente en la última sección de este capítulo).

Conectados frente a desconectados

En los grafos conectados, todo nodo tiene una arista con al menos otro nodo; por ejemplo, el grafo (a) de la figura 4.3. Un grafo totalmente conectado contiene aristas entre todos los posibles pares de variables. Los grafos desconectados no contienen aristas.

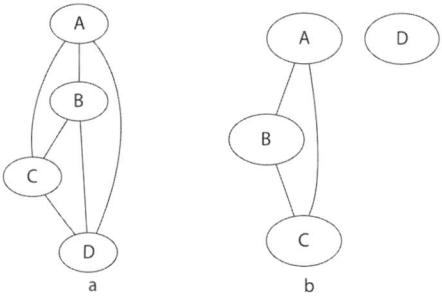

Figura 4.3. Grafos conectado (a) y parcialmente conectado (b).

En la figura 4.3, vemos un grafo totalmente conectado a la izquierda (a) y otro parcialmente conectado a la derecha (b). Tengamos en cuenta que los grafos del mundo real pocas veces están totalmente conectados (lo que significaría que todo está relacionado directa y causalmente con todo lo demás como causa o bien como efecto).

Ponderado frente a no ponderado

Los grafos ponderados contienen información adicional sobre las aristas. Cada una de ellas lleva asociado un número (denominado peso), que puede representar la fuerza de la conexión entre dos nodos, la distancia entre ellos o cualquier otra medida que sea útil en una determinada situación. En ciertos casos, los pesos pueden estar restringidos a ser positivos (por ejemplo, al configurar la distancia). Los grafos no ponderados no tienen pesos en las aristas; como alternativa se pueden considerar un caso especial de un grafo ponderado con los pesos de todas las aristas fijados en 1. En el contexto de la causalidad, los pesos de las aristas codifican la fuerza del efecto causal (nótese que solo tendrá sentido en el caso lineal en el que todas las ecuaciones estructurales son lineales sin interacciones).

Representaciones de un grafo

Ya estamos preparados para hablar de las distintas maneras de representar un grafo.

Hasta ahora hemos visto los grafos suficientes para entender cómo se presentan de una manera visual. Esta representación es muy intuitiva y fácil de manejar para las personas (al menos en el caso de grafos pequeños), pero no es muy eficiente para los ordenadores.

Se han descubierto un par de formas de representar grafos de un modo que sea legible para un ordenador. Una bastante intuitiva es plasmarlo como una lista de nodos y otra de aristas. Una de las ventajas radica en que se puede ampliar fácilmente para añadir información adicional sobre nodos o aristas, además de ser relativamente legible para las personas (en el caso de grafos pequeños). Pero, al mismo tiempo, no es muy eficiente desde el punto de vista computacional.

Para optimizar determinados tipos de cálculos, representamos un grafo como una matriz de adyacencia. Esta representación conserva la información de la estructura del grafo y (posiblemente) la fuerza de las conexiones entre los nodos. Pero las matrices de adyacencia tienen una limitación: no pueden contener metadatos sobre nodos o aristas, aunque este problema es de fácil solución.

Matrices de adyacencia

Una matriz de adyacencia no ponderada es una matriz que solo contiene ceros y unos. El uno representa una arista, y el cero la falta de ella. Los nodos se codifican como índices de fila y columna. Normalmente usamos indexación cero, que significa que empezamos a contar desde cero (refiriéndonos a la primera fila de la matriz como la fila de la posición 0).

Las matrices de adyacencia son matrices cuadradas $M \times M$, donde M es el número de nodos. Cada entrada positiva de la matriz codifica una arista entre un par de nodos.

Veamos un par de ejemplos para aclarar todo esto. Empezaremos con algo muy sencillo.

Figura 4.4. Matriz de adyacencia de 2 x 2 y el grafo correspondiente.

La figura 4.4 presenta una matriz de adyacencia de 2 x 2 y su correspondiente grafo. El único elemento que no es cero (1) de la matriz está ubicado en la esquina superior derecha. Su índice es $(0, 1)$ porque el elemento está en la fila de la posición 0 y en la primera columna. Esto significa que solo hay una arista en el grafo que va del nodo 0 (el índice de fila) al nodo 1 (el índice de columna). Con el grafo de la derecha verificamos esto. Veamos otro ejemplo.

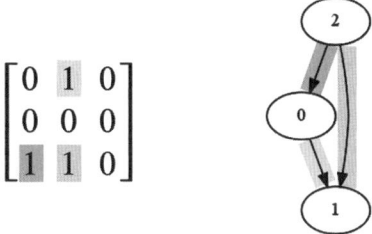

Figura 4.5. Una matriz de adyacencia de 3 x 3 y el grafo correspondiente.

En la figura 4.5 vemos una matriz de adyacencia de 3 x 3 con tres entradas que no son cero. Sus respectivos índices son $(0, 1)$, $(2, 0)$ y $(2, 1)$, que se traducen en tres aristas: del nodo 0 al nodo 1, del nodo 2 al nodo 0, y del nodo 2 al nodo 1. En el grafo correspondiente podemos ver las respectivas aristas.

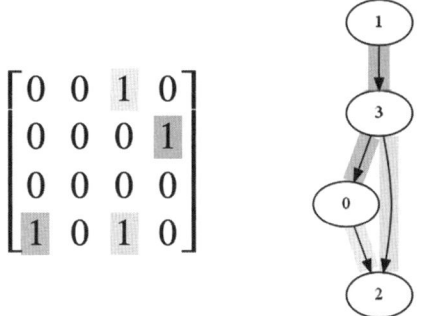

Figura 4.6. Una matriz de adyacencia de 4 x 4 y el grafo correspondiente.

La figura 4.6 muestra una matriz de 4 x 4 y el correspondiente grafo de 4 nodos.

Hay cuatro unos, que se traducen en cuatro aristas del grafo: de 0 a 2, de 1 a 3, de 3 a 0 y de 3 a 2.

Dirigido y acíclico

Seguramente el lector habrá observado que todas las matrices de nuestros ejemplos tienen ceros en la diagonal.

Esto no es por accidente. Todas las matrices anteriores representan grafos DAG válidos, es decir, un tipo de grafo sin ciclos y solamente con aristas dirigidas.

Pero, ¿cómo se relaciona esto con los valores de la diagonal?

Cualquier entrada de la diagonal de una matriz tendrá un índice con la forma (i, i), indicando una arista desde el nodo i a sí mismo.

En otras palabras, cualquier entrada de la diagonal que sea uno denotaría un bucle.

Esto significa que un grafo DAG válido siempre debe tener ceros en la diagonal. Los bucles, representados por unos en la diagonal, darían lugar a ciclicidad, y los grafos DAG son acíclicos por definición.

Si el lector está familiarizado con el álgebra lineal de matrices, quizá le haya dado por pensar que el hecho de que una matriz tenga solo ceros en la diagonal nos ofrece una información importante sobre su traza y sus valores propios.

¡Una fantástica intuición!

Esta idea es aprovechada por varios métodos de descubrimiento causal para asegurar que un grafo que estamos tratando de encontrar sea un DAG válido. Aprenderemos más acerca de estos métodos en la parte 3, «Descubrimiento causal».

Grafos en Python

Ya estamos preparados para practicar.

Hay muchas opciones para definir grafos en Python, y practicaremos dos de ellas: una con el lenguaje de modelado de grafos o GML (*Graph Modeling Language*) y otra con matrices de adyacencia. La figura 4.7 presenta una definición mediante GML de un grafo de tres nodos con dos aristas y el resultado. El código de esta figura y del resto de esta sección está en los archivos de ejemplo del libro.

> **Lenguajes de grafos en Python**
>
> El lenguaje GML es soportado por las librerías NetworkX y DoWhy de Python. Más detalles sobre GML y su sintaxis en esta dirección web: `https://github.com/GunterMueller/UNI_PASSAU_FMI_Graph_Drawing/blob/master/GML/gml-technical-report.pdf`.
>
> Otro lenguaje de grafos conocido es DOT. Una librería de Python dedicada denominada `pydot` (`https://pypi.org/project/pydot/`) permite leer, escribir y manipular con facilidad grafos DOT en Python puro. DOT es utilizado por `graphviz` y también se puede usar con NetworkX y DoWhy.

```
sample_gml = """graph [
directed 1

node [
    id 0
    label "0"
    ]

node [
    id 1
    label "1"
    ]

node [
    id 2
    label "2"
    ]

edge [
    source 0
    target 1
    ]

edge [
    source 2
    target 1
    ]
]
    """
```

Figura 4.7. Definición mediante GML de un grafo y el resultado.

La sintaxis del lenguaje GML se analiza empleando la función `parse_gml()` de NetworkX, que devuelve una instancia `networkx.classes.digraph.DiGraph` (digraph es la abreviatura de *directed graph*, grafo dirigido). El uso es muy sencillo:

```
graph = nx.parse_gml(sample_gml)
```

GML es bastante flexible, pero también bastante extenso. Definamos el mismo grafo con una matriz de adyacencia:

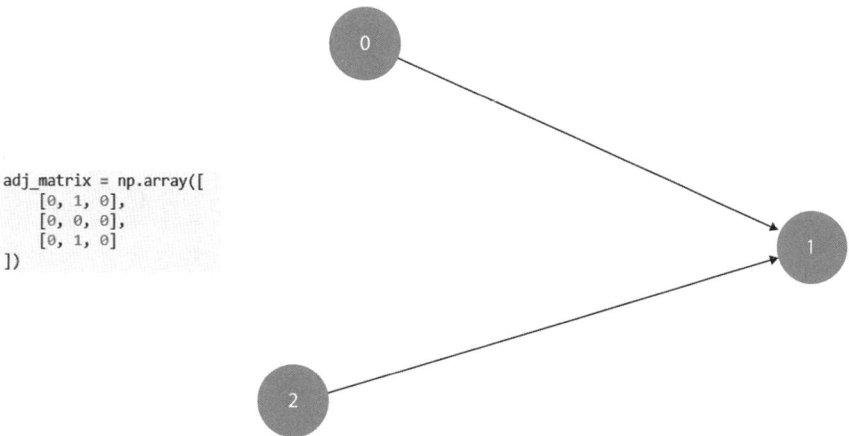

```
adj_matrix = np.array([
    [0, 1, 0],
    [0, 0, 0],
    [0, 1, 0]
])
```

Figura 4.8. Matriz de adyacencia de un grafo y el resultado.

La figura 4.8 muestra una matriz de adyacencia creada con NumPy y el grafo resultante. Como se puede observar, esta definición es mucho más compacta, de ahí que pueda ser mucho más utilizada directamente (sin análisis adicional) por muchos algoritmos. Para crear un grafo NetworkX a partir de una matriz de adyacencia, solo necesitamos una línea de código:

```
graph = nx.DiGraph(adj_matrix)
```

Utilizando `nx.DiGraph`, le decimos a NetworkX que queremos obtener un grafo dirigido. Para crear uno no dirigido, empleamos el objeto `nx.Graph`.

Practiquemos un poco creando el siguiente grafo con GML y una matriz de adyacencia, y visualizándolo con NetworkX:

- Grafo acíclico dirigido.

- Seis nodos.

- Seis aristas: (0, 1), (0, 3), (0, 5), (3, 2), (2, 4), (4, 5).

El resultado obtenido debería ser similar al mostrado en la figura 4.9.

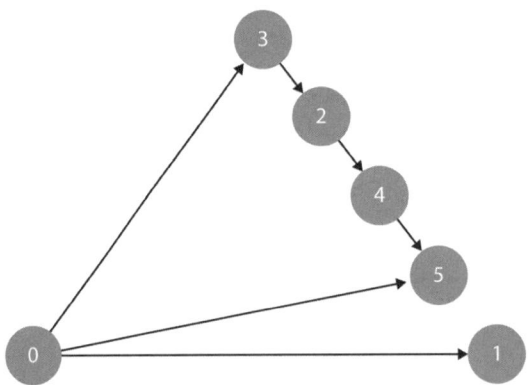

Figura 4.9. El grafo resultante.

En esta sección, hemos hablado de distintos tipos de grafos. Aprendimos lo que es un DAG y cómo crearlo en Python. Hemos visto que los grafos se representan de muchas formas distintas y hemos empleado dos de esas formas (GML y matrices de adyacencia) para crear nuestros propios grafos. Ahora estamos listos para hablar de los modelos gráficos.

¿Qué es un modelo gráfico?

En esta sección veremos qué son los modelos gráficos causales o GCM (*Graphical Causal Models*) y cómo pueden ayudar en inferencia y descubrimiento causal. Los modelos CGM se consideran un práctico marco que integra aspectos probabilísticos, estructurales y gráficos de la inferencia causal.

Formalmente hablando, podemos definir un modelo gráfico causal como un conjunto formado por un grafo y una serie de funciones, que inducen una distribución conjunta sobre las variables del modelo (Peters *et al.*, 2017).

Los componentes básicos de los grafos CGM son los mismos que los de cualquier grafo dirigido: nodos y aristas dirigidas. En un CGM, cada nodo está asociado a una variable. Es importante destacar que, en los modelos CGM, las aristas tienen una interpretación estrictamente causal, de manera que $A \rightarrow B$ significa que A causa B (uno de los factores que distinguen los modelos causales de las redes bayesianas; Pearl y Mackenzie, 2019, págs. 111-113). Los modelos GCM son muy potentes porque determinadas combinaciones de nodos y aristas pueden revelar información importante sobre los datos. En otras palabras, la mera estructura del grafo basta en algunos casos para decodificar información sobre relaciones estadísticas entre variables.

Esto funciona igualmente en la otra dirección; en ciertos casos podemos inferir la verdadera estructura del grafo causal mirando únicamente las relaciones estadísticas. Esto último es posible cuando se cumplen una hipótesis especial, denominada hipótesis de lealtad, y otras condiciones. Aunque la lealtad parece una hipótesis relativamente sencilla a primera vista, un examen más detallado revela desafíos subyacentes (Uhler *et al.*, 2013). Aprenderemos más sobre la lealtad en el capítulo 5.

Estas propiedades de los modelos CGM son la base de muchos métodos de inferencia y descubrimiento causal, y se aprovechan asimismo para adaptar dominios en presencia de factores de confusión no observados (Magliacane *et al.*, 2018), lo que supone una extensión flexible y muy práctica de las herramientas de descubrimiento causal.

Resumiendo, los modelos CGM se consideran un marco útil y potente que unifica las perspectivas probabilística, estructural y gráfica sobre inferencia causal. Los GCM son potentes porque ofrecen la posibilidad de traducir entre las propiedades gráficas del modelo y las propiedades estadísticas de los datos. Dicho todo esto, las definiciones de modelos CGM no son del todo coherentes en la literatura. En la mayor parte de este libro hablaremos de los CGM como formados por un grafo y una serie de asignaciones funcionales, lo que nos permitirá evitar la confusión asociada a las inconsistencias en la literatura, conservando al mismo tiempo los elementos más importantes de las representaciones gráfica y funcional.

A continuación, consolidemos nuestros conocimientos sobre los grafos DAG.

Los grafos acíclicos dirigidos en el País de las Maravillas Causal

Empezaremos esta sección revisando las definiciones de causalidad. Después, hablaremos de las motivaciones que están detrás de los grafos DAG y de sus limitaciones. Por último, formalizaremos el concepto de un DAG.

Definiciones de causalidad

En el primer capítulo vimos un par de definiciones históricas de la causalidad. Empezamos por Aristóteles, y después tratamos brevemente las ideas propuestas por David Hume. Recordemos que la definición de Hume (tal y como la presentamos) se centraba en las asociaciones, lo que nos llevó a estudiar cómo aprenden los bebés sobre el mundo utilizando la experimentación. Hemos comprobado que la experimentación nos permite ir más allá del ámbito de las observaciones interactuando con el entorno. La posibilidad de interactuar con el entorno es el núcleo de otra definición de causalidad que procede de Judea Pearl.

Pearl propuso algo muy sencillo, pero al mismo tiempo potente. Su definición es corta, ignora las complejidades ontológicas de la causalidad, y es bastante factible. Es la siguiente: *A* causa *B* si *B* escucha a *A* (Pearl y Mackenzie, 2019).

¿Qué significa que una variable escuche a otra? En términos pearlianos, significa que si cambiamos *A*, observamos también un cambio en *B*.

El concepto de que el cambio en una variable dé lugar a un cambio en otra está íntimamente relacionado con la lógica de las intervenciones. Veamos lo que ocurre cuando combinamos esta definición con la idea de un grafo DAG.

Grafos DAG y causalidad

Visualicemos un sencillo grafo DAG: $A \rightarrow B \rightarrow C$. Ahora imaginemos que realizamos una intervención sobre el nodo *B*, tras de lo cual el valor de *B* depende por completo de nuestra decisión.

En un caso como este, esperamos que *C* cambie su valor en consecuencia, ya que *C* escucha a *B*.

Por otro lado, bajo la intervención, *A* ya no influirá en *B*, porque nuestra intervención controla por completo el valor de *B*. Para reflejar esto en el grafo, eliminamos la arista de *A* a *B*.

A la operación de eliminar las aristas entrantes de un nodo sobre el que intervenimos se le denomina mutilación de grafo.

La mutilación de grafo es una forma intuitiva de presentar el impacto de la intervención y revela una idea de gran profundidad: que una intervención cambia la estructura del flujo de información entre variables.

La buena noticia es que no siempre necesitamos intervenciones para modificar el flujo de información en los datos. Si sabemos qué caminos del grafo deben mantenerse abiertos y cuáles cerrados, podemos aprovechar la potencia de la d-separación y el control estadístico para cerrarlos y abrirlos, lo que nos permitiría conocer la estructura del proceso de generación de datos a partir de los datos generados por este proceso. Aprenderemos más sobre la d-separación en el capítulo 6, y sobre la estructura del proceso de generación de datos en la parte 3, «Descubrimiento causal».

Antes de continuar, definamos formalmente los grafos DAG.

Pongámonos formales

El grafo DAG denominado *G* consiste en una serie de vértices *V* y otra serie de aristas dirigidas *A*. Cada nodo V_i está asociado a una variable aleatoria X_i. Marquemos una arista desde un vértice *i* a otro vértice *j* como $i \rightarrow j$. Llamamos a V_i padre de V_j, y a V_j le llamamos hijo de V_i. Para cualquier camino dirigido $i \rightarrow ... \rightarrow j$, con $k \in \mathbb{Z}_0^+$ (no negativo) vértices entre *i* y *j*, llamamos a V_i ancestro de V_j y a V_j descendiente de V_i. Nótese que como $k \geq 0$, los padres son un caso especial de ancestros y los hijos un caso especial de descendientes. Por definición, en un grafo DAG no hay rutas que comiencen en el vértice i y lleven al vértice i (directa o indirectamente).

Limitaciones de los grafos DAG

Los DAG parecen captar bastante bien ciertas intuiciones sobre la causalidad. La mayoría de las personas estarían de acuerdo en que tiene sentido hablar de la dirección de la influencia causal (¿se te ocurre alguna causalidad no dirigida?). Pero, al mismo tiempo, creo que pocas personas estarían de acuerdo en que la influencia causal no puede ser cíclica. Veamos un ejemplo.

Imaginemos una interacción entre dos personas. Una dice algo en el momento t_0 y la otra responde en el momento t_1. Podríamos crear un sencillo modelo de una conversación entre ambas de la siguiente manera:

$$P_{X=1}(t_j) := f\left(P_{X=2}(t_{j-1}), I_{X=1}(t_{j-1})\right)$$

$$P_{X=2}(t_{j+1}) := f\left(P_{X=1}(t_j), I_{X=2}(t_j)\right)$$

En la fórmula anterior, $P_X(t_j)$ es el enunciado del interlocutor X en el momento t_j, I_X es el estado interno del interlocutor X en el momento t_j, y $f(.)$ es una función (para este ejemplo, nos da igual qué función exactamente).

Para ser precisos, también deberíamos configurar los cambios en I_X (los estados internos de las dos personas), pero no lo haremos por motivos de simplicidad.

Si ejecutamos estas ecuaciones secuencialmente durante un número de pasos, veremos que lo que dijo la persona 1 en el momento t_j resultará depender de lo que dijeron en el momento t_{j-2}.

Lo mismo se aplica a la persona 2. Esto constituye un ciclo (indirecto).

Otro ejemplo (quizá más intuitivo para algunos lectores) procede del campo de la economía. Cuando la demanda del producto P crece, el fabricante podría aumentar la oferta con la esperanza de obtener posibles beneficios del mercado. El incremento de la oferta podría causar una caída del precio, lo que a su vez podría aumentar aún más la demanda.

En teoría, podríamos intentar configurar ambos ejemplos como una secuencia desenroscada de variables, pero este enfoque puede dar problemas, siendo el principal que es necesario crear una nueva variable para cada paso de tiempo, creando una representación muy poco eficiente.

Desde una perspectiva más general, los grafos DAG causales en particular, y los modelos SCM en general, tienen limitaciones. Tal y como lo expresan Peters y sus colegas: los modelos SCM son una «abstracción de procesos físicos subyacentes; abstracción cuyo dominio de validez como modelos causales es limitado» (traducido de Peters *et al.*, 2017). Dicho esto, los modelos SCM (pero no los DAG) se pueden adaptar al trabajo con ciclos (por ejemplo, Mooji y Claassen, 2020).

Fuentes de grafos causales en el mundo real

Ya hemos hablado de los grafos desde distintas perspectivas, pero no hemos abordado una importante cuestión práctica: ¿cuál es la fuente de los grafos causales en el mundo real?

En esta sección ofreceremos un breve repaso de dichas fuentes, dejando un análisis más detallado para la parte 3 de este libro. En un nivel alto, podemos agrupar las formas de obtener grafos causales en tres clases:

- Descubrimiento causal.
- Conocimiento experto.
- Una combinación de ambos.

Comentémoslas brevemente.

Descubrimiento causal

El descubrimiento causal y el aprendizaje de estructuras causales son términos genéricos que engloban distintos tipos de métodos empleados para descubrir la estructura causal a partir de datos observacionales o intervencionistas. Dedicamos la parte 3 completa de este libro a este tema.

Conocimiento experto

El conocimiento experto es un término que abarca varios tipos de conocimiento, que pueden ayudar a definir o desambiguar las relaciones causales entre dos o más variables. Dependiendo del contexto, el conocimiento experto podría referirse al conocimiento obtenido de pruebas controladas aleatorizadas, a las leyes de la física, a una amplia variedad de experiencias en una determinada área, etc.

Combinar descubrimiento causal y conocimiento experto

Algunos algoritmos de descubrimiento causal nos permiten incorporar fácilmente el conocimiento experto como prioridad. Esto significa que podemos congelar ciertas aristas del grafo o bien sugerir la existencia o dirección de dichas artistas. Trataremos algunos de estos enfoques en la parte 3 de este libro.

Extra: ¿existe la causalidad más allá de los grafos DAG?

En esta sección adicional, daremos un breve repaso de algunos enfoques a la causalidad no basados en grafos DAG. Esta es, sin duda, una guía incompleta y, en cierto modo, subjetiva.

Sistemas dinámicos

El escenario de dos personas interactuando que examinamos en la sección anterior describe un sistema dinámico. Este ejemplo concreto se inspira en la investigación realizada por un exrabino estadounidense reconvertido en psicólogo llamado John Gottman, que estudia las relaciones románticas humanas desde el punto de vista de los sistemas dinámicos (si el lector desea un resumen, lo encontrará en Gottman y Notarius, 2000, y Gottman *et al.*, 1999). Los sistemas dinámicos se suelen describir con distintas ecuaciones y no se pueden resolver analíticamente (si se desea disponer de un ejemplo de ecuaciones diferenciales aplicadas a las relaciones románticas, recomiendo revisar Strogatz, 1988). Los sistemas dinámicos se han estudiado ampliamente en física (Strogatz, 2018), biología (Cosentino y Bates, 2011) y psicología (Nowak y Vallacher, 1998), entre otros campos.

El método dinámico está estrechamente relacionado con la dinámica no lineal, la simulación, la teoría del caos y la ciencia de la complejidad. La investigación en estos campos se suele centrar en los efectos a nivel del sistema en vez de en las interacciones entre variables individuales. Un concepto importante en ciencia de la complejidad es la emergencia, un fenómeno en el que se observan ciertas propiedades en el nivel del sistema que no se pueden observar en el nivel de las partes que lo constituyen. Esta propiedad se describe como que un sistema es más que la suma de sus partes.

Modelos SCM cíclicos

Como los SCM constituyen un marco de gran utilidad para la inferencia causal, hay muchos intentos de generalizarlos a casos cíclicos. Por ejemplo, Forré y Mooij (2017) propusieron la σ-separación, una generalización de la d-separación para sistemas cíclicos. Los mismos autores presentaron también un algoritmo de descubrimiento causal que no solo funciona con ciclos, sino que también maneja factores de confusión latentes (Forré y Mooij, 2018). Resulta interesante que Mooij y Claassen (2020) demostraran que FCI (*Fast Causal Inference*, inferencia causal rápida), un conocido algoritmo de descubrimiento causal, también diera resultados correctos para datos generados con sistemas cíclicos bajo determinadas circunstancias.

Para terminar

Iniciamos este capítulo repasando nuestro conocimiento de los grafos y aprendimos cómo crear grafos sencillos con Python y la librería NetworkX. Presentamos los modelos GCM y los grafos DAG, y examinamos algunas limitaciones y desafíos habituales a los que podemos enfrentarnos cuando los utilizamos.

Por último, estudiamos enfoques seleccionados para configurar sistemas causales con ciclos.

En este punto, el lector tiene ya la capacidad suficiente para traducir entre la representación visual de un grafo y una matriz de adyacencia. Las herramientas básicas de grafos DAG que hemos visto en este capítulo te permitirán trabajar sin problemas con muchas herramientas de inferencia y descubrimiento causal, y te ayudarán a representar tus propios problemas como grafos, aportando así mucha claridad, incluso en el trabajo con machine learning tradicional (no causal).

El conocimiento adquirido en este capítulo será fundamental para entender el siguiente y las dos partes del libro que vienen después. Recomiendo revisar este capítulo siempre que sea necesario.

En el próximo capítulo, aprenderemos cómo usar estructuras gráficas básicas para entender la mecánica fundamental de la inferencia y el descubrimiento causal.

Referencias

Cosentino, C. y Bates, D. (2011). *Feedback control in systems biology*. CRC Press.

Forré, P. y Mooij, J. M. (2017). *Markov properties for graphical models with cycles and latent variables*. Preliminar de arXiv, `https://arxiv.org/abs/1710.08775`.

Forré, P. y Mooij, J. M. (2018). *Constraint-based causal discovery for non-linear structural causal models with cycles and latent confounders*. Preliminar de arXiv, `https://arxiv.org/abs/1807.03024`.

Gottman, J. M. y Notarius, C. I. (2000). «Decade review: Observing marital interaction». *Journal of marriage and family, 62*(4), 927-947.

Gottman, J., Swanson, C. y Murray, J. (1999).. «The mathematics of marital conflict: Dynamic mathematical nonlinear modeling of newlywed marital interaction». *Journal of Family Psychology, 13*(1), 3.

Magliacane, S., Van Ommen, T., Claassen, T., Bongers, S., Versteeg, P. y Mooij, J. M. (2018). *Domain adaptation by using causal inference to predict invariant conditional distributions* [Conferencia]. Advances in neural information processing systems, 31.

Mooij, J. M. y Claassen, T. (2020). *Constraint-based causal discovery using partial ancestral graphs in the presence of cycles*. Conferencia UAI sobre incertidumbre en inteligencia artificial (págs. 1159-1168). PMLR.

Nowak, A. y Vallacher, R. R. (1998). *Dynamical social psychology* (Vol. 647). Guilford Press.

Pearl, J. y Mackenzie, D. (2019). *The book of why*. Penguin Books.

Peters, J., Janzing, D. y Schölkopf, B (2017). *Elements of Causal Inference: Foundations and Learning Algorithms*. MIT Press.

Strogatz, S. H. (1988). «*Love affairs and differential equations*». *Mathematics Magazine, 61*(1), 35-35.

Strogatz, S. H. (2018). *Nonlinear dynamics and chaos: with applications to physics, biology, chemistry, and engineering*. CRC Press.

Uhler, C. Raskutti, G., Bühlmann, P. y Yu, B. (2013). «Geometry of the faithfulness assumption in causal inference». *The Annals of Statistics,* 436-463.

5

Bifurcaciones, cadenas e inmoralidades

Bienvenidos al capítulo 5.

En el capítulo anterior examinamos las características básicas de los grafos y mostramos cómo utilizarlos para crear modelos gráficos. En este capítulo profundizaremos en estos últimos y descubriremos sus potentes características. Empezaremos con una breve introducción a la correspondencia entre distribuciones y grafos. Después, aprenderemos tres estructuras gráficas básicas (bifurcaciones, cadenas y colisionadores) y sus propiedades.

Para terminar, veremos un sencillo ejemplo lineal para demostrar en la práctica cómo se traducen las propiedades gráficas de un sistema en sus propiedades estadísticas. El material tratado en este capítulo nos proporcionará una base sólida para comprender métodos clásicos de inferencia y descubrimiento causal basado en restricciones, y nos preparará para entender otras familias de algoritmos que presentaremos en las partes 2 y 3 de este libro.

En este capítulo, trataremos los siguientes temas:

- Grafos y distribuciones y cómo establecer una correspondencia entre ellos.
- Bifurcaciones, cadenas y colisionadores o... inmoralidades.
- Bifurcaciones, cadenas, colisionadores y regresión.

Grafos y distribuciones y cómo establecer una correspondencia entre ellos

En esta sección nos centraremos en las relaciones entre las propiedades estadísticas y gráficas de un sistema. Para ser más exactos, nos interesa comprender cómo traducir entre independencias gráficas y estadísticas. En un mundo perfecto, nos gustaría poder hacerlo en ambas direcciones: desde la independencia gráfica hasta la independencia estadística y viceversa.

Resulta que esto es posible, pero bajo ciertas circunstancias.

El concepto clave de este capítulo es el de la independencia. Empecemos por repasar su significado.

Cómo hablar de independencia

En general, decimos que dos variables, X e Y, son independientes cuando nuestro conocimiento sobre X no cambia nuestro conocimiento sobre Y (y viceversa). En términos de distribuciones de probabilidad, lo expresamos de la siguiente manera:

$$P(Y) = P(Y|X)$$
$$P(X) = P(X|Y)$$

Dicho de otro modo: la probabilidad marginal de Y es la misma que la probabilidad condicional de Y dado X, y (respectivamente) la probabilidad marginal de X es la misma que la probabilidad condicional de X dado Y. En pocas palabras: aprender algo nuevo sobre X no cambiará nuestras creencias sobre Y (y viceversa).

Probabilidades y creencias

Quizá el lector habrá notado que aquí hablamos de «conocimiento» y «creencias» en el contexto de la probabilidad. Este vocabulario suele estar asociado al enfoque bayesiano de la probabilidad (a diferencia del enfoque frecuentista). Empleamos aquí el método bayesiano porque nos parece que ofrece una perspectiva más intuitiva sobre la independencia. Al mismo tiempo, empleamos en este libro los dos conceptos, frecuentista y bayesiano (y los explicamos allí donde creemos que es importante). Bayesiano y frecuentista son dos acercamientos distintos a la estadística. Convergen en resultados prácticamente idénticos en tamaños de muestra grandes, pero enfatizan cuestiones de maneras ligeramente distintas (por ejemplo, podemos hablar sin problemas de creencias en el marco bayesiano pero no en el frecuentista). Si el lector necesita una introducción de las diferencias fundamentales entre ambos enfoques, recomiendo la charla de Jake VanderPlas (`https://www.youtube.com/watch?v=KhAUfqhLakw`). Para un tratamiento un poco más formal, prefiero el PDF de las notas del curso del MIT (*Massachusetts Institute of Technology*, Instituto de Tecnología de Massachusetts) que se pueden encontrar en `https://ocw.mit.edu/courses/18-05-introduction-to-probability-and-statistics-spring-2014/76926c6068c8b18e6ecb48d649b15bfd_MIT18_05S14_Reading20.pdf`.

Una consecuencia interesante de la independencia entre dos variables es que su distribución conjunta se descompone en el producto de los marginales (Bishop, 2006):

$$P(X, Y) = P(X)P(Y)$$

La notación más general para la independencia implica el símbolo ⊥⊥ (denominado doble *tack*), cuya forma codifica visualmente la noción de ortogonalidad (`mathworld.wolfram.com/Orthogonal.html`). Al usar ⊥⊥, expresamos el hecho de que X e Y son independientes de la siguiente manera:

$$X \perp\!\!\!\perp Y$$

El concepto de independencia juega un papel vital en estadística y causalidad. Como aprenderemos muy pronto, su generalización (independencia condicional) es todavía más importante. Decimos que X e Y son condicionalmente independientes dado Z, cuando X no da información nueva alguna sobre Y, suponiendo que observamos Z.

Veamos cómo codificar la independencia condicional con la nueva notación. Expresamos el hecho de que X es independiente de Y dado Z de este modo:

$$X \perp\!\!\!\perp Y|Z$$

Esto equivale, en términos de probabilidades, a lo siguiente:

$$P(X, Y|Z) = P(X|Z)P(Y|Z)$$

Descomponemos o factorizamos la distribución conjunta de X e Y (dado Z) en un producto de dos sencillas condicionales ($X|Z$ e $Y|Z$) utilizando la propiedad previamente introducida ($P(X, Y) = P(X)P(Y)$).

Introduzcamos ahora una distinción sencilla, pero útil. Emplearemos el símbolo $\perp\!\!\!\perp_p$ para denotar independencia en la distribución, y $\perp\!\!\!\perp_G$ para indicar independencia en el grafo. Para decir que X e Y son independientes de sus distribuciones, utilizaremos lo siguiente:

$$X \perp\!\!\!\perp_p Y$$

Por otro lado, para decir que X e Y son independientes en el grafo, diremos:

$$X \perp\!\!\!\perp_G Y$$

Equipados con esta nueva y flamante notación, estudiemos por qué la correspondencia entre independencia gráfica y distributiva podría ser importante para nosotros.

Elegir la dirección correcta

El objetivo básico de la inferencia causal es estimar el efecto causal de un conjunto de variables sobre otro. En la mayoría de los casos, para hacerlo con precisión, debemos saber qué variables hay que controlar. En capítulos anteriores hemos visto que para controlar con minuciosidad los factores de confusión, hemos de ir más allá del ámbito de la estadística pura y emplear la información sobre el proceso de generación de datos, que podemos codificar como un grafo (causal). En este sentido, la capacidad para traducir entre propiedades gráficas y estadísticas es fundamental para la inferencia causal.

Tener la capacidad de traducción en la otra dirección (de las propiedades estadísticas a las gráficas) es esencial para el descubrimiento causal, un proceso cuyo objetivo es recrear el grafo causal a partir de datos observacionales y/o intervencionistas. Para habilitar las correspondencias en ambas direcciones, hay que cumplir ciertos criterios. Revisémoslos.

> **Independencia en un grafo: definición práctica**
>
> Decimos que dos nodos son incondicionalmente (o marginalmente) independientes en el grafo cuando no hay un camino abierto que los conecte directa o indirectamente. Decimos que dos nodos, X e Y, son condicionalmente independientes dado un nodo o varios (o un conjunto de ellos) Z, cuando Z bloquea todos los caminos abiertos que conectan X e Y.
>
> En otras palabras, la (in)dependencia en el grafo es una función de caminos abiertos entre los nodos que lo componen. Utilizaremos y mejoraremos esta intuición en este capítulo y daremos una perspectiva más formal de ella en el capítulo 6.

Condiciones e hipótesis

Empezaremos la discusión con hipótesis importantes desde el punto de vista de la inferencia causal. Después pasaremos a hipótesis relacionadas con el descubrimiento causal, y terminaremos con un breve resumen del concepto más general de suficiencia causal.

Condiciones para la inferencia causal

Desde el punto de vista de la inferencia causal, tenemos que estar seguros de que podemos hacer corresponder las independencias gráficas (condicionales) con las independencias estadísticas (también condicionales).

Para lograrlo, tenemos que satisfacer la condición de Markov causal, también conocida como la suposición de Markov causal o la propiedad de Markov (local).

La condición de Markov causal afirma que el nodo V_i es independiente de todos sus no descendientes (excluyendo a sus padres) dados sus padres. Por lo tanto, formalmente, se puede presentar de la siguiente manera:

$$V_i \perp\!\!\!\perp_G V_j \mid PA(V_i) \; \forall_{j \neq i \in G(V,E) \backslash \{DE(V_i), PA(V_i)\}}$$

Esta fórmula puede resultar desalentadora, pero en realidad dice algo relativamente sencillo. Diseccionémosla y analicémosla paso a paso:

- Empecemos por $V_i \perp\!\!\!\perp_G V_j$. El símbolo $\perp\!\!\!\perp_G$ denota independencia en el grafo. Por tanto, la ecuación dice que los nodos V_i y V_j son independientes en el grafo o (en otras palabras) que no hay caminos abiertos entre ellos.

A continuación tenemos la barra de condición, $\mid$, y $PA(V_i)$. La última parte significa los padres del nodo V_i. Estos son todos los nodos que tienen aristas dirigidas a V_i. Esta parte condicionante de la fórmula nos informa de que la independencia entre V_i y V_j solo se mantiene cuando controlamos los padres (o el conjunto de los mismos) del nodo V_i.

A continuación tenemos $\forall_{j \neq i \in G(V, E)}$. El símbolo $\forall$ significa «para todos». Lo que decimos en este caso es que el nodo V_i es independiente de los demás nodos ($j \neq i$) en el grafo $G(V, E)$, donde G representa nuestro grafo (DAG), V es un conjunto de todos los vértices (nodos) de este grafo y E es un conjunto de todas las aristas de este grafo.

Por último, tenemos la parte críptica $\backslash \{DE(V_i), PA(V_i)\}$. Empecemos por el símbolo $\backslash$. Lo leemos como «excluyendo». Las llaves indican un conjunto, y en este tenemos dos elementos:

- $DE(V_i)$, que representa un conjunto de todos los descendientes del nodo V_i.

- $PA(V_i)$, que representa un conjunto de padres de V_i.

Combinamos todo: el nodo V_i es independiente de los demás nodos del grafo G, excluyendo los descendientes y los padres de este nodo, dados sus padres. Si en este momento esto no queda del todo claro, es perfectamente lógico. Reiteraremos este concepto cuando hablemos en el siguiente capítulo de la d-separación.

Mientras tanto, veamos las figuras 5.1 y 5.2, que representan dos ejemplos de grafos en los que se cumple la condición de Markov causal. En ambos casos, controlar PA(V_i) (el nodo padre del nodo V_i), elimina la asociación entre los nodos V_i y V_j. Nótese que las relaciones entre V_i y V_j son distintas en ambas figuras. En la figura 5.1, los nodos V_i y V_j tienen una causa común (PA(V_i)), pero en la figura 5.2, el nodo V_j es abuelo de V_i. Si se cumple la condición de Markov causal, la asociación entre los nodos V_i y V_j debería eliminarse en ambos casos. Vemos que si hubiera una causa común no observada de ambos nodos (V_i y V_j) en cualquiera de los escenarios, controlar PA(V_i) no haría a los nodos independientes, y se incumpliría la condición.

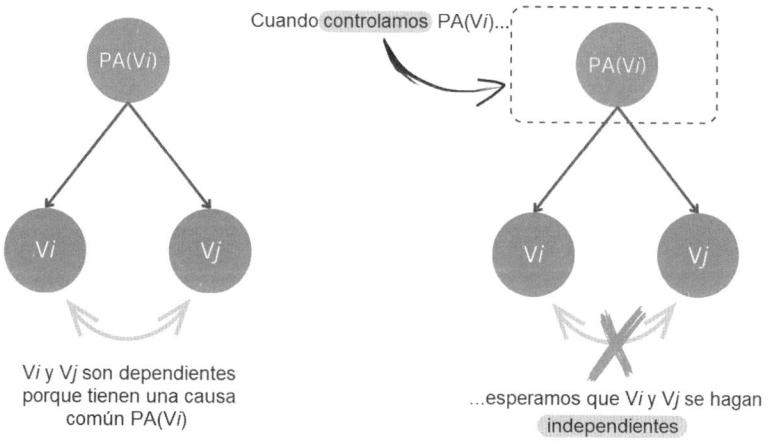

Figura 5.1. Condición de Markov causal: ejemplo uno.

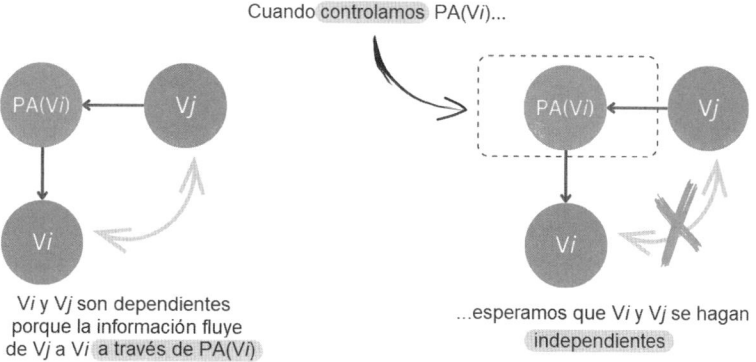

Figura 5.2. Condición de Markov causal: ejemplo dos.

La afirmación importante es que cuando la condición de Markov causal se cumple, lo siguiente es verdadero:

$$X \perp\!\!\!\perp_G Y | Z \Rightarrow X \perp\!\!\!\perp_P Y | Z$$

Lo leemos así: X e Y son independientes en el grafo dado Z, entonces también son estadísticamente independientes dado Z. Esto se conoce como propiedad de Markov global. En realidad, podríamos demostrar que la propiedad de Markov global, la propiedad de Markov local, y otra propiedad llamada la propiedad de factorización de Markov son equivalentes (Lauritzen, 1996, págs. 51-52 si se desea una prueba formal; Peters *et al.*, 2017, págs. 101 en caso de que se prefiera un resumen).

Hipótesis para el descubrimiento causal

Hasta ahora hemos tratado la importancia de la correspondencia entre estructuras de independencia gráfica y distributiva. Ahora vamos invertir la dirección. El descubrimiento causal tiene como objetivo descubrir (o aprender) el verdadero grafo causal a partir de datos observacionales y/o (parcialmente) intervencionistas. En general, esta tarea es complicada. No obstante, es posible cuando se cumplen ciertas condiciones.

El descubrimiento causal tiene un par de variedades diferentes. En esta sección nos centraremos en una familia de métodos denominada descubrimiento causal basado en restricciones (también llamado a veces descubrimiento causal basado en independencia). Estos métodos están diseñados para hallar independencias estadísticas en los datos observacionales e intentar recrear el verdadero grafo causal a partir de ellas. Una de las principales suposiciones que está detrás de esta familia de métodos es la denominada hipótesis de lealtad. Su formulación más sencilla es la siguiente:

$$X \perp\!\!\!\perp_P Y | Z \Rightarrow X \perp\!\!\!\perp_G Y | Z$$

Quizá esto te parezca familiar. Es exactamente lo contrario de la propiedad de Markov global de la que hablamos en la sección anterior. La fórmula dice que si X e Y son independientes en la distribución dado Z, también serán independientes en el grafo dado Z.

Como dijimos en el capítulo anterior, la hipótesis de lealtad podría ser en ocasiones difícil de cumplir. La razón más importante de esto es el error de estimación cuando se prueba la independencia condicional en el régimen de tamaño de muestra finito (Uhler *et al.*, 2013). Además, no es muy complicado encontrar situaciones en las que la hipótesis se incumpla. Resulta intuitivo que cualquier situación en la que una sola variable influye en otra mediante dos caminos distintos, y dichos caminos se anulan completamente entre sí, llevaría al incumplimiento de la lealtad. Dicho esto, aunque es relativamente fácil encontrar ejemplos de este tipo (por ejemplo, Neal, 2020, págs. 100-101; Peters *et al.*, 2017, págs. 107-108), la probabilidad de encontrarlos en el mundo real es muy baja (Sprites *et al.*, 2000, págs. 68-69). Por tanto, el primer problema es mucho más serio y difícil de abordar en la práctica que el segundo.

La última hipótesis de la que hablaremos en esta sección se llama condición de minimalidad causal (también conocida como la hipótesis de minimalidad causal).

Aunque la propiedad de Markov global que comentamos antes es muy potente, nos deja con una leve incertidumbre en lo que se refiere a la estructura real de un grafo que estamos tratando de recuperar.

Resulta que puede haber más de un grafo que implique la misma distribución. Esto es problemático cuando queremos recuperar la estructura causal (representada como un grafo causal), porque la correspondencia entre el grafo y la distribución es ambigua. Para resolver este problema, utilizamos la condición de minimalidad causal.

La hipótesis de minimalidad causal establece que el grafo DAG G es mínimo para la distribución, P, si y solo si G induce P, pero ningún subgrafo propio de G induce P. En otras palabras, si el grafo G induce P, eliminar cualquier arista de G debería dar como resultado una distribución diferente de P.

La minimalidad causal puede verse desde varias perspectivas (Neal, 2020, págs. 21-22; Pearl, 2009, pág. 46; Peters y Schölkopf, 2017, págs. 107-108). Aunque la hipótesis suele percibirse como una forma de la navaja de Ockham, sus implicaciones tienen importancia práctica para los métodos de descubrimiento causal basados en restricciones y para su capacidad para recuperar estructuras causales correctas.

Otras hipótesis

Antes de concluir esta sección, hablemos de otra importante suposición que se usa con mucha frecuencia en descubrimiento e inferencia causal. Es la hipótesis de ningún factor de confusión oculto (en ocasiones llamada también suficiencia causal). Aunque cumplir este supuesto no es necesario con todos los métodos causales, es bastante común.

Hay que tener en cuenta que la suficiencia causal y la condición de Markov causal están relacionadas (y tienen cierto solapamiento práctico), pero no son idénticas. Para más detalles, recomiendo Scheines (1996).

En muchos escenarios del mundo real, nos puede resultar difícil verificar si existe confusión oculta en un determinado sistema.

En esta sección hemos revisado el concepto de independencia estadística y gráfica, hemos hablado de las motivaciones para establecer correspondencias entre las independencias gráfica y estadística, y hemos examinado las condiciones que nos permiten realizar tales relaciones. Ahora analizaremos tres estructuras gráficas básicas que son inmensamente útiles en la determinación de conjuntos de independencias condicionales. ¿Preparados?

Cadenas, bifurcaciones y colisionadores o... inmoralidades

La soleada mañana del 1 de junio de 2020, el señor Huang conducía su reluciente Tesla blanco por una de las principales autopistas de Taiwán. El día era claro y el viaje iba sobre ruedas. El señor Huang conectó el piloto automático y fijó la velocidad en 100 km/h. Mientras se acercaba al hito kilométrico 268 de la carretera, ignoraba por completo que, tan solo a 300 metros, le aguardaba algo inesperado. Nueve minutos antes, otro conductor, el señor Yeh, había perdido el control de su vehículo. Su camión blanco había volcado y bloqueaba casi por completo dos carriles de la autopista, justo a la altura de la señal de los 268,3 kilómetros.

Unos 11 segundos después, para desgracia del señor Huang, su Tesla se estrelló contra el techo del camión volcado. Por suerte, el conductor, el señor Huang, sobrevivió al accidente prácticamente ileso (Everington, 2020).

Una cadena de acontecimientos

Muchos coches modernos van equipados con algún tipo de sistema de prevención o alerta de colisiones. A grandes rasgos, un sistema como este consiste en un detector (o módulo detector) y un sistema de alerta (en ocasiones también un sistema automático de asistencia a la conducción). Cuando el detector localiza un obstáculo en la trayectoria de colisión, envía una señal que activa el sistema de alerta. Digamos que el detector está en estado 1 cuando detecta un obstáculo y en estado 0 cuando no detecta ninguno. La figura 5.3 muestra un grafo DAG que representa nuestro sistema de alerta de colisiones:

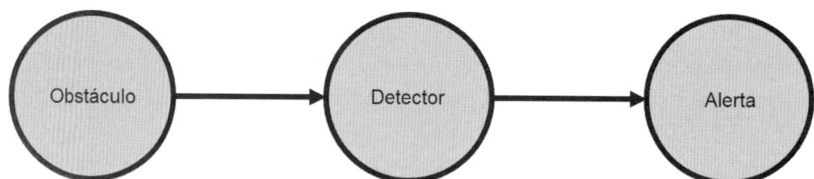

Figura 5.3. Un grafo DAG de un sistema de alerta de colisiones.

Un hecho importante de un sistema como el presentado en la figura 5.3 es que la existencia del obstáculo no nos aporta información nueva sobre la alerta cuando conocemos el estado del detector. El obstáculo y la alerta son independientes, dado el estado del detector.

En otras palabras, cuando el detector crea que hay un peatón delante del coche, la alarma se disparará aunque no lo haya. Del mismo modo, si hay un obstáculo en la carretera y el detector no lo reconoce como tal, la alerta permanecerá en silencio. En particular, si el detector se basa en un sistema de visión por ordenador y el modelo alucina con ver un peatón en la trayectoria del coche, la alerta se disparará. En cambio, si hay un peatón real delante del coche y el modelo no lo reconoce, la alerta permanecerá en silencio.

Un ejemplo de un comportamiento inesperado del sistema detector se hizo viral en agosto de 2022. Un TikToker, RealRusty, compartió un vídeo que mostraba la reacción del sistema de detección de objetos de su coche ante un carruaje tirado por caballos (`https://www.tiktok.com/@_realrusty/video/7131351993859329285?is_from_webapp=v1&item_id=7131351993859329285`).

Otro gran ejemplo de una cadena de sucesos vinculados causalmente procede de *The Book of Why*, de Judea Pearl y Dana Mackenzie (Pearl y Mackenzie, 2019, págs. 113-114). Los autores hablan de la mecánica de una alarma de incendios. La cadena es fuego → humo → alarma, porque la alarma en realidad está controlada por un detector de partículas de humo, en vez de considerar cualquier otro indicador de incendio, como la temperatura.

Resumamos la estructura que comparten estos dos ejemplos.

Cadenas

Reemplacemos primero las variables del grafo de la figura 5.3 por *A*, *B* y *C*. Esta estructura general se denomina cadena, y se muestra en la figura 5.4.

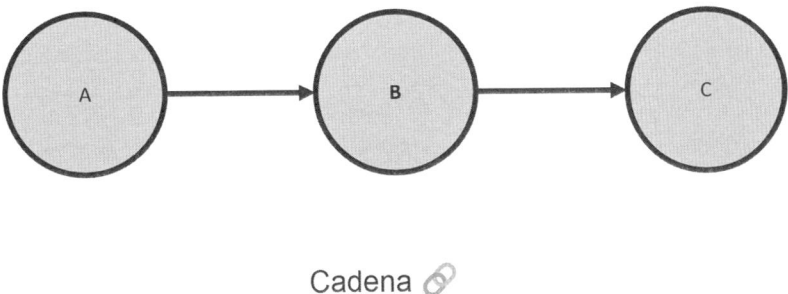

Cadena 🔗

Figura 5.4. Una estructura de cadena.

La propiedad de independencia de nuestro ejemplo de alerta de colisiones se puede generalizar a todas las estructuras de cadena. Significa que en toda estructura que se codifica como $A \to B \to C$, A y C son independientes en el grafo dado B. Así, formalmente esto se presenta del siguiente modo:

$A \perp\!\!\!\perp_G C | B$

Resulta intuitivo que controlar B cierra el único camino abierto que existe entre A y C. Observamos que A y C se vuelven dependientes cuando no controlamos B.

Si trasladamos esto a nuestro sistema de objetos, vemos que si no observamos el estado del detector, la presencia del obstáculo en el radio de acción del sistema se relaciona con la respuesta de seguridad (alarma y frenado de emergencia).

Quizá el lector ya vea por dónde va esto. Si logramos cumplir las hipótesis comentadas en la sección anterior (condición de Markov causal y ningún factor de confusión oculto), ya podemos predecir la estructura de independencia condicional en los datos a partir de la propia estructura del grafo (y si eso es cierto, también podemos averiguar qué variables debemos controlar en nuestro modelo para obtener estimaciones válidas del efecto causal; veremos más sobre esto en el capítulo siguiente). Además, predecir la estructura del grafo a partir de los datos observacionales se convierte también en una opción. Es una posibilidad apasionante, pero vayamos despacio.

Veamos ahora lo que ocurre si cambiamos la dirección de una de las aristas de nuestra estructura de cadena.

Bifurcaciones

La figura 5.5 representa una bifurcación. Se trata de una estructura en la que la arista entre los nodos A y B está invertida, en comparación con la estructura de cadena.

En la bifurcación, el nodo B se convierte en lo que llamamos una causa común de los nodos A y C.

Imagina que conduces tu coche, y de repente ves una llama en medio de la carretera. El detector reconoce la llama como un obstáculo. El freno de emergencia se activa antes de que te des cuenta. Al mismo tiempo, una pequeña parte subcortical del cerebro llamada amígdala envía una señal a otra estructura, el hipotálamo, que a su vez activa las glándulas suprarrenales. El resultado es una inyección de adrenalina en el torrente sanguíneo. Antes de que te des cuenta, tu cuerpo ha entrado en un estado que se conoce popularmente como reacción de lucha o huida. La presencia de la llama en la carretera hizo que el detector activara el freno de emergencia y te provocó una respuesta rápida ante esta situación potencialmente amenazadora.

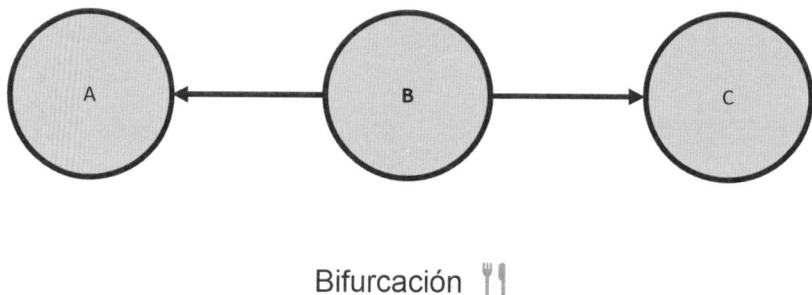

Bifurcación 🍴

Figura 5.5. Una estructura de bifurcación.

Esto hace que la llama en la carretera sea una causa común de tu respuesta de estrés y de la respuesta del detector. Sin embargo, cuando controlamos la llama en la carretera, tu respuesta a la amenaza y la respuesta del detector se vuelven independientes. Puedes sentirte estresado porque llegas tarde a una reunión importante o porque has tenido una conversación difícil con un amigo, y esto no tiene ninguna relación con el estado del detector.

Tengamos en cuenta que, en el mundo real, también reaccionarías probablemente con una respuesta de lucha o huida ante el mero hecho de que se activaran los frenos de emergencia. El camino llama → detector → frenos → lucha o huida introducirá una conexión falsa entre llama y lucha o huida, que puede eliminarse controlando la variable frenos.

Creemos un ejemplo más formal para eliminar cualquier confusión que pueda proceder de esta conexión.

Examinemos de nuevo la figura 5.5 y pensemos en independencias condicionales. ¿Son A y C incondicionalmente dependientes?

En otras palabras: ¿son A y C dependientes cuando no controlamos B? La respuesta es sí.

¿Por qué dependen uno del otro? Porque ambos heredan alguna información de B. Al mismo tiempo, la información heredada de B es todo lo que tienen en común. Echemos un vistazo a un sencillo modelo estructural que describe una estructura de bifurcación para ver cómo se manifiesta la independencia en la distribución:

$$U_A \sim \mathcal{N}(0, 1)$$
$$U_B \sim \mathcal{N}(0, 1)$$
$$U_C \sim \mathcal{N}(0, 1)$$
$$B := U_B$$
$$A := B + U_A$$
$$C := B + U_C$$

En la fórmula anterior, $U_{X \in \{A, B, C\}}$ representa variables de ruido independientemente distribuidas (en este caso siguen una distribución normal, pero en general no tienen por qué hacerlo) y : = es el operador de asignación que quizá el lector recuerde de anteriores capítulos.

Ahora imaginemos que solo vemos observaciones en las que $B = 0$.

¿Qué ocurriría?

Cuando $B = 0$, entonces A y C solo se verán influidos por sus respectivos términos de ruido, que son independientes por definición.

Podemos así concluir que en las bifurcaciones, A y C son condicionalmente independientes dado B. Formalmente, esto se presenta de la siguiente manera:

$A \perp\!\!\!\perp C|B$

En caso de que no controlemos B, A y C son dependientes. Este patrón de independencia es idéntico al que obtuvimos de la estructura de cadena.

Pero esto no es una gran noticia.

Parece que las cadenas y las bifurcaciones conducen al mismo patrón de independencia condicional, y si queremos recrear un verdadero grafo a partir de los datos, terminamos sin saber cómo orientar en él las aristas.

Quizá esto suene decepcionante, pero antes de dejar que la decepción se apodere de nosotros, examinemos la última estructura de esta sección.

Colisionadores, inmoralidades o estructuras v

Como podemos comprobar, el colisionador tiene muchos nombres. ¿Es esto lo único que hace especial a esta estructura? Verifiquémoslo.

Echemos un vistazo a la figura 5.6. En el colisionador, la influencia causal fluye desde dos padres diferentes hacia un solo nodo hijo.

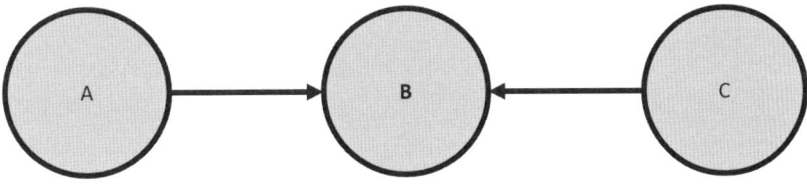

Colisionador ✳

Figura 5.6. Una estructura de colisionador.

La característica más importante de un colisionador es que su patrón de independencia se invierte en comparación con las cadenas y bifurcaciones. ¿Qué significa esto?

En los colisionadores, *A* y *C* son incondicionalmente independientes. Formalmente hablando, esto se representa como sigue:

$A \perp\!\!\!\perp C$

Cuando tenemos *B* controlado, se vuelven dependientes, lo que se representa formalmente así:

$A \not\!\perp\!\!\!\perp C|B$

En la fórmula anterior, el símbolo $\not\!\perp\!\!\!\perp$ se lee «es dependiente de». Como podemos observar, este patrón es exactamente el contrario del que hemos visto en cadenas y bifurcaciones.

Y esta vez sí es una gran noticia.

Podemos aprovechar la estructura del colisionador para orientar sin ambigüedades las aristas de un grafo cada vez que lo vemos (cosa que plantea ciertas dificultades, pero por ahora las obviaremos). Además, si tenemos suerte, los colisionadores nos ayudarán a orientar aristas ambiguas procedentes de cadenas y bifurcaciones. Veremos un ejemplo de este comportamiento en la parte 3, «Descubrimiento causal».

Para ampliar nuestra serie de ejemplos de conducción, pensemos en llamas en la carretera y en conducir con el sol de frente. Creo que la mayoría de la gente estaría de acuerdo en que es razonable decir que conducir con el sol de frente es independiente del hecho de que haya una llama en la carretera.

Supongamos ahora que hay una cierta probabilidad de que el detector reaccione a los reflejos del sol como si hubiera un obstáculo en la carretera.

En este caso, el hecho de que haya una llama en la carretera se relaciona (negativamente) con conducir con el sol de frente si solo controlamos la reacción del detector. En la figura 5.7 se muestra simbólicamente la pérdida de independencia entre ambos cuando controlamos el estado del detector.

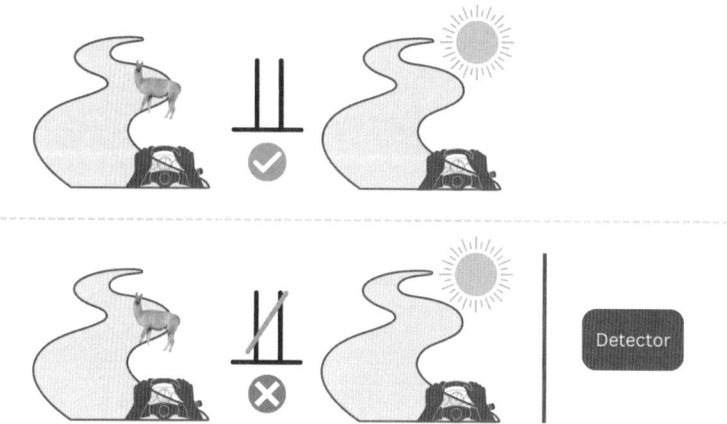

Figura 5.7. Una representación visual de estructuras de independencia en el ejemplo del colisionador.

La pérdida de independencia entre dos variables, cuando se tiene el colisionador controlado, les resulta sorprendente a muchas personas al principio. A mí me pasó lo mismo. Descubrí que, para muchas personas, los ejemplos que implican objetos del mundo real (incluso aunque estos objetos sean llamas) confunden más que aclaran cuando se trata de colisionadores.

Veamos un ejemplo un poco más abstracto, aunque sencillo, para asegurarnos de aclarar cualquier confusión que pueda quedar.

Revisemos de nuevo la figura 5.6 para recordar la representación gráfica del problema.

Imaginemos ahora que tanto A como C generan enteros de manera aleatoria entre 1 y 3. Digamos también que B es la suma de A y C. Veamos ahora qué valores pueden tener A y C cuando el valor de $B = 4$. Las siguientes son las combinaciones de A y C que dan lugar a $B = 4$:

- $A = 1, C = 3$
- $A = 2, C = 2$
- $A = 3, C = 1$

El patrón se ve perfectamente. Aunque A y C son incondicionalmente independientes (no hay relación entre ellos dado que generan enteros de manera aleatoria e incondicional), acaban estando relacionados cuando observamos B. La razón de esto es que cuando mantenemos B constante y el valor de A aumenta, el valor de C tiene que disminuir si queremos mantener el valor de B constante.

Para hacer esto más visual, podemos pensar en dos vasos de agua idénticos. Si vertemos aleatoriamente agua de un vaso en otro, la cantidad de agua total de ambos vasos seguirá siendo la misma (suponiendo que no se derrama nada). Si repetimos esto n veces y medimos la cantidad de agua de ambos vasos en cada etapa, la cantidad de agua entre los vasos quedará negativamente relacionada.

Espero que este ejemplo ayude al lector a consolidar su intuición sobre las propiedades de independencia condicional de los colisionadores.

Gracias a sus propiedades únicas, los colisionadores resultan de inmensa utilidad cuando intentamos recuperar estructuras de grafo a partir de datos observacionales. Es más, en ocasiones utilizamos los colisionadores para eliminar ambigüedades en estructuras vecinas (veremos un ejemplo de esto en la parte 3, «Descubrimiento causal»).

Por desgracia, no siempre ocurre esto. Estudiemos ahora estos escenarios.

Casos ambiguos

Como hemos visto antes, distintas configuraciones gráficas pueden dar lugar a la misma estructura de independencia estadística. En algunos casos, podemos tener suerte y disponer de colisionadores suficientes en el grafo para configurarla. Pero la realidad es que, con frecuencia, podemos no tener tanta suerte.

¿Significa esto que todo lo que hemos visto hasta ahora nos lleva a la conclusión de que, en muchos casos, simplemente no es posible recuperar el grafo a partir de los datos?

Esto no es del todo cierto. Aun en casos en los que ciertas aristas no se puedan orientar con métodos basados en restricciones, todavía podemos obtener alguna información de utilidad.

Introduzcamos el concepto de la clase de equivalencia de Markov o MEC (*Markov Equivalence Class*). La serie de grafos DAG $\mathcal{D} = \{G_0(V, E_0), \dots, G_n(V, E_n)\}$ es equivalente de Markov si y solo si todos los grafos DAG de $\mathcal{D}$ tienen el mismo esqueleto y el mismo conjunto de colisionadores (Verma y Pearl, 1991).

Un esqueleto es básicamente una versión no dirigida de un grafo DAG (todas las aristas están en su sitio, pero no tenemos información sobre las flechas). Si añadimos las aristas de todas las estructuras de colisionador que hemos encontrado, obtendremos un grafo CPDAG (*Complete Partially Directed Acyclic Graph*, grafo acíclico parcialmente dirigido completo).

Si tomamos el grafo CPDAG y generamos un conjunto de posibles grafos DAG a partir de él, obtendremos una clase MEC. Las clases MEC pueden ser bastante útiles. Aun no pudiendo recuperar un grafo DAG completo, una MEC puede reducir de manera significativa nuestra incertidumbre sobre la estructura causal de un determinado conjunto de datos.

Antes de concluir esta sección, veamos la figura 5.8, que muestra una clase MEC sencilla.

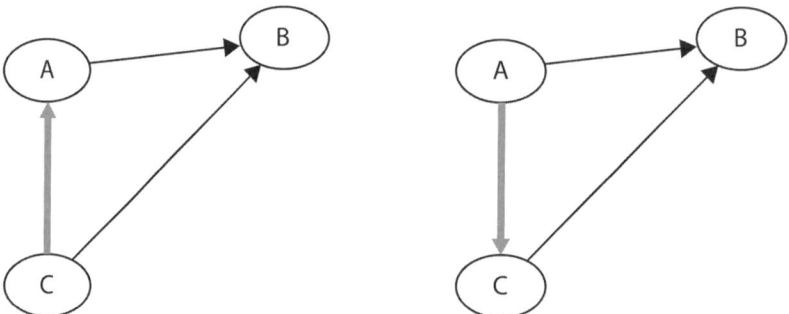

Figura 5.8. Ejemplo de una clase MEC.

Los grafos de la figura 5.8 tienen el mismo conjunto de aristas. Si elimináramos las flechas y dejáramos las aristas sin dirección, obtendríamos dos grafos idénticos, un indicador de que ambos tienen el mismo esqueleto.

El colisionador $(A \rightarrow B \leftarrow C)$ está presente en ambos grafos. La única diferencia entre ambos es la dirección de la arista entre los nodos A y C. Podemos concluir que (de manera coherente con nuestra definición) los grafos de la figura 5.8 cumplen los criterios de constitución de una clase MEC. Fenomenal.

Ahora, que tenemos un buen nivel de comprensión de las tres estructuras básicas de independencia condicional (cadenas, bifurcaciones y colisionadores), ya estamos listos para poner en acción todo este conocimiento.

Bifurcaciones, cadenas, colisionadores y regresión

En esta sección veremos cómo se manifiestan las propiedades de las cadenas, las bifurcaciones y los colisionadores en análisis de regresión. El mismo tipo de análisis que llevaremos a cabo en esta sección es en realidad el núcleo de algunos de los métodos más clásicos de inferencia y descubrimiento causal con los que trabajaremos en las dos partes siguientes de este libro.

Lo que haremos ahora es generar tres conjuntos de datos, cada uno con tres variables, A, B y C. Cada conjunto de datos estará basado en un grafo que representa una de las tres estructuras: una cadena, una bifurcación o un colisionador. A continuación, ajustaremos un solo modelo de regresión por conjunto de datos, regresando C sobre las dos variables restantes, y analizaremos los resultados. Sobre la marcha, trazaremos gráficos de dispersión por pares para cada conjunto de datos, con el fin de reforzar nuestra comprensión intuitiva del vínculo entre las estructuras gráficas, los modelos estadísticos y las representaciones visuales de los datos.

Empecemos con los grafos. La figura 5.9 presenta las estructuras de cadena, bifurcación y colisionador.

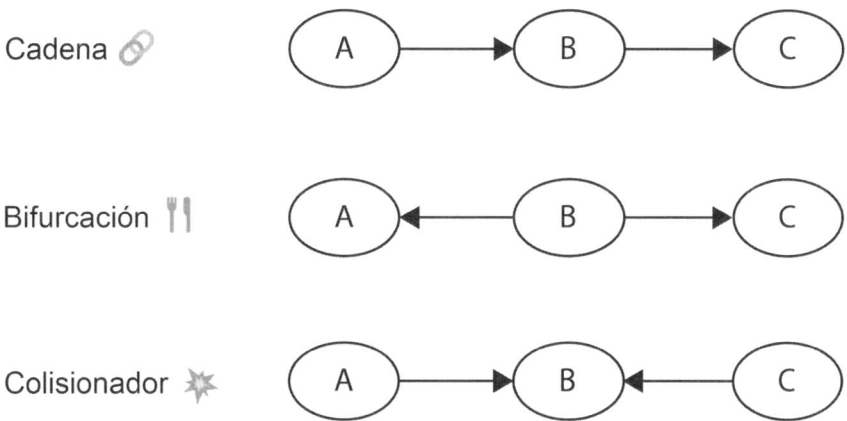

Figura 5.9. Representaciones gráficas de estructuras de cadena, bifurcación y colisionador.

Usaremos los grafos de la figura 5.9 para guiar nuestro proceso de generación de datos. Omitimos las variables de ruido por claridad en la presentación.

El código de esta sección está en los archivos de ejemplo del libro `Chapter_05.ipynb`.

Definamos en primer lugar los parámetros generales:

```
NOISE_LEVEL = .2
N_SAMPLES = 1000
```

`NOISE_LEVEL` determinará la desviación estándar de las variables de ruido de nuestros conjuntos de datos. `N_SAMPLES` determina simplemente el tamaño de la muestra.

Generando el conjunto de datos de la cadena

Estamos preparados para generar los datos de la estructura de cadena:

```
a = np.random.randn(N_SAMPLES)
b = a + NOISE_LEVEL*np.random.randn(N_SAMPLES)
c = b + NOISE_LEVEL*np.random.randn(N_SAMPLES)
```

Nuestro código sigue la lógica del grafo estructurado como una cadena: *A* influye directamente en *B*, pero no en *C*, y *B* influye en *C*, pero no en *A*. *C* no tiene ninguna influencia más.

Representemos este conjunto de datos con gráficos de difusión por pares. Los presentamos en la figura 5.10.

Vemos que todos los gráficos de la figura 5.10 son muy parecidos. El patrón es prácticamente idéntico para cada par de variables y la relación es siempre bastante fuerte, lo que refleja las características de nuestro proceso de generación de datos, que es lineal y solo levemente ruidoso.

Cómo leer gráficos de difusión

Los gráficos de difusión son una forma habitual de visualizar datos bivariados. El examen visual puede ayudarnos a evaluar rápidamente qué tipo de relación (si la hay) existe entre variables. En esta nota observamos cinco gráficos de difusión con distintas intensidades de relación entre variables. En el gráfico de más a la izquierda, vemos una relación positiva casi perfecta (*r* de Pearson = 0.99), en el panel central, no hay prácticamente relación alguna entre las variables. Pero el panel de más a la derecha, hay una relación negativa casi perfecta (*r* de Pearson = -0.99).

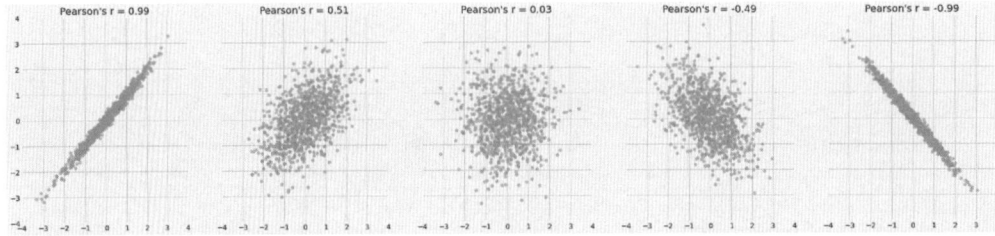

Nótese que la medida de relación utilizada (*r* de Pearson) solo captura relaciones lineales entre dos variables. También existen mediciones para relaciones no lineales, pero aquí no hablaremos de ellas.

Generando el conjunto de datos de la bifurcación

A continuación, hagamos lo mismo para la estructura de bifurcación. Empecemos generando los datos:

```
b = np.random.randn(N_SAMPLES)
a = b + NOISE_LEVEL*np.random.randn(N_SAMPLES)
c = b + NOISE_LEVEL*np.random.randn(N_SAMPLES)
```

La figura 5.11 muestra gráficos de dispersión para la bifurcación. ¿Quizá son parecidos a los de la figura 5.10?

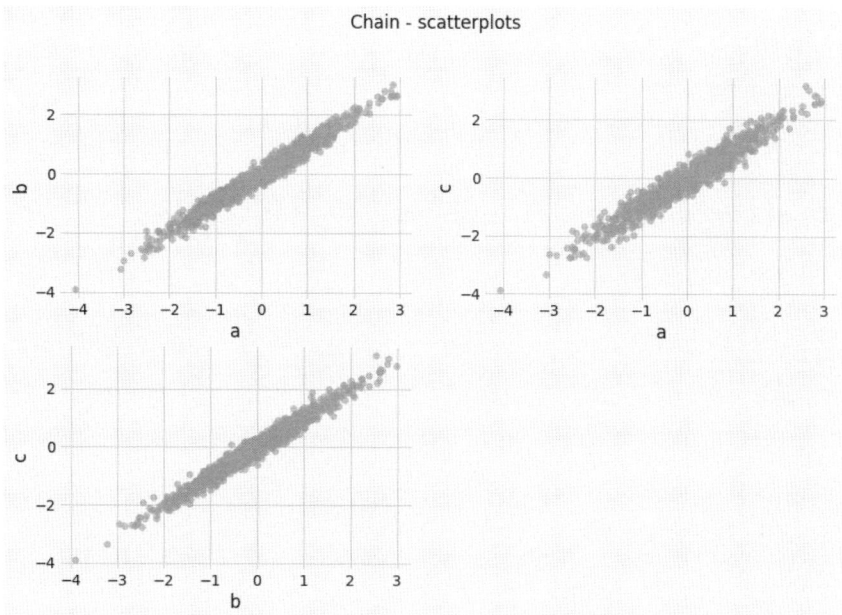

Figura 5.10. Gráficos de difusión por pares para el conjunto de datos generado
de acuerdo con un grafo estructurado como una cadena.

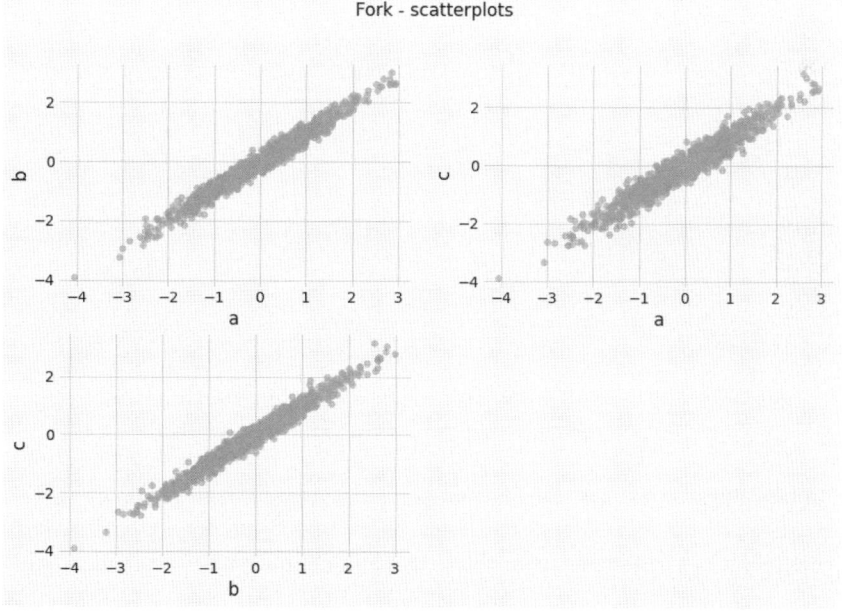

Figura 5.11. Gráficos de difusión por pares para el conjunto de datos generado
de acuerdo con un grafo estructurado como una bifurcación.

Quizá ambas figuras (5.10 y 5.11) difieran en algún detalle (hemos generado variables de ruido independientes para cada conjunto de datos), pero el patrón global parece ser muy similar entre los conjuntos de datos de cadena y bifurcación.

Es una observación muy interesante. Veamos qué nos deparan los colisionadores.

Generando el conjunto de datos del colisionador

Empecemos con los datos:

```
a = np.random.randn(N_SAMPLES)
c = np.random.randn(N_SAMPLES)
b = a + c + NOISE_LEVEL*np.random.randn(N_SAMPLES)
```

La figura 5.12 presenta gráficos de difusión por pares para el conjunto de datos del colisionador.

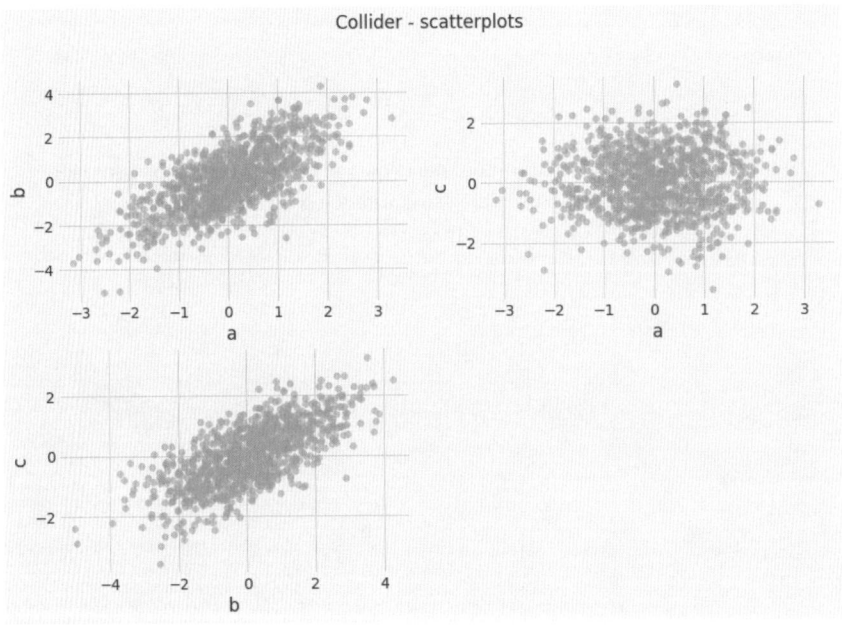

Figura 5.12. Gráficos de difusión por pares para el conjunto de datos generado
de acuerdo con un grafo estructurado como un colisionador.

Esta vez el patrón es muy distinto. Las relaciones entre *A* y *B* (arriba a la izquierda) y entre *B* y *C* (abajo a la izquierda) parecen ser más ruidosas. Es más, parece que no hay relación entre *A* y *C* (arriba a la derecha). Este resultado es congruente con lo que dijimos antes en este capítulo sobre la naturaleza de los colisionadores.

Además, cuando echamos un vistazo al proceso de generación de datos, tampoco debería resultar sorprendente, porque dicho proceso representa a *A* y *C* totalmente independientes, lo que demuestra lo que también puede verse en el código.

Ajustando los modelos de regresión

Tomemos ahora los tres conjuntos de datos generados y configurémoslos utilizando regresión lineal múltiple.

En cada caso, regresaremos C sobre A y B. Emplearemos `statsmodels` para ajustar los modelos de regresión. El código es idéntico para cada uno de los tres modelos.

```
X = pd.DataFrame(np.vstack([a, b]).T, columns=['A', 'B'])
X = sm.add_constant(X, prepend=True)
model = sm.OLS(c, X)
results = model.fit()
```

En la primera línea, creamos una estructura de datos pandas con arrays NumPy, que contienen nuestros predictores (A y B). Así, `statsmodels` asignará automáticamente los nombres correctos de las variables en el resumen del modelo.

Tras ajustar los modelos (el código completo se encuentra en los archivos de ejemplo del libro `Chapter_05.ipynb`), estamos preparados para obtener los resúmenes de modelo y comparar los resultados.

La figura 5.13 nos ofrece un resumen reducido de los tres modelos. Hemos marcado con elipses los valores p de cada uno de los modelos.

	coef	std err	t	P>|t|	[0.025	0.975]
Cadena						
const	-0.0086	0.007	-1.320	0.187	-0.021	0.004
A	-0.0238	0.033	-0.729	0.466	-0.088	0.040
B	1.0217	0.032	31.645	0.000	0.958	1.085

	coef	std err	t	P>|t|	[0.025	0.975]
Bifurcación						
const	0.0077	0.006	1.241	0.215	-0.004	0.020
A	0.0090	0.031	0.292	0.770	-0.052	0.070
B	0.9938	0.032	31.372	0.000	0.932	1.056

	coef	std err	t	P>|t|	[0.025	0.975]
Colisionador						
const	2.082e-17	1.35e-17	1.536	0.125	5.77e-18	4.74e-17
A	-1.0000	2.01e-17	-4.97e+16	0.000	-1.000	-1.000
B	1.0000	1.39e-17	7.19e+16	0.000	1.000	1.000

Figura 5.13. Los resultados del análisis de regresión de tres estructuras básicas de independencia condicional.

En la figura 5.13 hay tres filas de datos por cada modelo. La fila superior está marcada como `const`, y la ignoraremos. Las otras dos filas están marcadas con A y B, indicando nuestras variables, A y B, respectivamente.

Para nuestro análisis, utilizaremos el umbral habitual de 0.05 para los valores p. Diremos que los valores p mayores que 0.05 indican un resultado no significativo (ninguna influencia por encima del nivel de ruido), y los valores p menores o iguales a 0.05 indican un resultado significativo.

Vemos que, para el modelo de cadena, solo un predictor (B) es significativo.

Y esto, ¿por qué?

Hemos observado una clara relación lineal entre A y C en la figura 5.10. Resulta que estas dos observaciones son coherentes. La regresión lineal múltiple calcula los efectos de los predictores sobre el valor esperado de la variable dependiente, dadas el resto de las variables.

Significa que ya no miramos relaciones por pares (como en los gráficos de difusión anteriores de esta sección), sino más bien relaciones por pares condicionales. El resultado del análisis de regresión es también congruente con la intuición que hemos construido en el ejemplo del comienzo de este capítulo.

Cuando miramos los resultados de la bifurcación, vemos el mismo patrón.

Una vez más, solo un predictor es significativo, y de nuevo resulta ser B. La lógica que subyace a la diferencia entre el gráfico de dispersión por pares y el resultado de la regresión es prácticamente idéntica a la que acabamos de explicar para la cadena.

El modelo para el colisionador nos da un patrón diferente. Para este modelo, tanto A como B son predictores significativos de C. Si ahora miramos de nuevo la figura 5.12, vemos claramente que no hay relación entre A y C.

Esta relación inexistente entre A y C es la esencia de las relaciones falsas. Son un artefacto, pero, curiosamente, no se trata únicamente de un efecto secundario del método que hemos utilizado, sino que se pueden observar en la vida real.

Relaciones falsas en la vida real

Muchas empresas pueden contratar a personas en función de sus habilidades y sus rasgos de personalidad. Imaginemos que la empresa X cuantifica las habilidades de codificación de una persona en una escala del uno al cinco. Hace lo mismo con la capacidad de cooperación del candidato y contrata a todos los que obtienen una puntuación total de al menos siete. Suponiendo que las habilidades de codificación y la capacidad de cooperar sean independientes en la población (lo que no tiene por qué ser cierto en la realidad), observaremos que en la empresa X, las personas que son mejores codificadores tienen menos probabilidades de cooperar por término medio, y los que tienen más probabilidades de cooperar tienen menos habilidades de codificación. Se podría concluir que ser poco cooperativo está relacionado con ser un mejor codificador, pero esta conclusión sería incorrecta en la población general. Para ver por qué ocurre esto, recordemos el ejemplo de los vasos de agua de la sección «Colisionadores, inmoralidades o estructuras v», y pensemos en las habilidades de codificación y cooperación como si fueran agua. Controlar el estado de contratación es como mantener constante la cantidad total de agua (habilidades de codificación + habilidades de cooperación). Verter un poco de agua de un vaso (por ejemplo, el vaso de las habilidades de codificación) en otro (el vaso de la cooperación) hace que se relacionen negativamente cuando se tiene control del estado de contratación (la cantidad total de agua).

Antes de concluir esta sección, quiero pedirle al lector que recuerde nuestro debate sobre el control estadístico del capítulo 3 y que piense de nuevo en la pregunta que nos hicimos en una de las secciones (¿debemos controlar siempre todas las variables disponibles?), sabiendo lo que hemos aprendido en este capítulo.

En el próximo capítulo veremos cómo abordar metodológicamente la cuestión de controlar o no controlar.

En esta sección, hemos visto cómo se manifiestan las propiedades de las cadenas, bifurcaciones y colisionadores en el ámbito del análisis estadístico. Examinamos las relaciones por pares entre variables y las comparamos con las relaciones condicionales que observamos como resultado del análisis de regresión múltiple. Por último, profundizamos en nuestra comprensión de la confusión.

Para terminar

Este capítulo nos presentó las tres estructuras básicas de independencia condicional: cadenas, bifurcaciones y colisionadores (estos últimos también conocidos como inmoralidades o estructuras v). Estudiamos las propiedades de estas estructuras y demostramos que los colisionadores tienen propiedades únicas, que hacen posible el descubrimiento causal basado en restricciones. Vimos cómo tratar los casos en los que es imposible orientar todas las aristas de un grafo e introdujimos el concepto de clase MEC. Por último, nos pusimos manos a la obra codificando los ejemplos de todas las estructuras y analizamos sus propiedades estadísticas mediante regresión lineal múltiple.

Con este capítulo concluye la primera parte introductoria de este libro. El siguiente capítulo comienza al otro lado, en el fascinante terreno de la inferencia causal. Iremos más allá de los casos lineales simples y veremos todo un nuevo zoo de modelos.

¿Preparados?

Referencias

Bishop, C. M. (2006). *Pattern Recognition and Machine Learning*. Springer.

Everington, K. (2 de junio de 2020). «Video shows Tesla on autopilot slam into truck on Taiwan highway». *Taiwan News*: https://www.taiwannews.com.tw/en/news/3943199.

Lauritzen, S. L. (1996). *Graphical Models*. Oxford University Press.

Neal, B. (17 de diciembre de 2020). *Introduction to Causal Inference from a Machine Learning Perspective* [notas del curso]: https://www.bradyneal.com/Introduction_to_Causal_Inference-Dec17_2020-Neal.pdf.

Pearl, J. (2009). *Causality*. Cambridge University Press.

Peters, J., Janzing, D. y Schölkopf, B. (2017). *Elements of Causal Inference: Foundations and Learning Algorithms*. MIT Press.

Pearl, J. y Mackenzie, D. (2019). *The Book of Why*. Penguin Books.

Scheines, R. (1996). *An introduction to causal inference* [manuscrito].

Sprites, P., Glymour, C. y Scheines, R. (2000). *Causation, Prediction, and Search*. MIT Press.

Uhler, C., Raskutti, G., Bühlmann, P. y Yu, B. (2013). «Geometry of the faithfulness assumption in causal inference». *The Annals of Statistics*, 436-463.

Verma, T. y Pearl, J. (1991). *Equivalence and synthesis of causal models*. UCLA.

Parte 2.
Inferencia causal

En el primer capítulo de la parte 2, intensificaremos y reforzaremos nuestra comprensión de las importantes propiedades de los modelos gráficos y sus conexiones con las cantidades estadísticas.

En el capítulo 7 introduciremos el proceso en cuatro fases de la inferencia causal, que nos ayudará a traducir a código lo que hemos aprendido hasta ahora de una forma estructurada.

En el capítulo 8 veremos con más detalle importantes hipótesis de inferencia causal, fundamentales para realizar análisis causales sin sesgo.

Y en los dos últimos capítulos introduciremos una serie de estimadores causales, que nos permitirán estimar efectos causales promedio e individualizados.

Esta parte comprende los siguientes capítulos:

- Capítulo 6. Nodos, aristas y la (in)dependencia estadística.
- Capítulo 7. El proceso en cuatro fases de la inferencia causal.
- Capítulo 8. Modelos causales: hipótesis y desafíos.
- Capítulo 9. Inferencia causal y machine learning: del emparejamiento a los metaaprendices.
- Capítulo 10. Inferencia causal y machine learning: estimadores avanzados, experimentos, evaluaciones y mucho más.
- Capítulo 11. Inferencia causal y machine learning: aprendizaje profundo, PLN y mucho más.

6

Nodos, aristas y la (in) dependencia estadística

Bienvenidos a la parte 2 de nuestro libro. Felicidades por haber llegado hasta aquí.

En esta parte, nos adentraremos en el mundo de la inferencia causal. Aplicaremos todo el conocimiento que hemos adquirido hasta ahora y empezaremos a crear a partir de ahí. Este capítulo nos presentará dos conceptos muy potentes: la d-separación y los parámetros causales.

Combinando ambos conceptos con lo que hemos aprendido hasta ahora nos equiparemos con flexibles herramientas para calcular efectos causales.

Más adelante, hablaremos de los criterios de puerta trasera y puerta delantera, dos potentes métodos para identificar efectos causales, e introduciremos la noción más general del cálculo do de Judea Pearl. Por último, presentaremos las variables instrumentales, una familia de técnicas de amplia aplicación en econometría, epidemiología y ciencias sociales.

Después de leer este capítulo y realizar los ejercicios, el lector será capaz de tomar un conjunto de datos sencillo y, suponiendo que los datos cumplan los supuestos necesarios, calcular él mismo las estimaciones del efecto causal.

En este capítulo, trataremos los siguientes temas:

- La noción de d-separación.
- La noción de parámetro causal.
- Criterios de puerta trasera y puerta delantera.
- Cálculo do.
- Variables instrumentales.

¿Preparados? Vamos allá.

Mantenlos d-separados

En el capítulo anterior, aprendimos que los colisionadores tienen un patrón de independencia condicional único que los diferencia de las cadenas y las bifurcaciones. La idea de la d-separación se basa en estas propiedades. En general, decimos que dos nodos de un grafo acíclico dirigido o DAG (*Directed Acyclic Graph*) G están d-separados cuando todos los caminos entre ellos están bloqueados. ¿Cuándo está bloqueado un camino entre dos nodos?

Una respuesta sencilla es cuando hay un colisionador en un camino entre ellos o si hay una bifurcación o cadena que contenga otra variable que controlamos (o un descendiente de dicha variable).

Formalicemos esta definición y generalicémosla al mismo tiempo. En vez de hablar de bloquear un camino entre dos nodos con otro nodo, hablaremos de caminos entre conjuntos de nodos bloqueados por otro conjunto de nodos. Indicaremos los conjuntos de nodos con las letras de estilo manuscrito $\mathcal{X}$, $\mathcal{Y}$ y $\mathcal{Z}$.

Pensar en términos de conjuntos de nodos en lugar de nodos sencillos resulta útil cuando trabajamos con escenarios con varios predictores y/o múltiples factores de confusión. Si prefieres pensar en términos de nodos sencillos X, Y y Z, imagina estos nodos como un conjunto de un único elemento, y la misma definición funcionará perfectamente.

Vamos a ello.

Para cualesquiera tres conjuntos de nodos disjuntos $\mathcal{X}$, $\mathcal{Y}$ y $\mathcal{Z}$, un camino entre $\mathcal{X}$ e $\mathcal{Y}$ está bloqueado por $\mathcal{Z}$ en las siguientes situaciones:

- Si hay una bifurcación $i \leftarrow j \rightarrow k$, o una cadena $i \rightarrow j \rightarrow k$ en este camino, de manera que el nodo del centro es $j \in \mathcal{Z}$.

- Si hay un colisionador $i \rightarrow j \leftarrow k$ en este camino, de manera que ni j ni ninguno de sus descendientes pertenecen a $\mathcal{Z}$ (Pearl, 2009).

En otras palabras, si hay una cadena o bifurcación entre $\mathcal{X}$ e $\mathcal{Y}$, tenemos que controlar que el nodo del centro cierre el camino entre $\mathcal{X}$ e $\mathcal{Y}$. Si hay un colisionador entre $\mathcal{X}$ e $\mathcal{Y}$, deberíamos dejarlo sin controlar junto con todos sus descendientes.

Flujo de información en un grafo

Tengamos en cuenta que, en ocasiones, cuando hablamos de d-separación, podríamos referirnos al flujo de información de un grafo. Algo importante que conviene recordar es que este flujo de información es no direccional. La falta de direccionalidad está estrechamente relacionada con las nociones de correlación y confusión. La d-separación nos permite controlar el flujo de información en el grafo. Veremos más sobre este tema en la siguiente sección.

Ahora, a practicar un poco.

La práctica hace al maestro: la d-separación

Al aprender un concepto nuevo, con frecuencia es necesario disponer de una buena comprensión intelectual, pero es la práctica lo que nos permite retener conocimientos a largo plazo. Para reforzar nuestra comprensión de la d-separación, juguemos a algo. Lo llamaremos «Mantenlos d-separados».

Me encargaré de generar cinco grafos de complejidad creciente y el lector deberá indicar qué nodos necesitamos observar (o controlar) para d-separar X e Y. En otras palabras, su misión es decidir qué nodos deben convertirse en miembros del conjunto Z para que X e Y estén d-separados. Las respuestas correctas están al final de esta sección. La figura 6.1 presenta nuestros dos primeros ejemplos.

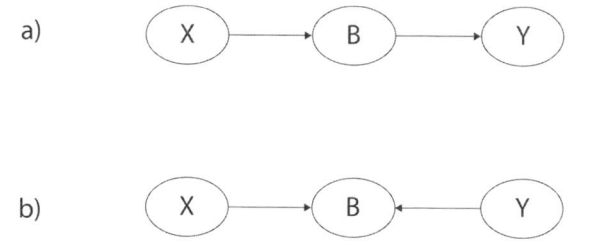

Figura 6.1. Los primeros dos grafos DAG del juego Mantenlos d-separados.

¿Qué nodos de los grafos DAG a y b de la figura 6.1 deberían observarse para que los nodos X e Y estén d-separados? Te animo a escribir tus respuestas en una hoja de papel y compararlas después con las respuestas del final del capítulo.

Muy bien, añadamos algo más de complejidad. La figura 6.2 presenta el tercer DAG de nuestro juego.

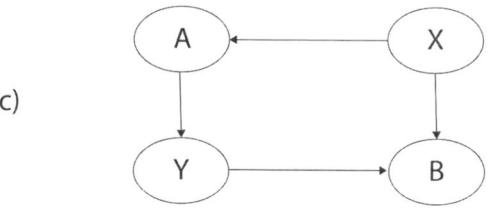

Figura 6.2. DAG número 3 de nuestro juego Mantenlos d-separados.

¿Tienes tus respuestas?

Estupendo, pues hagámoslo más divertido. La figura 6.3 muestra el cuarto ejemplo de Mantenlos d-separados.

Figura 6.3. DAG número 4 de nuestro juego Mantenlos d-separados.

Los grafos DAG similares al DAG d de la figura 6.3 suelen ser más complicados, pero estoy seguro de que encontrarás la respuesta correcta.

Bien, ahora es el momento de algo más avanzado. La figura 6.4 presenta el último ejemplo de nuestro juego.

e)
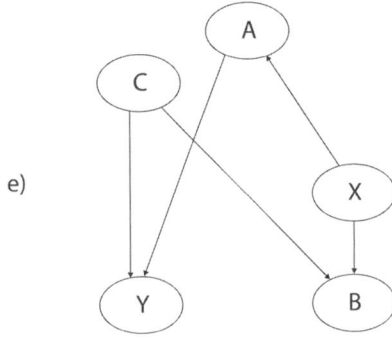

Figura 6.4. El DAG final del juego Mantenlos d-separados.

¿Tienes preparadas tus respuestas? Si algunos de los grafos resultan difíciles, es natural.

Estoy seguro de que, con práctica, el lector se sentirá más seguro con ellos. En la página web de pgmpy (https://pgmpy.org/examples/Causal%20Games.html) se pueden encontrar más grafos DAG similares. Ha llegado la hora de revelar las respuestas.

La figura 6.5 contiene los cinco grafos DAG para referencia.

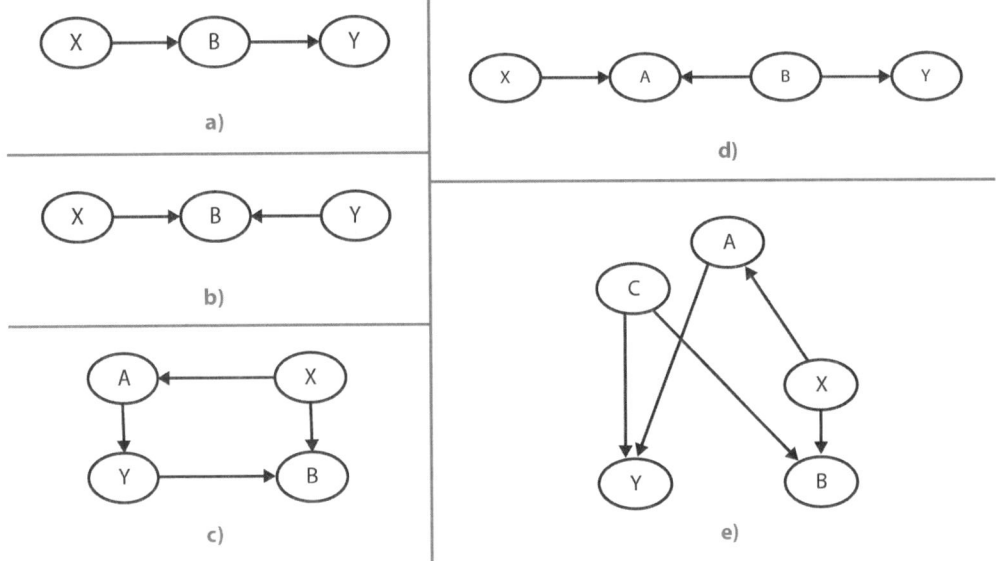

Figura 6.5. Todos los DAG del juego Mantenlos d-separados.

Empecemos con el grafo DAG a.

El DAG a es una cadena. Para bloquear el camino entre X e Y, necesitamos controlar B.

El DAG b es un colisionador. Esto significa que el camino ya está bloqueado por el nodo central, y no necesitamos hacer nada.

En el DAG c, encontramos dos caminos que conectan X e Y:

- $X \rightarrow A \rightarrow Y$
- $X \rightarrow B \leftarrow Y$

El primer camino es una cadena. Para bloquearlo, tenemos que controlar A. El segundo camino es un colisionador y no tenemos que hacer nada para bloquearlo, dado que ya lo está.

Tengamos en cuenta que podemos ver el DAG c como una combinación de los DAG a y b.

Veamos otro. En el DAG d hay dos estructuras superpuestas:

- Un colisionador: $X \rightarrow A \leftarrow B$
- Una bifurcación: $A \leftarrow B \rightarrow Y$

Hay varias opciones para abordar el DAG d:

- La más sencilla es no hacer nada (el colisionador bloquea el camino).
- También podemos controlar B, lo que no tiene ningún beneficio, pero tampoco nos perjudica (salvo porque aumenta la complejidad del modelo).
- Por último, podemos controlar A, lo que abrirá el camino, y B, que lo cerrará.

Si solo nos interesara estimar el efecto de X sobre Y, la mayoría de las veces elegiríamos probablemente la primera respuesta como la más sencilla.

Muy bien, pasemos al último grafo, el DAG e.

Estudiémoslo a fondo. Básicamente hay dos caminos de X a Y:

- $X \rightarrow A \rightarrow Y$
- $X \rightarrow B \leftarrow C \rightarrow Y$

Vemos enseguida que el primer camino representa una cadena. Controlar A cierra este camino. El segundo camino contiene un colisionador, de modo que no controlar nada mantiene el camino cerrado. Otra solución es bloquear A, B y C (controlar C cierra el camino que abrimos controlando B).

Con este ejercicio concluimos la primera sección del capítulo 6. Repasemos lo aprendido.

Hemos introducido la noción de d-separación. Vimos que la d-separación consiste en bloquear caminos entre (conjuntos de) nodos en un grafo DAG. Los caminos de un grafo se bloquean mediante la lógica fundamental de las herramientas de las que ya disponemos, las tres estructuras de independencia condicional básicas: cadenas, bifurcaciones y colisionadores (o inmoralidades).

El conocimiento de la d-separación nos permite crear parámetros causales de manera efectiva, un paso esencial en el proceso en cuatro fases de la inferencia causal. Sigamos aprendiendo.

Parámetro causal

En esta sección, introduciremos la noción de parámetro causal, un elemento esencial en el proceso de inferencia causal.

Vivimos en un mundo de estimadores

En inferencia estadística y machine learning hablamos con frecuencia de estimaciones y estimadores. Las estimaciones son básicamente nuestras mejores conjeturas sobre ciertas cantidades a partir de datos (finitos). Los estimadores son dispositivos o procedimientos informáticos que nos permiten establecer correspondencias entre una muestra de datos (finitos) dada y una cierta estimación.

Supongamos que acabas de conseguir un trabajo. Quieres estimar cuánto tiempo necesitarás para llegar de tu casa a tu nueva oficina. Decides registrar los tiempos de tus desplazamientos durante cinco días y los datos que obtienes son los siguientes:

[22.1, 23.7, 25.2, 20.0, 21.8]

Una opción es calcular la media aritmética de estos números, lo que nos dará la denominada media muestral, es decir, la estimación de la duración media real de los desplazamientos. Es posible que esto no te parezca suficiente y prefieras ajustar una distribución a estos datos, en vez de calcular una estimación puntual (método que se emplea habitualmente en estadística bayesiana).

La media aritmética de nuestros datos, así como los parámetros de la distribución que podríamos haber decidido ajustar para estos datos, son estimaciones. El dispositivo informático que empleamos para obtenerlas es un estimador.

Los estimadores pueden ser algo tan sencillo como calcular la media aritmética y tan complejos como un modelo de lenguaje de 550 mil millones de parámetros. La regresión lineal es un estimador, al igual que lo es una red neuronal o un modelo de bosque aleatorio.

¿Qué es entonces un parámetro causal?

La respuesta básica es que un parámetro causal es una cantidad que nos interesa estimar. Si un estimador es el cómo, un parámetro causal es el qué.

Pongámonos en contexto para comprender el significado de los parámetros causales en inferencia causal.

En el capítulo 1 dijimos que la confusión es un concepto causal y que, para discutirlo, tenemos que ir más allá del ámbito de los meros datos. En el capítulo 4 supimos que los modelos causales gráficos pueden codificar la estructura causal de un sistema que estamos configurando. En la primera sección de este capítulo, hemos aprendido que una propiedad importante de la d-separación es que nos permite controlar el flujo de información en un grafo.

Intentemos ahondar un poco más en nuestra idea de la confusión. ¿Qué significa que una relación entre dos variables es confusa?

Recordemos el ejemplo del primer capítulo (helados, ahogamientos y temperatura, presentado en la figura 1.1). La figura 6.6 nos sirve de recordatorio.

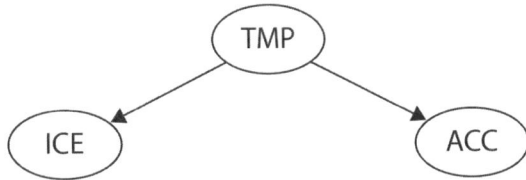

Figura 6.6. Una representación gráfica del problema del capítulo 1 (figura 1.1).

Cuando vimos el ejemplo al principio del libro, percibimos las ventas de helados (ICE) y el número de accidentes con ahogados (ACC) como relacionados aunque, en realidad, no lo estaban (causalmente). Dijimos que esta relación era falsa.

Podemos pensar en este tipo de relación como el resultado del flujo no restringido (no dirigido) de información en el grafo. Esto es una gran noticia, porque ahora tenemos una d-separación que nos ayuda a restringir este flujo y, como consecuencia, eliminar la confusión en la relación entre las variables que nos interesan.

Volviendo a nuestro ejemplo del primer capítulo, podríamos optar ingenuamente por definir nuestro modelo de la siguiente manera:

ACC ~ ICE

Traduzcamos la sintaxis de este modelo a notación matemática.

Lo que queremos estimar es el efecto causal de ICE sobre ACC. En otras palabras, queremos entender qué cambio se observaría en ACC si interviniéramos en ICE. Por tanto, la cantidad que nos interesa es la siguiente (por simplicidad, supondremos que todas nuestras variables son discretas):

$P(ACC = acc|do(ICE = ice))$

Si usáramos nuestro modelo ingenuo, nuestro parámetro causal sería el siguiente:

$P(ACC = acc|do(ICE = ice)) = P(ACC = acc|ICE = ice)$

Ya sabemos que esto no es correcto en nuestro caso, porque ya teníamos claro que la relación entre ACC y ICE es falsa. Para obtener el parámetro causal correcto del efecto causal del ICE sobre ACC, necesitamos tener control sobre la temperatura (TMP). La forma correcta de configurar nuestro problema es, por tanto, la siguiente:

$ACC \sim ICE + TMP$

Que se traduce en lo siguiente:

$$P(ACC = acc|do(ICE = ice)) = \sum_{tmp} P(ACC = acc|ICE = ice, TMP = tmp)P(TMP = tmp)$$

Para hacerlo un poco más legible, simplificamos la notación:

$$P(ACC|do(ICE)) = \sum_{tmp} P(ACC|ICE, TMP)P(TMP)$$

Esta fórmula es un ejemplo de la denominada regla del efecto causal, que afirma que dado un grafo G y una serie de variables P_a, que son padres (causales) de X, el efecto causal de X sobre Y viene dado por la siguiente fórmula (Pearl, Glymour y Jewell, 2016):

$$P\left(Y = y|do(X = x)\right) = \sum_{z} P(Y = y|X = x, Pa = z)P(Pa = z)$$

Tengamos en cuenta que lo que estamos haciendo en nuestro ejemplo es congruente con el punto 1 de nuestra definición de la d-separación (si hay una bifurcación entre las dos variables X e Y, tenemos que controlar el nodo central de la bifurcación para bloquear un camino entre X e Y).

En nuestro ejemplo, TMP es el nodo central de la bifurcación entre ICE y ACC, y por lo tanto, controlarlo bloquea el camino no causal entre ICE y ACC. Así es como obtenemos un parámetro causal correcto para nuestro modelo (a veces puede haber más de uno correcto por modelo).

Todo lo que hemos hecho hasta ahora en esta sección tiene un objetivo esencial: encontrar un parámetro causal que nos permita calcular efectos causales no sesgados a partir de datos observacionales. Aunque no siempre será posible, a veces sí puede serlo. Y, en ocasiones, puede reportarnos enormes beneficios.

Resumamos esta sección.

En esta sección hemos aprendido qué son los parámetros causales y en qué se diferencian de los estimadores y las estimaciones. Hemos creado un parámetro causal para nuestro ejemplo de los helados del primer capítulo y hemos mostrado cómo se relaciona con una regla de efecto causal más general. Por último, hemos analizado los vínculos entre los parámetros causales, la d-separación y la confusión.

En las siguientes secciones nos centraremos en técnicas que nos permitan obtener parámetros causales, dados grafos completos o parcialmente completos.

El criterio de la puerta trasera

El criterio de la puerta trasera es probablemente la técnica más conocida para hallar parámetros causales dado un grafo. La mejor parte es que ya la conocemos.

En esta sección examinaremos el funcionamiento del criterio de la puerta trasera. Estudiaremos su lógica y veremos sus limitaciones, y todo este conocimiento nos permitirá encontrar buenos parámetros causales en una amplia variedad de casos. Empecemos.

¿Qué es el criterio de la puerta trasera?

El criterio de la puerta trasera tiene como finalidad bloquear caminos falsos entre nuestros nodos de tratamiento y resultado. Al mismo tiempo, queremos asegurarnos de que dejamos inalterados todos los caminos dirigidos y tenemos cuidado de no crear nuevos caminos falsos.

Formalmente hablando, un conjunto de variables Z satisface el criterio de la puerta trasera, dado un grafo G y un par de variables, si ningún nodo de Z es un descendiente de X, y Z bloquea todos los caminos entre X e Y que contienen una flecha hacia X (Pearl, Glymour y Jewell, 2016).

En la anterior definición, $X \rightarrow ... \rightarrow Y$ significa que hay un camino dirigido de X a Y. Este camino podría ser directo o pasar por otros nodos.

Vemos que cuando buscamos el parámetro causal en nuestro ejemplo de los helados, hicimos precisamente esto: bloquear todos los caminos entre ICE y ACC que contenían una flecha hacia ICE. TMP no es un descendiente de ICE, de modo que también cumplíamos la segunda condición. Por último, no hemos abierto nuevos caminos falsos (en nuestro sencillísimo grafo, ni siquiera hubo la oportunidad de hacerlo).

Parámetros causales de puerta trasera y equivalente

Veamos el grafo de la figura 6.7.

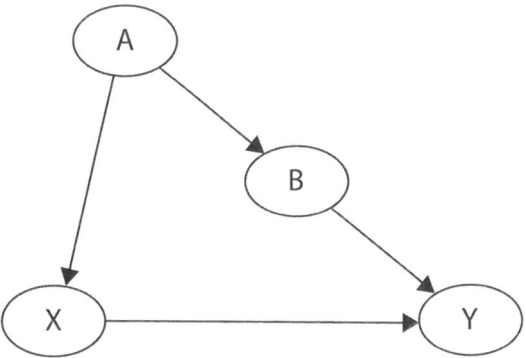

Figura 6.7. Un grafo con un patrón de confusión.

Dado el modelo presentado en la figura 6.7, ¿qué nodos tendríamos que controlar para estimar el efecto causal de X sobre Y?

De acuerdo con nuestra definición del criterio de la puerta trasera, tenemos que bloquear todos los caminos que tengan una flecha hacia X. No haría falta tener el control de cualquier descendiente de X ni abrir caminos nuevos. Podemos satisfacer estas condiciones de tres maneras distintas:

- Controlando A.

- Controlando B.

- Controlando ambos, A y B.

Todos ellos nos proporcionarán parámetros causales distintos pero equivalentes. En particular, la siguiente igualdad es verdadera para nuestro modelo (de nuevo, suponiendo variables discretas por simplicidad):

$$P(Y = y|do(X = x)) = \sum_a P(Y = y|X = x, A = a)P(A = a) = \sum_b P(Y = y|X = x, B = b)P(B = b)$$

Esta igualdad nos abre una posibilidad muy interesante (para hacer la fórmula más legible, en la igualdad hemos omitido el tercer caso: controlar A y B).

Si basta con controlar únicamente una de las variables (A o B) para obtener un parámetro causal correcto para $X \rightarrow Y$, esencialmente podemos estimar el efecto causal de X sobre Y incluso aunque una de las variables permaneciera no observada.

Parámetros causales equivalentes frente a estimaciones iguales

Aunque para ciertos modelos podríamos hallar dos o más parámetros causales equivalentes, las estimaciones calculadas basándose en ellos podrían ser ligeramente distintas. Esto es natural en un régimen de tamaño de muestra finito. No obstante, si el tamaño de la muestra es bastante grande, las diferencias deberían ser insignificantes. Grandes diferencias podrían sugerir un parámetro causal erróneo, falta de convergencia en el modelo o errores en el código del modelo.

Consideremos un modelo modificado a partir de la figura 6.7, en el que una de las variables es no observada. La figura 6.8 nos lo muestra.

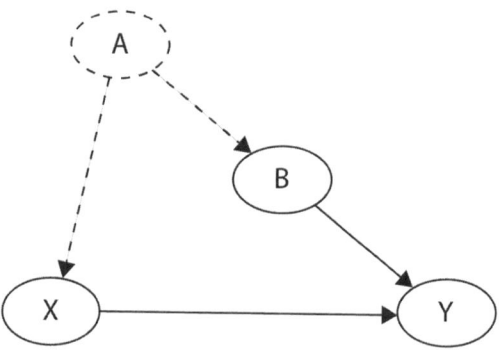

Figura 6.8. Un grafo con un patrón de confusión y una sola variable no observada.

El nodo A y las dos aristas ($A \rightarrow B$ y $A \rightarrow X$) marcadas con líneas discontinuas son todos no observados, aunque suponemos que la estructura causal global es conocida (incluyendo las dos aristas no observadas).

En otras palabras, no sabemos nada de A ni de cuál es la forma funcional de la influencia de A sobre X o B. Al mismo tiempo, suponemos que A existe y no tiene otras aristas que la presentada en la figura 6.8.

Un repaso al operador do

El operador do nos informa que estamos trabajando con una distribución intervencionista en vez de una observacional. En ciertos casos, las distribuciones intervencionistas y observacionales pueden ser la misma. Por ejemplo, si el grafo causal verdadero tiene la forma de $X \rightarrow Y$, entonces $P(Y = y|\text{do}(X = x)) = P(Y = y|X = x)$, pero siempre que aparezcan factores de confusión, tenemos que ajustar sus efectos controlando las variables adicionales del lado derecho de la ecuación.

Nuestro parámetro causal para el modelo presentado en la figura 6.8 sería idéntico al segundo parámetro causal para el modelo totalmente observado:

$$P(Y = y|do(X = x)) = \sum_b P(Y = y|X = x, B = b)P(B = b)$$

Esto sí que es potente. Imaginemos que el registro de A es la parte más cara del proceso de recogida de datos. Como entendemos el criterio de la puerta trasera, básicamente podemos simplemente saltarnos el registro de esta variable. ¿No es genial?

Algo que conviene recordar es que para mantener la validez del parámetro causal, tenemos que estar seguros de que se mantiene la estructura causal global. Si la cambiáramos un poco añadiendo una arista dirigida de A a Y, el parámetro causal anterior perdería su validez.

Dicho esto, si elimináramos por completo A y todas sus aristas del modelo, nuestro parámetro causal se mantendría. ¿Puedes explicar por qué? (en la sección Respuesta del final del capítulo está la respuesta correcta).

Resumamos.

En esta sección, hemos definido el criterio de la puerta trasera y analizado cómo nos ayuda a construir parámetros causales válidos. Hemos visto que, en algunos casos, podemos construir más de un parámetro causal válido para un único modelo. También hemos demostrado que el criterio de la puerta trasera puede ser útil en ciertos casos de confusión no observada.

Aunque el criterio de la puerta trasera es potente, tiene sus limitaciones.

El criterio de la puerta delantera

En esta sección vamos a hablar del criterio de la puerta delantera, un dispositivo que nos permite obtener parámetros causales válidos en (algunos) casos en los que falla el criterio de la puerta trasera.

¿Puede el GPS llevarnos por mal camino?

En su estudio de 2020, Louisa Dahmani y Véronique Bohbot de la Universidad McGill demostraron que hay un vínculo entre el uso del GPS y el deterioro de la memoria espacial (Dahmani y Bohbot, 2020). Además, el efecto depende de la dosis, lo que significa que cuanto más se usa el GPS, mayor es el deterioro de la memoria espacial.

Las autoras argumentan que sus resultados sugieren un vínculo causal entre el uso del GPS y el deterioro de la memoria espacial. Ya sabemos que algo que parece estar conectado no tiene que estarlo necesariamente en la realidad.

Las autoras también saben esto, de modo que decidieron añadir un componente longitudinal a su diseño. Esto significa que observaron a personas durante un período de tiempo y notaron que los participantes que utilizaban más el GPS tenían un mayor deterioro en su memoria.

Imagina que decides debatir este estudio con tu compañera Susana. El componente de tiempo te parece prometedor, pero Susana se muestra algo crítica con los resultados y su interpretación, y propone otra hipótesis: que la relación entre el uso del GPS y el deterioro de la memoria espacial es sencillamente falsa.

Parecen estar relacionados (argumenta Susana) porque hay una causa común para el uso del GPS y el deterioro de la memoria: la baja motivación general (Pelletier *et al.*, 2007). Susana sostiene que las personas con baja motivación general son reacias a aprender cosas nuevas (por lo que no les interesa recordar nueva información, incluyendo la espacial) e intentan evitar el esfuerzo (de ahí que prefieran usar el GPS más a menudo, ya que les permite evitar el arduo proceso de tomar decisiones mientras conducen).

Ella afirma además que la baja motivación general tiende a expandirse, es decir, las personas desmotivadas buscan soluciones que puedan quitarles la carga de hacer cosas, y si estas soluciones funcionan, las emplean más a menudo. También con la edad se interesan cada vez menos en aprender cosas nuevas.

Inspirado por la propuesta de Susana, te pones a buscar estudios sobre los efectos del GPS sobre la memoria espacial, pero no encuentras ninguno que controle la motivación general. La situación parece desesperada: si la motivación general es un factor de confusión, se trata de un factor no observado y, por tanto, no podemos utilizar el criterio de la puerta trasera para eliminar la confusión entre el uso del GPS y el deterioro de la memoria espacial.

En la figura 6.9 representamos gráficamente el modelo de Susana junto con el modelo que contiene ambas hipótesis (motivación y uso del GPS).

Como podemos ver, en ninguno de los modelos se puede eliminar la confusión, porque el factor de confusión es no observado (líneas discontinuas).

En tal caso, el criterio de la puerta trasera no nos ayuda, pero hay otro criterio que quizá podríamos usar basado en el concepto de la mediación, y que requeriría la localización de una variable que mediara en la relación entre el uso del GPS y el deterioro de la memoria.

Busquémoslo.

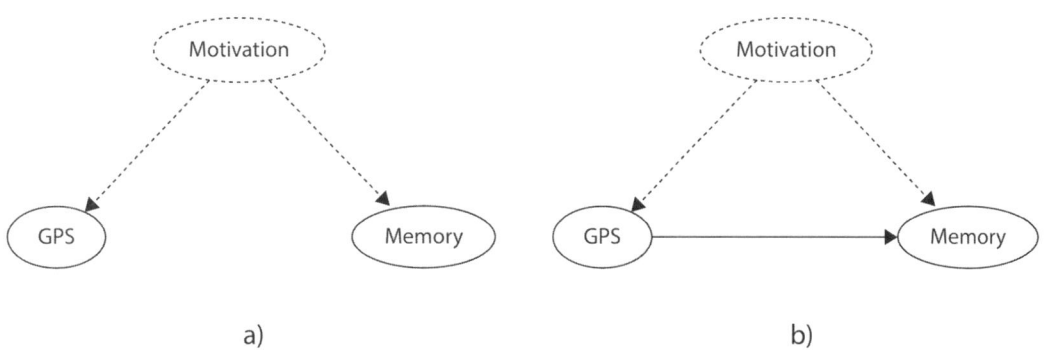

Figura 6.9. Un modelo presentando la hipótesis de Susana (a) y la hipótesis «completa» (b).

Mediadores y mediación

Podemos decir que en la influencia de una variable (X) sobre otra (Y) actúa como mediadora una tercera variable, Z (o un conjunto de variables, Z), cuando al menos un camino de X a Y cruza por Z. Se puede decir que Z media completamente en la relación entre X e Y cuando el único camino de X a Y cruza por Z. Si hay caminos de X a Y que no pasan por Z, la mediación es parcial.

Los taxistas de Londres y la piedra mágica

En su famoso estudio del año 2000 sobre los conductores de taxi londinenses, Eleanor A. Maguire y sus colegas del University College de Londres demostraron que la experiencia como conductor de taxi está relacionada con el volumen del hipocampo (Maguire *et al.*, 2000). El hipocampo es una estructura del cerebro del tamaño de un guijarro (40-55 mm), responsable de la creación de nuevos recuerdos, en particular, recuerdos espaciales (O'Keefe y Nadel, 1978).

Los conductores de taxi londinenses tienen que pasar un examen muy exigente para comprobar sus conocimientos espaciales y no se les permite usar ningún tipo de ayuda externa en el proceso.

El examen va precedido de un amplio período de entrenamiento, que normalmente dura entre 3 y 4 años. Los conductores tienen que memorizar y poder desplazarse por más de «26 000 calles y miles de lugares de interés de Londres» (Griesbauer *et al.*, 2021).

Otro estudio (Woollett y Maguire, 2011) demostró que los conductores que no pasaban este examen no mostraban aumento en el volumen del hipocampo. Al mismo tiempo, en los que sí lo aprobaron, se observó un incremento sistemático del mismo. Durante el período de cuatro años de entrenamiento continuado, el volumen del hipocampo se asociaba a una mejora en la memoria espacial (solo en los que estaban en formación continua).

Intentemos incorporar estos resultados a nuestro modelo. Plantearemos la hipótesis de que el uso del GPS tiene un impacto negativo en el volumen relativo del hipocampo, lo que a su vez afecta a la memoria espacial. La figura 6.10 muestra el modelo actualizado.

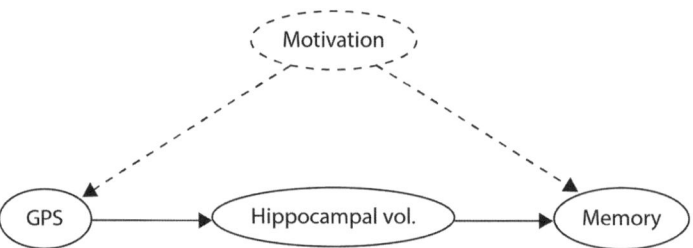

Figura 6.10. El modelo actualizado, incluyendo el volumen del hipocampo como mediador.

En nuestro nuevo modelo hipotético, suponemos que el volumen del hipocampo actúa como mediador en los efectos del uso del GPS en el deterioro de la memoria espacial.

La segunda hipótesis importante que planteamos es que la motivación solo puede afectar al volumen del hipocampo de manera indirecta mediante el uso del GPS. Esta suposición es esencial para que el criterio que introduciremos a continuación (el criterio de la puerta delantera) nos sea de utilidad.

Si la motivación pudiera influir en el volumen del hipocampo directamente, la puerta delantera no serviría de nada. Por suerte, la suposición de que la motivación no cambia directamente el volumen del hipocampo parece razonable (aunque quizá se pueda argumentar en contra).

Abriendo la puerta delantera

El criterio de la puerta delantera es un ejemplo de una estrategia de divide y vencerás. Divide un grafo en dos partes, utiliza reglas relativamente sencillas para determinar los efectos causales en estas subpartes y las combina de nuevo.

Veamos esto paso a paso.

Para que la notación sea más legible, sustituiré los nombres de las variables por símbolos. La figura 6.11 presenta el grafo con los nombres de las variables actualizados.

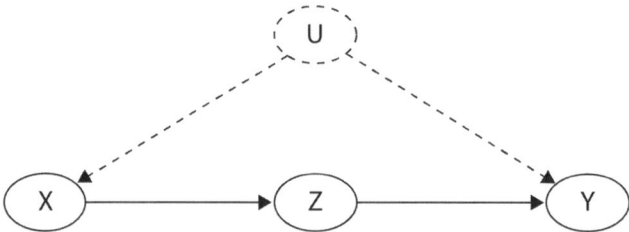

Figura 6.11. Un modelo con nombres de variables actualizados.

Primero estudiemos la relación entre X y Z. Hay un solo camino de puerta trasera entre ellos: $X \leftarrow U \rightarrow Y \leftarrow Z$, pero ya está bloqueado. ¿Cuál es la razón?

Hay un colisionador, $U \to Y \leftarrow Z$, que bloquea el flujo de información. De ahí que podamos identificar el efecto causal de X sobre Z del siguiente modo:

$$P(Z = z|do(X = x)) = P(Z = z|X = x)$$

Esto es fantástico.

Y, ¿qué pasa con el efecto de Z sobre Y?

Solo hay un camino abierto de puerta trasera, $Z \leftarrow X \leftarrow U \to Y$. No hay colisionador en este camino y U es no observada, de manera que no podemos controlarla. Por suerte, sí podemos tener control de la otra variable, X. Un parámetro causal válido del efecto causal de Z sobre Y es, por tanto, el siguiente:

$$P(Y = y|do(Z = z)) = \sum_x P(Y = y|Z = z, X = x)P(X = x)$$

Esto es realmente sorprendente. Acabamos de bloquear el camino de puerta trasera de Z a Y simplemente controlando X. Ya estamos preparados para combinar ambos parámetros causales:

$$P(Y = y|do(X = x)) = \sum_z P(Y = y|do(Z = z))P(Z = z|do(X = x))$$

Eliminemos ahora los operadores do del lado derecho reemplazándolos de acuerdo con las anteriores igualdades, lo que nos lleva a lo siguiente:

$$P(Y = y|do(X = x)) = \sum_z P(Z = z|X = x)\sum_{x'} P(Y = y|X = x', Z = z)P(X = x')$$

Esta fórmula se llama fórmula de la puerta delantera (Pearl *et al.*, 2016) o ajuste de puerta delantera.

Podría parecer un poco desalentadora, quizá debido a la críptica x' del índice de la segunda suma. Necesitamos esta x' poco amigable porque estamos combinando dos fórmulas distintas, y queremos mantener constante la X de una fórmula cuando estamos iterando sobre la (misma) X de la otra fórmula.

Podemos considerarlo como si viéramos X desde dos puntos de vista distintos o (quizá) como que X esté en dos lugares diferentes al mismo tiempo (creo que en las películas de ciencia ficción a esto lo llaman bilocación).

Tres sencillos pasos hacia la puerta delantera

Podemos decir en general que un conjunto de variables Z satisface el criterio de la puerta delantera, dado el grafo G y un par de variables $X \to ... \to Y$, si se aplica lo siguiente (Pearl *et al.*, 2016):

- Z intercepta todos los caminos dirigidos de X a Y.
- No hay caminos abiertos de puerta trasera de X a Z.
- Todos los caminos de puerta trasera de Z a Y están bloqueados por X.

La puerta delantera en la práctica

Implementemos un modelo hipotético de nuestro ejemplo del GPS. El código de este capítulo está en los archivos de ejemplo del libro `Chapter06.ipynb`.

Primero, definamos un modelo causal estructural o SCM (*Structural Causal Model*) que generará datos hipotéticos para nosotros. Lo implementaremos como una clase de Python, parecido a lo que hicimos en el capítulo 2. Empecemos con las importaciones:

```python
import numpy as np
import pandas as pd
from scipy import stats
from sklearn.linear_model import LinearRegression
import matplotlib.pyplot as plt
plt.style.use('fivethirtyeight')
```

Importamos paquetes científicos básicos. Esta vez no hemos importado el módulo de regresión lineal de Statsmodels (Seabold y Perktold, 2010) sino, más bien, la implementación de Scikit-learn (Pedregosa *et al.*, 2011).

Hemos hecho esto a propósito para aprovechar la sencilla e intuitiva interfaz que ofrece Scikit-learn. Al mismo tiempo, nos interesará menos obtener bien formateados los resultados del modelo (una estupenda función de Statsmodels).

Perfecto. Definamos entonces nuestro modelo SCM.

```python
class GPSMemorySCM:

    def __init__(self, random_seed=None):
        self.random_seed = random_seed
        self.u_x = stats.truncnorm(0, np.infty, scale=5)
        self.u_y = stats.norm(scale=2)
        self.u_z = stats.norm(scale=2)
        self.u = stats.truncnorm(0, np.infty, scale=4)
```

En el método `.init()` definimos las distribuciones de todas las variables exógenas del modelo (las hemos omitido en las figuras anteriores por motivos de legibilidad). Empleamos una distribución normal truncada para `u_x` y `u` para restringirlas a valores positivos, y una distribución normal para `u_y` y `u_z`.

Para verlo todo más claro, la figura 6.12 muestra nuestro modelo gráfico completo con variables exógenas.

A continuación, definamos el método `.sample()`.

Llamar a este método devolverá una distribución observacional de nuestro sistema. Nótese que todos los coeficientes son hipotéticos y no están basados en investigaciones reales:

```python
def sample(self, sample_size=100, treatment_value=None):
    """Samples from the SCM"""
    if self.random_seed:
```

```
        np.random.seed(self.random_seed)

u_x = self.u_x.rvs(sample_size)
u_y = self.u_y.rvs(sample_size)
u_z = self.u_z.rvs(sample_size)
u = self.u.rvs(sample_size)

if treatment_value:
    gps = np.array([treatment_value]*sample_size)
else:
    gps = u_x + 0.7*u

hippocampus = -0.6*gps + 0.25*u_z
memory = 0.7*hippocampus + 0.25*u

return gps, hippocampus, memory
```

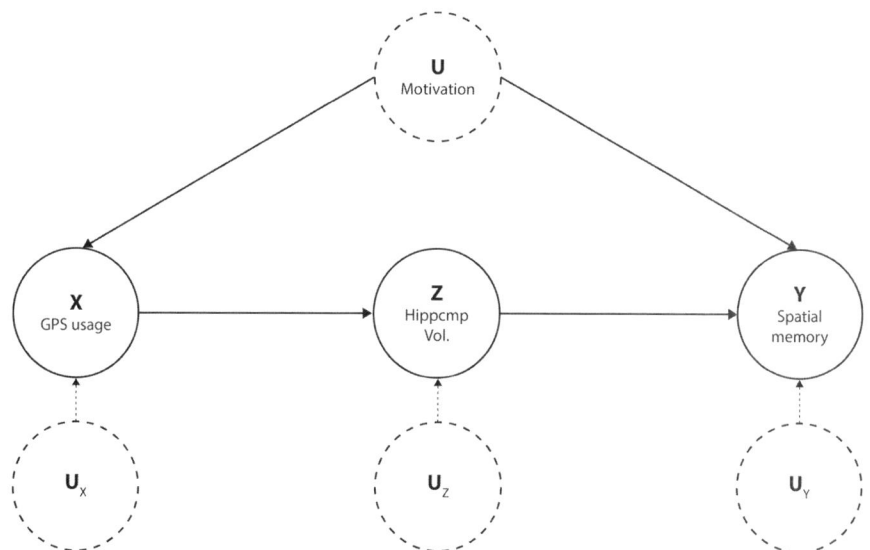

Figura 6.12. Un modelo completo con variables exógenas.

Primero, fijamos la semilla aleatoria si un usuario proporcionó un valor para ella.

Después, muestreamos las variables exógenas.

Finalmente, calculamos los valores de las tres variables observadas de nuestro modelo: gps, hippocampus, y memory, que representan el uso del GPS, el volumen del hipocampo, y el cambio en la memoria espacial respectivamente.

Quizá el lector haya notado que hay una sentencia `if` adicional que comprueba `treatment_value`. Nos permite generar una distribución intervencionista a partir del modelo si se proporciona un valor para `treatment_value`.

El último método de la implementación de nuestro modelo SCM es `.intervene()`, que no es más que un bonito envoltorio sintáctico para `.sample()`. El método `.intervene()` devuelve una distribución intervencionista a partir de nuestro modelo:

```
def intervene(self, treatment_value, sample_size=100):
    """Intervenes on the SCM"""
    return self.sample(treatment_value=treatment_value, sample_
size=sample_size)
```

Su finalidad es que el código se vea más limpio y nuestro proceso más explícito.

Observamos que al pasar `None` o `0` como valor de tratamiento se obtendrá un caso especial de intervención nula, y el resultado será idéntico a la muestra observacional.

Estupendo. Obtengamos una instancia del modelo y generemos datos observacionales:

```
scm = GPSMemorySCM()
gps_obs, hippocampus_obs, memory_obs = scm.sample(600)
```

Generar datos observacionales es tan sencillo como llamar al método `.sample()`.

A continuación, realicemos un experimento. Utilizaremos un rango de tratamientos desde 1 a 20 unidades de uso de GPS:

```
treatments = []
experiment_results = []

# Sample over a range of treatments
for treatment in np.arange(1, 21):
    gps_hours, hippocampus, memory = scm.intervene(treatment_
value=treatment, sample_size=30)
    experiment_results.append(memory)
    treatments.append(gps_hours)
```

Por cada valor de tratamiento, obtenemos 30 observaciones. Almacenamos los valores de tratamiento y los valores de resultado en las listas `treatments` y `experiment_results` respectivamente.

La figura 6.13 muestra la relación entre el uso del GPS y el cambio en la memoria espacial con muestras observacionales e intervencionistas.

Como se puede observar, las distribuciones de los gráficos de la figura difieren.

Ajustemos dos modelos de regresión lineal, uno con los datos observacionales y el otro con los intervencionistas, y comparemos los resultados. ¿Qué resultados obtendremos?

Comprobemos nuestras conjeturas.

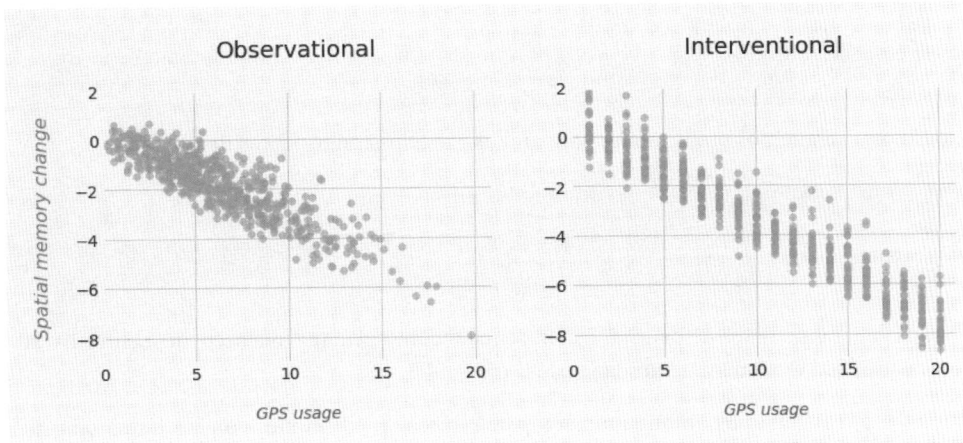

Figura 6.13. Gráficos de difusión de uso del GPS frente a cambio en la memoria espacial.

Primero, obtenemos una instancia de los dos modelos de regresión y los entrenamos:

```
lr_naive = LinearRegression()
lr_naive.fit(
    X=gps_obs.reshape(-1, 1),
    y=memory_obs
)
```

Entrenamos el primer modelo, `lr_naive`, con los datos observacionales. Regresamos el cambio en la memoria espacial sobre el uso del GPS.

Quizá el lector haya notado que cuando le pasamos `gps_obs` al método `.fit()`, cambiamos la forma del array. Esto es porque los modelos `sklearn` requieren arrays 2D de forma (n, d), donde n es el número de observaciones y d es la dimensionalidad de la matriz de diseño (o un número de características si se prefiere), y nuestro array original era 1D con forma $(n,)$, ya que solo tenemos una característica.

El segundo modelo utilizará las mismas variables, pero generadas en nuestro experimento, en vez de las registradas a partir de observaciones.

Antes de entrenarlo, tenemos que desempaquetar nuestro tratamiento (uso del GPS) y resultado (cambio en la memoria espacial). Esto es porque generamos 30 muestras por cada uno de los 20 niveles de intervención y los almacenamos como una lista de listas anidada.

Por facilidad de comparación con los modelos observacionales, queremos reconfigurar el modelo para que tenga 600 observaciones en vez de 20*30 observaciones:

```
treatments_unpack = np.array(treatments).flatten()
results_unpack = np.array(experiment_results).flatten()

lr_experiment = LinearRegression()
lr_experiment.fit(
```

```
    X=treatments_unpack.reshape(-1, 1),
    y=results_unpack
)
```

Perfecto. Ahora, generemos predicciones para ambos modelos con los datos de prueba:

```
X_test = np.arange(1, 21).reshape(-1, 1)

preds_naive = lr_naive.predict(X_test)
preds_experiment = lr_experiment.predict(X_test)
```

Empezamos generando datos de prueba. Es tan sencillo como generar una secuencia entre 1 y 20. Estos números cuantifican el número de unidades de uso del GPS.

A continuación, consultamos ambos modelos para generar predicciones con los datos de prueba. La figura 6.14 muestra un gráfico de difusión de la distribución intervencionista y predicciones de ambos modelos.

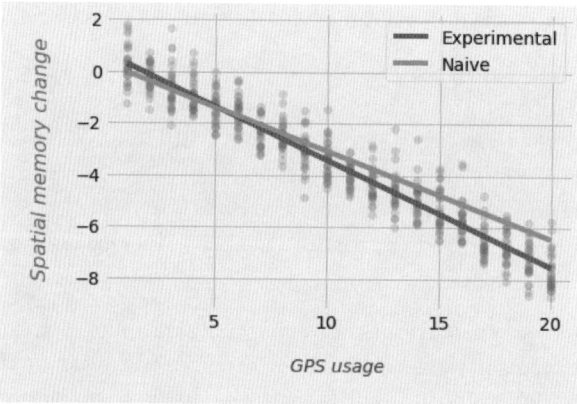

Figura 6.14. Un gráfico de difusión de la distribución intervencionista y dos líneas de regresión ajustadas.

Vemos con bastante claridad que el modelo ingenuo no ajusta muy bien los datos experimentales.

Comparemos los valores de los coeficientes de regresión de ambos modelos:

```
print(f'Naive model:\n{lr_naive.coef_}\n')
print(f'Experimental model:\n{lr_experiment.coef_}')
```

Esto produce el siguiente resultado:

```
Naive model:
-0.3246130171160016
Experimental model:
-0.4207238110947806
```

Como era de esperar, los valores de coeficiente de ambos modelos difieren.

Averigüemos cómo obtener un coeficiente causal válido, a partir de datos observacionales con el criterio de puerta delantera, en tres sencillos pasos.

El puente lineal a la tierra prometida causal

Resulta que cuando tenemos la suerte suficiente como para que nuestro modelo de interés sea lineal y el criterio de puerta delantera se pueda aplicar, podemos calcular la estimación válida del efecto causal de X sobre Y en tres sencillos pasos:

- Ajustar un modelo $Z \sim X$.

- Ajustar un modelo $Y \sim Z + X$.

- Multiplicar los coeficientes del modelo 1 y el modelo 2.

Pongamos esto en código.

1. Primero, entrenamos el modelo para regresar Z sobre X ($Z \sim X$). Nótese que solamente usamos datos observacionales para ajustar este modelo (y el siguiente):

```
lr_zx = LinearRegression()
lr_zx.fit(
    X=gps_obs.reshape(-1, 1),
    y=hippocampus_obs
)
```

2. Después, entrenamos el modelo para regresar Y sobre X y Z. En ambos casos, seguimos la misma lógica que en el caso continuo descrito previamente:

```
lr_yxz = LinearRegression()
lr_yxz.fit(
    X=np.array([gps_obs, hippocampus_obs]).T,
    y=memory_obs
)
```

3. Por último, multipliquemos los coeficientes de ambos modelos:

```
lr_zx.coef_[0] * lr_yxz.coef_[1]
```

Tomamos el coeficiente número 0 del primer modelo (solo hay un coeficiente para uso del GPS) y el primer coeficiente para el segundo modelo (porque nos interesa el efecto del volumen del hipocampo en la memoria espacial dado el uso del GPS), y los multiplicamos, lo que nos da la siguiente estimación del efecto causal:

```
-0.43713599902679
```

Buen trabajo, ya que se acerca bastante al modelo experimental.

Los valores estimados a partir de experimentos y los estimados a partir de datos observacionales pueden diferir en regímenes de muestras finitas, algo totalmente natural. Cuanto mayor sea el tamaño de la muestra, menor será la discrepancia entre ellos que debamos esperar por término medio.

Estupendo.

Vimos que la estimación ajustada para la puerta delantera se acercaba bastante a la estimación obtenida a partir de los datos experimentales, pero ¿cuál es realmente el verdadero efecto que intentamos estimar y cómo de cerca estamos de lograrlo?

Podemos responder a esta pregunta con bastante facilidad teniendo un modelo SCM totalmente lineal. El verdadero efecto de un modelo como el nuestro es igual al producto de los coeficientes de los caminos causales de $X \rightarrow Z$ y $Z \rightarrow Y$. La idea de multiplicar los coeficientes en un camino causal dirigido se remonta al análisis de caminos de Sewall Wright, introducido ya en 1920 (Wright, 1920).

En nuestro caso, el verdadero efecto causal del uso del GPS en la memoria espacial será -0.6 * 0.7 = -0.42. Los coeficientes (-0.6 y 0.7) se pueden leer en la definición de nuestro modelo SCM.

Resulta que nuestras estimaciones experimentales y ajustadas para la puerta delantera eran bastante próximas (~4 % y <1 % de errores respectivamente), mientras que la estimación ingenua fue de más del 22 %. Imagina que puedes mejorar la tasa de conversión de una campaña de marketing para tu cliente en un 20 % (un resultado real que demostró una de las empresas de machine learning causal en la que un colega mío trabajaba).

Es hora de concluir esta sección. Hemos aprendido lo que es el criterio de la puerta delantera. Hemos analizado tres condiciones (y una hipótesis adicional) necesarias para que el criterio funcione y hemos mostrado cómo derivar una fórmula de ajuste partiendo de los principios básicos. Por último, hemos creado un modelo SCM y generado distribuciones observacionales e intervencionistas para mostrar cómo se utiliza el criterio de la puerta delantera para aproximar con precisión resultados experimentales a partir de datos observacionales.

¿Existen otros criterios? Hagamos cálculo do

En el mundo real, no todos los grafos causales tienen una estructura que permita el uso de los criterios de la puerta trasera o delantera. ¿Significa esto que no podemos hacer nada con ellos?

Afortunadamente, no. Los criterios de la puerta trasera y delantera son casos especiales de una estructura más general denominada cálculo do (Pearl, 2009). Es más, se ha demostrado que el cálculo do es completo (Shpitser y Pearl, 2006), lo que significa que si hay un efecto causal identificable en un determinado grafo DAG G, se puede hallar con las reglas del cálculo do.

¿Cuáles son estas reglas?

Las tres reglas del cálculo do

Antes de responder a la pregunta, tenemos que definir una notación nueva de utilidad.

Dado un grafo DAG G, podemos decir que $G_{\overline{X}}$ es una modificación de G, donde hemos eliminado todas las aristas entrantes al nodo X. Llamaremos a $G_{\underline{X}}$ una modificación de G, en la que eliminamos todas las aristas salientes del nodo X.

Por ejemplo, $G_{\overline{X}\underline{Z}}$ indicará un grafo DAG G, en el que se eliminaron todas las aristas entrantes al nodo X y las salientes del nodo Z.

Perfecto. Ahora, veamos las reglas (Pearl, 2009, y Malina, 2020):

- Regla 1: cuando una observación se puede ignorar:

$$P\big(Y = y|do(X = x), Z = z, W = w\big) = P\big(Y = y|do(X = x), W = w\big) \; if \big(Y \perp\!\!\!\perp Z|X, W\big)_{G_{\overline{X}}}$$

- Regla 2: cuando una intervención se puede tratar como una observación:

$$P\big(Y = y|do(X = x), do(Z = z), W = w\big) = P\big(Y = y|do(X = x), Z = z, W = w\big) \; if \big(Y \perp\!\!\!\perp Z|X, W\big)_{G_{\overline{X}\underline{Z}}}$$

- Regla 3: cuando una intervención se puede ignorar:

$$P\big(Y = y|do(X = x), do(Z = z), W = w\big) = P\big(Y = y|do(X = x), W = w\big) \; if \big(Y \perp\!\!\!\perp Z|X, W\big)_{G_{\overline{X}\overline{Z(W)}}}$$

En la regla 3, $Z(W)$ es el conjunto de nodos Z que no son ancestros de ningún nodo W en el DAG alterado, $G_{\overline{X}}$.

Quizá estas reglas parezcan abrumadoras, así que intentaremos descifrar su significado.

La regla 1 dice que podemos ignorar cualquier variable o variables observacionales (o conjunto de ellas) Z, cuando Z y el resultado Y son independientes, dados X y W en un grafo DAG modificado, $G_{\overline{X}}$.

La regla 2 nos dice que cualquier intervención sobre una variable o variables (o conjunto de ellas) Z se puede tratar como una observación cuando Z y el resultado Y son independientes, dados X y W en un grafo DAG modificado $G_{\overline{X}\underline{Z}}$.

Por último, la regla 3 dice que cualquier intervención sobre una variable o variables (o conjunto de ellas), Z, se puede ignorar cuando Z y el resultado Y son independientes, dados X y W en un grafo DAG modificado $G_{\overline{X, Z(W)}}$.

Todo esto puede parecer complicado al principio, hasta que uno se da cuenta de que lo que es necesario en la práctica es tomar el DAG, encontrar los factores de confusión (o el conjunto de ellos), indicados como Z en nuestras reglas, y comprobar si alguna de las reglas se aplica. Además, se pueden apilar las transformaciones en secuencias largas arbitrarias si eso ayuda. Lo bueno es que este trabajo se puede también automatizar.

Digerir del todo las reglas del cálculo do lleva tiempo, pero eso es normal. En cuanto uno se familiariza con ellas, dispone en su haber de otra potente herramienta.

Para saber más sobre el cálculo do, recomiendo: Pearl (2009) para las definiciones formales y ejemplos paso a paso, Shpitser y Pearl (2006) para la prueba de integridad, y el blog de Stephen Malina para una comprensión más intuitiva (Malina, 2020; `https://stephenmalina.com/post/2020-03-09-front-door-do-calc-derivation/`).

Antes de finalizar esta sección, veamos otro conocido método para identificar los efectos causales.

Variables instrumentales

Las variables instrumentales o VI son una familia de técnicas de eliminación de factores de confusión muy conocidas en econometría. Observemos el grafo DAG de la figura 6.15.

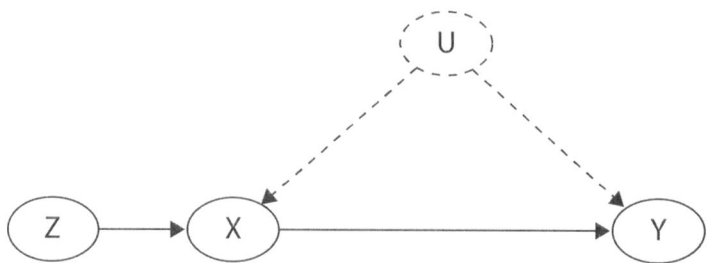

Figura 6.15. Un DAG de ejemplo para la técnica VI.

Nos interesa estimar el efecto causal de X sobre Y. No podemos usar aquí el criterio de la puerta trasera porque U es no observada. Tampoco podemos utilizar el criterio de la puerta delantera porque no hay mediador entre X e Y.

Pero no todo está perdido. Resulta que podemos emplear la técnica VI para estimar el efecto causal que nos interese. Veamos cómo hacerlo.

Las tres condiciones de las variables instrumentales

Los métodos de variable instrumental requieren que una variable especial denominada instrumento esté presente en un grafo. Usaremos Z para indicar el instrumento. El efecto que queremos es el efecto causal de X sobre Y.

Un instrumento necesita cumplir las siguiente tres condiciones (Hernán y Robins, 2020):

- Que el instrumento Z esté asociado a X.
- Que el instrumento Z no afecte a Y de ninguna forma, excepto mediante X.
- Que no haya causas comunes de Z e Y.

La primera condición habla de asociación más que causalidad. La naturaleza de la relación entre Z y X determina la cantidad de información que podremos extraer de nuestro instrumento. En teoría, incluso se pueden utilizar instrumentos que estén solo débilmente (no directamente) asociados a X (en tal caso, se denominan instrumentos proxy), aunque esto tiene un coste.

En ciertos casos, lo único que podremos obtener serán los extremos inferior y superior del efecto y, en otros, estos extremos podrían ser muy amplios y, por tanto, no muy útiles (Hernán y Robins, 2020).

Pero aun así tenemos suerte.

Calcular efectos causales con variables instrumentales

Echemos otro vistazo a la figura 6.15. La variable Z está asociada a X, no afecta a Y de un modo que no sea a través de X y no hay causas comunes de Z e Y; por lo tanto, Z cumple todos los criterios para ser un instrumento. Es más, en nuestro grafo DAG, la relación entre Z y X es causal y dirigida, lo que nos permite rozar el efecto causal exacto (a diferencia de simplemente aproximarnos).

Para calcular el efecto causal de X sobre Y en un caso lineal, todo lo que necesitamos hacer es ajustar dos modelos de regresión lineal y calcular la tasa de sus coeficientes.

Los dos modelos son los siguientes:

- $Y \sim Z$
- $Y \sim X$

Calculamos la tasa dividiendo el coeficiente del primer modelo por el coeficiente del segundo.

Y listo.

Para ver un ejemplo paso a paso del cálculo de la estimación con VI de un modelo lineal, recomiendo consultar los archivos de ejemplo del libro `Chapter06.ipynb`.

La estimación con VI se puede extender a casos no lineales y no paramétricos (por ejemplo, Li *et al.*, 2022, y Carroll *et al.*, 2004).

Todo esto hace que las variables instrumentales sean muy flexibles y ampliamente adoptadas aunque, en la práctica, resulte difícil encontrar buenos instrumentos o verificar que se cumplan las hipótesis necesarias (por ejemplo, la falta de influencia de Z sobre Y que no sea a través de X).

Hay un par de recursos si se desea profundizar en estas variables. Para un estupendo resumen técnico y formal, recomiendo el capítulo 16 del excelente libro *Causal Inference: What If?* de Miguel Hernán y James Robbins, de la Escuela de Salud Pública de Harvard (Hernán y Robbins, 2020).

Si lo que se busca es consejo práctico sobre cómo encontrar buenos instrumentos, intuiciones y estupendos ejemplos del mundo real, conviene revisar el capítulo 7 de *Causal Inference: The Mixtape* de Scott Cunningham (Cunningham, 2021). Estoy seguro de que este último les encantará a los lectores, sobre todo si son aficionados al hip-hop.

En esta sección, hemos conocido el cálculo do, una estructura flexible para identificar efectos causales, que generaliza los criterios de puerta trasera y delantera. Hemos explicado las tres reglas del cálculo do, que nos permiten encontrar efectos causales en cualquier grafo DAG que sea identificable (de ahí que el cálculo do sea completo).

En la segunda parte de esta sección, hemos introducido la técnica VI, un método habitual de identificación y estimación de efectos causales que se ha adoptado ampliamente en econometría, epidemiología y ciencias sociales.

Por último, aprendimos a trabajar con las variables instrumentales o VI en un caso lineal y conocimos los recursos que demuestran cómo puede ampliarse el método a casos no lineales y no paramétricos.

Para terminar

Hemos aprendido mucho en este capítulo, así que mis lectores se merecen un gran aplauso por haber llegado hasta aquí.

Hemos empezado con la noción de d-separación. A continuación, mostramos cómo la d-separación está vinculada a la idea de un parámetro causal. Aprendimos qué son los parámetros causales y cuál es su misión en el proceso de inferencia causal.

Luego, analizamos dos potentes métodos de identificación de efectos causales, los criterios de puerta trasera y puerta delantera, y los aplicamos a nuestros ejemplos de los helados y el uso del GPS.

Por último, presentamos una generalización de los criterios de puerta delantera y trasera, la potente estructura del cálculo do, e introducimos una familia de métodos llamados variables instrumentales, que nos ayudan a identificar efectos causales donde otros métodos fallan.

El conjunto de métodos que hemos aprendido en este capítulo nos proporciona una potente caja de herramientas causales aplicables a problemas del mundo real.

En el próximo capítulo, demostraremos cómo estructurar adecuadamente un proceso de inferencia causal completo de principio a fin mediante la librería DoWhy (Sharma y Kiciman, 2020) y nos prepararemos para zarpar hacia las procelosas aguas del machine learning causal.

Respuesta

Controlar B (figura 6.7) elimina básicamente la influencia de A sobre X e Y. Si eliminamos A del grafo, no cambiará nada (ni siquiera el ruido) de nuestra estimación de la fuerza de la relación entre X e Y. Nótese que en un grafo con un nodo A eliminado, controlar B resulta irrelevante (no nos perjudica hacerlo, pero tampoco nos beneficia).

Referencias

Carroll, R. J., Ruppert, D., Crainiceanu, C. M., Tosteson, T. D. y Karagas, M. R. (2004). «Nonlinear and Nonparametric Regression and Instrumental Variables». *Journal of the American Statistical Association, 99*(467), 736-750.

Cunningham, S. (2021). *Causal Inference: The Mixtape*. Yale University Press.

Dahmani, L. y Bohbot, V. D. (2020). «Habitual use of GPS negatively impacts spatial memory during self-guided navigation». *Scientific Reports, 10*(1), 6310.

Griesbauer, E. M., Manley, E., Wiener, J. M. y Spiers, H. J. (2022). «London taxi drivers: A review of neurocognitive studies and an exploration of how they build their cognitive map of London». *Hippocampus, 32*(1), 3-20.

Hernán M. A. y Robins J. M. (2020). *Causal Inference: What If.* Chapman and Hall/CRC.

Hejtmánek, L., Oravcová, I., Motýl, J., Horáček, J. y Fajnerová, I. (2018). «Spatial knowledge impairment after GPS guided navigation: Eye-tracking study in a virtual town». *International Journal of Human-Computer Studies, 116*, 15-24.

Koller, D. y Friedman, N. (2009). *Probabilistic Graphical Models: Principles and Techniques.* MIT Press.

Li, C., Rudin, C. y McCormick, T. H. (2022). «Rethinking Nonlinear Instrumental Variable Models through Prediction Validity». *Journal of Machine Learning Research, 23*(96), 1-55.

Maguire, E. A., Gadian, D. G., Johnsrude, I. S., Good, C. D., Ashburner, J., Frackowiak, R. S. y Frith, C. D. (2000). «Navigation-related structural change in the hippocampi of taxi drivers». Actas de la Academia Nacional de Ciencias de los Estados Unidos de América, 97(8), 4398-4403.

Malina, S. (9 de marzo de 2020). «Deriving the front-door criterion with the do-calculus»: `https://stephenmalina.com/post/2020-03-09-front-door-do-calc-derivation/`.

Murphy, K. P. (2022). *Probabilistic Machine Learning: An introduction.* MIT Press.

O'Keefe, J. y Nadel, L. (1978). *The hippocampus as a cognitive map.* Clarendon Press.

Pearl, J. (2009). *Causality: Models, reasoning, and inference.* Cambridge University Press.

Pearl, J., Glymour, M. y Jewell, N. P. (2016). *Causal inference in statistics: A primer.* Wiley.

Pearl, J. y Mackenzie, D. (2019). *The Book of Why.* Penguin.

Pelletier, L. G., Sharp, E., Blanchard, C., Lévesque, C. Vallerand, R. J. y Guay, F. (2007). *The general motivation scale (GMS): Its validity and usefulness in predicting success and failure at self-regulation* [Manuscrito en preparación]. Universidad de Ottawa.

Pedregosa, F., Varoquaux, G., Gramfort, A., Michel, V., Thirion, B., Grisel, O., Blondel, M., Prettenhofer, P., Weiss, R., Dubourg, V., Vanderplas, J., Passos, A., Cournapeau, D., Brucher, M., Perrot, M. y Duchesnay, E. (2011). «Scikit-learn: Machine Learning in Python». *Journal of Machine Learning Research, 12*, 2825-2830.

Seabold, S. y Perktold, J. (2010). *statsmodels: Econometric and statistical modeling with Python.* 9.ª conferencia Python in Science.

Sharma, A. y Kiciman, E. (2020). *DoWhy: An End-to-End Library for Causal Inference.* arXiv. Preimpreso. arXiv:2011.04216.

Shpitser, I. y Pearl, J. (2006). *Identification of conditional interventional distributions*. En las actas de la 22.ª conferencia sobre incertidumbre en inteligencia artificial, UAI 2006 (págs. 437-444).

Shpitser, I. VanderWeele, T. y Robins, J. M. (2010). *On the validity of covariate adjustment for estimating causal effects*. En las actas de la 26.ª conferencia sobre incertidumbre en inteligencia artificial, UAI 2010, 527-536. AUAI Press.

Woollett, K. y Maguire, E. A. (2011). «Acquiring "the Knowledge" of London's layout drives structural brain changes». *Current Biology, 21*(24), 2109-2114.

Wright, S. (1920). «The Relative Importance of Heredity and Environment in Determining the Piebald Pattern of Guinea-Pigs». Actas de la Academia Nacional de Ciencias, 6(6), 320-332.

El proceso en cuatro fases de la inferencia causal

Bienvenidos al capítulo 7.

Este capítulo es un verdadero hito en nuestro viaje. En él aprenderemos cómo estructurar de manera ordenada todo el proceso de inferencia causal utilizando la librería DoWhy (Sharma y Kiciman, 2020). Al final del capítulo, el lector será capaz de escribir canales de inferencia causal listos para la producción con estimadores lineales y no lineales.

Empezaremos con una introducción a DoWhy y su librería hermana, EconML (Battochi *et al.*, 2019). Después veremos cómo usar el lenguaje de modelado de grafos o GML (*Graph Modeling Language*), que introdujimos brevemente en el capítulo 4 para traducir a grafos nuestras hipótesis referentes al proceso de generación de datos. Más tarde, estudiaremos cómo calcular estimaciones y parámetros causales mediante DoWhy. Por último, presentaremos las pruebas de refutación y veremos cómo aplicarlas a nuestros modelos. Concluiremos el capítulo con un ejemplo de un proceso de inferencia causal completo. Cuando lleguemos al final, el lector tendrá una sólida comprensión de la mecánica del proceso de inferencia causal y podrá llevarlo a cabo para sus propios problemas.

En este capítulo, trataremos los siguientes temas:

- Introducción a DoWhy y EconML.
- GML práctico y grafos.
- Estimaciones y parámetros causales en DoWhy.
- Pruebas de refutación.
- Un ejemplo de proceso causal completo utilizando DoWhy y EconML.

Introducción a DoWhy y EconML

En esta sección, presentaremos los paquetes DoWhy y EconML. Empezaremos con una visión general del ecosistema causal de Python y explicaremos después qué son DoWhy y EconML.

A continuación, compartiremos las razones por las que hemos elegido estos paquetes para este libro.

Para terminar, profundizaremos en las API de DoWhy y estudiaremos la integración entre DoWhy y EconML.

El ecosistema causal de Python

El ecosistema causal de Python está en continua y dinámica expansión. Cada vez es más rico y potente. Al mismo tiempo puede resultar confuso, especialmente cuando se acaba de empezar el viaje causal.

La siguiente lista presenta una selección de paquetes causales de Python activamente desarrollados de los que tengo conocimiento en el momento de escribir este libro:

- `CATENets`: un paquete que implementa en JAX y PyTorch una serie de estimadores del efecto de tratamiento medio condicional basados en redes neuronales. Presentaremos `CATENets` en el capítulo 11: `https://github.com/AliciaCurth/CATENets`.

- `causal-learn`: un paquete de descubrimiento causal de la Universidad Carnegie-Mellon. Es una traducción de Python y una extensión de la famosa librería de Java Tetrad. Incluye implementaciones de una serie de pruebas de independencia condicional: `https://github.com/py-why/causal-learn`.

- `causalimpact`: este paquete procede de su homólogo en R. Utiliza modelos bayesianos estructurales para estimar efectos causales en datos de series temporales cuasiexperimentales: `https://github.com/jamalsenouci/causalimpact`.

- `causalinference`: un paquete de inferencia causal que implementa una serie de estimadores causales básicos: `https://causalinferenceinpython.org/`.

- `causallib`: este paquete ofrece una colección de métodos causales, encapsulados en una API de estilo sklearn. Incluye metaalgoritmos y un paquete de evaluación. Es una API intuitiva y flexible soportada por IBM: `https://github.com/BiomedSciAI/causallib`.

- `CausalPy`: cuatro conocidos métodos cuasiexperimentales implementados sobre el marco bayesiano de Python PyMC. El paquete ofrece control sintético, series temporales interrumpidas, diferencia en diferencias y métodos de regresión discontinua: `https://github.com/pymc-labs/CausalPy`.

- `CausalML`: una librería para modelado *uplift* e inferencia causal respaldada por Uber. Los autores declaran que es estable y se ha ideado para soporte a largo plazo. Los algoritmos pueden integrarse en el flujo de DoWhy: `https://github.com/uber/causalml`.

- `Causica`: un paquete que implementa un algoritmo causal completo, DECI. Hablaremos de DECI en la parte 3, «Descubrimiento causal»: `https://github.com/microsoft/causica`.

- `CDT`: una librería con una amplia selección de métodos de descubrimiento causal. Algunos métodos proceden de paquetes de R. En el momento de escribir este libro, no incluye métodos creados después de 2019: `https://fentechsolutions.github.io/CausalDiscoveryToolbox/html/index.html`.

- `Differences`: un paquete que implementa una serie de técnicas cuasiexperimentales basadas en la técnica diferencia en diferencias: `https://github.com/bernardodionisi/differences`.

- `DoubleML`: un paquete de Python y R que implementa un conjunto de métodos basados en el doble machine learning o DML: `https://docs.doubleml.org/stable/index.html`.

- `DoWhy`: un marco completo para inferencia causal basada en grafos DAG. El descubrimiento causal está en la hoja de ruta: `https://www.pywhy.org/dowhy/v0.11/`.

- `EconML`: una librería centrada en la creación de efectos de tratamiento heterogéneos con machine learning. Es similar en ámbito a `CausalML`. Es soportada por Microsoft y está profundamente integrada con DoWhy: `https://github.com/py-why/EconML`.

- `gCastle`: una extensa librería para el descubrimiento causal. Contiene implementaciones de muchos algoritmos de descubrimiento causal clásicos, además de algunos de las más recientes. Fue desarrollada por el Laboratorio Arca de Noé de Huawei. La utilizaremos en la parte 3, «Descubrimiento causal»: `https://github.com/huawei-noah/trustworthyAI/tree/master/gcastle`.

- `GRAPL` (`grapl-causal`): una librería computacional para trabajar con grafos causales. Incluye algoritmos avanzados de identificación, como los grafos acíclicos dirigidos o DAG (*Directed Acyclic Graph*): `https://github.com/max-little/GRAPL`.

- `LiNGAM`: un paquete de descubrimiento causal que implementa una serie de algoritmos de la familia LiNGAM: `https://lingam.readthedocs.io/en/latest/index.html`.

- `PySensemakr`: una implementación Python de la librería `sensemakr` de R. Implementa una serie de herramientas de análisis de sensibilidad causal para modelos de regresión: `https://github.com/nlapier2/PySensemakr`.

- `Semopy`: un paquete para creación de modelos de ecuaciones estructurales en Python: `https://semopy.com/`.

- `scikit-uplift`: una librería enfocada al modelado *uplift* o de elevación utilizando una API de estilo sklearn: `https://www.uplift-modeling.com/en/latest/user_guide/index.html`.

- `tfcausalimpact`: una implementación Python nativa del `causalimpact` de R creado sobre TensorFlow Probability. Proporciona un marco flexible para estimar efectos causales en datos de series temporales cuasiexperimentales utilizando modelos bayesianos estructurales: `https://github.com/WillianFuks/tfcausalimpact`.

- `YLearn`: un paquete que contiene una mezcla de métodos causales, como una serie de estimadores de efecto causal, un único algoritmo de descubrimiento causal (en el momento de escribir esto) y otras utilidades: `https://ylearn.readthedocs.io/en/latest/`.

Como podemos comprobar, tenemos muchas opciones. Quizá el lector se esté preguntando: ¿qué tienen de especial DoWhy y EconML para que hayamos decidido usarlos en este libro?

¿Por qué DoWhy?

Al menos hay seis razones por las que creo que elegir DoWhy como base para un ecosistema causal es una fantástica idea. Son las siguientes:

- DoWhy ofrece una API bien diseñada, coherente y práctica.

- DoWhy está diseñada de una forma que permite ejecutar el proceso de inferencia causal completo en cuatro fases claramente definidas y fácilmente reproducibles.

- DoWhy se integra fácilmente con muchas otras librerías (como EconML, scikit-learn y CausalML).

- DoWhy cuenta con el mantenimiento activo de un equipo de expertos investigadores y desarrolladores.

- DoWhy cuenta con el apoyo de organizaciones como Microsoft y AWS, lo que incrementa las posibilidades de su desarrollo estable a largo plazo.

- DoWhy mira al futuro con una hoja de ruta actualizada con frecuencia.

De acuerdo con todo pero, ¿qué es DoWhy?

La documentación oficial (`https://www.pywhy.org/dowhy/v0.8/`) describe DoWhy como una librería de inferencia causal completa. Y como ofrece muchas herramientas para la inferencia causal, en la mayoría de los casos, no será necesario recurrir a otro paquete para resolver un determinado problema de inferencia causal. DoWhy es aún más potente con la nueva API experimental de GCM (Blobaum *et al.*, 2022; para más detalles, consúltese `https://www.pywhy.org/dowhy/main/user_guide/gcm_based_inference/introduction.html`). Otro detalle fenomenal es que traduce un complejo proceso de inferencia causal en un conjunto de pasos sencillos y fácilmente reproducibles.

> **El zoo de API de DoWhy**
>
> La versión de DoWhy que usaremos en el libro (0.8) ofrece tres formas de trabajar con modelos causales: la API principal basada en la clase `CausalModel`, la API de pandas de alto nivel, que permite realizar intervenciones directamente sobre dataframes de pandas, y una API experimental de CGM, que nos permite estimar fácilmente efectos causales, calcular intervenciones y contrafactuales y atribuir cambios distributivos entre conjuntos de datos en solo un par de líneas de código.

¿Y qué hay de EconML?

EconML es un paquete de Python creado como parte del proyecto ALICE de Microsoft Research (`https://www.microsoft.com/en-us/research/group/alice/`). Su principal objetivo es estimar efectos causales a partir de datos observacionales mediante machine learning (Battochi *et al.*, 2019). El paquete proporciona una API de estilo scikit-learn para ajustar estimadores de machine learning causal. Además, obtenemos una serie de métodos de gran utilidad para obtener efectos causales, intervalos de confianza y herramientas con capacidad de interpretación integrada, como los intérpretes en árbol o los valores de Shapley.

Una de las mejores cosas de EconML es que está profundamente integrado con DoWhy, lo que nos permite llamar a los estimadores de EconML desde dentro del código de DoWhy sin siquiera importar explícitamente EconML. Esto es una gran ventaja, especialmente cuando el proyecto está en su fase inicial experimental y el código no tiene una estructura fuerte. La integración permite mantener el código limpio y compacto y ayuda a evitar un desorden excesivo.

Muy bien, ahora que hemos visto esta breve introducción, pasemos a ver cómo trabajar con DoWhy y EconML. Aprenderemos más cosas sobre ambas librerías sobre la marcha.

En las siguientes cuatro secciones veremos cómo utilizar la API principal de DoWhy para llevar a cabo las siguientes cuatro fases de la inferencia causal:

1. Configurar el problema.

2. Localizar el parámetro o parámetros causales.

3. Calcular las estimaciones.

4. Validar el modelo.

Antes de empezar, generemos algunos datos.

Utilizaremos para ello la clase GPSMemorySCM del capítulo 6. El código de este capítulo está en los archivos de ejemplo del libro Chapter_07.ipynb.

Inicialicemos nuestro modelo SCM, generemos 1000 observaciones y almacenémoslas en un dataframe:

```
scm = GPSMemorySCM()
gps_obs, hippocampus_obs, memory_obs = scm.sample(1000)

df = pd.DataFrame(np.vstack([gps_obs, hippocampus_obs,
    memory_obs]).T, columns=['X', 'Z', 'Y'])
```

Hemos marcado las columnas para el GPS con X, el volumen del hipocampo con Z y la memoria espacial con Y.

Naturalmente, en la mayoría de las situaciones de la vida real, en vez de usar datos generados trabajaremos con datos reales. No obstante, en ambos casos, es importante mantener limpios y coherentes los convenios de nomenclatura entre el dataframe, el grafo y el objeto CausalModel. Cualquier inconsistencia podría producir resultados distorsionados o inesperados.

Ya estamos preparados para la primera fase.

Fase 1: configurar el problema

En esta sección, practicaremos la primera fase del proceso en cuatro fases de la inferencia causal: configurar el problema.

La dividiremos en dos subfases:

1. Crear un grafo que represente nuestro problema.

2. Crear una instancia del objeto `CausalModel` de DoWhy con este grafo.

Crear el grafo

En el capítulo 3 introdujimos un lenguaje de grafos llamado GML. Lo usaremos para definir nuestro proceso de generación de datos de esta sección.

La figura 7.1 presenta el ejemplo del GPS del capítulo anterior, que configuraremos a continuación. Hemos omitido el ruido específico de las variables por motivos de claridad.

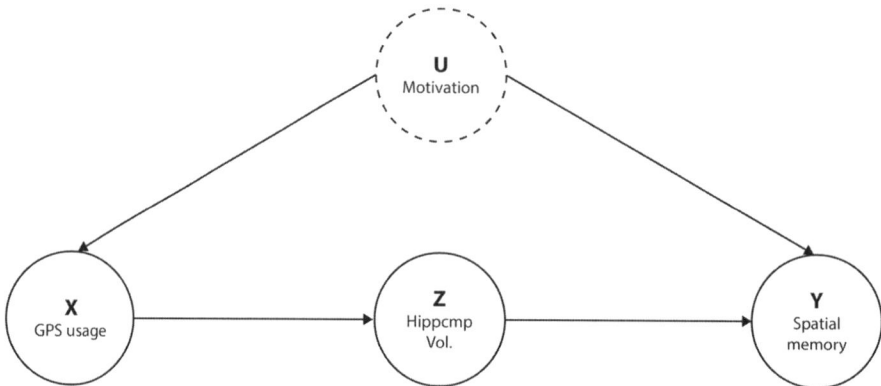

Figura 7.1. El modelo gráfico del capítulo 6.

El grafo de la figura contiene una variable no observada, *U*. No la hemos incluido en nuestro conjunto de datos, ya que es no observada, pero sí la incluiremos en el grafo, lo que permitirá a DoWhy reconocer que hay un factor de confusión no observado en el grafo y encontrará un parámetro causal relevante automáticamente.

Traduzcamos el modelo de la figura 7.1 a un grafo GML:

```
gml_graph = """
graph [
    directed 1

    node [
        id "X"
        label "X"
    ]
    node [
        id „Z"
        label „Z"
```

```
    ]
    node [
        id "Y"
        label "Y"
    ]
    node [
        id „U"
        label „U"
    ]

    edge [
        source "X"
        target "Z"
    ]
    edge [
        source "Z"
        target "Y"
    ]
    edge [
        source "U"
        target "X"
    ]
    edge [
        source "U"
        target "Y"
    ]
]
"""
```

Nuestra definición comienza con la palabra clave `directed`. Le indica al analizador que todas las aristas del grafo deben ser dirigidas. Para obtener un grafo no dirigido, se puede emplear en su lugar `undirected`.

A continuación, definimos los nodos. Cada uno tiene un identificador único y una etiqueta. Por último, definimos las aristas. Cada una tiene un origen y un destino. Toda la definición está encapsulada en una cadena de varias líneas de Python.

Pongamos nuestro grafo en acción.

Crear un objeto CausalModel

Para crear una instancia de un objeto `CausalModel` para nuestro problema, tenemos que proporcionarle al constructor cuatro cosas: datos, como un dataframe de pandas, un grafo GML, el nombre de la variable de tratamiento del dataframe y el nombre de la variable de resultado del dataframe.

Hemos llamado X a GPS (nuestro tratamiento) y el resultado (el cambio en la memoria) se ha denominado Y. Nuestros datos están representados por un dataframe de pandas, `df`, y el grafo se ha asignado a la variable `gml_graph`.

Estamos preparados para crear una instancia de `CausalModel`:

```
model = CausalModel(
    data=df,
    treatment='X',
    outcome='Y',
    graph=gml_graph
)
```

Para asegurarnos de que todo funcione como es de esperar, tracemos el modelo:

```
model.view_model()
```

Esta sentencia debe dar como resultado una visualización similar a la de la figura 7.2.

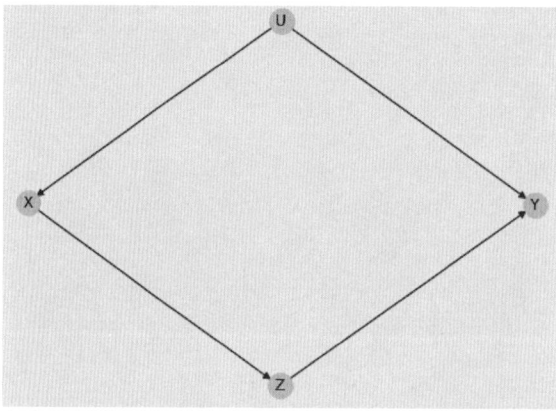

Figura 7.2. Una visualización de nuestro modelo.

En esta sección hemos aprendido a crear un grafo GML para configurar nuestro problema y a pasar el grafo al objeto `CausalModel`. En la siguiente, veremos cómo usar DoWhy para encontrar de manera automática parámetros causales para nuestro grafo.

Fase 2: identificar el parámetro o parámetros causales

Este breve sección explica cómo encontrar parámetros causales con DoWhy. Empezaremos con un breve resumen de los parámetros causales soportados por la librería y después pasaremos directamente a la práctica.

DoWhy proporciona tres formas de hallar parámetros causales:

- Puerta trasera.
- Puerta delantera.
- Variable instrumental.

Las conocemos todas del capítulo anterior. Para ver una rápida introducción práctica de los tres métodos, recomiendo el post de mi blog *Causal Python* denominado «3 Simple Techniques to Jump-Start Your Causal Inference Journey Today» (Molak, 2022; `https://towardsdatascience.com/causal-kung-fu-in-python-3-basic-techniques-to-jump-start-your-causal-inference-journey-tonight-ae09181704f7`).

Veremos cómo utilizar DoWhy para encontrar un parámetro causal correcto en nuestro modelo.

Resulta que es así de sencillo:

```
estimand = model.identify_effect()
```

Sí, eso es todo.

Basta con llamar al método `.identify_effect()` de nuestro objeto `CausalModel` y listo.

Obtengamos nuestro parámetro causal para ver lo que podemos averiguar:

```
print(estimand)
```

Esto proporciona el siguiente resultado:

```
Estimand type: nonparametric-ate

### Estimand : 1
Estimand name: backdoor
No such variable(s) found!

### Estimand : 2
Estimand name: iv
No such variable(s) found!

### Estimand : 3
Estimand name: frontdoor
Estimand expression:
Expectation(Derivative(Y, [Z])*Derivative([Z], [X]))
Estimand assumption 1, Full-mediation: Z intercepts (blocks) all
directed paths from X to Y.
Estimand assumption 2, First-stage-unconfoundedness: If U→{X} and
U→{Z} then P(Z|X,U) = P(Z|X)
Estimand assumption 3, Second-stage-unconfoundedness: If U→{Z} and U→Y
then P(Y|Z, X, U) = P(Y|Z, X)
```

Vemos que DoWhy proporciona tres parámetros causales distintos. Si se ha encontrado un determinado tipo de parámetro causal para nuestro modelo, aparece su nombre e información.

También aparece información sobre el parámetro causal encontrado; en el caso de parámetros causales que no se han encontrado, aparece la cadena de texto `No such variable(s) found!`.

Podemos comprobar que DoWhy ha encontrado solamente un parámetro causal para nuestro grafo: `frontdoor`. Como quizá el lector recuerde del capítulo anterior, este es el parámetro correcto para nuestro modelo.

Antes de terminar esta sección, quiero reiterar una cosa. Las capacidades de DoWhy son realmente fantásticas, aunque solo podrá hallar parámetros causales si nuestro modelo se puede identificar con uno de los tres métodos soportados. Si se desean conocer estrategias de identificación más avanzadas, recomiendo examinar la librería grapl-causal creada por Max Little de la Universidad de Birmingham y el MIT (`https://github.com/max-little/GRAPL?utm_source=in-book-link&utm_medium=book&utm_campaign=ch-07`).

En esta sección hemos aprendido cómo hallar parámetros causales automáticamente con DoWhy. A continuación, ya estamos preparados para calcular las estimaciones.

Fase 3: obtener las estimaciones

En esta sección calcularemos las estimaciones del efecto causal para nuestro modelo.

Calcular estimaciones utilizando DoWhy es muy sencillo. Para ello, tenemos que llamar al método `.estimate_effect()` para nuestro objeto `CausalModel`:

```
estimate = model.estimate_effect(
    identified_estimand=estimand,
    method_name='frontdoor.two_stage_regression')
```

Le pasamos al método dos argumentos:

- Nuestro parámetro causal identificado.

- El nombre del método que se usará para calcular la estimación.

Quizá recuerde el lector del capítulo 6 que necesitábamos ajustar dos modelos de regresión lineal, obtener sus coeficientes y multiplicarlos para obtener la estimación final del efecto causal. DoWhy nos facilita mucho este proceso.

Busquemos el resultado:

```
print(f'Estimate of causal effect (
    linear regression): {estimate.value}')
```

Estas líneas de código nos proporcionan lo siguiente:

```
Estimate of causal effect (linear regression): -0.4201729192182768
```

Lo que es casi idéntico al verdadero efecto causal de -0.42.

Tengamos en cuenta que al no establecer la semilla aleatoria, los resultados pueden variar.

Ahora mismo, DoWhy solo soporta un estimador para el criterio de la puerta delantera (`frontdoor.two_stage_regression`), pero en general hay muchos más disponibles. Muy pronto presentaremos algunos.

En esta breve sección hemos aprendido cómo calcular estimaciones causales con DoWhy.

Pensemos en cómo validar nuestro modelo causal.

Fase 4: ¿dónde está mi conjunto de validación? Pruebas de refutación

En esta sección discutiremos ideas referentes a la validación de modelos causales. Introduciremos la idea de las pruebas de refutación. Por último, implementaremos en la práctica un par de pruebas de refutación.

Cómo validar modelos causales

Una de las formas más conocidas de validar modelos de machine learning es mediante validación cruzada o cross-validation (CV).

La idea básica de la CV es relativamente sencilla:

1. Dividimos los datos en k iteraciones (subconjuntos).

2. Entrenamos el modelo en k - 1 iteraciones y lo validamos en la iteración restante.

3. Repetimos este proceso k veces.

4. En cada paso, entrenamos en un conjunto distinto de k - 1 iteraciones y evaluamos según la iteración restante (que también es distinta en cada paso).

La figura 7.3 presenta una visualización esquemática de un esquema CV de cinco iteraciones:

Figura 7.3. Esquema de una CV de cinco iteraciones.

En la figura 7.3, las iteraciones grises indican conjuntos de validación, mientras que las blancas marcan los conjuntos de entrenamiento. Entrenamos un nuevo modelo en cada iteración mediante iteraciones blancas para entrenar y evaluamos con la iteración gris restante. Recogemos mediciones sobre las iteraciones y calculamos un resumen estadístico (lo más habitual es el promedio).

CV es un método ampliamente adoptado para estimar errores de predicción en aprendizaje estadístico (aunque resulta que se entiende mucho menos de lo que solemos pensar; Bates *et al.*, 2021).

Sería estupendo si pudiéramos usar la validación cruzada también para modelos causales. Su simplicidad y la facilidad de acceso de sus implementaciones facilitaría mucho la evaluación del modelo.

Lamentablemente, este método no ofrece garantías en lo que se refiere a la estructura causal del modelo (aunque podría ser útil al evaluar estimadores causales, suponiendo que conozcamos la estructura causal correcta; más información sobre esto en el capítulo 10).

Y esto, ¿por qué?

Aunque la validación cruzada nos proporcione información sobre el ajuste del estimador, este método no funcionará en general como técnica de evaluación del modelo causal. La razón es que CV opera con conceptos del primer peldaño. Pensemos en un ejemplo.

¿Recuerdas las clases de equivalencia de Markov (MEC, *Markov Equivalence Class*), de las que hablamos en el capítulo 5? Todos los grafos de una de estas clases codifican la misma estructura de independencia estadística. Una de sus consecuencias es que a menos que intervengamos en nodos críticos, todos los grafos que pertenezcan a la misma MEC podrían generar prácticamente los mismos datos observacionales, lo que significa que podríamos tener un modelo causal erróneo que se comporte muy bien en términos de errores de predicción de CV. Esto es problemático. ¿Hay algo que podamos hacer para mitigar la limitación de la validación cruzada?

Introducción a las pruebas de refutación

En 1935, el filósofo austriaco Karl Popper publicó su obra fundamental *Logik der Forschung* (Popper, 1935; versión inglesa reescrita: Popper, 1959). En el libro, Popper se debate con la idea de la inducción (generalizar el conocimiento a partir de una muestra finita de observaciones). Concluye (siguiendo a nuestro amigo David Hume del capítulo 1) que frases como «todas las X son A», que tratan de captar los principios subyacentes de algún fenómeno de interés, nunca pueden demostrarse de manera inequívoca. Por ejemplo, la frase «el sol siempre sale por el este» podría ser siempre verdadera durante toda mi vida, aunque podemos imaginar un escenario en el que un día no lo sea. Nunca hemos observado este escenario, pero es físicamente posible.

Comparemos este ejemplo con otro: el tren siempre pasa por la estación cinco minutos después de que yo escuche la previsión meteorológica de la mañana en la radio (¿recuerdas la definición de Hume de la causalidad basada en la asociación?). Popper dice que nunca observamos todas las X y, por lo tanto, es imposible demostrar una teoría. Esto le parece problemático porque quiere ver una diferencia entre ciencia y no ciencia (lo que se conoce como el problema de la demarcación). Para resolver esta tensión, Popper propone que, en vez de probar una teoría, podemos intentar refutarla.

Su lógica es sencilla. Dice que «todas las *X* son *A*» equivale lógicamente a «ninguna *X* es no *A*». Por lo tanto, si hallamos una *X* que no es *A*, podemos demostrar que la teoría es falsa. Popper propone que las teorías científicas son falsificables (podemos definir una serie de condiciones en las que la teoría fallaría). Por otro lado, las teorías no científicas son no falsificables (por ejemplo, la existencia de un poder inteligente superior que no puede cuantificarse de ninguna forma sistemática).

¿Pueden ayudarnos las ideas popperianas con la evaluación de los modelos causales?

Hagámonos popperianos

Todo modelo estadístico se puede considerar una hipótesis sobre algún proceso. En particular, un modelo causal es una hipótesis sobre un proceso de generación de datos. En este sentido, cualquier modelo es un encarnación de una microteoría de algún fenómeno del mundo real y dicha teoría se puede falsificar.

Las pruebas de refutación pretenden lograr esto modificando el modelo o los datos. Hay dos tipos de transformaciones disponibles en DoWhy (Sharma y Kiciman, 2020):

- Transformaciones invariantes.
- Transformaciones de anulación.

Las transformaciones invariantes cambian los datos de tal forma que el resultado no debería modificar la estimación. Si la estimación cambia de manera significativa, el modelo no pasa la prueba.

Las transformaciones de anulación cambian los datos de una forma que causa que el efecto estimado sea cero. Si el resultado difiere significativamente de cero, el modelo falla la prueba.

La idea básica de las pruebas de refutación es modificar un elemento del modelo o de un conjunto de datos y ver su impacto en los resultados. Por ejemplo, un refutador aleatorio de causa común añade una nueva variable de confusión al conjunto de datos y la controla. Si el modelo original está correctamente especificado, esperamos que tal incorporación no dé lugar a cambios significativos en las estimaciones del modelo (por tanto, esta prueba pertenece a la categoría de transformaciones invariantes). Veremos un par de pruebas de refutación en acción en este capítulo.

Ahora, veamos cómo funciona una de ellas: el refutador de subconjunto de datos.

Todos a refutar

Apliquemos algunas pruebas de refutación a nuestro modelo. Tengamos en cuenta que en DoWhy 0.8, no todas las pruebas funcionarán con parámetros causales de puerta delantera. Aplicamos `data_subset_refuter` de la siguiente manera:

```
refute_subset = model.refute_estimate(
    estimand=estimand,
    estimate=estimate,
    method_name="data_subset_refuter",
    subset_fraction=0.4)
```

Esta prueba elimina un subconjunto aleatorio de los datos y reestima el efecto causal. En previsión, la nueva estimación (sobre el subconjunto) no debería diferir de manera notable de la original. Obtengamos los resultados.

```
print(refute_subset)
```

Lo que nos da el siguiente resultado:

```
Refute: Use a subset of data
Estimated effect:-0.4201729192182768
New effect:-0.41971603098814647
p value:0.98
```

Como podemos observar, los efectos original y recién estimado son muy parecidos y el valor *p* es alto, indicando que probablemente no hay diferencia entre ambas estimaciones. Este resultado no falsifica nuestras hipótesis y quizás nos haga confiar un poco más en que nuestro modelo podría ser correcto.

En esta sección, hemos hablado de los desafíos básicos de la validación de modelos causales. Hemos introducido la lógica de las pruebas de refutación y hemos aprendido cómo aplicarlas en la práctica utilizando DoWhy.

En la siguiente sección, practicaremos nuestras habilidades de inferencia causal DoWhy y veremos en acción más pruebas de refutación.

Ejemplo completo

Esta sección nos ayudará a consolidar los conocimientos recién adquiridos. Ejecutaremos de nuevo un proceso de inferencia causal completo paso a paso. Introduciremos algunos elementos nuevos e interesantes y, por último, traduciremos el proceso completo a la nueva API de CGM. Al final de esta sección, el lector tendrá la confianza y las habilidades necesarias para aplicar el proceso de inferencia causal en cuatro fases a sus propios problemas. La figura 7.4 presenta el modelo gráfico que usaremos en esta sección.

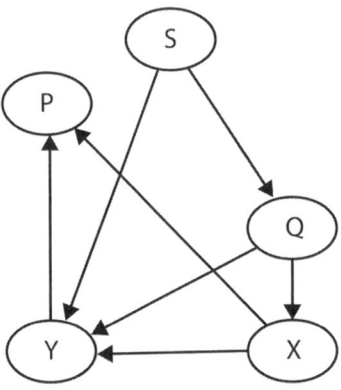

Figura 7.4. El modelo gráfico que utilizaremos en esta sección.

Generamos 1000 observaciones a partir de un modelo SCM que sigue la estructura de la figura 7.4 y las almacenamos en un dataframe:

```
SAMPLE_SIZE = 1000

S = np.random.random(SAMPLE_SIZE)
Q = 0.2*S + 0.67*np.random.random(SAMPLE_SIZE)
X = 0.14*Q + 0.4*np.random.random(SAMPLE_SIZE)
Y = 0.7*X + 0.11*Q + 0.32*S +
    0.24*np.random.random(SAMPLE_SIZE)
P = 0.43*X + 0.21*Y + 0.22*np.random.random(SAMPLE_SIZE)

# Build a data frame
df = pd.DataFrame(np.vstack([S, Q, X, Y, P]).T,
    columns=['S', 'Q', 'X', 'Y', 'P'])
```

Estupendo, entonces ya estamos preparados para crear un grafo.

Fase 1: codificar las hipótesis

Como el grafo de la figura 7.4 es lo bastante grande como para que escribir su definición en GML manualmente resulte desalentador, la automatizaremos con dos sencillos bucles `for`. Puedes robar tranquilamente este truco y usarlo en tus propios proyectos:

```
nodes = ['S', 'Q', 'X', 'Y', 'P']
edges = ['SQ', 'SY', 'QX', 'QY', 'XP', 'YP', 'XY']

gml_string = 'graph [directed 1\n'

for node in nodes:
    gml_string += f'\tnode [id "{node}" label "{node}"]\n'

for edge in edges:
    gml_string += f'\tedge [source "{edge[0]}" target
        "{edge[1]}"]\n'

gml_string += ']'
```

Desentrañemos este código rápidamente:

1. Primero definimos dos listas: una lista de nodos (`nodes`) y una lista de aristas (`edges`).

2. A continuación, creamos la variable `gml_string`, que contiene el corchete de apertura `[`, la palabra clave `directed`, y el identificador de nuestro grafo (el número 1).

3. Luego ejecutamos el primer bucle `for` sobre los nodos. En cada paso, añadimos una nueva línea a nuestro `gml_string` que representa un nodo y especifica su identificador y etiqueta (también añadimos tabulación y líneas en blanco para que sea más legible, aunque no es necesario).

4. Una vez hecho el primer bucle, ejecutamos el segundo bucle `for` sobre las aristas. Añadimos de nuevo una línea adicional en cada paso. Esta vez, cada línea contiene información sobre el origen y destino de la arista.

5. Por último, añadimos el corchete de cierre `]` a nuestro `gml_string`.

Obtengamos el resultado de nuestra definición para ver si es como esperábamos:

```
print(gml_string)
```

Esto nos da el siguiente resultado:

```
graph [directed 1
   node [id "S" label "S"]
   node [id "Q" label "Q"]
   node [id "X" label "X"]
   node [id "Y" label "Y"]
   node [id "P" label "P"]
   edge [source "S" target "Q"]
   edge [source "S" target "Y"]
   edge [source "Q" target "X"]
   edge [source "Q" target "Y"]
   edge [source "X" target "P"]
   edge [source "Y" target "P"]
   edge [source "X" target "Y"]
]
```

Fantástico, la parte GML es correcta.

Obtengamos una instancia del objeto `CausalModel`:

```
model = CausalModel(
    data=df,
    treatment='X',
    outcome='Y',
    graph=gml_string
)
```

Visualicemos el modelo para asegurarnos de que la estructura de nuestro grafo es la esperada:

```
model.view_model()
```

Deberíamos ver un gráfico similar al de la figura 7.5.

El grafo de la figura 7.5 tiene el mismo conjunto de nodos y aristas que el de la 7.4, y ello confirma que nuestra definición en GML es correcta.

Ahora estamos listos para encontrar el parámetro o parámetros causales para nuestro modelo.

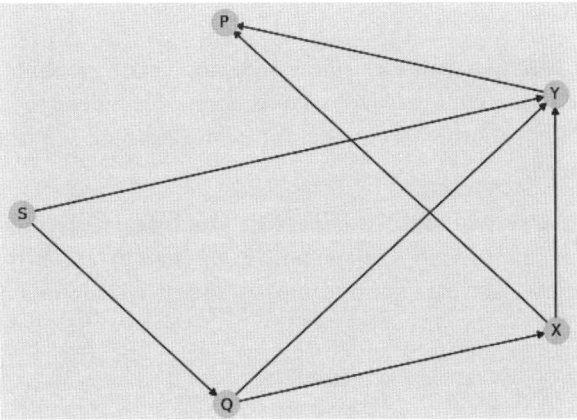

Figura 7.5. Visualización de nuestro CausalModel de DoWhy.

Fase 2: obtener el parámetro causal

Antes de pasar a la codificación, ¿podríamos averiguar qué parámetro causal esperamos? ¿Cuántos factores de confusión hay entre X e Y? ¿Qué ocurrirá si controlamos Q? ¿O P? ¿O S? Veamos cómo ve esto DoWhy:

```
estimand = model.identify_effect()
print(estimand)
```

El parámetro causal resultante es el siguiente:

```
Estimand type: nonparametric-ate

### Estimand : 1
Estimand name: backdoor
Estimand expression:
 d
────(E[Y|Q])
d[X]
Estimand assumption 1, Unconfoundedness: If U→{X} and U→Y then
P(Y|X,Q,U) = P(Y|X,Q)

### Estimand : 2
Estimand name: iv
No such variable(s) found!

### Estimand : 3
Estimand name: frontdoor
No such variable(s) found!
```

Podemos ver que DoWhy propuso un solo parámetro causal válido: la puerta trasera. Aunque nuestro grafo parece un poco complejo, solo contiene un camino de puerta trasera. Controlar Q elimina el factor de confusión de la relación entre X e Y.

Fase 3: estimemos

Aunque nuestro modelo SCM es bastante sencillo y podemos crearlo mediante regresión lineal, en esta ocasión utilizaremos un estimador más avanzado. Por el camino aprenderemos cómo aprovechar la integración de DoWhy con otros paquetes del ecosistema machine learning de Python para crear avanzados estimadores multicomponente.

En primer lugar, importemos algunos modelos de scikit-learn. Hemos elegido `LassoCV` y `GradientBoostingRegressor`. Ambos son un poco exagerados para nuestro sencillo problema, pero los hemos seleccionado a propósito para que podamos ver la flexibilidad y las habilidades de integración de DoWhy en acción:

```python
from sklearn.linear_model import LassoCV
from sklearn.ensemble import GradientBoostingRegressor
```

Creemos ahora un estimador.

Usaremos un estimador DML del paquete EconML. DML es una familia de métodos para estimar efectos causales originalmente propuesta por Victor Chernozhukov y sus colegas (Chernozhukov *et al.*, 2016).

Entre bastidores, DML ajusta tres modelos de machine learning para calcular estimaciones sin sesgo de los efectos del tratamiento. Primero, predice el resultado a partir de los controles. A continuación, predice el tratamiento a partir de los controles. Por último, ajusta el modelo, que regresa los residuos del segundo modelo sobre los residuos del primero.

Hablaremos sobre DML con más detalle en el capítulo 10.

Veamos cómo aprovechar la potencia de DML utilizando DoWhy:

```python
estimate = model.estimate_effect(
    identified_estimand=estimand,
    method_name='backdoor.econml.dml.DML',
    method_params={
        'init_params': {
            'model_y': GradientBoostingRegressor(),
            'model_t': GradientBoostingRegressor(),
            'model_final': LassoCV(fit_intercept=False),
        },
        'fit_params': {}}
)
```

Descifremos este código:

1. Primero, le hemos proporcionado al método `estimate_effect()` el parámetro causal.

2. A continuación, indicamos el método que queremos usar. En este caso hemos elegido uno de los estimadores DML de EconML. Como podemos comprobar, ni siquiera hemos importado EconML en nuestra sesión, en vez de eso le pasamos una cadena `'backdoor.econml.dml.DML'`. Esto es un ejemplo de la profunda integración entre DoWhy y EconML.

3. Después, definimos los modelos que queremos usar para cada una de las tres fases de la estimación DML. Utilizamos solamente modelos de regresión, puesto que nuestro tratamiento y resultado son ambos continuos.

4. Dejamos vacío el diccionario `fit_params` porque no queríamos especificar ningún parámetro inicial para nuestros modelos.

Veamos cómo manejó DML la tarea:

```
print(f'Estimate of causal effect (DML): {estimate.value}')
```

Este es el resultado:

```
Estimate of causal effect (DML): 0.6998599202773215
```

Buen trabajo. El efecto real es 0.7, así que nos hemos acercado bastante.

Antes de continuar, veamos en acción un modelo más sencillo.

Una sencilla regresión lineal bastaría probablemente para configurar nuestro problema en esta sección.

Para comparar, veamos los resultados de la regresión lineal:

```
estimate_lr = model.estimate_effect(
    identified_estimand=estimand,
    method_name='backdoor.linear_regression')

print(f'Estimate of causal effect (linear regression): {
    estimate_lr.value}')
```

Lo que nos da el siguiente resultado:

```
Estimate of causal effect (linear regression): 0.688147600764658
```

En esta comparación, un complejo modelo DML lo hizo un poco mejor que una regresión lineal sencilla, pero es difícil decir si este efecto es algo más que ruido (si lo desea, el lector puede reajustar ambos modelos un par de veces para ver lo estables que son estos resultados; también puede regenerar los datos para obtener información aún más fiable).

Antes de pasar a las pruebas de refutación, quiero compartir una cosa más con mis lectores. Teníamos suficientes datos para alimentar un estimador DML complejo y los resultados son realmente buenos, pero si se dispone de un conjunto de datos más pequeño, un método más sencillo podría ser mejor opción. En caso de dudas sobre qué elegir, siempre es una estupenda idea ejecutar un par de experimentos rápidos para ver qué métodos se comportan mejor para el problema en cuestión (o para un problema similar representado con datos simulados).

Fase 4: refutémoslos

Como acabamos de ver, nuestro modelo DML funcionó bastante bien.

Evaluemos su robustez.

Empezaremos añadiendo una causa común aleatoria:

```
random_cause = model.refute_estimate(
    estimand=estimand,
    estimate=estimate,
    method_name='random_common_cause'
)
print(random_cause)
```

El resultado de este código es el siguiente:

```
Refute: Add a random common cause
Estimated effect:0.6981455013596706
New effect:0.6691543110272069
p value:0.139999999999999
```

Vemos que hay una diferencia entre el efecto estimado (0.69814...) y el efecto nuevo (0.66915...) aunque, de acuerdo con el valor p proporcionado, esta diferencia no es significativa al nivel 0.05 habitual. Si aceptamos esta regla, tenemos que estar de acuerdo en que el modelo ha pasado la prueba.

Probemos otra prueba de refutación. Esta vez reemplazaremos nuestra variable de tratamiento por una variable aleatoria de placebo:

```
placebo_refuter = model.refute_estimate(
    estimand=estimand,
    estimate=estimate,
    method_name='placebo_treatment_refuter'
)
print(placebo_refuter)
```

Lo que da lo siguiente:

```
Refute: Use a Placebo Treatment
Estimated effect:0.6981455013596706
New effect:0.0
p value:2.0
```

Este resultado es una clara indicación de que el tratamiento con placebo tuvo un efecto cero, que es lo esperado para un modelo en buen estado.

Parece que nuestro modelo pasó ambas pruebas. La primera de ellas (causa común aleatoria) pertenecía a la categoría de las transformaciones invariantes, mientras que la segunda (el tratamiento con placebo) entraba en la categoría de transformaciones de anulación.

En el momento de escribir este capítulo, existían más pruebas de refutación para el criterio de puerta trasera que para el de puerta delantera. Si se desea disponer de una lista actualizada de pruebas de refutación disponibles en DoWhy, recomiendo visitar `https://www.pywhy.org/dowhy/v0.8/example_note-books/dowhy_simple_example.html#Refuting-the-estimate`.

Ahora cambiemos a la API experimental de CGM.

Extra: ejemplo completo con la API de CGM

El objetivo de esta subsección es demostrar la flexibilidad en la estructuración del proceso de inferencia causal. Las API y las herramientas cambiarán con el tiempo, pero una buena comprensión de los fundamentos y la capacidad de traducir nuestras habilidades entre distintas API, sistemas o plataformas son dos cosas universales.

> **Una nota sobre la API de GCM**
>
> En el momento de escribir esto, la API de CGM sigue siendo experimental, lo que significa que puede haber sufrido cambios que interrumpan su compatibilidad con versiones anteriores.

Para trabajar con la API de CGM, tenemos que importar `networkx` y el subpaquete `gcm`:

```
import networkx as nx
from dowhy import gcm
```

Reutilizaremos los datos de nuestro ejemplo anterior. A continuación añado el código de generación de datos a modo de recordatorio:

```
SAMPLE_SIZE = 1000

S = np.random.random(SAMPLE_SIZE)
Q = 0.2*S + 0.67*np.random.random(SAMPLE_SIZE)
X = 0.14*Q + 0.4*np.random.random(SAMPLE_SIZE)
Y = 0.7*X + 0.11*Q + 0.32*S
    + 0.24*np.random.random(SAMPLE_SIZE)
P = 0.43*X + 0.21*Y + 0.22*np.random.random(SAMPLE_SIZE)

df = pd.DataFrame(np.vstack([S, Q, X, Y, P]).T,
    columns=['S', 'Q', 'X', 'Y', 'P'])
```

El siguiente paso es generar el grafo que describe la estructura de nuestro proceso de generación de datos. La API de CGM utiliza `nx.DiGraph` en vez de cadenas en GML como representación del grafo.

Generemos un grafo:

```
edges = ['SQ', 'SY', 'QX', 'QY', 'XP', 'YP', 'XY']
graph_nx = nx.DiGraph([(edge[0],
    edge[1]) for edge in edges])
```

Empleamos comprensión de listas para automatizar el proceso de creación de aristas. Es parecido a lo que hicimos antes con los dos bucles `for`. Dicho esto, definir un grafo con NetworkX es más sencillo, porque no tenemos que especificar todos los nodos de manera explícita.

Para asegurarnos de que todo queda como era de esperar, tracemos el grafo (figura 7.6).

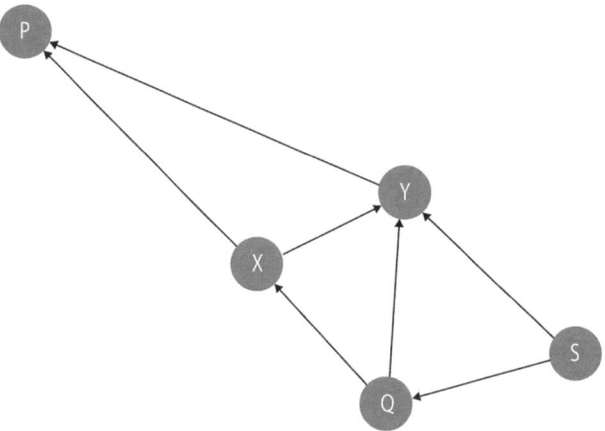

Figura 7.6. Representación con networkx de nuestro grafo.

Definamos ahora un modelo causal. Con la API de CGM es muy fácil:

```
causal_model = gcm.InvertibleStructuralCausalModel(
    graph_nx)
```

Hay muchos modelos causales disponibles en la API de CGM. Hemos elegido el modelo SCM invertible, ya que es el único que nos permite generar contrafactuales sin necesidad de proporcionar manualmente valores para todas las variables de ruido.

Ha llegado el momento de definir los mecanismos causales para cada variable:

```
causal_model.set_causal_mechanism('S', gcm.EmpiricalDistribution())
causal_model.set_causal_mechanism('X', gcm.AdditiveNoiseModel(gcm.
ml.create_linear_regressor()))
causal_model.set_causal_mechanism('Y', gcm.AdditiveNoiseModel(gcm.
ml.create_linear_regressor()))
causal_model.set_causal_mechanism('P', gcm.AdditiveNoiseModel(gcm.
ml.create_linear_regressor()))
causal_model.set_causal_mechanism('Q', gcm.AdditiveNoiseModel(gcm.
ml.create_linear_regressor()))
```

Utilizamos `gcm.EmpiricalDistribution()` para S porque es la única variable que no tiene padres entre las variables endógenas. Para las demás, hemos configurado el mecanismo causal en un modelo causal aditivo y hemos usado regresión lineal para crearlo.

Aprenderemos más de los modelos de ruido aditivos o ANM (Additive Noise Models) en la parte 3, «Descubrimiento causal». Si el lector desea información completa sobre los modelos ANM, le recomiendo Peters *et al.* (2017).

Ajustemos el modelos a los datos y estimemos los puntos fuertes de los efectos causales:

```
gcm.fit(causal_model, df)
gcm.arrow_strength(causal_model, 'Y')
```

Esto da el siguiente resultado:

```
{('Q', 'Y'): 0.0006632517083816319,
 ('S', 'Y'): 0.008486091866545382,
 ('X', 'Y'): 0.006866684034567223}
```

Como se puede comprobar, la API de CGM devuelve estimaciones para todas las variables con las aristas de entrada a la variable que nos interesa (Y en nuestro caso; véase la figura 7.6 para referencia).

Estos resultados son distintos a los vistos antes. La razón de esto es que la API de CGM devuelve de manera predeterminada resultados en términos del cambio de varianza de la variable de resultado, dado que eliminamos la arista de la variable origen. Este comportamiento se puede modificar y es posible definir funciones de estimación propias. Para saber más, recomiendo consultar la documentación de la API de CGM, disponible en `https://www.pywhy.org/dowhy/main/user_guide/gcm_based_infe-rence/answering_causal_questions/quantify_arrow_strength.html`.

Una estupenda característica de la API de CGM es que cuando se crea y ajusta un modelo, es posible responder fácilmente a distintos tipos de consultas causales con este modelo.

Por ejemplo, es posible generar contrafactuales:

```
gcm.counterfactual_samples(
    causal_model,
    {'X': lambda x: .21},
    observed_data=pd.DataFrame(data=dict(X=[.5],
    Y=[.75], S=[.5], Q=[.4], P=[.34])))
```

Este código nos da el siguiente resultado (figura 7.7):

	S	Q	X	Y	P
0	0.5	0.4	0.21	0.539558	0.169005

Figura 7.7. Contrafactuales de nuestro GCM cuando X se establece en 0.21.

Para saber más sobre la API de CGM, recomiendo consultar la documentación.

Para terminar

En este capítulo hemos hablado del ecosistema causal de Python. Introdujimos las librerías DoWhy y EconML y practicamos el proceso de inferencia causal en cuatro fases utilizando la API CausalModel de DoWhy. Aprendimos a obtener de manera automática parámetros causales y a emplear distintos tipos de estimadores para calcular estimaciones del efecto causal. Hemos explicado qué son las pruebas de refutación y cómo usarlas en la práctica. Por último, presentamos la API experimental de CGM de DoWhy y demostramos sus fantásticas capacidades en lo que se refiere a responder a distintas consultas causales. Después del trabajo realizado en este capítulo, el lector dispone de las habilidades básicas para aplicar inferencia causal a sus propios problemas. Enhorabuena.

En el siguiente capítulo, resumiremos las hipótesis habituales para inferencia causal y hablaremos sobre algunas limitaciones del marco de la inferencia causal.

Referencias

Bates, S., Hastie, T. y Tibshirani, R. (2021). Cross-validation: what does it estimate and how well does it do it? Preimpreso. arXiv. `https://arxiv.org/abs/2104.00673`.

Battocchi, K., Dillon, E., Hei, M., Lewis, G., Oka, P., Oprescu, M. y Syrgkanis, V. (2019). *EconML: A Python Package for ML-Based Heterogeneous Treatment Effects Estimation*. `https://github.com/py-why/EconML`.

Blobaum, P., Götz, P., Budhathoki, K., Mastakouri, A. y Janzing, D. (2022). «DoWhy-GCM: An extension of DoWhy for causal inference in graphical causal models». arXiv.

Chernozhukov, V., Chetverikov, D., Demirer, M., Duflo, E., Hansen, C., Newey, W. y Robins, J. (2016). «Double/Debiased Machine Learning for Treatment and Causal Parameters». Preimpreso. arXiv. `https://arxiv.org/abs/1608.00060`.

Molak, A. (27 de septiembre de 2022). «Causal Python: 3 Simple Techniques to Jump-Start Your Causal Inference Journey Today». *Towards Data Science*. `https://towardsdatascience.com/causal-kung-fu-in-python-3-basic-techniques-to-jump-start-your-causal-inference-journey-tonight-ae09181704f7`.

Peters, J., Janzing, D. y Schölkopf, B. (2017). *Elements of Causal Inference: Foundations and Learning Algorithms*. MIT Press.

Popper, K. (1935). *Logik der Forschung*. Springer.

Popper, K. (1959). *The Logic of Scientific Discovery*. Basic Books.

Sharma, A. y Kiciman, E. (2020). DoWhy: An End-to-End Library for Causal Inference. Preimpreso. arXiv. `https://arxiv.org/abs/2011.04216`.

Shimoni, Y., Karavani, E., Ravid, S., Bak, P., Ng, T. H., Alford, S. H., Meade, D. y Goldschmidt, Y. (2019). An Evaluation Toolkit to Guide Model Selection and Cohort Definition in Causal Inference. Preimpreso. arXiv. `https://arxiv.org/abs/1906.00442`.

8

Modelos causales: hipótesis y desafíos

Bienvenidos al capítulo 8.

En el capítulo 7 mostramos cómo aprovechar la potencia de la librería DoWhy para estimar efectos causales. El objetivo es profundizar en nuestro conocimiento de cuándo y cómo utilizar métodos de inferencia causal.

En este capítulo examinaremos algunas de las hipótesis que presentamos previamente en el capítulo 5 y hablaremos de algunas otras, con el fin de obtener una imagen más clara de los desafíos y las limitaciones que podríamos encontrarnos en el trabajo con modelos causales. Al final, el lector tendrá una buena comprensión de los desafíos a los que podemos enfrentarnos al implementar modelos causales en la vida real y de sus posibles soluciones.

En este capítulo, trataremos los siguientes temas:

- Los desafíos de los métodos de inferencia causal.
- Identificabilidad.
- Hipótesis de positividad.
- Hipótesis de intercambiabilidad/ignorabilidad.
- Modularidad (mecanismos independientes).
- Coherencia.
- SUTVA.
- Sesgo de selección.

¡Soy el rey del mundo! Pero, ¿realmente lo soy?

Hasta ahora hemos sido testigos de lo que podemos conseguir usando modelos causales con datos observacionales, y prometimos que los veríamos hacer cosas aún más impresionantes. En esta sección hablaremos de los importantes desafíos a los que nos enfrentamos al utilizar métodos de inferencia causal en la práctica.

Empezaremos esbozando un contexto más amplio. Después, definiremos de manera explícita el concepto de identificabilidad. Por último, analizaremos algunos de los desafíos más comunes a los que se enfrentan los profesionales:

- La falta de conocimiento *a priori* de los grafos causales.
- Tamaños de muestra insuficientes.
- Dificultades en la verificación de la hipótesis.

Algún punto intermedio

La antigua mitología griega nos cuenta la historia de Ícaro y su padre, el inventor ateniense Dédalo, quien quiere escapar de Creta, la isla en la que está atrapado. Construye para ellos dos pares de alas con plumas y cera, y él mismo las prueba primero con éxito, antes de pasarle el otro par a su hijo.

Antes de volar, Dédalo aconseja a su hijo que no vuele ni demasiado bajo, ni demasiado alto: «porque las nieblas de la tierra pueden hacerte pesado y el resplandor del sol derretirá tus plumas» (Graves, 1955). Pero Ícaro no escucha. Está emocionado por obtener su libertad. Consumido por la euforia, asciende hacia el sol. La cera de sus alas empieza a derretirse y, trágicamente, cae al mar y se ahoga.

La historia de la causalidad empieza en un lugar lleno de grandes sueños y objetivos aparentemente imposibles de lograr. Desde los amplios conceptos aristotélicos de las cuatro causas, pasando por las épocas de reflexión religiosa y filosófica y las ideas de David Hume, hasta la econometría moderna y el cálculo do de Pearl, hemos recorrido un largo camino y, al igual que Dédalo, aprendimos a volar. Es probable que no hayamos alcanzado aún la tierra prometida causal, y que sigamos aprendiendo y creciendo en nuestro viaje causal en años venideros.

Mientras tanto, tenemos una increíble cantidad de herramientas a nuestra disposición. Para usarlas de manera efectiva necesitamos conocer sus puntos fuertes y sus limitaciones. El camino se encuentra en algún punto intermedio. Conociendo las hipótesis de los métodos causales y los retos a los que debemos enfrentarnos en el camino, podemos mejorar nuestras empresas y comunidades y aportar más crecimiento, conocimientos y percepciones. Comprender las hipótesis de las que hablaremos en este capítulo ayudará al lector a lograr dos cosas:

- Convertirse en un mejor científico (de datos), aunque el objetivo principal no sea realizar análisis causales.
- Aprender cómo utilizar de manera efectiva la causalidad sin sobrevalorar ni infravalorar su potencial.

¿Preparados? ¡Vamos allá!

Identificabilidad

Uno de los conceptos básicos que emplearemos en este capítulo es la identificabilidad. La buena noticia es que ya sabemos lo que es esto. Decimos que un efecto causal (o cualquier otra cantidad causal) es identificable cuando se puede calcular de una manera inequívoca a partir de un conjunto de observaciones (pasivas) resumidas por una distribución *P(V)* y un grafo causal *G* (Pearl, 2009). En otras palabras, si tenemos (1) información suficiente para controlar el flujo de información no causal en el grafo y (2) datos suficientes como para estimar el efecto que nos interesa, el efecto es identificable.

Descifremos esto. En el capítulo 6 hablamos sobre la d-separación y el cálculo do.

La primera condición se logra bloqueando todos los caminos que pierden información no causal mediante las reglas del cálculo do y la lógica de la d-separación. Esto es posible utilizando el criterio de la puerta trasera, el de la puerta delantera, variables instrumentales o las reglas generales del cálculo do.

Dicho esto, a veces es simplemente imposible.

Lo importante es no pretender que sea posible cuando sabemos que no lo es. En tal caso, usar métodos causales puede traer más perjuicio que beneficio. Uno de los principales desafíos es que en ocasiones simplemente no lo sabemos. Tendremos más información sobre esto en la última parte de esta sección.

La segunda condición tiene dos caras.

Primera, cualquier estimador debe tener un tamaño de muestra lo bastante grande como para devolver estimaciones con sentido. Segunda, hemos de asegurarnos de que la probabilidad de cada posible valor de tratamiento de nuestro conjunto de datos (condicionada posiblemente por todas las covariables importantes) es mayor que cero. Esto se conoce como hipótesis de positividad, y lo trataremos en la siguiente sección.

Ahora hablemos de un par de desafíos a los que se enfrentan los científicos de datos.

Falta de grafos causales

En una reciente encuesta que realicé en LinkedIn, pedí a los participantes que imaginaran que podían formularle una única pregunta a un experto en causalidad de talla mundial. El 28 % eligió hacer una pregunta relacionada con la obtención de grafos causales en escenarios del mundo real. La falta de un modelo causal puede ser un importante reto en la implementación de técnicas de inferencia causal en la práctica.

Hay tres cosas que la gente suele hacer para obtener un grafo causal que les permita resolver un problema con una estructura causal desconocida:

- Usar su experiencia en dominios.
- Aplicar técnicas de descubrimiento causal.
- Emplear una combinación de las dos anteriores.

Una experiencia en dominios fiable y de alta calidad suele ser la opción menos arriesgada, aunque la más difícil de conseguir. Los métodos de descubrimiento causal suelen ser más baratos, pero verificar sus resultados puede ser complicado. En muchos casos, una combinación de conocimiento de dominios y algoritmos de aprendizaje de estructura podría ser la mejor opción. Algunos métodos de descubrimiento causal nos permiten incorporar con facilidad nuestro conocimiento de dominios y, después, ellos realizan la búsqueda por nosotros en las partes restantes del espacio de búsqueda de grafos (veremos más sobre este tema en la parte 3, «Descubrimiento causal»). Esto puede llevar a resultados realmente sorprendentes, aunque no ofrezca garantías.

Si los datos proceden de un experimento natural, también se pueden probar algunos de los métodos del campo de la econometría, como por ejemplo los controles sintéticos, la regresión discontinua o la diferencia en diferencias. Trataremos brevemente uno de ellos (con sabor bayesiano) en el capítulo 11.

Datos insuficientes

Un tamaño de muestra insuficiente no es un problema exclusivamente causal. Cualquier estimación de parámetro estadístico resulta sesgada con un tamaño de muestra que no sea lo bastante grande. Dependiendo del método que empleemos, algunos métodos causales podrían requerir más datos que otros. Si empleamos la técnica DML (*Double Machine Learning*, doble machine learning) con estimadores de red neuronal, tenemos que estar preparados para tamaños de muestra del estilo de los de una red neuronal.

No obstante, el tamaño de la muestra puede ser también un problema en el caso de modelos muy sencillos. He realizado un experimento bastante simple para que pudiéramos ver esta cuestión en acción. El código de este experimento está en los archivos de ejemplo del libro `Chapter_08.ipynb`. Aquí solo presentamos la metodología y los resultados. Tomemos el modelo gráfico del capítulo anterior (véase la figura 8.1 a modo de recordatorio).

Comprender el tamaño de la muestra: metodología

Tomemos cuatro tamaños de muestra distintos (30, 100, 1000 y 10 000) y, para cada tamaño de muestra, generemos 20 conjuntos de datos del modelo presentado en la figura 8.1. Ajustamos dos modelos para cada conjunto de datos: uno basado en regresión lineal simple y otro, en un estimador DML, alimentado por dos modelos de potenciación del gradiente y una regresión lasso de validación cruzada.

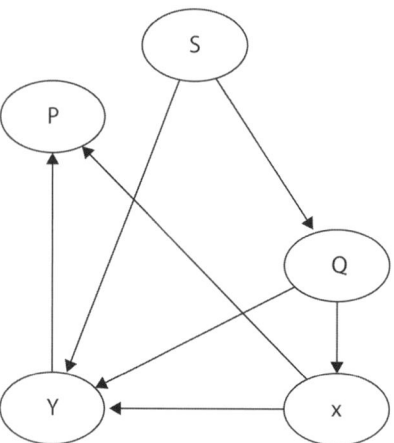

Figura 8.1. El modelo gráfico que usamos en el experimento.

Comprender el tamaño de la muestra: resultados

Los resultados aparecen en la figura 8.2. Vemos el tamaño de la muestra en el eje x y el porcentaje de error en el eje y. Un 100 % de error significa que el tamaño del coeficiente devuelto por el modelo tenía el doble del tamaño del coeficiente verdadero; un 100 % negativo significa que el efecto estimado era 0 (el efecto real menos el 100 % del efecto real es 0).

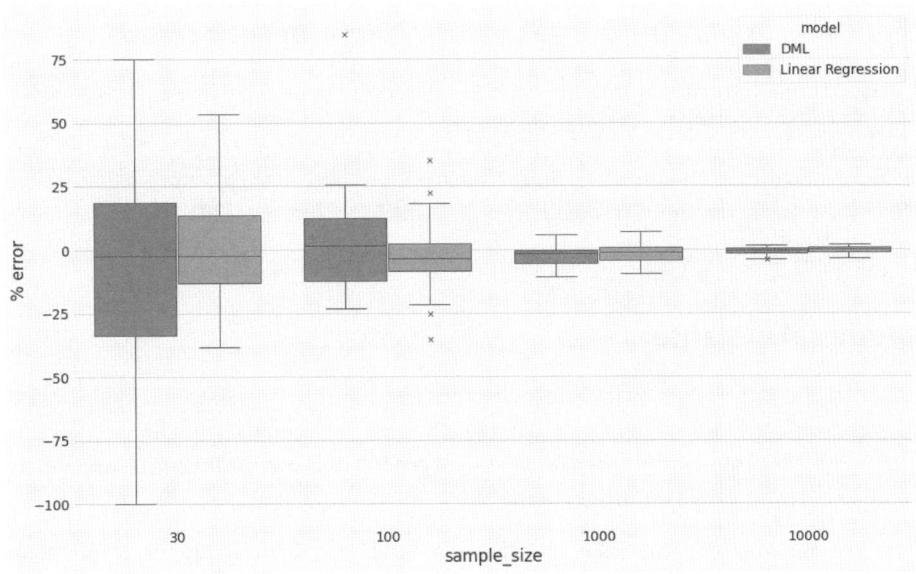

Figura 8.2. Los resultados del experimento del tamaño de la muestra.

Como podemos ver, para el tamaño de muestra más pequeño, ambos modelos funcionan bastante mal (a pesar de que el efecto causal es identificable en términos gráficos). Dicho esto, la varianza del error del modelo DML es notablemente más alta que la del modelo lineal simple. Con 100 observaciones, el rendimiento de ambos modelos es muy similar, y con 1000 y 10 000 observaciones, el rendimiento parece converger. Tengamos en cuenta que en este experimento hemos utilizado un criterio de puerta trasera para identificar parámetros causales. Este criterio es de sencillo cálculo, y mucho menos complicado que el de puerta delantera u otros métodos.

Para sacar el máximo partido de los tamaños de muestra más pequeños, una buena idea sería obtener de nuevo los resultados mediante *bootstrap*, si nos lo podemos permitir.

Hipótesis no verificables

En algunos casos, resulta muy difícil averiguar si se están cumpliendo las hipótesis. Empecemos con la confusión. Imaginemos que intentamos usar el criterio de la puerta trasera para nuestro problema. En algunos casos, podremos descartar la posibilidad de que haya otras variables no observadas que introduzcan factores de confusión entre el tratamiento y el resultado pero, en muchos, puede resultar muy complicado. En particular, cuando la investigación implica interacciones humanas, mercados financieros u otros fenómenos complejos, asegurarse de que los efectos de interés son identificables puede ser difícil, si no imposible. Esa es probablemente una de las razones de la enorme popularidad de las técnicas de variable instrumental en la econometría aplicada contemporánea. Aunque los buenos instrumentos tienen fama de ser especialmente difíciles de encontrar, quizá sean más fáciles de hallar que la certeza de que cumplimos el criterio de la puerta trasera.

Un elefante en la habitación: ¿esperanzador o desesperado?

Algunas personas que leen sobre los desafíos en la inferencia causal a partir de datos observacionales podrían preguntarse: «¿hay algo que podamos hacer?».

Me gusta la idea que presentan James y Claudia Altucher en su libro *The Power of No: if you cannot come up with 10 creative ideas, you should come up with 20* (Altucher y Altucher, 2014).

Veamos si podemos hacer algo para superar estos obstáculos.

Comámonos al elefante

Hablemos de ideas creativas para evaluar modelos causales. El primer nivel de creatividad es utilizar las pruebas de refutación que describimos en el capítulo anterior. Ya sabemos cómo funcionan. Un reto que plantean estas pruebas es que comprueban la corrección general de la estructura del modelo, pero no dicen mucho sobre lo buena que es la estimación obtenida.

A propósito, si a alguno de mis lectores se le ocurre una idea para una nueva prueba de refutación, puede acceder a `https://github.com/py-why/dowhy` y proponerla en la sección de discusiones o abrir una nueva solicitud de contribución. Así podrá ayudar a progresar a la comunidad causal.

El segundo nivel de creatividad está disponible cuando se tiene acceso a datos históricos procedentes de experimentos aleatorizados. Es posible comparar el modelo observacional con los resultados experimentales e intentar ajustar nuestro modelo en consecuencia.

El tercer nivel de creatividad consiste en evaluar el método de creación del modelo a partir de datos simulados con resultados conocidos. Esto puede parecer fácil, pero si tuviéramos un simulador fiable del proceso que nos interesa, ¿necesitaríamos machine learning para empezar?

En vez de construir un simulador, podemos intentar aprenderlo mediante redes neuronales generativas. Un enfoque de este tipo, denominado RealCause, ha sido propuesto por Brady Neal y sus colegas (Neal *et al.*, 2020). Sin duda este enfoque no resuelve todos los problemas, pero puede ayudarnos a ser más realistas, al menos hasta cierto punto (por ejemplo, permite entender cómo se comporta un estimador ante la infracción de la hipótesis de positividad).

Un hecho importante de RealCause es que genera distribuciones de datos realistas. Se ha demostrado que los datos sintéticos pueden llevarnos por el mal camino al evaluar el rendimiento de los modelos causales (Reisach *et al.*, Curth *et al.*, 2021). La buena noticia es que la implementación de Python de RealCause es de fuente abierta y está disponible en `https://github.com/bradyneal/realcause`.

El cuarto nivel de creatividad es el análisis de sensibilidad. En determinados casos, podríamos tener cierta idea de la magnitud de un posible factor de confusión oculto. En estas situaciones podríamos acotar el error y comprobar si el efecto causal estimado se mantiene, siempre que la influencia de los factores de confusión alcance el máximo nivel que creemos razonable asumir.

En otras palabras, podemos verificar de manera virtual si nuestro efecto se mantendría en el peor de los casos. El análisis de sensibilidad para modelos de regresión se puede llevar a cabo usando el paquete Py Sensemakr de Python (Cinelli y Hazlett, 2020; `https://github.com/nlapier2/PySensemakr`) o, incluso, la aplicación Sensemakr en línea (`https://carloscinelli.shinyapps.io/robustness_value/`).

Todavía es mejor el hecho de que el marco del análisis de sensibilidad se ha ampliado recientemente a una extensa variedad de modelos causales (véase Chernozhukov *et al.*, 2022, para más detalles).

En esta sección hemos hablado de los desafíos a los que podemos enfrentarnos cuando trabajamos con modelos causales y hemos estudiado varias formas creativas de resolverlos. Hemos comentado la falta de grafos causales, los tamaños de muestra insuficientes y la incertidumbre asociada a las hipótesis. Hemos visto que, aunque puede no existir una cura universal para todos los problemas causales, sin duda podemos ser creativos y tener un conocimiento más realista de nuestra posición.

En la próxima sección, trataremos la hipótesis de positividad.

Positividad

En esta breve sección sabremos qué es la hipótesis de positividad, también llamada a veces soporte común o de superposición. Pensemos primero en por qué esta hipótesis se llama de positividad. Tiene que ver con probabilidades (estrictamente) positivas; en otras palabras, probabilidades superiores a cero.

¿Qué debe tener una probabilidad que sea superior a cero?

La respuesta a esta pregunta es la probabilidad de nuestro tratamiento, dadas todas las variables de control relevantes (las necesarias para identificar el efecto; llamémoslas Z). Formalmente:

$$P(T = t | Z = z) > 0$$

La fórmula anterior debe aplicarse a todos los valores de Z presentes en la población de interés (Hernán y Robins, 2020) y a todos los valores del tratamiento T.

Pongamos un sencillo ejemplo. En nuestro conjunto de datos tenemos 30 sujetos descritos por una sola característica continua Z. Cada sujeto recibió o no recibió un tratamiento binario T, y cada sujeto tiene un resultado continuo Y. Además, supongamos que para identificar el efecto causal, tenemos que controlar Z, lo que confunde la relación entre T e Y. Podemos estimar el efecto causal calculando lo siguiente:

$$E[Y | do(T = 1)] - E[Y | do(T = 0)]$$

Tenemos que controlar Z mediante la fórmula de ajuste (Pearl *et al.*, 2016), para calcular estas cantidades a partir de datos observacionales.

Ahora imaginemos un caso extremo en el que el soporte de Z (en otras palabras, los valores de Z) no se superpone con los valores del tratamiento (de ahí los nombres de soporte común o de superposición; Neal, 2020). La figura 8.3 muestra una representación gráfica de un caso como este.

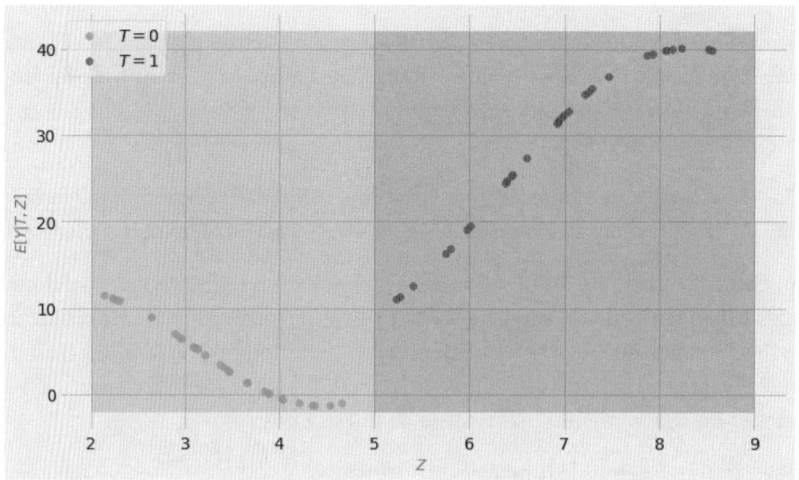

Figura 8.3. Ejemplo de infracción de la positividad.

Para estimar el efecto causal del tratamiento T dado Z, nuestro estimador tendría que extrapolar los puntos de la zona más oscura a la más clara (en el rango entre 2 y 5, donde está el soporte de Z para $T = 0$) y los puntos de la zona más clara a la más oscura (en el rango entre 5 y 9, donde está el soporte de Z para $T = 1$). Es muy improbable que cualquier modelo de machine learning realizara una extrapolación como esta de una forma realista. En la figura 8.4 vemos una posible trayectoria de extrapolación.

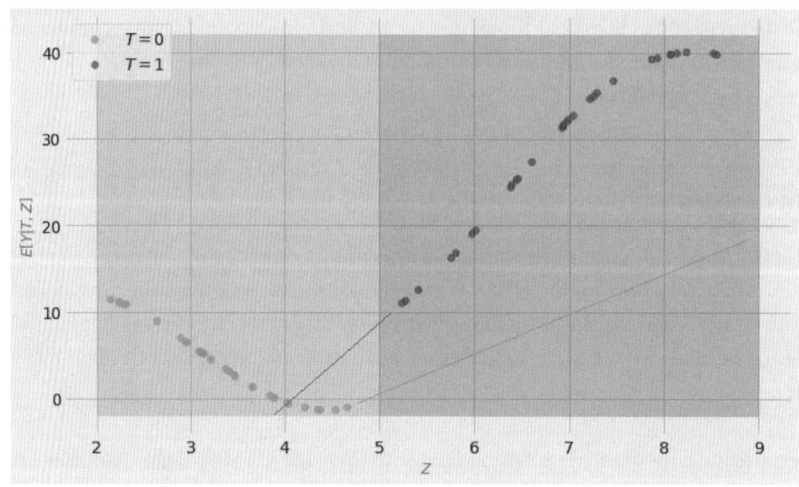

Figura 8.4. Posibles trayectorias de extrapolación (líneas).

Las líneas oblicuas finas de la figura representan posibles trayectorias de extrapolación, que a mí no me parecen demasiado precisas. Tienen el aspecto de sencillas extrapolaciones lineales, pero no captan las cualidades no lineales de las funciones originales. Comparemos esto con la figura 8.5, donde sí se cumple la positividad.

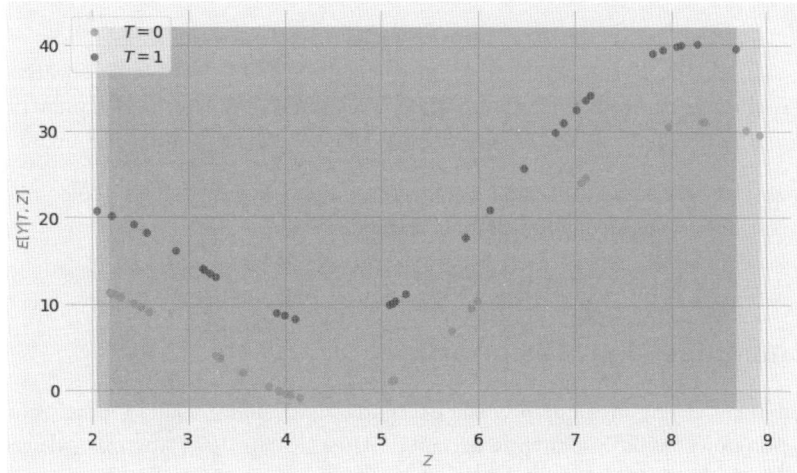

Figura 8.5. Aquí la hipótesis de positividad se cumple.

Como podemos observar, aquí la tarea del modelo es mucho más fácil, puesto que solo tiene que interpolar entre los puntos. Nuestro ejemplo es muy sencillo: solo tenemos un factor de confusión. En el mundo real, los datos son a menudo multidimensionales, y asegurarse de que $P(T = t|Z = z) > 0$ resulta mucho más difícil. Pensemos en un ejemplo tridimensional. ¿Y en uno de 100 dimensiones?

Como comentario adicional diré que la extrapolación e interpolación en espacios de muchas dimensiones plantean sus propios retos (¿qué significa interpolar en un espacio de muchísimas dimensiones?). Si esta idea resulta interesante, recomiendo el artículo «Learning in High Dimension Always Amounts to Extrapolation» (Balestriero *et al.*, 2021) o bien escuchar el episodio 86 del podcast *Machine Learning Street Talk* de dos de los autores del artículo, Randall Balestriero y Yann LeCun (*Machine Learning Street Talk*, 2022).

En esta sección hemos aprendido lo que es la hipótesis de positividad. Hemos mostrado dos casos utilizando un ejemplo unidimensional: cuando la hipótesis se infringe y cuando se mantiene. También hemos hablado de cómo la positividad está relacionada con la estimación y hemos señalado brevemente los desafíos a los que podemos enfrentarnos con muchas dimensiones.

En la próxima sección introduciremos la hipótesis de intercambiabilidad.

Intercambiabilidad

En esta sección presentaremos la hipótesis de intercambiabilidad (también conocida como hipótesis de ignorabilidad) y hablaremos sobre su relación con la confusión.

Sujetos intercambiables

La idea principal de la intercambiabilidad es la siguiente: los sujetos tratados, de no haberlo sido, habrían experimentado el mismo resultado medio que los no tratados (estando realmente sin tratar) y viceversa (Hernán y Robins, 2020). Formalmente hablando, la intercambiabilidad suele definirse como:

$$\{Y^0, Y^1\} \perp\!\!\!\perp T|Z$$

En la fórmula anterior, Y^0 e Y^1 son resultados contrafactuales con $T = 0$ y $T = 1$ respectivamente, y Z es un vector de variables de control. Si pensar en esta definición da sensación de desconcierto o incluso de circularidad, es normal. Según Pearl (2009), muchas personas consideran esta definición difícil de entender.

Al mismo tiempo, su idea básica es sencilla: el tratado y el no tratado tienen que compartir todas las características relevantes que puedan influir en el resultado.

¿Podemos expresar esto en términos más sencillos?

Intercambiabilidad frente a confusión

La intercambiabilidad es una idea que procede del marco de posibles resultados. Se trata de un marco causal introducido por Donald Rubin en la década de 1970 (Rubin, 1974), pero las ideas principales se remontan a la década de 1920 y a la tesis del estadístico polaco Jerzy Neyman (Neyman, 1923).

En realidad, el marco de posibles resultados tiene como finalidad lograr los mismos objetivos que la inferencia causal basada en SCM y cálculo do, simplemente empleando distintos medios (véase Pearl, 2009, págs. 98-102, 243-245).

Pearl afirma que ambos marcos son lógicamente equivalentes y se pueden utilizar de manera intercambiable o simbiótica, señalando que los modelos gráficos ayudan sin duda a resolver desafíos que podrían ser difíciles de detectar con el formalismo de los posibles resultados (en la web `http://causality.cs.ucla.edu/blog/index.php/2012/12/03/judea-pearl-on-potential-outcomes/` se pueden encontrar ejemplos). Estoy totalmente de acuerdo con esto último.

No vamos a profundizar aquí en las definiciones de intercambiabilidad e ignorabilidad. En lugar de ello, supondremos que, en general, la intercambiabilidad se puede reducir a la eliminación de la confusión. Esto significa que podemos lograr la intercambiabilidad con cualquiera de las técnicas para evitar factores de confusión que hemos introducido hasta ahora. Esta perspectiva no siempre se acepta, pero entrar en más detalles queda fuera del ámbito de este libro.

Si se desea una información más detallada sobre la relación entre la intercambiabilidad y la eliminación de la confusión, recomiendo Pearl (2009, págs. 196-199, 341-344) y Hernán y Robins (2020, págs. 27-31).

En esta sección hemos tratado la hipótesis de intercambiabilidad. Hemos introducido la definición de intercambiabilidad según el marco de posibles resultados y hemos esbozado su conexión con el concepto de confusión. En la siguiente sección examinaremos otras tres hipótesis habituales en la literatura sobre causalidad.

Más hipótesis

En esta breve sección, presentaremos y analizaremos brevemente tres hipótesis: la hipótesis de modularidad, la hipótesis SUTVA (*Stable Unit Treatment Value Assumption*, supuesto de valor de tratamiento de unidad estable) y la hipótesis de coherencia.

Modularidad

Imaginemos que desde el tejado de un edificio alto tiramos dos manzanas. A mitad de camino hacia el suelo, hay una red que atrapa una de ellas.

La red interviene en una de las manzanas, pero la segunda no se ve afectada.

Esa es la esencia de la hipótesis de modularidad, también conocida como hipótesis de mecanismos independientes.

Hablando formalmente, si intervenimos en una variable X, la ecuación estructural de esta variable resultará modificada (por ejemplo, fijada en una constante), pero el resto de ecuaciones estructurales de nuestro sistema no se verán afectadas.

La hipótesis de modularidad es esencial en el cálculo *do*, ya que está en el centro de la lógica de las intervenciones.

Veamos un ejemplo.

Consideremos el siguiente modelo SCM $\mathcal{S}$:

$X := \mathcal{N}(0, 1)$
$Z := \mathcal{N}(0, 1)$
$R := X + Z$
$Y := R + X$

La figura 8.6 muestra una representación gráfica de $\mathcal{S}$.

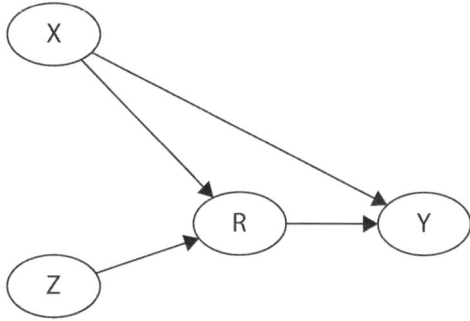

Figura 8.6. El modelo SCM de modularidad $\mathcal{S}$ del ejemplo.

La hipótesis de modularidad dice que si intervenimos en el nodo R estableciendo su valor en r, la única ecuación que cambiará en S es la siguiente:

$R := r$

El resto de las ecuaciones estructurales no se verán afectadas.

En la figura 8.7 se muestra el modelo SCM S tras la intervención, llamémosle S_M (a menudo añadimos un subíndice M, de modificado, para marcar un SCM después de una intervención).

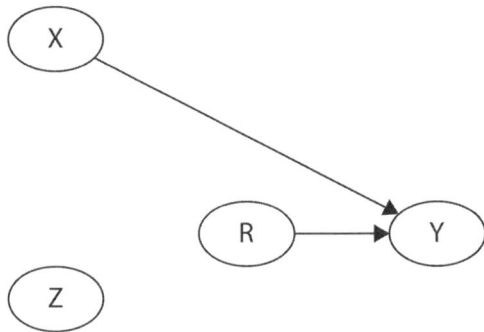

Figura 8.7. El modelo SCM modificado S_M.

No hay aristas más largas desde X y Z a R porque obligamos a R a tomar el valor r y, por tanto, cualquier cambio en X o Z no afectará al valor de R (esto se conoce como intervención perfecta).

Al mismo tiempo, la arista de X a Y está intacta (a pesar de nuestra intervención sobre R, los cambios sobre X seguirán afectando al valor de Y) de acuerdo con la hipótesis de modularidad.

A la eliminación de aristas del grafo al intervenir sobre una variable o variables (o un conjunto de ellas) se le denomina mutilación de grafo. No me gusta demasiado este nombre. Un término más neutral es modificación de grafo.

Desde un punto de vista gráfico, la modularidad se puede resumir del siguiente modo:

- Cuando realizamos una intervención perfecta sobre el nodo V, todas las aristas de entrada de V se eliminan en el grafo modificado.

- No se modifica ninguna arista de entrada a otros nodos (no intervenidos).

Otra forma de pensar en la modularidad es que los cambios provocados por las intervenciones son locales: solo cambia el mecanismo de las variables intervenidas (eliminamos las aristas de entrada), pero otros mecanismos del sistema permanecen inalterados.

La modularidad puede parecer difícil de entender al principio, pero en el fondo es profundamente intuitiva.

Imaginemos un mundo en el que la modularidad no existe.

En este mundo, haríamos una intervención en una página web cambiando la forma del botón y, como resultado, la página también se traduciría automáticamente al portugués, mientras que el ordenador empezaría automáticamente a reproducir canciones de Barbra Streisand y el vecino de al lado se teñiría inmediatamente el pelo de verde, todo ello sin ningún otro cambio en el mundo aparte de la forma del botón. Un mundo así podría ser interesante, pero difícil de navegar en términos de comprensión de los mecanismos causales.

En este sentido, la modularidad es una hipótesis de sentido común.

En resumen, la hipótesis de modularidad afirma que cuando realizamos una intervención (perfecta) sobre una variable del sistema, el único cambio estructural que se produce en este sistema es la eliminación de las aristas de entrada de dicha variable (lo que equivale a la modificación de su ecuación estructural), y el resto del sistema no se ve afectado estructuralmente.

SUTVA

SUTVA es otra hipótesis que procede del marco de posibles soluciones.

Esta hipótesis afirma que el hecho de que una unidad (individuo, sujeto u objeto) reciba tratamiento no influye en ninguna otra unidad.

En el contexto de los sujetos que interactúan a menudo se cuestiona este supuesto. Por ejemplo, si una persona de un hogar decide iniciar una terapia con un psicólogo, es probable que otros miembros del hogar también se vean afectados (cuando una persona cambia su forma de pensar y/o su comportamiento, su entorno suele reaccionar a este cambio de una forma u otra). Del mismo modo, si se anima a usuarios de una red social a enviar más mensajes, es probable que los destinatarios de estos mensajes también empiecen a enviar más mensajes (no porque hayan sido animados por otro usuario, sino porque quieren responder a los remitentes).

A nivel experimental, los investigadores intentan superar estos desafíos con diversas técnicas, como la aleatorización a nivel de clúster (en lugar de a nivel individual) o la llamada aleatorización ego (Gui *et al.*, 2015; Saint-Jacques *et al.*, 2018). Algunas de estas técnicas también pueden aplicarse a datos observacionales.

Coherencia

El último supuesto que vamos a estudiar en esta sección es la hipótesis de coherencia. La coherencia procede del marco de resultados potenciales.

Esta hipótesis también se conoce como ausencia de versiones múltiples del tratamiento y, a veces, se incluye como segunda parte de la hipótesis SUTVA (sí, lo sé, seguro que esto parece confuso).

Vayamos al grano.

Imaginemos que el tratamiento consiste en ganar un coche. Hay dos niveles de tratamiento: o se gana un coche o no se gana.

Algunas personas del grupo de tratamiento ganan un flamante BMW eléctrico, mientras que otras reciben un Mazda oxidado y sin ruedas de hace 20 años. Si nuestra variable de resultado es el nivel de entusiasmo, cabría esperar que, de media, el nivel de entusiasmo de la misma persona difiriera entre las dos versiones del tratamiento. Eso sería un ejemplo de infracción de la coherencia ya que, básicamente, codificamos dos variantes del tratamiento como una sola.

Pearl y Mackenzie ofrecen otra interpretación de la coherencia. En su visión, coherencia significa que el experimento está «libre de efecto placebo y otras imperfecciones» (traducido de Pearl y Mackenzie, 2019, pág. 281). Si solo tuviéramos que extraer dos afirmaciones acerca de nuestra discusión sobre la coherencia, serían estas:

- Los tratamientos deben estar bien definidos.
- No deberían existir versiones ocultas de los tratamientos.

Estas son las dos características esenciales de la coherencia.

En esta sección hemos hablado de tres hipótesis: modularidad (mecanismos independientes), SUTVA y coherencia. El primer supuesto procede del marco gráfico o de cálculo do, mientras que los dos restantes tienen su origen en el marco de posibles resultados.

En la próxima sección, arrojaremos nueva luz sobre el tema de las variables no observadas.

Ponme nombre: relaciones falsas en la naturaleza

¿No te parece que cuando ahora charlamos sobre relaciones falsas y confusión no observada, es casi como si estuviéramos hablando de los buenos amigos de siempre? Puede que a veces den problemas, pero nos resultan tan familiares que es difícil de imaginar el futuro sin ellos.

Comenzaremos esta sección con una reflexión sobre los convenios de nomenclatura referentes a sesgo, relaciones falsas y confusión en todos los campos. En la segunda parte de la sección, examinaremos el sesgo de selección como un subtipo especial que juega un papel importante en la epidemiología.

Nombres, nombres, nombres

Sin duda, leer sobre causalidad entre dominios puede ser una experiencia confusa. Algunos autores sugieren usar el término factor de confusión solo cuando hay una causa común del tratamiento y del resultado (Peters *et al.*, 2017, pág. 172; Hernán y Robins, 2020, pág. 103), mientras que otros permiten usar este término también en otros casos de falsedad (Pearl y Mackenzie, 2019, pág. 161).

Otro término habitual en la literatura es sesgo de selección. Las definiciones de este término difieren entre campos. Hernán y Robins (2020) abogan por una distinción clara entre factor de confusión (entendida por ellos en términos de causas comunes) y sesgo de selección (entendido en términos de resultados comunes).

Tengamos en cuenta que en el campo de la econometría, el término sesgo de selección se podría emplear para describir cualquier tipo de sesgo de factor de confusión.

Aunque a veces resulte difícil, es bueno entender qué convenio utiliza una persona con la que hablamos (o a la que leemos).

Repasemos lo que Hernán y Robins (2020) denominan sesgo de selección y aprendamos dos valiosas lecciones.

¿Te lo pregunto a ti o a alguien que no está aquí?

Estamos en 1943. Los aviones militares estadounidenses participan en numerosas misiones y muchos de ellos no regresan a casa. Los que regresan suelen estar dañados. Un hecho interesante es que los daños no parecen aleatorios. Parece que hay un patrón claro. Los agujeros de bala se concentran alrededor del sistema de combustible y el fuselaje, pero no tanto alrededor de los motores.

Los ingenieros militares deciden consultar al reputado grupo de estadísticos llamado Grupo de Investigación Estadística (SRG, *Statistical Research Group*) para que les ayuden a averiguar cómo distribuir de forma óptima el blindaje, de modo que se protejan los lugares con mayor riesgo de sufrir daños.

La persona que se enfrentó a esta cuestión fue Abraham Wald, un matemático judío de origen húngaro que trabajaba en la Universidad de Columbia y formaba parte del SRG por aquel entonces.

En vez de dar la respuesta al ejército, Wald formuló una pregunta.

Era una pregunta aparentemente sencilla: «¿dónde están los agujeros que faltan?».

¿Los agujeros que faltan?

Wald se refería a los agujeros que nunca hemos observado. Los que estaban en los aviones que nunca volvieron.

Representémoslo con grafos

Lo que Wald señaló es el llamado sesgo de supervivencia. Es un tipo de sesgo de selección en el que los efectos se estiman solo en una subpoblación de supervivientes, con la intención de generalizarlos a toda la población. El problema es que la población puede diferir de la submuestra seleccionada. Este sesgo es bien conocido en epidemiología (pensemos, por ejemplo, en los supervivientes de una enfermedad).

Hagamos un modelo SCM hipotético para representar el problema al que se enfrentaba Wald.

La figura 8.8 es una representación gráfica de este modelo.

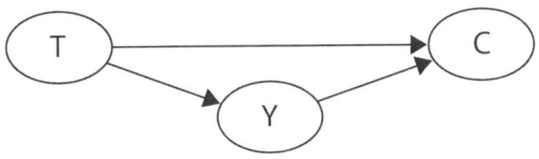

Figura 8.8. Representación del modelo SCM del problema de Wald.

Tenemos tres nodos: *T*, *Y* y *C*. *T* representa el tratamiento, es decir, el número de balas enemigas disparadas a los motores; *Y* significa la severidad de los daños en el avión y *C* es una variable binaria que codifica si un avión volvió a casa (1) o no (0).

Lo que hacemos mirando solamente a los aviones que volvieron a casa es condicionar implícitamente según *C*.

Dos factores influyen en *C*: el número de balas disparadas a los motores (*T*) y la severidad del daño global (*Y*), que también depende de *T*. Si el número de balas disparadas a los motores es lo bastante alto, el avión no va a volver a casa, sin tener en cuenta otros daños. También puede darse el caso de que el número de balas disparadas a los motores no sea tan alto, pero el daño general sea tan severo que el avión no lo consiga en ningún caso.

Condicionar según *C* abre un camino falso, $T \rightarrow C \leftarrow Y$, que es precisamente la fuente del sesgo, porque *C* es un colisionador en su camino y (como probablemente recordarás) condicionar según un colisionador abre el flujo de información (a diferencia de condicionar según cadenas y bifurcaciones).

Traduzcamos nuestro ejemplo a Python para ver cómo funciona esta lógica en un conjunto de datos real.

Definamos primero el tamaño de la muestra y el conjunto de asignaciones estructurales que define nuestro modelo SCM:

```python
SAMPLE_SIZE = 1000

# A hypothetical SCM
T = np.random.uniform(20, 110, SAMPLE_SIZE)
Y = T + np.random.uniform(0, 40, SAMPLE_SIZE)
C = (T + Y < 100).astype('int')
```

Pongamos todas las variables en un dataframe de pandas para una manipulación más sencilla:

```python
df = pd.DataFrame(np.stack([T, Y, C]).T, columns=['T',
    'Y', 'C'])
```

Finalmente, condicionemos según *C* y obtengamos los resultados:

```python
# Compare average damage (biased vs unbiased)
plt.figure(figsize=(8, 4))

plt.hist(df[df['C'] == 1]['Y'], label='Came back = 1',
    color=COLORS[0], alpha=.5)
plt.hist(df[df['C'] == 0]['Y'], label='Came back = 0',
    color=COLORS[1], alpha=.5, bins=25)

plt.xlabel('$Damage$ $severity$', alpha=.5, fontsize=12)
plt.ylabel('$Frequency$', alpha=.5, fontsize=12)

plt.legend()
plt.show()
```

La figura 8.9 muestra el resultado de este bloque de código.

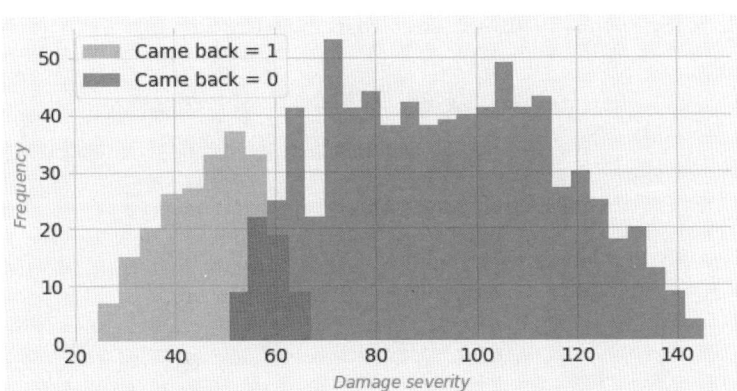

Figura 8.9. Histograma de daños en aviones condicionado según C.

Los datos del color gris más claro representan la severidad de los daños de los aviones que volvieron a casa, mientras que los que aparecen en el gris intermedio indican la severidad de los daños en los aviones que no volvieron. Como podemos comprobar, la severidad es mucho mayor para los aviones que no volvieron a casa, y hay una leve superposición entre ambos conjuntos de datos en torno al valor de 60.

Aunque nuestro ejemplo esté simplificado (no hemos tenido en cuenta en el histograma la ubicación de los daños), la conclusión es la misma que la de Wald: lo que más importa son los agujeros que faltan, no los que hemos observado. La primera lección es: mirar lo que falta.

En Wald (1980) se puede encontrar la solución original propuesta por el autor, para su mejor comprensión.

Más sesgo de selección

El grafo DAG de la figura 8.8 representa solo una única posible combinación de nodos que da lugar a sesgo de selección. Antes de concluir este capítulo, veamos algunos ejemplos más. He elegido esta vez algo con un poco más picante. Empecemos con la figura 8.10.

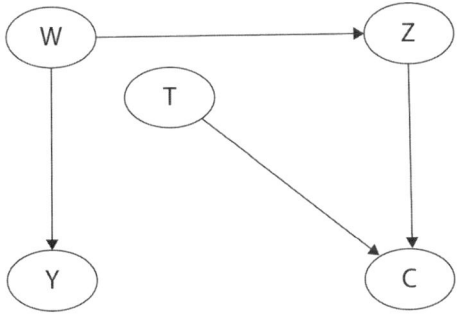

Figura 8.10. Un ejemplo de sesgo de selección.

El grafo DAG de la figura 8.10 es interesante. No hay conexión entre el tratamiento T y el resultado Y, aunque condicionar según C abra un camino entre los dos. A esto se le denomina sesgo de selección bajo resultado nulo (Hernán y Robins, 2020). Veamos otro ejemplo (figura 8.11).

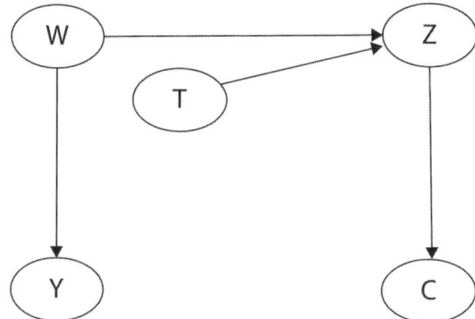

Figura 8.11. Un ejemplo de sesgo de selección sin la arista entre T y C.

El grafo DAG de la figura 8.11 es aún más interesante. No hay aristas que conecten directamente T y C o Y y C. ¿Se podría adivinar cuál es aquí la fuente de falsedad?

Observemos que C es hijo de Z. El control de C (usándolo como criterio de selección) abre parcialmente el camino $T \rightarrow Z \leftarrow W \rightarrow Y$. Decimos parcialmente, porque C suele contener parte de la variabilidad de Z.

Este es un hecho que vale la pena recordar: condicionar según los descendientes (sí, no se trata solo de hijos) de colisionadores suele abrir parcialmente el camino en el que reside el colisionador (en casos muy especiales, condicionar por los descendientes podría cerrar el camino, pero estos casos son bastante raros). La segunda lección es que hay que mirar más allá de lo que se cree necesario.

En esta sección hemos tratado los conceptos de sesgo de selección, factor de confusión y falsedad. Hemos mostrado que las convenciones de nomenclatura de estos conceptos difieren entre disciplinas y subcampos.

En la segunda parte de la sección, nos centramos en el sesgo de selección y recordamos la historia de Abraham Wald. Adaptamos esta historia al lenguaje de los grafos DAG y la tradujimos a Python para ver cómo funciona el sesgo de selección en la práctica.

En esta sección aprendimos dos lecciones: mirar lo que falta y mirar más allá de lo que se cree necesario.

Para terminar

En este capítulo hemos hablado de los desafíos a los que nos enfrentamos al utilizar métodos de inferencia causal en la práctica. Hemos tratado importantes hipótesis y propuesto posibles soluciones a algunos de los retos discutidos. Volvimos al tema de la confusión y mostramos ejemplos de sesgo de selección. Los cuatro conceptos más importantes de este capítulo son la identificabilidad, la hipótesis de positividad, la modularidad y el sesgo de selección.

¿Preparados para añadirle un poco de salsa machine learning a todo lo aprendido hasta ahora?

Referencias

Altucher, J., Altucher C. A. (2014). *The Power of No: Because One Little Word Can Bring Health, Abundance, and Happiness*. Hay House.

Balestriero, R., Pesenti, J. y LeCun, Y. (2021). «Learning in High Dimension Always Amounts to Extrapolation». arXiv. https://arxiv.org/abs/2110.09485.

Cinelli, C., Hazlett, C. (2020). «Making Sense of Sensitivity: Extending Omitted Variable Bias». *Journal of the Royal Statistical Society, Series B: Statistical Methodology 81*(1), 39-67.

Curth, A., Svensson, D., Weatherall, J. y van der Schaar, M. (2021). «Really Doing Great at Estimating CATE? A Critical Look at ML Benchmarking Practices in Treatment Effect Estimation». *Actas de Seguimiento de conjuntos de datos y puntos de referencia de la conferencia NeurIPS sobre sistemas de procesamiento de información neuronal.* https://datasets-benchmarks-proceedings.neurips.cc/paper_files/paper/2021/file/2a79ea27c279e471f4d180b08d62b00a-Paper-round2.pdf.

Chernozhukov, V., Cinelli, C., Newey, W., Sharma, A. y Syrgkanis, V. (2022). *Long Story Short: Omitted Variable Bias in Causal Machine Learning (Working Paper No. 30302; Working Paper Series)*. Oficina Nacional de Investigación Económica NBER (*National Bureau of Economic Research*). https://www.nber.org/papers/w30302.

Donnely, R. (2 de octubre de 2022). *One of the big challenges with causal inference is that we can't easily prove which approach produced the best estimate of the true causal effect....* Post de LinkedIn. https://www.linkedin.com/posts/robert-donnelly-causal_evaluating-the-econometric-evaluations-of-activity-6979849583241609216-G80d?utm_source=share&utm_medium=member_desktop.

Graves, R. (1955). *Daedalus and Talus. The Greek Myths*. Penguin Books.

Gordon, B. R., Moakler, R. y Zettelmeyer, F. (2022). «Close Enough? A Large-Scale Exploration of Non-Experimental Approaches to Advertising Measurement». arXiv. https://arxiv.org/abs/2201.07055.

Gui, H., Xu, Y., Bhasin, A. y Han, J. (2015). «Network A/B Testing: From Sampling to Estimation». *Actas de la 24.ª Conferencia Internacional sobre la World Wide Web*, 399-409. https://dl.acm.org/doi/10.1145/2736277.2741081.

Hernán M. A., Robins J. M. (2020). *Causal Inference: What If*. Chapman & Hall/CRC.

Intellectual Ventures. (10 de marzo de 2016). *Failing for Success: The Wright Brothers.* https://www.intellectualventures.com/buzz/insights/failing-for-success-the-wright-brothers/.

Colección de la Biblioteca del Congreso de EE. UU. (s.f.). *Wilbur and Orville Wright Papers at the Library of Congress.* https://www.loc.gov/collections/wilbur-and-orville-wright-papers/articles-and-essays/the-wilbur-and-orville-wright-timeline-1846-to-1948/1901-to-1910/.

Machine Learning Street Talk. (4 de enero de 2022). *#61: Prof. YANN LECUN: Interpolation, Extrapolation and Linearisation (w/ Dr. Randall Balestriero)* [Vídeo]. YouTube. https://www.youtube.com/watch?v=86ib0sfdFtw.

Neal, B. (7 de septiembre de 2020). *2.7 - Positivity/Overlap and Extrapolation* [Vídeo]. YouTube. https://www.youtube.com/watch?v=4xc8VkrF98w.

Neal, B., Huang, C. y Raghupathi, S. (2020). «RealCause: Realistic Causal Inference Benchmarking». arXiv. https://arxiv.org/abs/2011.15007.

Neyman, J. (1923). *Sur les applications de la theorie des probabilites aux experiences agricoles: Essai des principes.*

Pearl, J. (2009). *Causality.* Cambridge University Press.

Pearl, J., Glymour, M. y Jewell, N. P. (2016). *Causal inference in statistics: A primer.* Wiley.

Pearl, J. y Mackenzie, D. (2019). *The Book of Why.* Penguin.

Peters, J., Janzing, D. y Schölkopf, B. (2017). *Elements of Causal Inference: Foundations and Learning Algorithms.* MIT Press.

Reisach, A.G., Seiler, C. y Weichwald, S. (2021). «Beware of the Simulated DAG! Varsortability in Additive Noise Models». arXiv. https://arxiv.org/abs/2102.13647.

Rubin, D. B. (1974). «Estimating causal effects of treatments in randomized and nonrandomized studies». *Journal of Educational Psychology, 66*(5), 688-701.

Saint-Jacques, G., Varshney, M., Simpson, J. y Xu, Y. (2019). «Using Ego-Clusters to Measure Network Effects at LinkedIn». arXiv. https://arxiv.org/abs/1903.08755.

Wald, A. (1980). *A Reprint of 'A Method of Estimating Plane Vulnerability Based on Damage of Survivors'.* Centro de Análisis Navales (CNA, *Center for Naval Analyses*).

## 9

Inferencia causal y machine learning: del emparejamiento a los metaaprendices

Bienvenidos al capítulo 9.

En este capítulo veremos diversos métodos utilizados para estimar los efectos causales en casos no lineales. Empezaremos con métodos relativamente sencillos para después pasar a estimadores de machine learning más complejos.

Al final de este capítulo, el lector tendrá una buena comprensión de los métodos que se pueden utilizar para estimar efectos causales no lineales y posiblemente heterogéneos (o individualizados). Conoceremos las diferencias entre cuatro formas distintas de cuantificar los efectos causales: el efecto promedio del tratamiento (ATE, *Average Treatment Effect*), el efecto promedio del tratamiento en la población tratada (ATT, *Average Treatment effect on the Treated*), el efecto promedio del tratamiento en el control (ATC, *Average Treatment effect on the Control*) y el efecto promedio del tratamiento condicional (CATE, *Conditional Average Treatment Effect*).

En este capítulo, trataremos los siguientes temas:

- ATE, ATT, ATC y CATE.
- Emparejamiento.
- Puntuaciones de propensión.
- Ponderación de probabilidad inversa.
- Metaaprendices.

Fundamentos I: emparejamiento

En esta sección trataremos los fundamentos del emparejamiento. Introduciremos los efectos ATE, ATT y ATC. Definiremos un estimador de emparejamiento básico e implementaremos un estimador de emparejamiento (aproximado) utilizando el proceso causal en cuatro fases de DoWhy.

El emparejamiento es una familia de métodos empleados para estimar efectos causales uniendo observaciones (o unidades) similares en grupos de tratamiento y no tratamiento. El objetivo del emparejamiento es hacer comparaciones entre unidades similares para lograr la estimación más precisa posible del efecto causal real.

Algunos autores, entre otros Stuart (2010) y Sizemore y Alkurdi (2019), sugieren que el emparejamiento debería tratarse como un paso del procesamiento previo de los datos, sobre el que se puede utilizar cualquier estimador. También destacan este punto de vista Andrew Gelman y Jennifer Hill: «el emparejamiento se refiere a una variedad de procedimientos que restringen y reorganizan la muestra original» (traducido de Gelman y Hill, 2006).

Si se dispone de los datos suficientes para poder descartar algunas observaciones, usar el emparejamiento como paso de procesamiento previo suele ser beneficioso. Un dato importante que anotar aquí es que esto solo tiene sentido con datos observacionales (sin factores de confusión no observados), pero no experimentales.

Para mantener la consistencia con otros métodos, en este capítulo emplearemos el emparejamiento como estimador causal completo.

Tipos de emparejamiento

Hay muchas variantes del emparejamiento. En primer lugar, tenemos el emparejamiento exacto frente al inexacto (aproximado). El primero requiere que las observaciones tratadas y sus respectivos pares no tratados tengan exactamente los mismos valores para todas las variables relevantes (lo que incluye los factores de confusión). Como es de imaginar, esto puede ser extremadamente difícil de conseguir, especialmente cuando las unidades son entidades complejas, como seres humanos, grupos sociales u organizaciones (Stuart, 2010). El emparejamiento inexacto, por otro lado, permite emparejar observaciones similares. Se pueden utilizar muchas mediciones diferentes para determinar la similitud entre dos observaciones. Una elección habitual es la distancia euclidiana o sus generalizaciones: distancia de Mahalanobis (https://es.wikipedia.org/wiki/Distancia_de_Mahalanobis) y distancia de Minkowski (https://en.wikipedia.org/wiki/Minkowski_distance). El emparejamiento puede llevarse a cabo en el espacio de atributos sin procesar (directamente sobre las variables de entrada) u otros espacios, por ejemplo, el espacio de puntuaciones de propensión (las veremos en la siguiente sección). Una de las cosas que hay que tener en cuenta cuando se emplea el emparejamiento inexacto es la distancia máxima que se aceptará al emparejar dos observaciones; en otras palabras, si lo que está cerca lo está lo bastante.

Como ocurre con todos los demás métodos que hemos tratado hasta ahora, el emparejamiento requiere que la relación entre el tratamiento y el resultado no sea confusa. Por tanto, necesitamos estar seguros de que todos los factores de confusión sean observados y estén presentes en el conjunto de atributos de emparejamiento, si queremos obtener estimaciones no sesgadas de los efectos causales. Es más, conviene dibujar un grafo acíclico dirigido (DAG, *Directed Acyclic Graph*) para asegurarnos de que no introducimos sesgo al controlar los colisionadores.

Más sobre emparejamiento

Una discusión en detalle de las distintas variantes del emparejamiento queda fuera del alcance de este libro. Si esta familia especial de métodos resulta de interés, recomiendo empezar con un estupendo artículo de Elizabeth A. Stuart (Stuart, 2010; `https://www.ncbi.nlm.nih.gov/pmc/articles/PMC2943670/`) o un post del blog de Samantha Sizemore y Raiber Alkurdi de la Universidad Humboldt de Berlín (Sizemore y Alkurdi, 2019; `https://humboldt-wi.github.io/blog/research/applied_predictive_modeling_19/matching_methods/`). Este último contiene ejemplos de código en R, utiliza métodos de machine learning recientes (como XGBoost) y ofrece una evaluación experimental de distintos enfoques. Para aprender sobre emparejamiento en escenarios de varios tratamientos, véanse las similitudes entre emparejamiento y regresión en Lopez y Guttman (2017), el emparejamiento en el contexto histórico de la subclasificación en Angrist y Pischke (2008, págs. 51-59), o bien Cunningham (2021, págs. 175-198) o Facure (2020, capítulo 10).

Tengamos en cuenta que al emparejamiento no le preocupa la linealidad de los datos, ya que se puede utilizar para datos lineales y no lineales.

Efectos del tratamiento: ATE frente ATT y ATC

Podemos calcular distintos efectos causales mediante el emparejamiento. Hasta ahora en el libro, al calcular efectos del tratamiento, elegíamos en todo momento ATE de forma implícita. Definamos formalmente este efecto:

$$ATE = \frac{1}{N} \sum_i \tau_i$$

En la fórmula anterior, N es el número total de observaciones, y τ_i es el efecto del tratamiento para la unidad i, definido como:

$$\tau_i = Y_i^1 - Y_i^0$$

Las Y_i con superíndice de la fórmula anterior significan resultados contrafactuales para la unidad i: Y_i^1 es el resultado bajo tratamiento e Y_i^0 es el resultado sin tratamiento. Por supuesto, ambos resultados no se pueden observar al mismo tiempo para la misma unidad (recordemos el problema fundamental de la inferencia causal del capítulo 2), razón por la cual tenemos que estimarlos.

Otra cantidad que podemos estimar es ATT. Se define de la siguiente manera:

$$ATT = \frac{1}{N_{T=1}} \sum_{i_{T=1}} \tau_i$$

ATT es muy similar a ATE. La diferencia principal es que no sumamos todas las observaciones, sino solo las unidades tratadas (unidades que recibieron el tratamiento). En la fórmula anterior, $N_{T=1}$ representa el número de unidades que recibieron el tratamiento (de ahí $T=1$), e $i_{T=1}$ representa los índices de estas unidades.

ATC es un reflejo de ATT; lo único que tenemos que cambiar es el valor de T:

$$ATC = \frac{1}{N_{T=0}} \sum_{i_{T=0}} \tau_i$$

Observemos que ATE es la media de ATT y ATC.

Emparejando estimadores

El tipo de efecto causal que queramos estimar influirá en la definición del propio estimador de emparejamiento.

Un estimador de emparejamiento básico para ATT se define del siguiente modo:

$$\hat{\tau}_{ATT} = \frac{1}{N_{T=1}} \sum_{i_{T=1}} Y_i - Y_{j(i)}$$

En esta fórmula Y_i representa el valor del resultado de la i-ésima observación tratada, e $Y_{j(i)}$ es el resultado de una observación emparejada del grupo no tratado. Tomé prestada la notación $Y_{j(i)}$ de Scott Cunningham (2021).

El estimador de emparejamiento para ATE se define así:

$$\hat{\tau}_{ATE} = \frac{1}{N} \sum_i \left(2 T_i - 1\right)\left(Y_i - Y_{j(i)}\right)$$

Esta vez vamos pasando por todas las observaciones hasta encontrar coincidencias dentro del otro grupo. Por cada observación tratada i, emparejamos una observación no tratada $j(i)$, y viceversa. En el estimador ATT, $j(i)$ siempre pertenecía al grupo no tratado, mientras i siempre era tratada. Al estimar ATE, i puede ser tratada o no tratada, y $j(i)$ simplemente pertenece al otro grupo (si i es tratada, $j(i)$ no lo es, y viceversa).

La parte $(2T_i - 1)$ de la ecuación ATE es un ingenioso truco matemático. T_i representa el valor del tratamiento para la observación i. Si el tratamiento es 1, entonces el valor de esta expresión también será 1. Cuando el tratamiento es 0, entonces el valor es -1. Por tanto, la expresión invierte el signo de la parte restante de la ecuación. Esta inversión de signo nos permite mantener correcto el resultado de la parte $(Y_i - Y_{j(i)})$ sin tener en cuenta el estado real de tratamiento de la unidad i.

Esta fórmula solamente funciona para tratamientos binarios (debe ser adaptada para trabajar con tratamientos de varios niveles; para más ideas sobre esto, recomiendo Lopez y Gutman, 2017).

Veamos un rápido ejemplo. Pongamos que solo tenemos dos unidades en nuestro conjunto de datos, representado en la tabla 9.1.

Tabla 9.1. Datos de ejemplo.

Unidad	Covariable	Tratamiento	Resultado
A	33	1	9
B	33	0	1.5

Calculemos un ATE de emparejamiento para este conjunto de datos. Para la primera unidad, tenemos la siguiente ecuación:

$(2 \times 1 - 1)(9 - 1.5) = 1 \times 7.5 = 7.5$

Para la segunda observación, tenemos esta ecuación:

$(2 \times 0 - 1)(1.5 - 9) = -1 \times -7.5 = 7.5$

Ahora sumamos ambos resultados, lo que nos da 15, y dividimos por el número total de observaciones, lo que nos da 7.5. Listo. Observamos que el truco de la inversión del signo hace que el orden de la operación de sustracción no cambie. Por motivos de claridad, la figura 9.1 muestra el cálculo anterior.

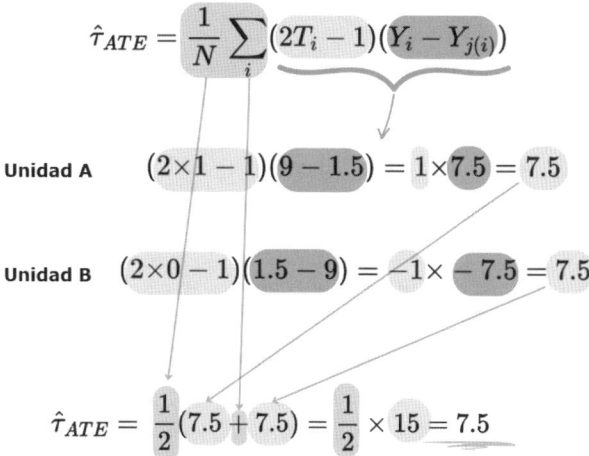

Figura 9.1. Representación visual de cálculos de fórmulas de emparejamiento con datos de la tabla 9.1.

Ahora bien, cabe preguntarse qué ocurre si tenemos observaciones sin buenas coincidencias en nuestro conjunto de datos. La respuesta tradicional a esta pregunta es que hay que descartarlas. En caso de coincidencia aproximada (inexacta), podemos tratar de ampliar los criterios de similitud para conservar algunas de estas observaciones, pero hay que tener en cuenta que esto probablemente aumentará el sesgo de las estimaciones (especialmente si el tamaño de la muestra es pequeño).

¿Qué ocurre si acabamos teniendo más de una coincidencia buena por observación? ¿También hay que descartarla?

Resulta que podemos ser más eficientes. Para evitar descartar las observaciones, podemos hacer una media. Para cada i, reunimos todas las $j(i)$ que cumplen nuestros criterios de similitud y simplemente sacamos la media de sus resultados. Esto se presenta formalmente de la siguiente manera:

$$\hat{\tau}_{ATE} = \frac{1}{N}\sum_i \left(2T_i - 1\right)\left(Y_i - \left(\frac{1}{M}\sum_m Y_{j_m(i)}\right)\right)$$

En la fórmula anterior, M es el número de muestras que emparejamos con la muestra i. También podríamos calcular una cantidad análoga para ATT.

Implementando el emparejamiento

Ya estamos listos para introducir datos y ver el emparejamiento en acción. Seguiremos el procedimiento en cuatro fases de DoWhy y emplearemos el estimador de emparejamiento aproximado.

El código de este capítulo está en los archivos de ejemplo del libro `Chapter_09.ipynb`.

Para nuestro análisis, usaremos un conjunto de datos sintéticos simplificado (n=200), inspirado por el famoso conjunto empleado en el influyente artículo de Robert LaLonde de título *Evaluating the Econometric Evaluations of Training Programs with Experimental Data* (1986). Nuestro conjunto de datos está formado por tres variables:

- Un indicador binario de la participación en un programa de formación.

- La edad del sujeto.

- Los ingresos anuales del sujeto 18 meses después de que tuviera lugar la formación (en USD, dólares americanos).

Nos interesa estimar el efecto de la formación en los ingresos de los participantes 18 meses después de que se llevara a cabo.

Primero, leamos los datos (omitimos aquí librerías importantes en pro de una mejor experiencia de lectura):

```
earnings_data = pd.read_csv(r'./data/ml_earnings.csv')
```

Obtengamos algunas filas:

```
earnings_data.head()
```

	age	took_a_course	earnings
0	19	False	110579.0
1	28	False	142577.0
2	22	True	130520.0
3	25	True	142687.0
4	24	False	127832.0

Figura 9.2. Las primeras cinco filas del conjunto de datos de ingresos.

En la figura vemos que los datos tienen tipos esperados. DoWhy (0.8) requiere que la variable de tratamiento se codifique como booleana.

Probemos a agrupar a los sujetos por edad:

```
earnings_data.groupby(['age', 'took_a_course']).mean()
```

35	**False**	172134.250000
	True	180404.500000
36	**False**	175240.666667
37	**False**	181514.000000
	True	187627.000000
38	**False**	185546.333333
39	**False**	187253.666667

Figura 9.3. Filas seleccionadas de los datos agrupados por edad.

Aunque solo vemos unas cuantas filas en la figura 9.3, se puede observar que, para algunos grupos de edad (por ejemplo, 36 o 38), solamente hay observaciones para uno de los valores del tratamiento, lo que significa que no podremos calcular los efectos exactos para estos grupos. Dejaremos que nuestro estimador de emparejamiento se encargue de esto por nosotros pero, antes, calculemos la estimación ingenua del efecto causal de la formación sobre los ingresos con las medias de tratamiento y grupo de control:

```
treatment_avg = earnings_data.query('took_a_course==1')[
    'earnings'].mean()
cntrl_avg = earnings_data.query('took_a_course==0')[
    'earnings'].mean()

treatment_avg - cntrl_avg
```

Lo que nos da el siguiente resultado:

```
6695.57088285231
```

La estimación ingenua del efecto de nuestra formación es de algo más de 6695 USD al año. Veamos si difiere la estimación de emparejamiento aproximada y, en caso afirmativo, cómo lo hace.

Fase 1: representar el problema como grafo

Empecemos construyendo un grafo en lenguaje de modelado de grafos (GML, *Graph Modeling Language*):

```
nodes = ['took_a_course', 'earnings', 'age']
edges = [
    ('took_a_course', 'earnings'),
    ('age', 'took_a_course'),
    ('age', 'earnings')
]

# Generate the GML graph
gml_string = ,graph [directed 1\n'
```

```
for node in nodes:
    gml_string += f'\tnode [id „{node}" label „{node}"]\n'

for edge in edges:
    gml_string += f'\tedge [source „{edge[0]}" target
        „{edge[1]}"]\n'

gml_string += ,]'
```

Como conocemos el proceso de generación de datos, sabemos que la edad es un factor de confusión, y codificamos este conocimiento añadiendo una arista desde la edad hasta el tratamiento y el resultado.

Envolvamos nuestro grafo en el objeto `CausalModel` de DoWhy:

```
model = CausalModel(
    data=earnings_data,
    treatment='took_a_course',
    outcome='earnings',
    graph=gml_string
)
```

Visualicemos el modelo a modo de comprobación:

```
model.view_model()
```

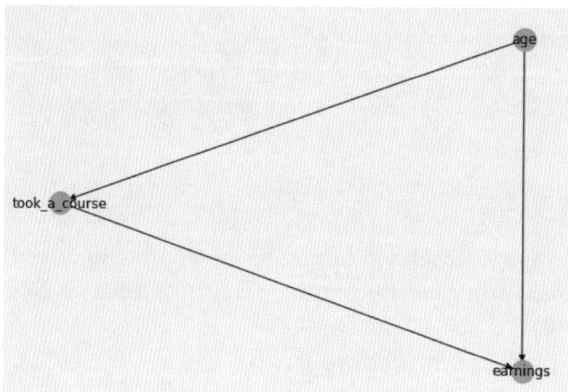

Figura 9.4. Una representación gráfica del modelo de datos de ingresos.

El modelo tiene el aspecto esperado. Pasemos a la fase 2.

Fase 2: obtener el parámetro causal

Para obtener el parámetro causal, llamamos al método `.identify_effect()` de nuestro objeto del modelo:

```
estimand = model.identify_effect()
```

Ahora visualicémoslo:

```
print(estimand)
```

Lo que nos ofrece el siguiente resultado:

```
Estimand type: nonparametric-ate

### Estimand : 1
Estimand name: backdoor
Estimand expression:
        d
──────────────────(E[earnings|age])
d[took_a_course]
Estimand assumption 1, Unconfoundedness: If U→{took_a_course} and
U→earnings then P(earnings|took_a_course,age,U) = P(earnings|took_a_
course,age)

### Estimand : 2
Estimand name: iv
No such variable(s) found!

### Estimand : 3
Estimand name: frontdoor
No such variable(s) found!
```

Hemos identificado correctamente el parámetro causal de puerta trasera.

Calculemos el efecto.

Fase 3: calcular el efecto

Para calcular el efecto, debemos especificar un par de detalles. Primero, necesitamos pasar el nombre del estimador. Queremos usar emparejamiento, de modo que elegiremos el estimador `backdoor. distance_matching` de DoWhy. Configuraremos las unidades de destino en ATE (para comparaciones consistentes con otros métodos) y la medición de distancia de Minkowski con p fijado en 2 (equivalente a la distancia euclidiana sencilla):

```
estimate = model.estimate_effect(
    identified_estimand=estimand,
    method_name='backdoor.distance_matching',
    target_units='ate',
    method_params={,distance_metric': ,minkowski', ,p': 2})
```

Algo que quisiera añadir aquí es que no hemos estandarizado nuestra variable de emparejamiento (age). No hay problema, porque solo tenemos una variable, pero en un caso de múltiples variables, muchas personas recomendarían normalizar o estandarizar las variables para mantener similares sus escalas. Así conseguimos evitar una situación en la que las variables con valores más altos superen de manera desproporcionada a otras en el cálculo de la distancia. Muchos recursos de machine learning siguen este consejo que, a menudo, se considera una práctica estándar en problemas con múltiples variables que implican cálculos de distancia.

En contra de esta recomendación, Gary King, de Harvard, ha aconsejado en repetidas ocasiones no estandarizar las variables para el emparejamiento (y tampoco emplear mediciones de distancia estandarizadas como Mahalanobis) porque, como él dice, desecha la sustancia (por ejemplo: King, 2018, pág. 12). Este argumento no me convence del todo, pero dejo al lector que decida por sí mismo. Para ayudarle en la decisión, debo decir que Gary King ha pasado una importante cantidad de tiempo trabajando con el emparejamiento; mucho más tiempo que yo.

Muy bien, de vuelta al cálculo de nuestro efecto, veamos nuestra estimación:

```
estimate.value
```

Esta línea de código nos da este resultado:

```
10118.445
```

Revelemos por fin el verdadero tamaño del efecto. Para nuestros datos, es 10 000 USD. Esto significa que el emparejamiento funcionó bastante bien. El porcentaje de error absoluto es más o menos del 1,2 %, una estupenda mejora con respecto a la estimación ingenua, que tuvo un 33 % de error.

Veamos qué tal manejará nuestro estimador de emparejamiento nuestros intentos de refutarlo.

Fase 4: refutando la estimación

Por motivos de brevedad, solamente ejecutaremos una prueba de refutación. En el mundo real, nos interesa ejecutar de manera óptima tantas pruebas como haya disponibles:

```
refutation = model.refute_estimate(
    estimand=estimand,
    estimate=estimate,
    method_name='random_common_cause')
```

Visualicemos los resultados:

```
print(refutation)
```

Obtenemos lo siguiente:

```
Refute: Add a random common cause
Estimated effect:10118.445
New effect:10311.769699999999
p value:0.42
```

Vemos que el nuevo efecto es levemente superior al estimado. No obstante, un valor p alto indica que el cambio no es estadísticamente significativo. Buen trabajo.

En esta sección hemos definido los estimadores de emparejamiento exactos y aproximados. Hablamos de tres tipos de efectos causales: ATE, ATT y ATC. Implementamos un estimador de emparejamiento aproximado como parte del proceso causal de cuatro fases de DoWhy y, de paso, analizamos algunos consejos prácticos y consecuencias. Veamos ahora qué retos podemos encontrarnos al utilizar el emparejamiento.

Fundamentos II: puntuaciones de propensión

En esta sección, trataremos las puntuaciones de propensión y su uso ocasional para resolver los desafíos que plantea la utilización del emparejamiento en casos de muchas dimensiones. Por último, demostraremos por qué no se deben emplear estas puntuaciones para emparejamiento, incluso aunque tu econometrista favorito lo haga.

Emparejamiento en libertad

Empecemos con un experimento mental. Imaginemos que recibimos un nuevo conjunto de datos para analizar. Los datos contienen 1000 observaciones. ¿Qué posibilidades hay de que encontremos al menos una coincidencia exacta para cada fila si hay 18 variables en el conjunto?

La respuesta depende obviamente de varios factores. ¿Cuántas variables son binarias? ¿Cuántas son continuas? ¿Cuántas son categóricas? ¿Cuál es el número de niveles para las variables categóricas? ¿Son las variables independientes o están relacionadas entre ellas?

Para hacernos una idea de cuál puede ser la respuesta, echemos un vistazo a la figura 9.5.

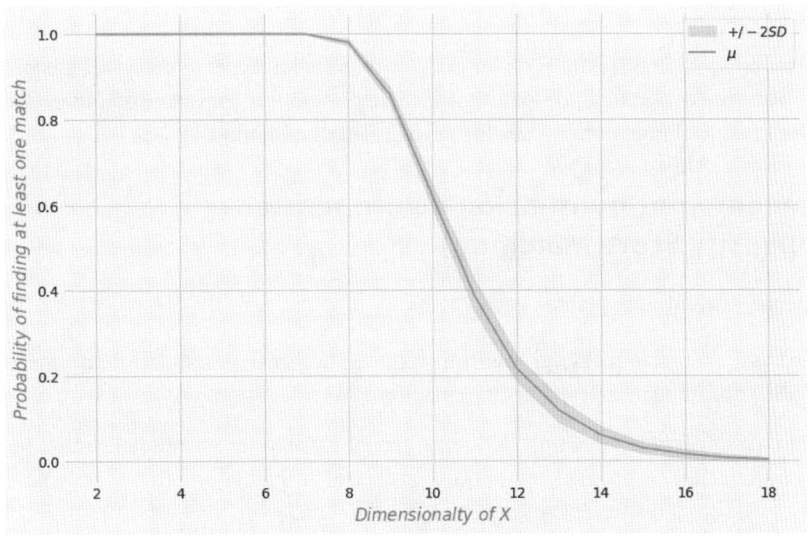

Figura 9.5. La probabilidad de encontrar una coincidencia exacta frente a la dimensionalidad del conjunto de datos.

En la figura, el eje x representa la dimensionalidad del conjunto de datos (el número de variables del conjunto de datos) y el eje y representa la probabilidad de encontrar al menos una coincidencia exacta por fila.

La línea es la probabilidad media y las zonas sombreadas representan +/- dos desviaciones estándares.

El conjunto de datos se ha generado empleando distribuciones de Bernoulli independientes con $p = 0.5$. Por tanto, cada variable es binaria e independiente. Esta es una configuración de extrema sencillez.

Como podemos comprobar, la probabilidad de encontrar una coincidencia exacta en un conjunto de datos binario y aleatorio de 18 dimensiones es básicamente cero. En el mundo real, rara vez manejamos conjuntos de datos puramente binarios y, para datos continuos, el emparejamiento multidimensional resulta aún más difícil, lo que plantea un desafío importante al emparejamiento, aun en un caso aproximado.

¿Cómo podemos resolver esto?

Reducir la dimensionalidad con puntuaciones de propensión

Las puntuaciones de propensión son estimaciones de la probabilidad de que una determinada unidad sea asignada a un grupo de tratamiento basándose en sus características.

Esto se representa formalmente de la siguiente manera:

$$\hat{e}(X) = P(T = 1|X = x)$$

De acuerdo con el teorema de las puntuaciones de propensión (Rosenbaum y Rubin, 1983), si tenemos ausencia de confusión dado X, tampoco la tendremos dada la puntuación de propensión, suponiendo positividad.

Suena muy bien.

¿Por qué no usar esta propiedad para resolver el desafío de la alta dimensionalidad? Las puntuaciones de propensión son unidimensionales, por lo que ahora solo podemos emparejar un número (¡vaya!) en lugar de un vector de muchas dimensiones. Esto suena realmente maravilloso.

Emparejamiento por puntuación de propensión (PSM, Propensity Score Matching)

Lamentablemente, este enfoque plantea varios retos:

- Primero, las puntuaciones de propensión reducen la dimensionalidad de nuestros datos y (por definición) nos obligan a desechar información.

- Segundo, dos observaciones muy diferentes en su espacio de atributos original pueden tener la misma puntuación de propensión, lo que conduce al emparejamiento con muchas observaciones distintas, y de ahí a resultados sesgados.

- Tercero, el PSM nos lleva a una paradoja. El objetivo principal del PSM es aproximar la asignación aleatorizada a los grupos de tratamiento y control.

En el caso binario, la puntuación de propensión óptima sería 0.5. Pensemos en ello.

¿Qué ocurre en el escenario ideal cuando todas las observaciones tienen la puntuación de propensión óptima de 0.5? La posición de cada observación en el espacio de puntuaciones de propensión es idéntica a la de cualquier otra observación.

¿Cómo emparejamos las observaciones? Ya hemos visto esto antes en las fórmulas: tomamos la mejor coincidencia o hacemos la media de las mejores, pero ahora todos los puntos del conjunto coinciden igualmente.

Podemos elegir una al azar o hacer la media de todas. Sin duda, esto anula la esencia de lo que queremos hacer en el emparejamiento, que no es otra cosa que comparar las observaciones más similares. A esto se le denomina paradoja PSM. Si se desea profundizar más en este tema, véase King (2018), King y Nielsen (2019) o el vídeo de King en YouTube en este enlace: `https://www.youtube.com/watch?v=rBv39pKliEs`.

> **Otros enfoques al emparejamiento (que funcionan)**
>
> Los investigadores han propuesto numerosas alternativas para aproximar el emparejamiento y el PSM. Una solución, propuesta por Iacus y sus colegas, se llama emparejamiento exacto de estratos (CEM, *Coarsened Exact Matching*; Iacus *et al.*, 2012). Otros métodos incluyen emparejamiento casi exacto dinámico (DAME, *Dynamic Almost Matching Exactly*; Liu *et al.*, 2018) y emparejamiento adaptativo *hyper-box* (AHB, *Adaptive Hyper-Box matching*; Morucci *et al.*, 2020). Algunos de estos métodos están disponibles en Python, otros solamente en R. El lector puede revisar la página web Almost Matching Exactly Lab de la Universidad Duke para más información (`https://almost-matching-exactly.github.io/`). Para saber más sobre CEM, recomiendo la página de Gary King (`https://gking.harvard.edu/cem`).

Antes de concluir esta sección, quiero reiterar una verdad importante y a menudo pasada por alto sobre el PSM. Con el tiempo, algunos investigadores han sugerido que el PSM puede usarse para eliminar la confusión en datos no experimentales con factor de confusión oculto (por ejemplo, Deheija y Wahba, 2002).

Lamentablemente, este no es el caso. Dejando a un lado los otros retos discutidos anteriormente, el PSM requiere ausencia de confusión (no solo factores de confusión ocultos). De lo contrario, corremos el riesgo de un sesgo arbitrario en las estimaciones. Creo que la creencia de que las puntuaciones de propensión eliminan la confusión de los datos confusos sigue viva entre algunas comunidades. Espero que este libro contribuya a promover una visión sana del PSM.

En esta sección hemos aprendido qué son las puntuaciones de propensión, cómo utilizarlas para el emparejamiento y por qué no deben usarse con este fin. Examinamos las limitaciones del enfoque PSM y reiteramos que el PSM no es inmune a la confusión oculta.

¿Pueden ser útiles las puntuaciones de propensión en otros contextos?

Ponderación de probabilidad inversa (PPI)

En esta sección hablamos sobre la ponderación de probabilidad inversa o PPI. Veremos cómo se puede emplear la PPI para eliminar el sesgo de nuestras estimaciones causales, y la implementaremos con DoWhy.

Las múltiples caras de las puntuaciones de propensión

Aunque las puntuaciones de propensión pueden no ser la mejor opción para el emparejamiento, sí quizá sean útiles en otros contextos. La PPI es un método que nos permite controlar los factores de confusión, mediante la creación de las denominadas pseudopoblaciones dentro de nuestros datos. Las pseudopoblaciones se crean ponderando al alza los grupos infrarrepresentados y a la baja los sobrerrepresentados en nuestro conjunto de datos.

Imaginemos que queremos estimar el efecto del medicamento D. Si hombres y mujeres reaccionan de forma diferente a D y tenemos 2 hombres y 6 mujeres en el grupo de tratamiento y 12 hombres y 2 mujeres en el grupo de control, podríamos acabar con una situación similar a la que vimos en el capítulo 1: el medicamento es bueno para todos, pero es nocivo para mujeres y hombres.

Esta es la paradoja de Simpson en su máxima expresión (si el lector desea averiguar cómo eliminar el factor de confusión en los datos del capítulo 1 mediante PPI, puede descubrirlo en los archivos de ejemplo del libro `causal-ntbk-extras-02`).

Formalizando PPI

La fórmula para un estimador ATE básico de PPI es la siguiente:

$$\hat{\tau}_{ATE_{IPW}} = \frac{1}{N_{T=1}} \sum_{i_{T=1}}^{N_{T=1}} \frac{y_i}{\hat{e}(X_i)} - \frac{1}{N_{T=0}} \sum_{j_{T=0}}^{N_{T=0}} \frac{y_j}{1 - \hat{e}(X_j)}$$

En esta fórmula seguimos el convenio empleado antes en este capítulo: $N_{T=1}$ representa el número de unidades que recibieron el tratamiento y $N_{T=0}$ representa el número de unidades que no recibieron el tratamiento. La y_{ij} minúscula representa el resultado para la unidad i (o j respectivamente), y $\hat{e}(X_{ij})$ es la puntuación de propensión (estimada) para la unidad i (o j) definida como la probabilidad del tratamiento dadas las características de la unidad:

$$\hat{e}(X_i) = P(T_i = 1 | X_i)$$

Al igual que en los métodos antes explicados, debemos incluir todos los factores de confusión de X si queremos obtener estimaciones causalmente no sesgadas del efecto del tratamiento.

Implementando PPI

Para este ejercicio emplearemos el mismo conjunto de datos de ingresos que en la sección anterior, lo que nos permite reutilizar el grafo y el parámetro causal que hallamos en dicha sección. Por tanto, lo único que debemos volver a hacer es recalcular la estimación utilizando el estimador adecuado. Usaremos el método `backdoor.propensity_score_weighting` de DoWhy. Entre bambalinas, el estimador emplea regresión de mínimos cuadrados ponderados (WLS, *Weighted Least Squares*), que pondera cada muestra tratada según el inverso de su puntuación de propensión $\hat{e}(X_i)$ y cada muestra no tratada según el inverso de $1 - \hat{e}(X_i)$.

El estimador WLS de PPI es sencillo de implementar en DoWhy:

```
estimate = model.estimate_effect(
    identified_estimand=estimand,
    method_name='backdoor.propensity_score_weighting',
    target_units='ate')
```

Veamos los resultados:

```
estimate.value
```

Lo que da como salida lo siguiente:

```
10313.5668311203
```

Comparado con la estimación de emparejamiento (10118.445), el resultado es ligeramente peor. El porcentaje de error absoluto para el estimador PPI es del 3,1 %, es decir, más del doble del error del estimador de emparejamiento (1,2 %).

No siempre se da necesariamente el caso de que el emparejamiento funcione mejor que PPI. Dicho esto, algunos autores han informado de que PPI funciona peor en comparación con otros métodos (por ejemplo, Elze *et al.*, 2017; pero tengamos en cuenta que en este caso se trata de un estudio observacional que podría sufrir de otras fuentes de sesgo).

PPI: consideraciones prácticas

Antes de concluir la sección sobre PPI, hablemos de un par de aspectos prácticos referidos al método:

- Si se utiliza WLS como estimador para PPI, conviene recordar que WLS es básicamente un modelo de regresión lineal (con ponderación adicional) y no es capaz de configurar relaciones no lineales desde cero.

- Cuando las puntuaciones de propensión son próximas a 0 o 1, los pesos o explotan o van hacia 1 (lo que es equivalente a no tener ponderación alguna; cuando todos los pesos son iguales a 1, WLS se convierte en una regresión lineal normal), y esto puede ser perjudicial para nuestro modelo. Algunos filtran todas las observaciones con puntuaciones de propensión inferiores a .01 o superiores a .99; otros establecen los umbrales en .05 y .95, respectivamente.

- Necesitamos un modelo para calcular las puntuaciones de propensión antes de poder realizar ponderación. La regresión logística es una elección habitual, porque sus estimaciones de probabilidad suelen estar bien calibradas, otros modelos podrían devolver probabilidades sesgadas, y quizá querríamos dimensionar sus resultados utilizando uno de los métodos disponibles, como el dimensionamiento o calibración de Platt o la regresión isotónica (Niculescu-Mizil y Caruana, 2005). Aunque existe la opinión de que el dimensionamiento de la probabilidad no es necesariamente muy importante para PPI, una reciente investigación llevada a cabo por Rom Gutman, Ehud Karavani y Yishai Shimoni de IBM Research ha demostrado que la buena calibración reduce de forma notable los errores en las estimaciones del efecto causal, especialmente cuando el clasificador original carece de calibración (Gutman *et al.*, 2022). Esto es de particular importancia cuando se emplean modelos expresivos de machine learning para estimar las puntuaciones de propensión. Quizá interese emplear dichos modelos si lo que se desea es que las puntuaciones de propensión reflejen relaciones de mayor orden (interacciones) en el conjunto de datos que la regresión logística sencilla no puede captar (a menos que se realice una cierta ingeniería de atributos).

Es hora de concluir nuestra sección sobre las puntuaciones de propensión, pero sin duda no es la última vez que las veremos.

En esta sección hemos aprendido cómo se utilizan las puntuaciones de propensión para ponderar observaciones con el objetivo de calcular efectos causales. Definimos un estimador promedio PPI básico e implementamos PPI con DoWhy y WLS. Por último, hemos hablado de varios aspectos importantes a tener en cuenta al trabajar con PPI en la práctica.

En la siguiente sección presentamos S-Learner, el primer estimador de una familia más grande de metaaprendices.

S-Learner: el Llanero Solitario

Con esta sección, iniciamos nuestro viaje hacia el mundo de los metaaprendices. Aprenderemos por qué, a veces, ATE no es suficiente e introduciremos el efecto del tratamiento heterogéneo (HTE, *Heterogeneous Treatment Effect*) (también conocido como efecto promedio del tratamiento condicional o efecto del tratamiento individualizado). Exploraremos lo que son los metaaprendices y, por último, implementaremos uno (S-Learner) para estimar los efectos causales en un conjunto de datos simulado con interacciones (también lo utilizaremos con datos experimentales reales en el capítulo 10).

Al final de esta sección, el lector tendrá un sólido conocimiento de lo que es CATE, comprenderá las principales ideas de los metaaprendices y sabrá cómo implementar S-Learner utilizando DoWhy y EconML por sí mismo.

¿Preparados?

El diablo está en los detalles

En las secciones anteriores, hemos calculado dos tipos diferentes de efectos causales: ATE y ATT. Ambos nos proporcionan información sobre el efecto causal medio estimado en la población. Sin embargo, es importante recordar que las personas y otras entidades complejas (como los animales, los grupos sociales, las empresas o los países) pueden tener diferentes reacciones individuales al mismo tratamiento.

Una terapia contra el cáncer puede funcionar muy bien en algunos pacientes y no tener ningún efecto en otros. Una campaña de marketing puede funcionar muy bien para la mayoría de la gente, a menos que sean desarrolladores de software.

Puede que a tu mejor amiga Raquel le gusten tus chistes atrevidos, pero que a tu hermano Artemio le parezcan menos atractivos.

Cuando nos enfrentamos a una situación como esta, ATE puede ocultarnos información importante. Imaginemos que quieres estimar la influencia de tus chistes en el estado de ánimo de la gente. Le cuentas un chiste a tu amiga Raquel, y su estado de ánimo sube de 3 a 5 en una escala de 5 puntos.

Esto nos da el efecto del tratamiento individual (ITE, *Individual Treatment Effect*) para Raquel, que es 2. A continuación le cuentas el mismo chiste a Artemio, y su estado de ánimo disminuye de 3 a 1. Su ITE es -2.

Si tuviéramos que calcular el ATE basándonos en estos dos ejemplos, obtendríamos el efecto de 0, ya que los ITE de Raquel y Artemio se anulan mutuamente.

Sin embargo, esto no nos dice nada sobre el impacto real de la broma en Raquel o Artemio de manera individual.

En este caso, el ATE oculta el hecho de que la broma tuvo un efecto positivo en el estado de ánimo de Raquel y negativo en el de Artemio. Para entender bien el efecto de la broma, debemos mirar el ITE de cada individuo.

Por desgracia, en muchos casos el ITE puede ser muy difícil o incluso imposible de estimar, porque para ello tendríamos que conocer contrafactuales a nivel individual.

Veamos si hay algo que podamos hacer al respecto.

Os presento a CATE

Una solución a este desafío es calcular CATE, también conocido como HTE. Al calcular este efecto, no solo miramos el tratamiento, sino también una serie de variables que definen las características individuales de cada unidad, que podrían modificar el modo en que el tratamiento impacta en el resultado (si se te ocurrió pensar en interacciones o moderación, fue una acertada intuición).

Por ejemplo, podría darse el caso de que tus chistes sean percibidos como más graciosos por personas familiarizadas con un determinado contexto. Supongamos que Raquel estudió filosofía. Es probable que tus chistes sobre el filósofo alemán Immanuel Kant le resulten más divertidos que a Artemio, que se interesa por otros temas y nunca ha oído hablar de Kant. CATE puede ayudarnos a captar estas diferencias.

En otras palabras, CATE nos da una comprensión más matizada del efecto del tratamiento en unidades con distintas características, lo que resulta especialmente útil en casos en los que ATE oculta importantes diferencias entre unidades, como en nuestro ejemplo del chiste.

En general, para tratamiento binario CATE se define del siguiente modo:

$$CATE = \mathbb{E}[Y|T = 1, X] - \mathbb{E}[Y|T = 0, X]$$

En la fórmula, $\mathbb{E}[]$ representa el operador del valor esperado, Y es el resultado, T es el tratamiento, y X representa un atributo o atributos (o un conjunto de los mismos) que describen las unidades de población. Traduciendo esto a nuestro ejemplo, Y representaría el estado de ánimo del receptor del chiste, T indica si se ha contado el chiste o no, y X es un vector de las características de la unidad de población (por ejemplo, si estudiaron filosofía o no).

CATE frente a ITE

Aunque algunos investigadores sugieren que CATE se puede tratar como una estimación de ITE y puede verse como tal desde distintas perspectivas (por ejemplo, Künzel *et al.*, 2019; pág. 3), elegiremos hablar de CATE estimado e individual más que de ITE. Acerca de la razón por la que CATE es distinto de ITE, recomiendo Vegetabile (2021) y Mueller y Pearl (2020). Tengamos en cuenta además que el efecto del tratamiento individualizado (sinónimo de CATE) es distinto de ITE en esta literatura.

Bromas aparte, saludemos a la heterogénea multitud

Los efectos de tratamiento heterogéneos son un reto en campos como la medicina y el marketing, donde distintos grupos de personas pueden responder de maneras diferentes al mismo tratamiento (como por ejemplo un medicamento o contenido de marketing). Tomemos el análisis de Jakub Czakon de los comentarios en Hacker News sobre marketing para desarrolladores de software (`https://www.developer-markepear.com/blog/developer-audience`). El análisis de Jakub demostró que los desarrolladores podrían reaccionar de formas distintas a contenido de marketing comparados con la población general.

En particular, muchas reacciones capturadas en el análisis estaban marcadas por fuertes emociones negativas, incluyendo disgusto hacia el producto comercializado e incluso hacia la compañía responsable.

La idea de que la gente puede reaccionar de maneras diferentes al mismo contenido se presenta con frecuencia en la denominada matriz del modelo *uplift*, que se observa en la figura 9.6.

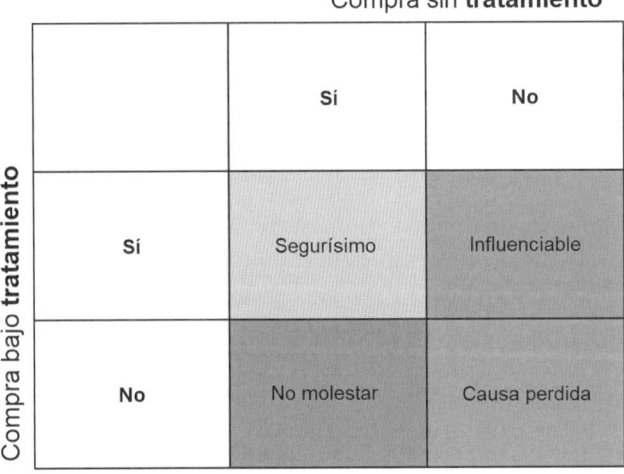

Figura 9.6. La matriz del modelo *uplift*.

En la figura, las filas representan las reacciones al contenido cuando le presentan al receptor el tratamiento (por ejemplo, un anuncio). Las columnas representan las reacciones cuando no se aplica tratamiento.

Las cuatro celdas representan un resumen de la dinámica del efecto del tratamiento. «Segurísimo» compra sin tener en cuenta el tratamiento. «No molestar» podría comprar sin tratamiento, pero no comprará si está tratado (por ejemplo, los desarrolladores de Czakon). «Causa perdida» no comprará sin importar el estado del tratamiento, e «Influenciable» no compraría sin el tratamiento pero quizá sí lo haga si lo abordan.

Si nuestro presupuesto es limitado, conviene centrarnos en el grupo «Influenciable» y evitar el grupo «No molestar» todo lo posible. Dirigirse a los grupos «Segurísimo» y «Causa perdida» no perjudicará directamente, pero tampoco proporcionará beneficio alguno, mientras consume el presupuesto.

De manera análoga, si se tratara de una medicina, lo interesante sería recetarla a personas que puedan beneficiarse de ella y evitar prescribirla a gente a la que pueda perjudicar.

En muchas situaciones del mundo real, la variable del resultado podría ser probabilística (por ejemplo, la probabilidad de compra) o continua (por ejemplo, la cantidad de gasto). En estos casos, ya no podemos definir grupos discretos como en la figura 9.6, y nos centramos mejor en las unidades con el máximo incremento esperado en la variable del resultado entre condiciones no tratadas y tratadas. Esta diferencia entre el resultado bajo tratamiento frente a sin tratamiento se denomina *uplift* (o elevación).

Ondeando la bandera de las hipótesis

Para configurar correctamente efectos heterogéneos, tenemos que asegurarnos de que nuestros datos proceden de un ensayo controlado aleatorizado (RCT, *Randomized Controlled Trial*) o de que podemos controlar todos los factores de confusión relevantes. La confusión oculta puede dar lugar a un sesgo arbitrario en las estimaciones. También sería bueno estar seguros de que cumplimos la hipótesis de positividad.

Suponiendo que los datos proceden de un RCT, se debería empezar evaluando si el diseño del estudio no da lugar a fugas. El término fuga se refiere a una situación en la que algunos aspectos del diseño del RCT o del propio proceso de aleatorización dan lugar a la asignación no aleatoria de unidades a los grupos experimental y de control.

Una forma sencilla de hacerlo consiste en crear un modelo suplente que prediga la variable de tratamiento basándose en los predictores empleados, presentados formalmente como a continuación:

$T \sim X$

El rendimiento de un modelo como este debería ser básicamente aleatorio. Tengamos en cuenta que este método es informativo solo cuando se observan variables de fuga. En escenarios reales, podría darse el caso de que la fuga proceda de una variable no observada independiente de cualquier otra variable observada.

En tal caso, no podremos descubrir la fuga con el método anterior, y la única forma de evitarlo es diseñar con cuidado el experimento y asegurarse de que no se produzcan fugas.

Eres el único: creando modelos con S-Learner

S-Learner es el nombre de un sencillo método para crear efectos HTE, y pertenece a la categoría de los denominados metaaprendices. Los metaaprendices causales no están relacionados directamente con el concepto de metaaprendizaje empleado en el machine learning tradicional. Los metaaprendices, tal y como los definimos aquí, toman uno o más modelos de machine learning tradicional llamados alumnos base (Künzel *et al.*, 2019) y los utilizan para calcular el efecto causal. En general, es posible usar cualquier modelo de machine learning de la suficiente complejidad (basado en árboles, red neuronal, etc.) como alumno base, siempre que sea compatible con los datos.

¿Cómo de complejo tiene que ser mi modelo?

Cuando definimos CATE, dijimos que nos interesaban las interacciones entre el tratamiento y las características de la unidad. De modo alternativo, el efecto del tratamiento heterogéneo se puede expresar como una diferencia en las formas funcionales entre los estratos heterogéneos. En muchos casos de la vida real, no sabremos cuál de los dos es el caso. Por tanto, el requisito práctico mínimo de nuestro modelo para configurar el efecto CATE es que pueda manejar interacciones entre dos o más atributos.

Para ello, se pueden emplear dos métodos: crear una arquitectura que permita construir interacciones o bien proporcionar manualmente un modelo con atributos de interacción. En el último caso, incluso una regresión sencilla bastará para crear CATE, pero, a escala, la generación manual de atributos podría ser una tarea compleja (tanto desde el punto de vista epistemológico como técnico).

En el primer caso, debemos asegurarnos de que la arquitectura sea bastante expresiva para manejar interacciones de atributos. Los modelos basados en árboles se adaptan bien a esta tarea. Las redes neuronales clásicas de profundidad suficiente pueden también configurar interacciones, pero en ocasiones podría resultar complicado.

Las interacciones se expresan de forma natural como una multiplicación y, en redes neuronales, la multiplicación únicamente se debe configurar mediante una combinación de capas aditivas y activaciones no lineales. Zou *et al.* (2020) han demostrado que añadir una capa de interacción explícita hace que las redes neuronales aprendan mejor las interacciones.

S-Learner es el metaaprendiz más sencillo posible, que únicamente emplea un solo alumno base (de ahí su nombre: S(ingle)-Learner). La idea de S-Learner es bellamente sencilla: entrenar un solo modelo con el conjunto de datos de entrenamiento completo, incluyendo la variable de tratamiento como atributo, predecir ambos grupos potenciales para la observación en cuestión, y restar los resultados para obtener CATE.

Tras el entrenamiento, un procedimiento de predicción paso a paso para S-Learner sería algo parecido a esto:

1. Elegir la observación de interés.
2. Fijar el valor del tratamiento para esta observación en 1 (o `True`).
3. Predecir el resultado utilizando el modelo entrenado.
4. Tomar de nuevo la misma observación.
5. Esta vez, fijar el valor del tratamiento en 0 (o `False`).
6. Generar la predicción.
7. Restar el valor de la predicción sin tratamiento del valor de la predicción con tratamiento.

Formalmente, podemos expresar lo mismo de la siguiente manera:

$$\hat{\tau}_{CATE_i} = \mu(X_i, T = 1) - \mu\left(X_i, T = 0\right)$$

En la fórmula anterior, μ representa el modelo elegido (alumno base), de modo que $\hat{y}_i = \mu(X_i, T = t)$, X_i es un vector de características de la unidad i, y T representa el tratamiento. Eso es todo.

Se puede construir fácilmente utilizando cualquier modelo relevante. No obstante, aquí usaremos DoWhy para seguir familiarizándonos con la API y aprovechar la potencia de las prácticas abstracciones que ofrece la librería. Empezaremos por una versión mejorada del conjunto de datos sintético de ingresos (`ml_earnings_interaction_train.csv` y `ml_earnings_interaction_test.csv`, tomados de los archivos del libro en `/data`).

El conjunto de datos mejorado contiene una variable adicional (`python_proficiency`) que interactúa con el tratamiento, lo que significa que el tamaño del efecto de la formación en los ingresos depende del nivel de dominio de Python en este conjunto de datos. El grafo causal para el conjunto de datos se muestra en la figura 9.7.

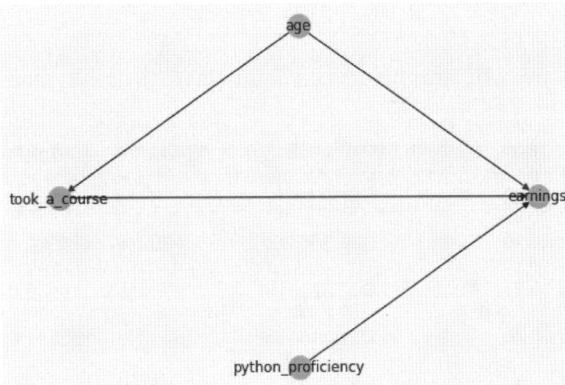

Figura 9.7. El grafo causal (DAG) para el conjunto de datos de ingresos mejorado.

Leamos los datos. Utilizaremos aquí los conjuntos de entrenamiento y prueba para poder evaluar el rendimiento del modelo:

```
earnings_interaction_train = pd.read_csv(
    r'./data/ml_earnings_interaction_train.csv')
earnings_interaction_test = pd.read_csv(
    r'./data/ml_earnings_interaction_test.csv')
```

Examinemos las formas:

```
earnings_interaction_train.shape, earnings_interaction_test.shape
```

Esto nos da el siguiente resultado:

```
((5000, 4), (100, 4))
```

Nuestro conjunto de entrenamiento consiste en 5000 observaciones, y el conjunto de prueba está formado por 100 observaciones.

> **Sobre las divisiones entrenamiento-prueba y la validación de modelos causales**
>
> Observemos que las divisiones entrenamiento-prueba y los esquemas de validación cruzada clásicos no son adecuados para evaluar modelos causales en lo que se refiere a la corrección de la estructura causal. ¿Por qué?
>
> Porque no dicen nada de lo correcto que es nuestro parámetro causal. En otras palabras, no son informativos en lo que se refiere a la posible confusión oculta, al sesgo de selección, o a cualquier otro sesgo estructuralmente invocado (también podemos considerar la validación cruzada un método del primer peldaño).
>
> Dicho esto, en nuestro caso, la división tradicional entrenamiento-prueba es útil. Conocemos la verdadera estructura causal, así que no nos interesa evaluar el parámetro causal, sino más bien (suponiendo que dicho parámetro sea correcto) queremos saber lo bien que nuestros modelos estiman el efecto, y (como sabemos por la literatura de machine learning tradicional) la validación cruzada y las divisiones entrenamiento-prueba pueden ayudarnos en este sentido.

La figura 9.8 muestra las cinco primeras filas del conjunto de datos de entrenamiento.

	age	python_proficiency	took_a_course	earnings
0	23	0.632318	True	139267.0
1	20	0.602551	False	115569.0
2	21	0.518225	False	119142.0
3	25	0.945161	False	130291.0
4	30	0.636251	True	164209.0

Figura 9.8. Las primeras cinco filas del conjunto de datos de ingresos mejorado (entrenamiento).

Evaluemos también la partición de prueba (figura 9.9).

	age	python_proficiency	took_a_course	true_effect
0	30	0.223877	True	11120.0
1	23	0.394152	True	11970.0
2	37	0.214638	True	11073.0
3	21	0.869069	True	14345.0
4	41	0.833934	True	14169.0

Figura 9.9. Las primeras cinco filas del conjunto de datos de ingresos mejorado (prueba).

Como se puede comprobar, la estructura del conjunto de prueba es distinta. No vemos la columna earnings. En su lugar, tenemos una nueva columna llamada true_effect. Sin duda, conocer el efecto real es privilegio de los datos sintéticos y no lo obtendremos con los datos del mundo real.

No obstante, queremos usarlo aquí para demostrar importantes aspectos del rendimiento de nuestros modelos.

Estamos ya preparados para crear un modelo.

Primero, creemos una instancia del objeto CausalModel (nótese que estamos omitiendo la construcción del grafo en GML por motivos de brevedad; conviene revisar el código completo en los archivos de ejemplo del libro):

```
model = CausalModel(
    data=earnings_interaction_train,
    treatment='took_a_course',
    outcome='earnings',
    effect_modifiers='python_proficiency',
    graph=gml_string
)
```

Identifiquemos el efecto:

```
estimand = model.identify_effect()
```

Por último, obtengamos la estimación:

```
estimate = model.estimate_effect(
    identified_estimand=estimand,
    method_name='backdoor.econml.metalearners.SLearner',
    target_units='ate',
    method_params={
        'init_params': {
            'overall_model': LGBMRegressor(
                n_estimators=500, max_depth=10)
        },
        'fit_params': {}
    })
```

Tenemos aquí algunas cosas nuevas. Descifrémoslas.

Echemos primero un vistazo al argumento method_name. Estamos utilizando un estimador SLearner de EconML, pero ni siquiera importamos EconML (otro gran ejemplo de la profunda integración entre DoWhy y su librería hermana).

Empleamos ATE como unidades de destino.

A continuación, tenemos un parámetro de gran importancia: method_params. Aquí pasamos un diccionario de Python. La estructura de este diccionario depende del método que le pasemos a method_name.

El diccionario tiene dos claves de primer nivel:

- `init_params`
- `fit_params`

Los valores esperados para estas claves son también diccionarios. La primera define detalles a nivel del estimador, como la clase del modelo del alumno base o los parámetros específicos del modelo. En otras palabras, todo lo necesario para inicializar el estimador.

La segunda define parámetros que se le pueden pasar al método `.fit()` del estimador causal. En este caso, un ejemplo podría ser el parámetro `inference`, que permite intercambiar entre modos de inferencia *bootstrap* y no *bootstrap*.

Si no estamos seguros de qué claves espera el método de nuestra elección, conviene revisar la documentación de EconML aquí: `https://econml.azurewebsites.net/`.

En nuestro ejemplo usamos un modelo LightGBM (Ke *et al.*, 2017) como alumno base. Es eficiente y rapidísimo, y ofrece muy buenos resultados en muchos casos. No le pasamos parámetros `fit` al estimador, puesto que queremos utilizar esta vez los parámetros predeterminados.

Comprobemos que S-Learner haya hecho un buen trabajo. Por brevedad nos saltamos el paso de la refutación al visualizar el resultado, pero el modelo se comportó bien con una causa común aleatoria y refutadores placebo (véase el código de los archivos de ejemplo del capítulo para más detalles).

Primero, generemos predicciones para el conjunto de prueba:

```
effect_pred = model.causal_estimator.effect(
    earnings_interaction_test.drop(['true_effect',
    'took_a_course'], axis=1))
```

Observemos que estamos quitando la columna `treatment` (`took_a_course`) y la del efecto real.

La columna `treatment` es irrelevante (y normalmente no está disponible) en el momento de predicción. El hecho de que esté presente en nuestro conjunto de datos es un artefacto de cómo generamos los datos.

La columna del efecto real será útil en la etapa de evaluación, que realizaremos en un segundo. Aislemos los valores del efecto real:

```
effect_true = earnings_interaction_test['
    true_effect'].values
```

Calculemos el porcentaje de error medio absoluto (MAPE, *Mean Absolute Percentage Error*) y obtengamos los valores predichos con respecto al efecto real:

```
mean_absolute_percentage_error(effect_true, effect_pred)
```

Lo que nos da el siguiente resultado:

```
0.0502732092578003
```

Este resultado, ligeramente por encima del 5 %, es bastante aceptable en términos absolutos (por supuesto, podría ser excelente o terrible en un determinado contexto, en función del caso de uso).

Visualicemos el efecto real en relación con los valores predichos. La figura 9.10 presenta los resultados.

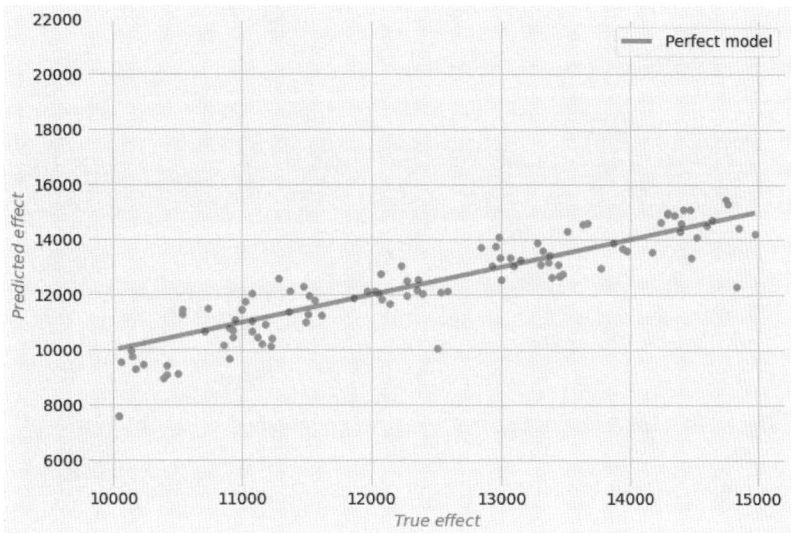

Figura 9.10. Efecto real (eje x) frente a efecto predicho (eje y) para el S-Learner entrenado con todos los datos.

El eje x de la figura 9.10 representa los valores del efecto real para cada una de las observaciones del conjunto de prueba. El eje y representa los valores predichos, y la línea representa los resultados de un modelo (hipotéticamente) perfecto (con error cero).

Vemos que hay algunas observaciones en las que nuestro S-Learner subestima el efecto (los tres puntos que están muy por debajo de la línea), pero su rendimiento general es bastante bueno.

Ahora quiero compartir algo que creo que a menudo se pasa por alto o de lo que muchos profesionales hablan muy poco o en términos abstractos.

¿Qué pasa cuando el conjunto de datos es pequeño?

Pocos datos

Entrenaremos el mismo S-Learner de nuevo, pero con un subconjunto pequeño de los datos de entrenamiento (100 observaciones).

El código de este entrenamiento y de la evaluación puede encontrarse en los archivos de ejemplo del capítulo.

Para el modelo entrenado con 100 observaciones, el MAPE es igual a 35,9 %, más o menos siete veces mayor que para el conjunto de datos original. La figura 9.11 muestra los resultados.

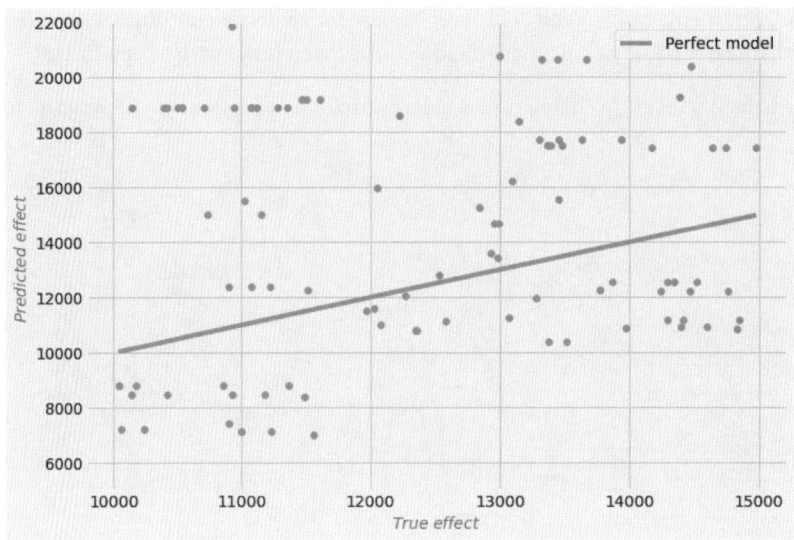

Figura 9.11. Los resultados para el S-Learner entrenado con 100 observaciones.

Como podemos comprobar, este modelo es muy ruidoso, hasta el punto de que casi es imposible de utilizar.

La cuestión de definir un tamaño de conjunto de datos «seguro» para S-Learner y otros modelos causales es difícil de resolver. Los cálculos de potencia para los modelos de machine learning suelen ser complicados, por no decir imposibles. En el caso de nuestro conjunto de datos de ingresos, bastan 1000 observaciones para disponer de un modelo bastante sensato (esto se puede verificar en los archivos de ejemplo del capítulo cambiando el tamaño de la muestra a `model_small` y ejecutando de nuevo el código) pero, para otro conjunto de datos (quizá más complejo), esto podría no ser suficiente.

Si la situación que debemos resolver se parece a una prueba A/B, podríamos intentarlo con una de las calculadoras de tamaño de muestra de pruebas A/B (`https://www.optimizely.com/sample-size-calculator/#/?conversion=3&effect=20&significance=95`). También se podría intentar calcular la potencia para un modelo lineal análogo utilizando software de cálculo de potencia estadística (por ejemplo, *G*Power*; `https://www.psychologie.hhu.de/arbeitsgruppen/allgemeine-psychologie-und-arbeitspsychologie/gpower`) y después ajustar heurísticamente el tamaño de la muestra a la complejidad de nuestro modelo.

Dicho esto, estos métodos pueden proporcionar únicamente estimaciones muy aproximadas.

Vulnerabilidades de S-Learner

S-Learner es un modelo estupendo, flexible y relativamente fácil de ajustar. La simplicidad que hace que este método sea tan efectivo es también la fuente de sus principales puntos débiles.

S-Learner trata a la variable `treatment` como cualquier otra variable. Veamos a lo que podemos arriesgarnos aquí.

En nuestro ejemplo, usamos LightGBM, un modelo basado en árboles en el que la unidad de estimador básica es un árbol de decisión.

Los árboles de decisión utilizan criterios, como la impureza Gini o la ganancia de información, para determinar por qué variables dividir para predecir el resultado de manera efectiva (si se necesita una explicación de funcionamiento de los árboles de decisión, véase el estupendo vídeo de Josh Starmer: `https://www.youtube.com/watch?v=_L39rN6gz7Y`). Si una determinada variable tiene poco impacto en el resultado en comparación con otras, es posible que sea omitida por el modelo.

Por lo tanto, si el efecto del tratamiento es bajo, el modelo S-Learner puede decidir ignorar el tratamiento por completo y, como resultado, se anulará el efecto causal predicho. Una solución heurística a este problema consiste en emplear árboles más profundos para incrementar la probabilidad de la división en el tratamiento, pero recordando que esto también puede aumentar el riesgo de sobreajuste.

Otros alumnos base con regularización, como la regresión lasso, podrían también aprender a ignorar la variable de tratamiento.

Para resolver este problema, los investigadores propusieron otro modelo de metaaprendiz denominado T-Learner (Künzel *et al.*, 2019).

En esta sección hemos introducido HTE (también conocido como CATE). Hemos definido los metaaprendices y aprendido a implementar S-Learner utilizando DoWhy y EconML. Hemos demostrado que el tamaño de la muestra puede afectar al rendimiento de esta clase de modelos y hemos hablado de la principal vulnerabilidad de S-Learner: la posibilidad de subestimar efectos causales.

Veamos lo que T-Learner tiene que ofrecer.

T-Learner: juntos podemos hacer mucho más

En esta sección, aprenderemos qué es T-Learner y las diferencias que tiene con S-Learner. Implementaremos el modelo utilizando DoWhy y EconML y compararemos su rendimiento con el modelo de la sección anterior. Antes de finalizar la sección, analizaremos algunos de los inconvenientes de T-Learner.

Forzando la división en el tratamiento

La motivación básica de T-Learner es superar la principal limitación de S-Learner. Si S-Learner puede aprender a ignorar el tratamiento, ¿por qué no hacer que sea imposible ignorar el tratamiento?

Exactamente esto es T-Learner. En vez de ajustar un modelo con todas las observaciones (tratadas y no tratadas), ahora ajustamos dos modelos: uno solamente con las unidades tratadas y el otro solamente con las no tratadas.

En cierto sentido, esto equivale a forzar que la primera división en un modelo basado en árboles sea una división en la variable de tratamiento. La figura 9.12 muestra una presentación visual de este concepto.

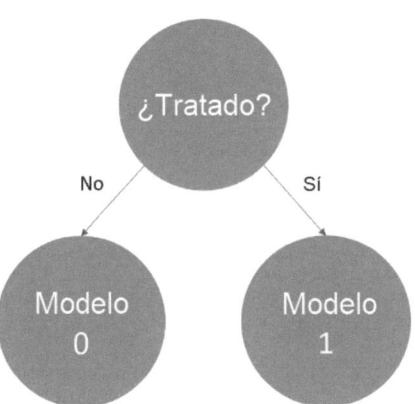

Figura 9.12. La intuición gráfica de la división forzada de T-Learner.

T-Learner en cuatro pasos y una fórmula

Si quisiéramos implementar T-Learner desde cero utilizando nuestro alumno (o alumnos) base preferido y predecir el efecto del tratamiento, estos son los cuatro pasos que tendríamos que realizar:

1. Dividir los datos de la variable de tratamiento en dos subconjuntos.

2. Entrenar dos modelos, uno para cada subconjunto de datos.

3. Para cada observación, predecir los resultados utilizando ambos modelos.

4. Restar los resultados del modelo no tratado de los resultados del modelo tratado.

Tengamos en cuenta que ahora no hay posibilidad de que el tratamiento sea ignorado, puesto que codificamos la división del tratamiento como dos modelos distintos.

Definamos ahora formalmente el estimador T-Learner:

$$\hat{\tau}_{CATE_i} = \mu_1(X_i) - \mu_0(X_i)$$

En la fórmula anterior, μ_1 representa el modelo elegido entrenado solo con las unidades tratadas (usaremos de nuevo LightGBM), μ_0 representa el mismo modelo entrenado solamente con las unidades no tratadas, y X_i es un vector de características de la unidad i. Observemos que no hemos usado la variable de tratamiento T en la fórmula, y eso es porque T está ahora codificado estructuralmente en la arquitectura del metaaprendiz en forma de dos modelos distintos, donde cada modelo representa un valor de tratamiento.

Implementar T-Learner

Reutilizaremos el mismo grafo y parámetro causal que empleamos para S-Learner y nos centraremos en la estimación. Usaremos el conjunto de datos grande original.

Comparado con S-Learner, hay dos diferencias esenciales en el código:

- Primero, usamos la clase `TLearner` de EconML como método (`method_name`).

- Segundo, en vez de tan solo un modelo, ahora debemos ajustar dos, y esto se refleja en la estructura del diccionario `init_params`.

En lugar de `overall_model`, empleamos la clave `models`, que toma una lista de modelos como valor:

```
estimate = model.estimate_effect(
    identified_estimand=estimand,
    method_name='backdoor.econml.metalearners.TLearner',
    target_units='ate',
    method_params={
        'init_params': {
            'models': [
                LGBMRegressor(n_estimators=200,
                    max_depth=10),
                LGBMRegressor(n_estimators=200,
                    max_depth=10)
            ]
        },
        'fit_params': {}
    })
```

Estimemos el efecto y recuperemos el valor del efecto real:

```
effect_pred = model.causal_estimator.effect(
    earnings_interaction_test.drop(['true_effect',
    'took_a_course'], axis=1))
effect_true = earnings_interaction_test[
    'true_effect'].values
```

Hemos repetido exactamente los mismos pasos que antes. Calculemos el MAPE:

```
mean_absolute_percentage_error(effect_true, effect_pred)
```

Lo que ofrece el siguiente resultado:

```
0.0813365927834967
```

El error es mayor que el de S-Learner. El MAPE es ahora más o menos del 8 %.

Visualicemos los resultados del efecto real frente al predicho en el gráfico de la figura 9.13.

Los resultados son mucho peores que los de la figura 9.10. ¿No habíamos dicho que T-Learner se creó como una mejora de S-Learner?

T-Learner se centra en mejorar un único aspecto en el que S-Learner podría fallar (aunque no tiene por qué). Pero esta mejora tiene un precio. Ajustar dos algoritmos a dos subconjuntos de datos distintos significa que cada algoritmo es entrenado con menos datos, lo que puede perjudicar la calidad del ajuste.

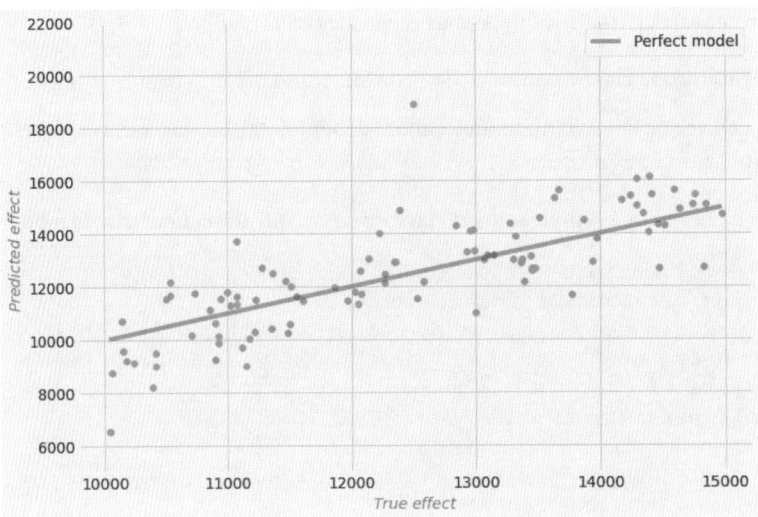

Figura 9.13. Los resultados del modelo T-Learner entrenado con los datos completos.

También hace que T-Learner sea menos eficiente en los datos (se necesita el doble de datos para enseñar a cada alumno base de T-Learner una representación de calidad comparable con la de S-Learner).

Normalmente, esto da como resultado una varianza más alta en el estimador T-Learner en relación con S-Learner. En particular, la varianza podría llegar a ser bastante extrema en casos en los que un brazo de tratamiento tenga muchas menos observaciones que el otro. Esto es lo que suele pasar en las pruebas A/B en línea modernas, en las que una empresa envía solamente un porcentaje menor del tráfico a una nueva versión del sitio o servicio para minimizar el riesgo. En tal caso, nos podría interesar emplear un modelo más sencillo para el brazo de tratamiento con un número menor de observaciones (sí, no tenemos que utilizar la misma arquitectura para ambos alumnos base).

En resumen, T-Learner puede resultar de ayuda cuando esperamos que el efecto del tratamiento pueda ser bajo y S-Learner podría no reconocerlo. Es bueno recordar que este metaaprendiz suele requerir más datos que S-Learner, pero las diferencias disminuyen cuando el tamaño global del conjunto de datos aumenta. ¿Hay una forma de mejorar la eficiencia con los datos de T-Learner?

X-Learner: un paso más allá

En esta sección introduciremos X-Learner: un metaaprendiz creado para hacer mejor uso de la información disponible en los datos. Aprenderemos cómo funciona X-Learner e implementaremos el modelo utilizando nuestro canal ya conocido DoWhy. Finalmente, calcularemos las estimaciones del efecto con el conjunto de datos de ingresos completo y compararemos los resultados con el S-Learner y el T-Learner. Cerraremos la sección con una serie de recomendaciones sobre cuándo utilizar X-Learner puede ser beneficioso y un resumen de las tres secciones sobre metaaprendices.

Empecemos.

Exprimiendo el limón

¿Te has dado cuenta de algo?

Hasta ahora, cada vez que hemos creado un metaaprendiz hemos estimado dos posibles resultados por separado (utilizando un solo modelo en el caso del S-Learner, y dos modelos en el caso del T-Learner), y después los hemos restado para obtener CATE.

En cierto sentido, nunca intentamos utilizar nuestros estimadores para estimar realmente CATE. Más bien hemos estado estimando ambos posibles resultados por separado y los hemos procesado a posteriori en CATE.

Eh, pero, espera. ¿Acabamos de decir «estimar» CATE? ¿Cómo es posible que podamos hacer eso si nunca observamos realmente ambos posibles resultados necesarios para calcular CATE?

Gran pregunta. X-Learner tiene como objetivo estimar CATE directamente y, haciendo esto, aprovecha la información que S-Learner y T-Learner han descartado previamente. ¿Qué información es esa?

S-Learner y T-Learner estaban aprendiendo la llamada función de respuesta, o cómo responden las unidades al tratamiento (en otras palabras, la función de respuesta es una asignación de los atributos X y el tratamiento T al resultado y). Al mismo tiempo, ninguno de los modelos utilizó el resultado real para configurar CATE. ¿Se puede hacer esto? Veámoslo.

Reconstruyendo el X-Learner

En esta subsección, vamos a reconstruir la lógica del X-Learner original paso a paso y, les recomiendo que se preparen bien, porque esto va a ser un buen paseo. ¿Cinturones abrochados?

1. El primer paso es fácil, además ya lo conocemos. Es precisamente lo que hicimos con T-Learner.

    Dividimos nuestros datos por la variable de tratamiento para así obtener dos subconjuntos distintos: el primero conteniendo solo unidades tratadas y el segundo solo unidades no tratadas. A continuación, entrenamos dos modelos: uno para cada subconjunto. Llamamos a estos modelos μ_1 y μ_0, respectivamente.

2. Ahora haremos algo importante. Para cada observación de nuestro conjunto de datos, calcularemos su efecto del tratamiento individual estimado (no será el ITE «real» en el sentido contrafactual que examinamos en el capítulo 2, pero será útil igualmente; los llamaremos puntuaciones imputadas del tratamiento).

    Pero, ¿cómo se supone que vamos a calcularlo?

    De dos maneras. Primero, tomaremos todas las observaciones que fueron tratadas.

    Ya sabemos algo de ellas. Para cada una de las unidades tratadas, conocemos uno de sus resultados contrafactuales, $y_i(1)$, porque ese es precisamente su resultado real ($y_i(1) = y_i$).

    Por suerte, esto tiene sentido. Sabemos qué resultado cabe esperar con el tratamiento de las unidades tratadas porque simplemente vemos este resultado registrado en los datos.

El desafío es que no vemos el otro resultado para las unidades tratadas (no sabemos cómo se comportarían si no las tratáramos). Es una suerte que podamos usar uno de nuestros modelos para estimar el resultado sin tratamiento. Hagámoslo, y escribámoslo formalmente. Llamaremos a las puntuaciones imputadas de tratamiento obtenidas $\hat{d}$ (por la diferencia estimada).

Usaremos notación de superíndice para indicar si la puntuación se calculó para las unidades tratadas frente a las no tratadas. La puntuación para las unidades tratadas se calcula de este modo:

$$\hat{d}_i^1 = y_i - \mu_0(X_i)$$

Segundo, tomamos todas las observaciones no tratadas y calculamos la puntuación «espejo» para ellas:

$$\hat{d}_j^0 = \mu_1(X_j) - y_j$$

Hemos indexado la primera fórmula usando i y la segunda utilizando j para enfatizar que los subconjuntos de observaciones empleadas en las fórmulas primera y segunda son disjuntos (porque dividimos el conjunto de datos por el tratamiento desde el principio).

3. En el tercer paso, entrenaremos dos modelos más (esto aún no ha terminado). Estos modelos aprenderán a predecir las puntuaciones imputadas $\hat{d}_{i,j}$ a partir de los vectores de atributo $X_{i,j}$ de las unidades.

Podríamos preguntarnos: ¿por qué queremos predecir $\hat{d}$ a partir de X si acabamos de calcularlo?

Buena pregunta. La verdad es que si solo nos interesa cuantificar los efectos causales para un conjunto de datos existente, no tenemos que hacerlo. Por otro lado, si estamos interesados en predecir los efectos causales para nuevas observaciones antes de administrar el tratamiento, entonces esto sí es necesario (porque no conocemos ninguno de los posibles resultados requeridos para cálculos en el paso 2 antes de administrar el tratamiento).

Este escenario es frecuente en la medicina personalizada, cuando queremos decidir si algún fármaco o terapia será beneficioso para nuestro paciente, y en marketing, cuando queremos saber qué individuos son influenciables (figura 9.5) para asignar eficazmente el presupuesto de nuestra campaña.

Volvamos a nuestros modelos. Dijimos que entrenaremos dos de ellos. Llamemos a estos modelos v_0 y v_1. Estos modelos de segunda etapa también se conocen en la literatura del sector como alumnos base de segunda etapa. Entrenaremos el primer modelo para predecir $\hat{\hat{d}}_0$, y el segundo para predecir $\hat{\hat{d}}_1$:

$$\hat{\hat{d}}_0 = v_0(X_i)$$
$$\hat{\hat{d}}_1 = v_1(X_j)$$

Llamamos a las nuevas cantidades predichas $\hat{\hat{d}}_{0;1}$ (con doble acento circunflejo) porque esta cantidad es una estimación de una estimación.

4. Por último, calculamos nuestras estimaciones CATE finales basadas en los resultados de los modelos de segunda etapa. ¿Necesitamos un respiro? Ya casi estamos. En el cálculo final, ponderamos los resultados de v_0 y v_1 por puntuaciones de propensión. Llamemos a nuestra estimación $\hat{\tau}_{CATE}$ y describámosla con una fórmula:

$$\hat{\tau}_{CATE} = \hat{e}(X_i) v_0(X_i) + \left(1 - \hat{e}(X_i)\right) v_1\left(X_i\right)$$

Ahora llamamos a los modelos $v_{0;1}$ con todas las observaciones disponibles (aunque los entrenamos utilizando subconjuntos de datos disjuntos divididos por el tratamiento). Esto tiene sentido porque, para observaciones nuevas, normalmente no hemos registrado ningún tratamiento y, aun así, probablemente nos interese predecir CATE antes de administrar tratamiento alguno.

Hablemos ahora brevemente de la lógica de la parte de la ponderación. Ponderamos el resultado de v_0 por la puntuación de propensión de la unidad (que es la probabilidad de que esta unidad obtenga el tratamiento).

Recordemos que v_0 es un modelo entrenado con las unidades no tratadas. Conocemos su resultado real sin tratamiento, pero necesitamos predecir su posible resultado bajo tratamiento para poder entrenar v_0.

La importancia del resultado de $v_0(X_i)$ en el modelo final $\hat{\tau}_{CATE}$ aumenta cuando la puntuación de propensión $\hat{e}(X_i)$ también aumenta. Esto significa que le damos más peso a $v_0(X_i)$ cuando es más probable que X_i obtenga el tratamiento. ¿Por qué ocurre esto?

La intuición es que cuando es altamente probable que X_i obtenga el tratamiento, entonces observaciones como X_i son prevalentes en el conjunto de datos y podemos suponer que tenemos un buen ajuste de calidad del modelo μ_1. Nótese que utilizamos μ_1 para calcular $\widehat{d_j^0}$, que después empleamos (indirectamente) para entrenar v_0. En otras palabras, queremos priorizar las estimaciones de alta calidad sobre las de baja calidad.

Pero esta lógica no es a prueba de todo. Quizá esta es la razón por la que los autores proponen que podamos usar otras funciones de ponderación en lugar de las puntuaciones de propensión o incluso «elegir [como posibles pesos] (...) 1 o 0 si el número de unidades tratadas es muy grande o muy pequeño comparado con el número de unidades de control» (traducido de Künzel *et al.*, 2019).

Hagamos un resumen de lo que hemos aprendido hasta ahora. X-Learner nos pide ajustar cinco modelos en total (si contamos el modelo de puntuación de propensión).

Los alumnos base de primera etapa μ_0 y μ_1 son idénticos a los dos modelos que usamos en T-Learner. El primero (μ_0) se entrena únicamente con unidades no tratadas, mientras que el segundo (μ_1) solamente con las tratadas. Los alumnos base de segunda etapa se entrenan con los resultados reales del conjunto de datos y con los resultados de los modelos de primera etapa. Por último, entrenamos el modelo de puntuación de propensión y calculamos $\hat{\tau}_{CATE}$, ponderando los resultados de v_0 y v_1 mediante puntuaciones de propensión.

X-Learner: una formulación alternativa

Hace poco tiempo supe que Rob Donnelly, de Arena AI, tiene su propia formulación simplificada de X-Learner. Rob dice que esta versión simplificada funciona mejor que la completa en ciertos casos. Me pareció interesante, así que quiero compartirla con mis lectores.

Estos son los pasos que debemos seguir para crear el X-Learner de Rob:

1. Empezamos exactamente igual que antes. Dividimos nuestros datos por la variable de tratamiento, lo que nos da dos subconjuntos: el subconjunto de todas las observaciones tratadas y el de todas las no tratadas.

   Ajustamos dos modelos distintos, uno para cada subconjunto de los datos, que son nuestros alumnos base de primera etapa μ_0 y μ_1.

2. En el paso 2, empleamos los modelos μ_0 y μ_1 junto con los resultados reales del conjunto de datos para calcular las puntuaciones imputadas:

$$\widehat{d_j^0} = \mu_1(X_j) - y_j$$
$$\widehat{d_i^1} = y_i - \mu_0(X_i)$$

   Este paso es de nuevo idéntico a lo que hemos hecho antes. Nótese que ahora tenemos estimaciones CATE para todas las observaciones (sin tener en cuenta sus valores de tratamiento originales), llamémosles $\widehat{d}$.

3. En el paso 3, ajustamos el modelo final, llamémosle η, que aprende a predecir $\widehat{d}$ directamente desde X:

$$\widehat{\widehat{d}}_i = \eta(X_i)$$

   Hemos utilizado otra vez un doble acento circunflejo para $\widehat{\widehat{d}}_i$, porque es una estimación de una estimación.

Y eso es todo. El X-Learner de Rob solamente necesita tres modelos (μ_0, μ_1 y η), comparados con los cinco modelos del X-Learner clásico (μ_0, μ_1, v_0, v_1 y $\hat{e}$). Es un estupenda simplificación.

Implementar X-Learner

Ahora que ya entendemos cómo funciona X-Learner, ajustémonos a los datos y compararemos su rendimiento con sus primos menos complejos.

Reutilizaremos el grafo y el parámetro causal creados previamente y solo nos centraremos en la estimación:

```
estimate = model.estimate_effect(
    identified_estimand=estimand,
    method_name='backdoor.econml.metalearners.XLearner',
    target_units='ate',
    method_params={
        'init_params': {
            'models': [
                LGBMRegressor(n_estimators=50,
                    max_depth=10),
                LGBMRegressor(n_estimators=50,
                    max_depth=10)
```

```
        ],
        'cate_models': [
            LGBMRegressor(n_estimators=50,
                max_depth=10),
            LGBMRegressor(n_estimators=50,
                max_depth=10)
        ]
    },
    'fit_params': {},
})
```

Nótese que ahora tenemos una nueva clave en el objeto `init_params`: `cate_models`. La utilizamos para especificar nuestros alumnos base de segunda etapa. Si no especificamos los modelos CATE, EconML usará los mismos modelos proporcionados como alumnos base de primera etapa. También es bueno mencionar que si se desean utilizar modelos idénticos para μ_0, μ_1, ν_0 y ν_1, basta con especificarlos una sola vez:

```
estimate = model.estimate_effect(
    identified_estimand=estimand,
    method_name='backdoor.econml.metalearners.XLearner',
    target_units='ate',
    method_params={
        'init_params': {
            'models': LGBMRegressor(n_estimators=50,
                max_depth=10),
        },
        'fit_params': {},
})
```

EconML se encargará de duplicar este modelo en segundo plano.

Si queremos especificar explícitamente el modelo de puntuación de propensión, también puede hacerse añadiendo la clave `propensity_model` al diccionario `init_params`, y pasando el modelo elegido como valor. Veamos ahora cómo funciona X-Learner.

Generamos predicciones y asignamos los valores de efecto real a una variable exactamente como antes:

```
effect_pred = model.causal_estimator.effect(
    earnings_interaction_test.drop(['true_effect',
    'took_a_course'], axis=1))
effect_true = earnings_interaction_test[,true_effect'
    ].values
```

Calculemos el MAPE:

```
mean_absolute_percentage_error(effect_true, effect_pred)
```

Esto nos da el siguiente resultado:

```
0.036324966995778
```

El MAPE para X-Learner es 3,6 %, más del doble que el 8,1 % de T-Learner y alrededor de un 8,1 % mejor que el 5,2 % de S-Learner.

Buen trabajo, X-Learner. La figura 9.14 muestra los resultados visualmente.

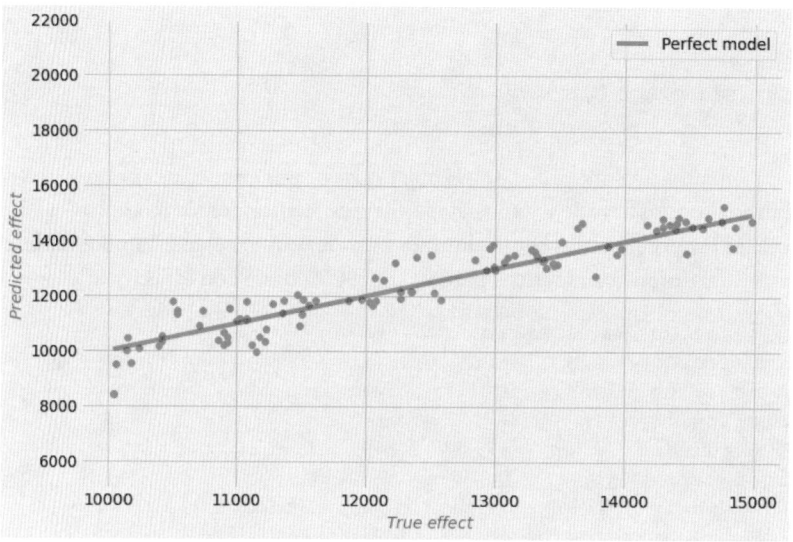

Figura 9.14. Resultados de X-Learner.

Vemos que la mayoría de los puntos se centran alrededor de la línea. No vemos valores atípicos claros como en el caso de S-Learner (figura 9.10), y el error general es mucho menor que en el caso de T-Learner (figura 9.13). Los resultados de los tres metaaprendices con nuestro conjunto de datos se resumen en la tabla 9.2.

Tabla 9.2. Un resumen de los resultados de los metaaprendices.

Estimador	MAPE
S-Learner	5,2 %
T-Learner	8,1 %
X-Learner	3,6 %

Cuándo X-Learner brilla y cuándo no

Debido a sus capacidades de ponderación entre los dos submodelos (v_0 y v_1), X-Learner puede brillar verdaderamente cuando el conjunto de datos está muy desequilibrado. Puede trabajar muy bien cuando queremos probar una nueva variante de nuestra página web, pero solo nos interesa enseñarla a un número reducido de usuarios para minimizar el riesgo en caso de que no les guste esta nueva variante.

Por otro lado, cuando el conjunto de datos es muy pequeño, quizá X-Learner no sea la mejor opción, ya que ajustar cada modelo adicional añade un poco de ruido, y es posible que no tengamos datos suficientes para dominar este ruido con señal (en tal caso, podría ser mejor utilizar un modelo más sencillo, quizá lineal, como alumno base).

Echemos un vistazo a la figura 9.15, que muestra los resultados de X-Learner entrenados solamente con 100 observaciones de nuestros datos de entrenamiento.

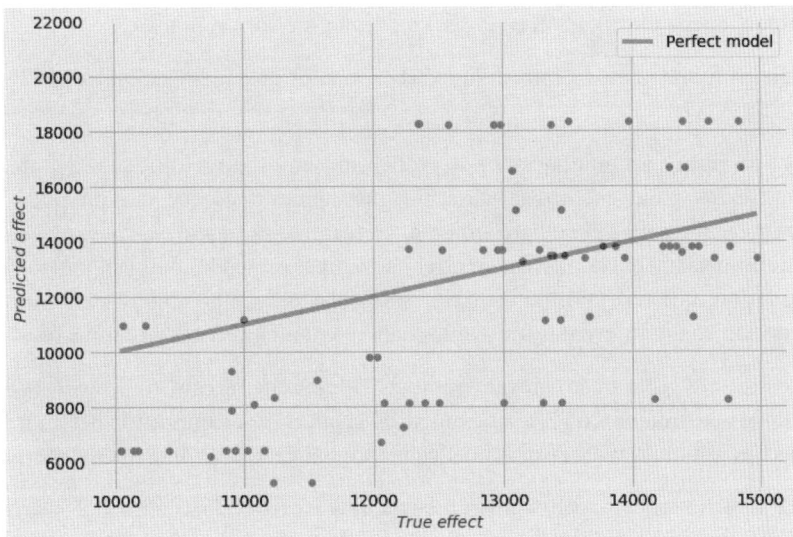

Figura 9.15. Resultados de X-Learner con pocos datos.

A primera vista, los resultados de la figura parecen más estructurados que los de S-Learner con pocos datos (figura 9.11), pero el MAPE es ligeramente superior (39 % frente a 36 %).

Dicho esto, X-Learner suele superar tanto a S-Learner como a T-Learner cuando CATE es complejo (por ejemplo, altamente no lineal).

Como comentario de cierre diré que los metaaprendices se pueden ampliar a situaciones de tratamiento de múltiples niveles. En otras palabras, estos modelos se pueden emplear en una configuración en la que tenemos más de dos tratamientos mutuamente excluyentes (por ejemplo, enviar tres variantes de un email promocional o probar cuatro nuevas terapias). En el próximo capítulo veremos el escenario del tratamiento de múltiples niveles en acción.

Es hora de concluir nuestro viaje con X-Learner por ahora (muy pronto volveremos a verlo).

En esta sección hemos introducido el modelo X-Learner. Hemos analizado sus componentes básicos, los alumnos base de primera y segunda etapa y la ponderación, y hemos mostrado cómo conectarlos. Hablamos de la lógica del mecanismo de ponderación y presentamos la versión simplificada alternativa de Rob Donnelly de X-Learner. Por último, hemos evaluado el modelo frente a S-Learner y T-Learner, logrando un rendimiento superior con nuestros datos, y hemos comentado cuándo resulta beneficioso utilizar X-Learner.

Para terminar

Felicidades por terminar el capítulo 9.

Hemos presentado mucha información en él, así que vamos a resumir un poco.

Empezamos con los fundamentos e introdujimos el estimador de emparejamiento. Por el camino, definimos ATE, ATT y ATC.

A continuación, pasamos a las puntuaciones de propensión. Aprendimos que son la probabilidad de ser tratado, que calculamos para cada observación. Después hemos visto que, aunque podría ser tentador utilizar estas puntuaciones para el emparejamiento, en realidad es una idea arriesgada. Dijimos que las puntuaciones de propensión pueden brillar en otras situaciones e introdujimos la ponderación de puntuaciones de propensión, que nos permite construir subpoblaciones y ponderarlas en consecuencia para eliminar la confusión en nuestros datos (no ayuda cuando tenemos factores de confusión no observados).

Luego iniciamos nuestro viaje con los metaaprendices. Dijimos que, a veces, ATE puede ocultarnos información importante y definimos CATE, lo que nos abrió la puerta a la exploración del mundo de los HTE, donde unidades con distintas características pueden reaccionar de formas diferentes al mismo tratamiento.

Presentamos un modelo sencillo, pero con frecuencia muy efectivo, denominado S-Learner, que utiliza un solo alumno base para aprender los patrones de los datos. Más tarde empleamos este modelo para generar resultados contrafactuales estimados, lo que nos permite calcular el CATE individualizado para cada observación.

Aprendimos que a veces S-Learner puede ignorar la variable de tratamiento y, por tanto, subestimar (o anular) los efectos causales.

Introdujimos T-Learner como antídoto para este problema. T-Learner utiliza dos modelos (de ahí su nombre T(wo)-Learner), y esta estructura le impide ignorar el tratamiento. Pero esto se consigue a costa de una menor eficiencia de los datos, y T-Learner obtuvo peores resultados con nuestros datos que S-Learner.

Para superar estas dificultades, introdujimos X-Learner, que lleva la lógica de T-Learner al siguiente nivel, usando de manera explícita los resultados reales en el entrenamiento. Presentamos e implementamos la versión original de X-Learner (Künzel *et al.*, 2019) y examinamos una versión simplificada propuesta por Rob Donnelly.

X-Learner superó tanto a T-Learner como a S-Learner con nuestros datos. Dijimos que X-Learner podría ser una buena elección cuando los datos no están equilibrados entre los grupos de tratamiento y control. También hemos demostrado que un régimen de pocos datos podría suponer un reto para X-Learner.

En cuanto a los metaaprendices, es difícil elegir un ganador inequívoco. Cada modelo puede funcionar bien en determinadas circunstancias, pero rendir peor que sus homólogos en otro contexto.

X-Learner parece una apuesta segura en la mayoría de los casos, en los que el tamaño de la muestra es suficientemente grande. S-Learner es un buen punto de partida en muchos contextos, ya que es sencillo y manejable computacionalmente hablando.

En el próximo capítulo veremos más arquitecturas que nos ayudarán a crear efectos de tratamiento heterogéneos.

Espero que estén todos listos para un viaje más.

Referencias

Abrevaya, J., Hsu, Y. y Lieli, R.P. (2014). «Estimating Conditional Average Treatment Effects». *Journal of Business & Economic Statistics, 33*, 485-505.

Angrist, J. D. y Pischke, J.-S. (2008). *Mostly harmless econometrics*. Princeton University Press.

Dehejia, R. H. y Wahba, S. (2002). «Propensity score-matching methods for nonexperimental causal studies». *The Review of Economics and Statistics, 84*(1), 151-161.

Elze, M. C., Gregson, J., Baber, U., Williamson, E., Sartori, S., Mehran, R., Nichols, M., Stone, G. W. y Pocock, S. J. (2017). «Comparison of Propensity Score Methods and Covariate Adjustment: Evaluation in 4 Cardiovascular Studies». *Journal of the American College of Cardiology, 69*(3), 345-357. https://www.sciencedirect.com/science/article/pii/S073510971637036X?via%3Dihub.

Facure, M., A. (2020). *Causal Inference for The Brave and True*. https://matheusfacure.github.io/python-causality-handbook/landing-page.html.

Gelman, A. y Hill, J. (2006). *Analytical methods for social research: Data analysis using regression and multilevel/hierarchical models*. Cambridge University Press.

Gutman, R., Karavani, E. y Shimoni, Y. (2022). «Propensity score models are better when post-calibrated». arXiv.

Hernán M. A. y Robins J. M. (2020). *Causal Inference: What If*. Chapman & Hall/CRC.

Iacus, S., King, G. y Porro, G. (2012). «Causal Inference without Balance Checking: Coarsened Exact Matching». *Political Analysis, 20*, 1-24.

Ke, G., Meng, Q., Finley, T., Wang, T., Chen, W., Ma, W., Ye, Q. y Liu, T. (2017). *LightGBM: A Highly Efficient Gradient Boosting Decision Tree*. NIPS.

King, G. (2018). *Gary King on Simplifying Matching Methods for Causal Inference* [Transcripción de discurso]. Recuperado de http://ntupsr.s3.amazonaws.com/psr/wp-content/uploads/2018/10/02-1-Gary-King-compressed.pdf.

King, G. y Nielsen, R. (2019). «Why Propensity Scores Should Not Be Used for Matching». *Political Analysis, 27*(4).

Künzel, S. R., Sekhon, J. S., Bickel, P.J. y Yu, B. (2017). «Meta-learners for Estimating Heterogeneous Treatment Effects using Machine Learning». arXiv: Statistics Theory.

LaLonde, R.J. (1986). «Evaluating the Econometric Evaluations of Training Programs with Experimental Data». *The American Economic Review, 76*, 604-620.

Liu, Y., Dieng, A., Roy, S., Rudin, C. y Volfovsky, A. (2018). «Interpretable Almost Matching Exactly for Causal Inference». arXiv: Machine Learning.

Lopez, M. J. y Gutman, R. (2017). «Estimation of Causal Effects with Multiple Treatments: A Review and New Ideas». *Statistical Science, 32*(3), 432-454.

Morucci, M., Orlandi, V., Roy, S., Rudin, C. y Volfovsky, A. (2020). «Adaptive Hyper-box Matching for Interpretable Individualized Treatment Effect Estimation». arXiv. `https://arxiv.org/abs/2003.01805`.

Niculescu-Mizil, A. y Caruana, R. (2005). «Predicting good probabilities with supervised learning». *Actas de la 22.ª conferencia internacional sobre machine learning.*

Pearl, J. (2009). *Causality.* Cambridge University Press.

Pearl, J., Glymour, M. y Jewell, N. P. (2016). *Causal inference in statistics: A primer.* Wiley.

Pearl, J. y Mackenzie, D. (2019). *The Book of Why.* Penguin.

Peters, J., Janzing, D. y Schölkopf, B. (2017). *Elements of Causal Inference: Foundations and Learning Algorithms.* MIT Press.

Rosenbaum, P.R. y Rubin, D.B. (1983). «The central role of the propensity score in observational studies for causal effects». *Biometrika, 70*, 41-55.

Sizemore, S., Alkurdi, R. (18 de agosto de 2019). «Matching Methods for Causal Inference: A Machine Learning Update». *Seminar Applied Predictive Modeling (SS19).* Humboldt-Universität zu Berlin. `https://humboldt-wi.github.io/blog/research/applied_predictive_modeling_19/matching_methods/`.

Stuart E. A. (2010). «Matching methods for causal inference: A review and a look forward». *Statistical science: a review journal of the Institute of Mathematical Statistics, 25*(1), 1-21.

Vegetabile, B.G. (2021). «On the Distinction Between "Conditional Average Treatment Effects" (CATE) and "Individual Treatment Effects" (ITE) Under Ignorability Assumptions». arXiv. `https://arxiv.org/abs/2108.04939`.

Zou, D., Zhang, L., Mao, J. y Sheng, W. (2020). «Feature Interaction based Neural Network for ClickThrough Rate Prediction». arXiv. `https://arxiv.org/abs/2006.05312`.

## 10

Inferencia causal y machine learning: estimadores, experimentos, evaluaciones y mucho más

Bienvenidos al capítulo 10.

Cerramos el capítulo anterior hablando sobre los metaaprendices. Empezamos con un modelo S-Learner sencillo y terminamos con un complejo X-Learner, que requirió el entrenamiento de cinco modelos de machine learning en segundo plano.

Cada nuevo modelo era un intento de superar las limitaciones de sus predecesores. En este capítulo, seguiremos recorriendo el camino de la mejora. Es más, integraremos algunos de los enfoques introducidos en el capítulo anterior para que nuestras estimaciones sean mejores y disminuir así su varianza.

En este capítulo, aprenderemos los métodos doblemente robustos (DR), doble machine learning (DML) y los bosques causales. Al final del capítulo, sabremos cómo funcionan estos métodos y cómo se implementan utilizando EconML y aplicándolos a datos experimentales del mundo real. También habremos conocido el concepto de explicaciones contrafactuales.

En este capítulo, trataremos los siguientes temas:

- Métodos doblemente robustos.
- Doble machine learning.
- Estimador por máxima verosimilitud dirigido.
- Bosques causales.
- Efectos del tratamiento heterogéneos con datos experimentales.
- Explicaciones contrafactuales.

Métodos doblemente robustos: vamos a por más

Hasta ahora hemos estudiado una amplia variedad de métodos para estimar efectos causales. En los primeros capítulos hemos hablado de la regresión lineal y en los últimos tratamos el emparejamiento, la ponderación de la puntuación de propensión y el marco de los metaaprendices. El capítulo anterior nos permitió ir más allá de las limitaciones de la regresión lineal para conectar modelos de machine learning arbitrarios como alumnos base. Los metaaprendices resultaron ser muy flexibles, dado que ofrecen todos los beneficios del machine learning contemporáneo.

¿Necesitamos algo más?

Como ya sabemos, las puntuaciones de propensión se pueden utilizar por sí solas para eliminar la confusión en los datos (al igual que la ponderación de la puntuación de propensión; nótese que esto solamente se refiere a factores de confusión observados). Lo mismo se aplica a los modelos de regresión, en los que podemos eliminar la confusión en los datos simplemente controlando la variable o variables correctas, mediante su inclusión en la fórmula de regresión. Los modelos de puntuación de propensión son modelos de tratamiento (ya que tienen como objetivo predecir el tratamiento a partir de los factores de confusión) y los modelos de regresión son sin embargo modelos de resultado (puesto que pretenden predecir el resultado a partir del tratamiento y otras variables relevantes; tengamos en cuenta que utilizamos el término modelos de regresión en un sentido amplio, que incluye la regresión lineal pero no se limita a ella).

¿No es interesante el hecho de que ambos modelos, de tratamiento y resultado, puedan usarse para lograr el mismo objetivo?

Veámoslo.

Para estudiar preguntas como esta, viene muy bien hacer uso de un método gráfico. La figura 10.1 muestra dos grafos acíclicos dirigidos (DAG, *Directed Acyclic Graph*).

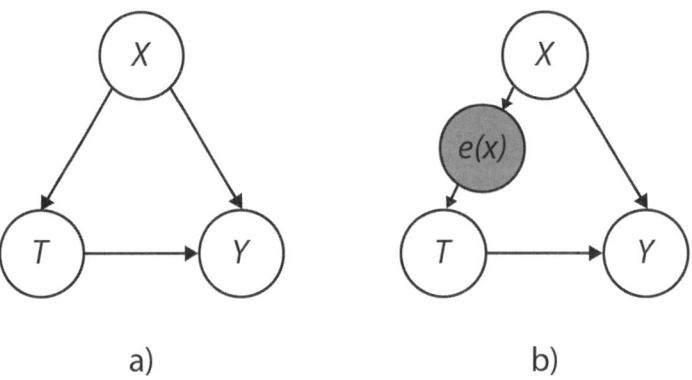

Figura 10.1. Dos modelos: sin y con puntuación de propensión.

En el panel a) vemos un modelo con un tratamiento T, un resultado Y, y un factor de confusión X. El panel b) muestra el mismo modelo, pero con la puntuación de propensión $e(X)$ añadida en el camino entre X y T. Recordemos que la puntuación de propensión se define de la siguiente manera:

$$e(X) = P(T|X)$$

Es posible añadir al grafo un nuevo nodo que represente la puntuación de propensión gracias al teorema de la puntuación de propensión, que aprendimos en el capítulo anterior.

Este teorema afirma que si no tenemos factores de confusión dado X, tampoco los tendremos dada la puntuación de propensión de X, suponiendo positividad (Rosenbaum y Rubin, 1983). Gracias a esto, podemos usar la puntuación de propensión como mediador de la relación entre X y T. Nótese que esto nos da la posibilidad de cerrar el camino de puerta trasera entre T e Y de tres maneras (véase el panel b) de la figura 10.1):

- Controlando X.
- Controlando $e(X)$.
- Controlando ambos.

Cada una de estas maneras eliminará la confusión en la relación entre el tratamiento y el resultado.

Resulta interesante que, aunque los tres métodos de eliminación de confusión en los datos sean equivalentes desde un punto de vista gráfico, podrían dar lugar a distintos errores de estimación. En particular, aunque los parámetros causales obtenidos utilizando X y $e(X)$ sean equivalentes, es decir, $P(Y|T, X) = P(Y|T, e(X))$, los estimadores que valoren estas cantidades podrían tener distintos errores. En ciertos casos en especial, uno de los modelos podría ser correcto, con un error casi de cero, mientras que el otro podría estar mal especificado, con un sesgo arbitrario.

¿Qué pasaría si pudiéramos combinar ambos estimadores de forma que nos permitiera elegir automáticamente el mejor modelo?

Resulta que esto es exactamente lo que hacen los métodos DR. Obtenemos un modelo que cambia de manera automática entre el modelo de resultado y el de tratamiento. El sesgo de los estimadores DR se dimensiona como el producto de los errores de los modelos de tratamiento y resultado (Hernán y Robins, 2020; pág. 229).

Insistamos en esto: el estimador DR dará estimaciones asintóticamente no sesgadas siempre que uno de los modelos (resultado o tratamiento) esté correctamente especificado. Es una propiedad muy potente.

Además, los métodos DR se pueden considerar un subconjunto del marco de los metaaprendices, lo que significa que podemos usar estimadores arbitrarios para calcular los modelos de resultado y tratamiento. Los estimadores DR tienen garantizada la coherencia cuando cualquiera de los modelos (tratamiento o resultado) es correcto, pero no necesariamente ambos. DR es una propiedad para muestras grandes, lo que significa que si nuestro tamaño de muestra es pequeño, podríamos no beneficiarnos de su uso.

Doblemente robusto no es lo mismo que a prueba de todo...

Aunque, en teoría, los modelos de tratamiento y resultado son equivalentes en el estimador DR, algunos profesionales e investigadores informan de que la especificación errónea del modelo de resultado da lugar a un notable sesgo, incluso aunque el modelo de tratamiento sea correcto (Li, 2021).

Es más, cuando ambos modelos (tratamiento y resultado) están incluso moderadamente mal especificados, los estimadores DR pueden tener un sesgo y una varianza elevados (Kang y Schafer, 2007).

...pero puede aportar mucho valor

Si ambos modelos (tratamiento y resultado) son correctos, el estimador DR tendrá una varianza menor que la ponderación de probabilidad inversa (PPI), al menos en muestras grandes (Li, 2021).

Hablando desde la experiencia, normalmente tendrá también una varianza menor que los metaaprendices introducidos en el capítulo anterior. Esta observación está respaldada por la teoría. El estimador DR se puede descomponer en un S-Learner con un término de ajuste adicional (para más detalles, véase Courthoud, 2022).

La salsa secreta doblemente robusta

Aunque muchos avances en los estimadores DR son bastante recientes (véase Tan *et al.*, 2022), los orígenes del método datan del artículo de 1994 de título *Estimation of Regression Coefficients When Some Regressors are not Always Observed*, de Robins *et al.* (1994). Es interesante que los autores consideraban originalmente el método en el contexto del problema de los datos ausentes.

Siendo justos, la idea básica de la doble robustez se remonta a épocas incluso anteriores (al artículo de 1976 de Cassel *et al.*). Cassel y sus colegas (1976) propusieron un estimador virtualmente idéntico a lo que llamamos hoy estimador DR, con la diferencia de que solo consideraban un caso con puntuaciones de propensión conocidas (a diferencia de estimadas).

Inferencia causal y datos ausentes

El problema fundamental de la inferencia causal (Holland, 1986) que introdujimos en el capítulo 2 es que nunca podemos observar todos los posibles resultados al mismo tiempo. Un punto de vista sobre la inferencia causal que se deriva de esta perspectiva es que se trata de un problema de datos ausentes. Esta idea inspiró a investigadores y profesionales a utilizar metodologías causales con fines de imputación de datos (por ejemplo, Mohan y Pearl, 2021) y viceversa. Si se necesita un resumen, recomiendo Ding y Li (2018).

Ya estamos listos para definir formalmente un estimador DR básico (Facure, 2020):

$$\hat{\tau}_{ATE} = \frac{1}{N}\sum_i \left(\frac{T_i(Y_i - \mu_1(X_i))}{\hat{e}(X_i)} + \mu_1(X_i) \right) - \frac{1}{N}\sum_i \left(\frac{(1-T_i)(Y_i - \mu_0(X_i))}{1 - \hat{e}(X_i)} + \mu_0(X_i) \right)$$

En la fórmula anterior, T_i es el tratamiento para la unidad i, $\hat{e}(X_i)$ es la estimación de la puntuación de propensión, μ_0 y μ_1 son modelos que estiman $E[Y|X, T = t]$ con $t = 0$ y $t = 1$, respectivamente, e Y es la variable de resultado. Aquí definimos un estimador para el efecto promedio del tratamiento (ATE, *Average Treatment Effect*), pero se pueden aplicar métodos DR para estimar también los efectos promedio del tratamiento condicional (CATE, *Conditional Average Treatment Effects*). Descifremos la fórmula.

Configuraremos la situación de la siguiente manera:

1. Dividiremos la fórmula grande en dos partes (a la izquierda del signo menos principal y a la derecha).

2. Nos centraremos en la parte que está dentro de los paréntesis de la izquierda.

3. Desarrollaremos la intuición para esta parte.

4. Generalizaremos esta intuición a la fórmula completa.

La figura 10.2 muestra una fórmula sombreada con distintos tonos para facilitar la comprensión del proceso.

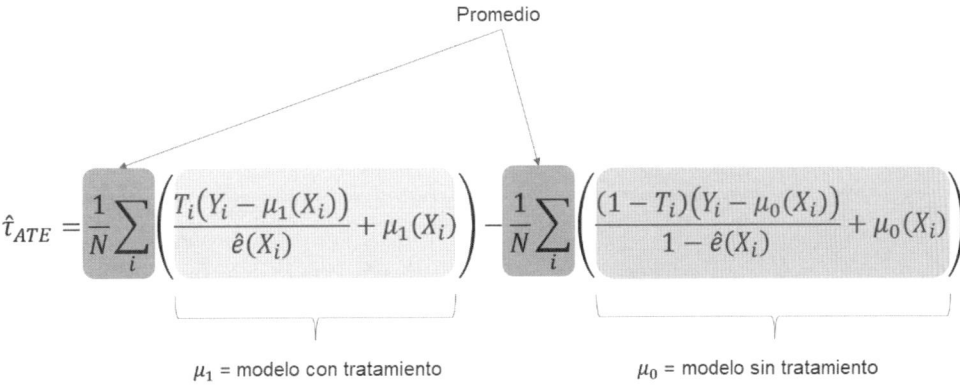

Figura 10.2. Una fórmula sombreada con distintos tonos para el estimador DR.

Las dos partes principales de la fórmula de la figura representan modelos bajo tratamiento (izquierda) y sin tratamiento (derecha). Las partes más pequeñas, situadas a la izquierda de las principales, representan el promedio.

Centrémonos primero en el paréntesis de la izquierda de la fórmula.

Digamos que nuestro modelo μ_1 devuelve una predicción perfecta para la observación X_i, pero nuestra estimación de propensión, $\hat{e}(X_i)$ está muy alejada. En un caso así, esta predicción será igual a Y_i. Por tanto, $Y_i - \mu_1(X_i)$ será 0. Esto hará que la fracción $\frac{T_i(Y_i - \mu_1(X_i))}{\hat{e}(X_i)}$ de la parte de la izquierda de la figura 10.2 sea igual a 0, lo que nos deja con $\mu_1(X_i)$ después del signo más. Como μ_1 devolvió una predicción perfecta, $\mu_1(X_i)$ es una estimación perfecta y estamos encantados de utilizarla.

La misma lógica se aplica a la parte de la derecha de la fórmula de la figura 10.2.

También podemos demostrar que, en el caso de un modelo de resultado mal especificado, ocurrirá lo contrario: el modelo de resultado será ponderado a 0 y el modelo de tratamiento tomará la delantera en la estimación. Demostrar este mecanismo requiere algunas transformaciones algebraicas, que omitiremos aquí. Si alguien tiene interés en saber más, el capítulo 12 del libro en línea de Matheus Facure (`https://matheusfacure.github.io/python-causality-handbook/12-Doubly-Robust-Estimation.html`) contiene una explicación asequible.

Estimador doblemente robusto frente a hipótesis

Como con todos los métodos tratados en el capítulo anterior, el estimador DR funciona perfectamente cuando no hay confusión oculta (es decir, X contiene todas las variables que necesitamos controlar y ninguna variable que introduzca sesgo). Para obtener unas estimaciones de CATE precisas, necesitamos además incluir en X modificadores relevantes del efecto.

Tengamos también en cuenta que las infracciones de la hipótesis de positividad podrían dar lugar a una elevada varianza para los estimadores DR (Li, 2020).

DR-Learner: cruzando el abismo

DR-Learner (DR viene de doblemente robusto) es un modelo metaaprendiz DR. EconML ofrece un par de variantes de DR-Learner. La más sencilla es la variante lineal implementada en la clase `LinearDRLearner`. Este modelo es en realidad más complejo que el estimador DR que describimos antes.

Utiliza *cross-fitting* (ajuste cruzado) y ortogonalización (hablaremos de ambos términos en la siguiente sección) y un modelo adicional para estimar CATE directamente. Para `LinearDRLearner`, este modelo adicional utiliza la regresión lineal de manera predeterminada, pero se puede cambiar por un modelo arbitrario de otra clase denominado `DRLearner`.

El código de los siguientes experimentos se puede encontrar en los archivos de ejemplo del libro `Chapter_10.ipynb`.

Seguiremos con los mismos datos que empleamos con los metaaprendices en el capítulo anterior, por lo que aquí nos saltaremos los pasos de creación del grafo e identificación del parámetro causal. En los archivos del libro de este capítulo encontrarán los lectores el proceso completo implementado.

Como en el caso de los metaaprendices, emplearemos la API `CausalModel` de DoWhy para llamar a los estimadores de EconML.

Calculemos nuestra estimación utilizando `LinearDRLearner`:

```
estimate = model.estimate_effect(
    identified_estimand=estimand,
    method_name='backdoor.econml.dr.LinearDRLearner',
    target_units='ate',
```

```
method_params={
    ,init_params': {
        # Specify treatment and outcome models
        ,model_propensity': LogisticRegression(),
        ,model_regression': LGBMRegressor(n_estimators=
            1000, max_depth=10)
    },
    'fit_params': {}
})
```

Primero, usamos `'backdoor.econml.dr.LinearDRLearner'` como nombre de método. Especificamos el ATE como unidad de destino (pero seguiremos teniendo disponibles las estimaciones CATE) y pasamos parámetros específicos del modelo como diccionario. En este caso, solamente utilizamos dos parámetros para especificar el modelo de resultado (`'model_regression'`) y de tratamiento (`'model_propensity'`). Elegimos la regresión logística sencilla para el último y un regresor LGBM para el primero.

Recordemos que la regresión logística suele ser el método empleado para configurar la puntuación de propensión, puesto que su resultado de probabilidad está bien calibrado. Su limitación es que no puede configurar interacciones directamente, de manera que si crees que los términos de interacción podrían ser importantes para el modelo de propensión, quizá te interese especificar de manera explícita dichos términos en tu conjunto de datos (multiplicando los atributos que interactúan entre ellos y sumando el resultado a tu conjunto de datos como nuevo atributo o atributos) o probar con otro modelo.

En el segundo caso, conviene acordarse de dimensionar el resultado de probabilidad.

Generemos predicciones:

```
effect_pred = model.causal_estimator.effect(
    earnings_interaction_test.drop(['true_effect',
    'took_a_course'], axis=1))

effect_true = earnings_interaction_test[,true_effect'
    ].values
```

Ya estamos listos para evaluar nuestro modelo. Comprobemos el valor del porcentaje de error medio absoluto (MAPE, *Mean Absolute Percentage Error*):

```
mean_absolute_percentage_error(effect_true, effect_pred)
```

Lo que nos da el siguiente resultado:

```
0.00623739241153059
```

Esta cantidad es seis veces inferior al error de X-Learner del capítulo anterior (3,6 %).

Visualicemos las predicciones frente al efecto real en la figura 10.3.

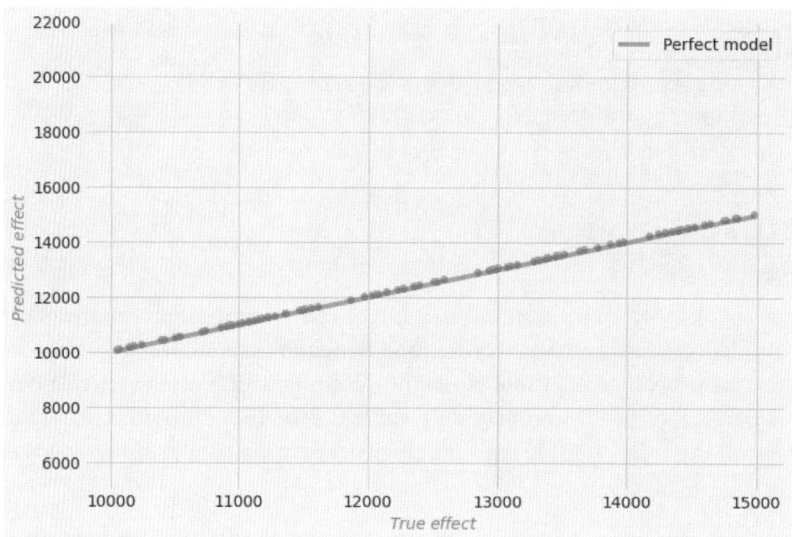

Figura 10.3. Efecto real frente a predicho para el modelo lineal DR-Learner.

Esto tiene un aspecto impresionante.

Pensemos en qué podría ayudar a que el modelo se ajuste tan bien. Como dijimos antes, los métodos DR puede ser beneficiosos cuando ambos modelos (resultado y tratamiento) están bien especificados. Este es el caso de nuestro ejemplo; permite al modelo lograr una varianza pequeña en comparación con los metaaprendices del capítulo anterior.

El sesgo es también pequeño, aunque en el gráfico se puede observar que el modelo sobrestima ligera, pero sistemáticamente, el efecto real.

Nótese que la escala del gráfico desempeña un papel en la formación de nuestras impresiones referentes al rendimiento del modelo. Por facilidad de comparación, mantuvimos los rangos de ambos ejes idénticos a los del capítulo anterior. Hasta cierto punto, esto puede enmascarar visualmente los errores del modelo, pero no cambia el hecho de que las mejoras sobre los metaaprendices del capítulo 9 son notables.

Resolvamos una cuestión más que quizá algunos de nosotros tengamos en mente: hemos utilizado un modelo llamado `LinearDRLearner`. ¿Por qué lo llamamos lineal si usamos uno no lineal como modelo de resultado? La respuesta es que el procedimiento de ortogonalización que describimos en la siguiente sección nos permite configurar no linealidades en los datos, conservando al mismo tiempo la linealidad en los parámetros.

Esta configuración es un ajuste bastante bueno para una amplia categoría de problemas aunque, si se necesita más flexibilidad, se puede usar la clase `DRLearner` y elegir un modelo final no lineal arbitrario.

Hay que tener en cuenta que emplear modelos superpotentes a veces puede resultar excesivo. Para ilustrar esta afirmación, utilicemos `DRLearner` con un regresor relativamente profundo como modelo final y apliquémoslo a nuestros datos:

```
estimate = model.estimate_effect(
    identified_estimand=estimand,
    method_name='backdoor.econml.dr.DRLearner',
    target_units='ate',
    method_params={
        'init_params': {
            'model_propensity': LogisticRegression(),
            'model_regression': LGBMRegressor(
                n_estimators=1000, max_depth=10),
            'model_final': LGBMRegressor(
                n_estimators=500, max_depth=10),
        },
        'fit_params': {}
    })
```

El MAPE de este modelo está por encima del 7,6 % (más de 10 veces superior que en el caso de un DR-Learner sencillo y lineal). La figura 10.4 muestra los resultados.

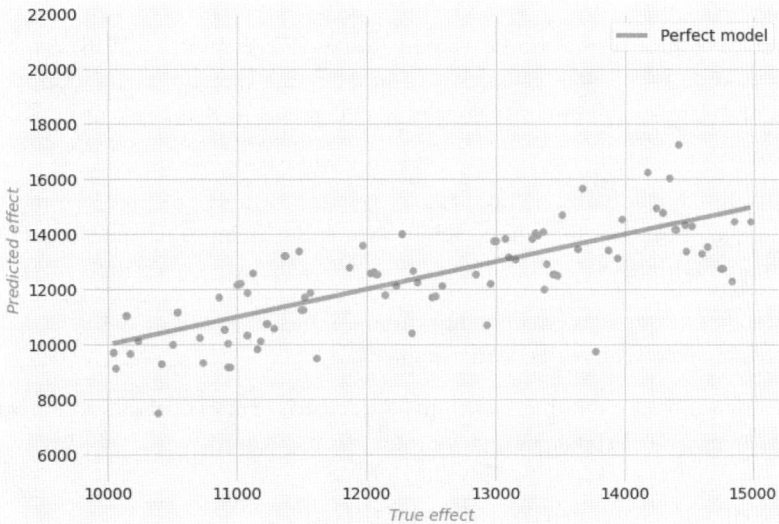

Figura 10.4. Efecto real frente a predicho para el modelo DR-Learner no lineal.

Como podemos observar, el modelo no lineal tiene una varianza mucho más elevada con el conjunto de prueba. El lector puede intentar disminuir el número de estimadores y la profundidad máxima en el modelo final para ver cómo afecta ello al error.

Alerta de spoiler: si lo prueban, probablemente verán algunas mejoras.

DR-Learner: más opciones

EconML nos ofrece un total de cuatro DR-Learner distintos. Además de los dos de los que ya hemos hablado antes, tenemos también `SparseLinearDRLearner`, que utiliza regresión lasso sin sesgo (Bühlmann y van de Geer, 2011; van de Geer *et al.*, 2013) como algoritmo de etapa final, y `ForestDRLearner`, que utiliza el bosque causal como algoritmo de etapa final.

Los estudiaremos ahora brevemente.

`SparseLinearDRLearner` utiliza una regresión con penalización L1, lo que significa que el algoritmo puede realizar con eficacia la selección de atributos automática ponderando los coeficientes de algunos de los atributos a 0. Un DR-Learner lineal disperso será una buena opción siempre que el número de atributos sea grande.

Brilla en particular cuando el número de atributos es parecido o mayor que el número de observaciones, donde un DR-Learner lineal normal fallaría. El modelo nos proporcionará además intervalos de confianza válidos. Su principal limitación es que (como con `LinearDRLearner`) espera que el efecto del tratamiento sea lineal.

`ForestDRLearner` emplea el algoritmo de bosque causal (Wager y Athey, 2018) como modelo final. Hablaremos a fondo de los bosques causales más tarde en este capítulo. El DR-Learner de bosque es estupendo para manejar datos multidimensionales y, a diferencia de `SparseLinearDRLearner`, no se limita a casos lineales.

Si obtener intervalos de confianza es importante, `ForestDRLearner` puede ofrecerlos mediante *bootstrapping*, lo que impactará de manera significativa en los tiempos de cálculo para el modelo, en particular con muestras grandes.

Un poco más delante en el capítulo estudiaremos cómo obtener intervalos de confianza para estimadores que no soporten una opción como esta de manera nativa.

Ahora, veamos otro estimador DR interesante que puede traer ventajas con infracciones (limitadas) de positividad (Porter *et al.*, 2011) o tamaños de muestra más pequeños.

Estimador por máxima verosimilitud dirigido

Existen distintos tipos de estimadores DR. Un método DR conocido se llama TMLE. Fue introducido originalmente por van der Laan y Rubin en su artículo *Targeted Maximum Likelihood Learning* (van der Laan y Rubin, 2006).

TMLE es un método semiparamétrico, y nos permite utilizar algoritmos de machine learning, produciendo al mismo tiempo propiedades asintóticas para inferencia estadística. En otras palabras, podemos usar complejos modelos de machine learning pero conservando parte de la comodidad de los métodos estadísticos tradicionales, incluyendo la generación de intervalos de confianza válidos sin *bootstrapping*. Además, TMLE usa un paso adicional para optimizar el equilibrio entre sesgo y varianza al estimar el efecto causal.

Algunas de las propiedades de TMLE son similares a las de DR-Learner o DML (de las que hablaremos en la próxima sección). Una comparación detallada entre los tres queda fuera del alcance de este libro, pero al final de la siguiente sección ofreceré algunos enlaces a recursos que contienen comparaciones detalladas entre TMLE y DML.

En esta sección explicaremos los mecanismos de TMLE, de manera que los lectores puedan comprender los principales factores que contribuyen a su singularidad.

Nótese que el estimador TMLE que introducimos en este capítulo funciona solo para tratamientos y resultados binarios. El método se puede ampliar a resultados continuos en determinadas condiciones (Gruber y van der Laan, 2010).

Como TMLE no está ahora mismo disponible en EconML, no lo implementaremos aquí. En su lugar, veremos la mecánica del algoritmo paso a paso y compartiremos los recursos que demuestran cómo se utiliza en otros paquetes de Python, como `causallib` de IBM o `zEpid`.

TMLE se puede utilizar con cualquier algoritmo de machine learning y, en este sentido, se le puede tratar como un metaaprendiz.

Para implementar TMLE hay que seguir ocho pasos:

1. Entrenar un modelo, μ, que configure $Y \sim X + T$, donde Y es un resultado binario, X es una matriz de atributos, y T es un tratamiento binario. Aquí se pueden utilizar modelos de machine learning arbitrarios compatibles con el resultado y los atributos.

2. Generar las siguientes predicciones (tengamos en cuenta que todos los $\hat{y}$ son probabilidades, no etiquetas):

   A. Para cada observación, predecir el resultado para el valor del tratamiento real:

   $$\hat{y}_t = \mu(X, T = t)$$

   B. Para cada observación, predecir el resultado sin tratamiento:

   $$\hat{y}_0 = \mu(X, T = 0)$$

   C. Para cada observación, predecir el resultado bajo tratamiento:

   $$\hat{y}_1 = \mu(X, T = 1)$$

3. Estimar la puntuación de propensión para cada observación: $\hat{e}(X) = P(T = 1|X)$.

4. Calcular la siguiente cantidad:

$$H(T, X) = \frac{1_{\{T=1\}}}{\hat{e}(X)} - \frac{1_{\{T=0\}}}{1 - \hat{e}(X)}$$

donde $1_{\{T=t\}}$ es una función indicadora (consúltese la sección «Asociaciones» del capítulo 2 para su definición). A la cantidad $H(T, X)$ se le conoce como covariable inteligente, y nos ayudará a actualizar nuestras estimaciones para reducir el sesgo.

5. Estimar el parámetro de fluctuación, lo que nos ayudará a calcular la varianza necesaria que nos permita obtener intervalos de confianza para nuestras estimaciones. Para conseguir esto se puede hacer lo siguiente:

   A. Ajustar un modelo de regresión logística:

   $$\gamma\left(T, X, \widehat{y}_t\right) = Y \sim \left[-1 + logit\left(\widehat{y}_t\right)\right] + H(T, X)$$

   En la fórmula anterior, $\left[-1 + logit\left(\widehat{y}_t\right)\right]$ significa «no ajustar la intercepción (-1), sino utilizar un logit $(\widehat{y}_t)$ de vector fijo».

   Con vector fijo queremos decir que tomamos un vector entero de valores, en este caso, un vector de predicciones procedente del modelo $\mu(X, T = t)$, y lo utilizamos como intercepción, en lugar de usar tan solo un número (un escalar). En específico, el valor de intercepción para cada fila de nuestro conjunto de datos es la predicción del modelo $\mu(X, T = t)$ para esa fila en particular.

   B. Obtener el coeficiente para $H(T, X)$ a partir del modelo de regresión logística anterior. Llamamos a este coeficiente parámetro de fluctuación y utilizamos $\widehat{\epsilon}$ para identificarlo.

6. Actualizar las predicciones del paso 2 utilizando el parámetro de fluctuación $\widehat{\epsilon}$. Emplearemos notación de asteriscos para las predicciones actualizadas:

   A. $\widehat{y}_t^* = expit\left(logit\left(\widehat{y}_t\right) + \widehat{\epsilon}H(T = t, X)\right)$

   B. $\widehat{y}_0^* = expit\left(logit\left(\widehat{y}_0\right) + \widehat{\epsilon}H(T = 0, X)\right)$

   C. $\widehat{y}_1^* = expit\left(logit\left(\widehat{y}_1\right) + \widehat{\epsilon}H(T = 1, X)\right)$

   La función expit es la inversa de la función logit. Aquí la necesitamos para volver de los logit a las probabilidades. Para saber más sobre logit y expit, consúltese la entrada del estupendo blog de Kenneth Tay en este enlace: `https://statisticaloddsandends.wordpress.com/2020/06/24/logit-and-expit/`.

7. Calcular la estimación del ATE (que también puede adaptarse a CATE):

   $$\widehat{\tau}_{ATE} = \frac{1}{N}\sum_i \widehat{y}_1^* - \widehat{y}_0^*$$

8. Calcular los intervalos de confianza:

   A. Calcular los valores de la función de influencia $(\widehat{IF})$:

   $$\widehat{IF} = \left(Y - \widehat{y}_t^*\right)H(T, X) + \widehat{y}_1^* - \widehat{y}_0^* - \widehat{\tau}_{ATE}$$

   B. Calcular la estimación del error estándar:

   $$\widehat{SE} = \sqrt{\frac{var\left(\widehat{IF}\right)}{N}}$$

   C. Obtener los intervalos del 95 %:

   $$CI_{lower} = \widehat{\tau}_{ATE} - 1.96\,\widehat{SE}$$
   $$CI_{upper} = \widehat{\tau}_{ATE} + 1.96\,\widehat{SE}$$

Esta es la mecánica de TMLE. Siguiendo las fórmulas, uno mismo lo puede implementar con relativa facilidad desde cero en Python, pero no es necesario.

TMLE ya ha sido implementado por Ehud Karavani en la librería causallib de IBM, y también en zEpid (una librería de análisis epidemiológico creada por el epidemiólogo computacional Paul Zivich).

En este enlace se puede encontrar la documentación de causallib: `https://causallib.readthedocs.io/en/stable/causallib.estimation.tmle.html`. Aquí también se puede encontrar otro ejemplo: `https://github.com/BiomedSciAI/causallib/blob/master/examples/TMLE.ipynb`. La documentación de la implementación de TMLE de zEpid está en este enlace: `https://zepid.readthedocs.io/en/latest/Reference/generated/zepid.causal.doublyrobust.TMLE.TMLE.html?highlight=tmle`.

Si se desea una excelente introducción visual a TMLE, recomiendo la serie de entradas del post de Katherine Hoffman: `https://www.khstats.com/blog/tmle/tutorial`. Su estupendo trabajo me ayudó a estructurar esta sección con mayor claridad, lo que espero permita a mis lectores entenderlo todo mucho mejor.

Es hora de concluir esta sección.

Hemos aprendido que los métodos DR se basan en dos modelos: el modelo de resultado y el modelo de tratamiento (también llamado modelo de propensión). Ambos modelos se pueden estimar utilizando cualquier técnica de machine learning compatible, ya sean modelos lineales o basados en árboles, o redes neuronales.

El principal punto fuerte de los modelos DR es que incluso aunque solo un modelo (por ejemplo, el modelo de resultado) esté correctamente especificado, seguirán dando estimaciones coherentes. Cuando ambos modelos (resultado y tratamiento) se especifican correctamente, los estimadores DR tienden a tener una varianza muy baja, lo que les hace aún más interesantes.

TMLE (una extensión del estimador DR clásico) nos ofrece las ventajas de los modelos paramétricos y unas buenas propiedades estadísticas, permitiéndonos al mismo tiempo utilizar modelos de machine learning flexibles como alumnos base. Además, puede superar a otros métodos DR con infracciones de positividad, y puede ser una ventaja con los tamaños de muestra más pequeños. Quizá esa sea una de las razones por las que TMLE ha obtenido tanta popularidad, aunque la idea original se remonte al año 2006.

En la siguiente sección nos adentraremos en otra emocionante área de la inferencia causal, llamada doble machine learning, que ofrece algunas mejoras con respecto al marco DR.

El machine learning es genial pero, ¿qué les parece el doble machine learning?

El título de esta sección ha sido inspirado por el vídeo de Brady Neal (`https://www.youtube.com/watch?t=256&v=zQk13PVYMUs&feature=youtu.be`), donde sugiere (en broma) que DML «es quizá el doble de genial» que el machine learning normal. Vamos a comprobarlo.

DML, también conocido como machine learning sin sesgo o machine learning ortogonal, es otro marco causal con la palabra doble en su nombre. En DML (de forma parecida a los métodos DR) ajustamos dos modelos que estiman distintas partes de las relaciones entre los datos.

DML se puede implementar con estimadores base arbitrarios y, en este sentido, también pertenece a la familia de metaaprendices. Al mismo tiempo, a diferencia de S-Learner, T-Learner y X-Learner, el marco cuenta con una sólida base teórica y soluciones arquitectónicas únicas.

En esta sección introduciremos los principales conceptos de DML. Después, los aplicaremos a nuestro conjunto de datos de ingresos utilizando la API de DoWhy. Examinaremos algunos mitos populares que han surgido en torno a DML y exploraremos las principales limitaciones del marco. Por último, lo compararemos con los estimadores DR, y presentaremos algunas directrices prácticas sobre cuándo elegir DML en lugar de DR-Learner.

¿Por qué DML y qué tiene de doble?

Similar a los métodos DR, DML también emplea dos estimadores para configurar los datos, aunque lo hace de una forma ligeramente distinta. Antes de entrar en detalles técnicos, veamos cuáles son sus principales motivaciones.

DML fue propuesto por vez primera por el estadístico y economista del MIT Victor Chernozhukov y sus colegas (Chernozhukov *et al.*, 2018). La motivación de los autores era crear un estimador causal que pudiera aprovechar la flexibilidad de los modelos de machine learning no paramétricos y, al mismo tiempo, lograr un sesgo bajo y ofrecer intervalos de confianza válidos (nótese lo parecidas que son estas ideas a las que vimos para TMLE).

En particular, los autores crearon DML de una forma que lo hace consistente con la raíz n. Se dice que un estimador es consistente cuando su error disminuye con el tamaño de la muestra. Intuitivamente, la consistencia de raíz n es un indicador de que el error de estimación tiende a 0 a una velocidad de $\frac{1}{\sqrt{n}}$ cuando el tamaño de la muestra (n) tiende a infinito.

Más sobre la consistencia

La consistencia del estimador es importante (no solo en causalidad), porque nos dice si el estimador convergerá al valor real con un tamaño de muestra suficientemente grande. Formalmente, se dice que un estimador consistente convergerá con probabilidad al valor real.

Aunque la consistencia es una propiedad asintótica, los estimadores consistentes suelen mostrar un buen comportamiento en la práctica (con tamaños de muestra finitos y realistas).

Los estimadores inconsistentes, por el contrario, tienen una probabilidad no cero de no convergencia, incluso para tamaños de muestra infinitamente grandes.

Si viene bien una introducción sencilla a la consistencia, la consistencia de raíz n y la convergencia con probabilidad, recomiendo visitar la entrada del blog de Kenneth Tay en el enlace `https://statisticaloddsandends.wordpress.com/2019/06/14/consistency-and-root-n-consistency/`.

Muy bien, así que tenemos un estimador consistente que nos da la flexibilidad del machine learning e intervalos de confianza válidos. ¿Cómo conseguimos estas propiedades?

Resulta que hay dos fuentes principales de sesgo que tenemos que resolver.

La primera procede de un mecanismo que normalmente vemos como beneficioso en machine learning: la regularización. Se trata de una serie de técnicas que ayudan a los modelos de machine learning a evitar el sobreajuste. Da la casualidad de que puede dar lugar a sesgo cuando aplicamos técnicas de machine learning a la estimación del efecto del tratamiento, impidiéndonos lograr la consistencia de raíz n.

La segunda fuente de sesgo procede del sobreajuste. Empecemos por resolver este último.

Sesgo de sobreajuste

DML resuelve el segundo problema usando *cross-fitting* o ajuste cruzado. La idea es la siguiente:

1. Dividimos los datos en dos particiones aleatorias, D_0 y D_1.

2. Ajustamos los modelos (recordemos que tenemos dos) según D_0 y estimamos la cantidad que nos interesa según D_1.

3. A continuación, ajustamos los modelos según D_1 y estimamos según D_0.

4. Por último, sacamos la media de las dos estimaciones, lo que nos da la estimación final.

Este procedimiento quizá recuerde a la validación cruzada. Tanto el ajuste cruzado como la validación cruzada proceden de la misma idea de enmascarar partes de los datos, donde las particiones enmascaradas sirven como proxy para (futuros) datos no vistos. A primera vista, ambos métodos cruzados tienen distintos objetivos (corrección de sesgo frente a evaluación del modelo), pero la mecánica de ambos es prácticamente idéntica.

La mayoría de las implementaciones de estimadores DML realizan *cross-fitting* sobre dos particiones de forma predeterminada. Desde un punto de vista teórico, el número de particiones (o iteraciones, como se denominan en el contexto de la validación cruzada) no afecta al rendimiento del estimador (asintóticamente). Dicho esto, en la práctica, DML tiende a trabajar mejor con cuatro o cinco particiones que con tan solo dos, especialmente con conjuntos de datos pequeños. Aunque esto no es una norma, estas diferencias parecen tener un carácter relativamente sistemático (Chernozhukov *et al.*, 2018, pág. C24).

Sesgo de regularización

Una vez tachada de nuestra lista la tarea del sobreajuste, estamos preparados para abordar el sesgo de regularización. DML resuelve este reto utilizando una técnica llamada ortogonalización. El procedimiento ha sido inspirado por el teorema de Frisch-Waugh-Lovell (FWL).

Para entender este teorema, empecemos con la siguiente ecuación de regresión lineal:

$Y = \beta_1 T + \beta_2 X + \epsilon$

FWL afirma que podemos obtener β_1 no solo ajustando el modelo descrito por la fórmula anterior, sino también llevando a cabo los siguientes pasos:

1. Regresar T sobre X usando regresión lineal: $\hat{t} = \gamma X$.

2. Regresar Y sobre X usando regresión lineal: $\hat{y} = \psi X$.

3. Calcular los residuos de las regresiones de los puntos 1 y 2:

    A. $\delta_T = T - \hat{t}$

    B. $\delta_Y = Y - \hat{y}$

4. Regresar los residuos δ_Y sobre los residuos δ_T mediante regresión lineal: $\hat{\delta}_T = \alpha_1 \delta_Y$

Resulta que el coeficiente α_1 de la última ecuación es igual al coeficiente β_1 de la ecuación de regresión original (tengamos en cuenta que si lo codifica uno mismo, podrían surgir pequeñas diferencias entre β_1 y α_1, procedentes de imprecisiones numéricas y/o de los detalles de implementación de los paquetes empleados). Para una demostración del teorema FWL, incluyendo ejemplos en código R, recomiendo `https://bookdown.org/ts_robinson1994/10EconometricTheorems/`.

La ortogonalización es una modificación del procedimiento FWL, que nos permite utilizar modelos de machine learning arbitrarios en lugar de regresión lineal en los pasos 1 y 2; tengamos en cuenta que el último modelo del paso 4 sigue siendo lineal en el estimador DML lineal (Chernozhukov *et al.*, 2018), y esta limitación no se aplica al DML no paramétrico.

Los principales puntos fuertes de DML proceden de su capacidad para crear complejas relaciones no lineales en los datos. Reescribamos la ecuación de regresión lineal original para tener en cuenta las no linealidades, lo que nos permitirá demostrar con mayor claridad la potencia de DML. Empezaremos con el denominado modelo parcialmente lineal:

$$Y = \theta T + f_Y(X) + \epsilon_Y$$
$$T = f_T(X) + \epsilon_T$$

En las fórmulas anteriores, Y es el resultado, T es el tratamiento, $f_Y(.)$ y $f_T(.)$ son funciones arbitrarias y posiblemente no lineales, X es un conjunto de predictores que incluye los factores de confusión, y las ϵ representan términos de error. En esta formulación, θ es el parámetro causal que queremos estimar.

Aplicando ortogonalización, podemos distinguir la estimación del parámetro causal θ de la estimación del llamado parámetro molesto, que configura el impacto de los predictores no causales del modelo (el parámetro molesto de nuestro modelo lineal parcial está representado por $f_Y(.)$, que es una función; por eso, a este parámetro se le denomina a veces función molesta).

El último paso del procedimiento de ortogonalización (que es parecido al último paso de FWL) nos proporcionará una estimación del parámetro θ que está libre del sesgo de regularización.

Esto significa además que podemos obtener los beneficios de la inferencia estadística paramétrica y no preocuparnos de la exacta forma funcional del parámetro molesto, lo que nos da una gran flexibilidad.

Antes de concluir esta subsección, resumamos los puntos clave. DML utiliza dos modelos de machine learning para estimar el efecto causal. A estos modelos se les denomina modelos de tratamiento y resultado (como en el caso de los métodos DR), pero tengamos en cuenta que el modelo de tratamiento en DML no estima la puntuación de propensión, sino más bien configura el tratamiento directamente. Ajustamos adicionalmente un modelo más para estimar el parámetro causal θ a partir de los residuos. Este modelo se conoce como modelo final. En DML lineal, este modelo es (por diseño) una regresión lineal, pero en DML generalizado y no paramétrico, se puede usar un regresor de machine learning.

DML es un estimador con varianza y sesgo bajos y puede ofrecernos intervalos de confianza válidos. También admite de forma nativa tratamientos discretos y continuos.

DML con DoWhy y EconML

Implementemos un estimador DML lineal y apliquémoslo a nuestros datos. Saltaremos los pasos de creación del grafo, inicialización del modelo e identificación del parámetro causal, ya que son idénticos a lo que hemos hecho con modelos anteriores. Obsérvese que esta lógica modular ofrecida por DoWhy hace que la experimentación con distintos métodos sea fluida, ya que la definición del problema y la identificación del parámetro causal son completamente independientes de la etapa de estimación.

Para utilizar DML lineal, tenemos que pasarle `'backdoor.econml.dml.LinearDML'` al parámetro `method_name`. Introducimos además un argumento adicional, `'discrete_treatment'`, y lo fijamos en `True`. Este argumento se le pasa al modelo como parte del diccionario `'init_params'`. Es necesario especificarlo, porque los estimadores DML de EconML utilizan el tratamiento continuo de forma predeterminada, mientras que nuestro tratamiento es binario:

```
estimate = model.estimate_effect(
    identified_estimand=estimand,
    method_name='backdoor.econml.dml.LinearDML',
    target_units='ate',
    method_params={
        ,init_params': {
            # Define outcome and treatment models
            ,model_y': LGBMRegressor(
                n_estimators=500, max_depth=10),
            ,model_t': LogisticRegression(),
            # Specify that treatment is discrete
            ,discrete_treatment': True
        },
        'fit_params': {}
    })
```

Hagamos una predicción con datos de prueba:

```
effect_pred = model.causal_estimator.effect(
    earnings_interaction_test.drop(['true_effect',
    'took_a_course'], axis=1))
effect_true = earnings_interaction_test['true_effect'
    ].values
```

Calculemos el error:

```
mean_absolute_percentage_error(effect_true, effect_pred)
```

Lo que nos da lo siguiente:

```
0.0125345885989969
```

Este error es más o menos el doble del error del DR-Learner lineal.

Visualicemos los resultados (figura 10.5).

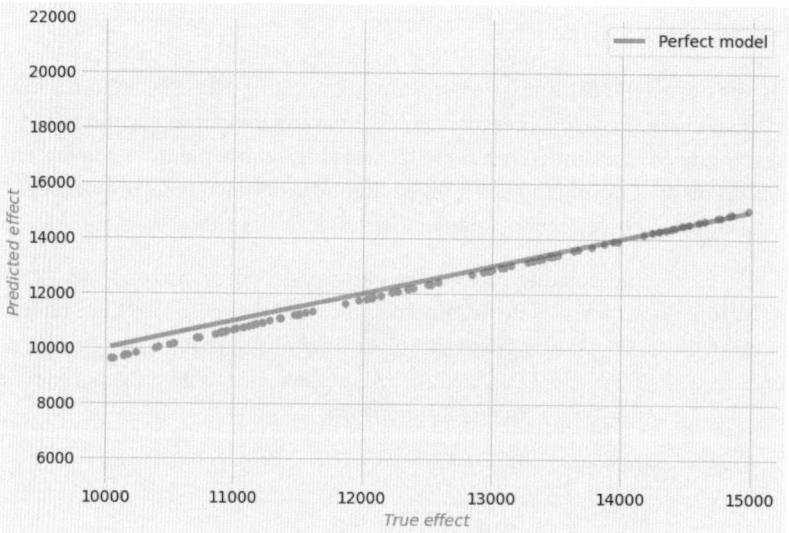

Figura 10.5. El efecto real frente al predicho para DML lineal.

Parece que DML viene con una estimación ligeramente sesgada. En particular, el modelo subestima los valores más bajos del efecto (los puntos situados bajo la línea en la figura 10.5 son los valores más bajos del efecto real).

Intentemos reducir la complejidad del modelo de resultado e incrementemos el número de iteraciones de *cross-fitting*:

```
estimate = model.estimate_effect(
    identified_estimand=estimand,
    method_name='backdoor.econml.dml.LinearDML',
    target_units='ate',
    method_params={
        ,init_params': {
            # Define outcome and treatment models
            ,model_y': LGBMRegressor(n_estimators=50,
                max_depth=10),
```

```
            ,model_t': LogisticRegression(),
            # Specify that treatment is discrete
            ,discrete_treatment': True,
            # Define the number of cross-fitting folds
            'cv': 4
        },
        'fit_params': {
        }
    })
```

Obtengamos predicciones y calculemos el error:

```
effect_pred = model.causal_estimator.effect(
    earnings_interaction_test.drop(['true_effect',
    'took_a_course'], axis=1))
effect_true = earnings_interaction_test[,true_effect'
    ].values
mean_absolute_percentage_error(effect_true, effect_pred)
```

El resultado de este código es el siguiente:

```
0.00810075098627887
```

Esto está mejor, pero los resultados son un poco peores que los del mejor DR-Learner.

Veámoslos gráficamente (figura 10.6).

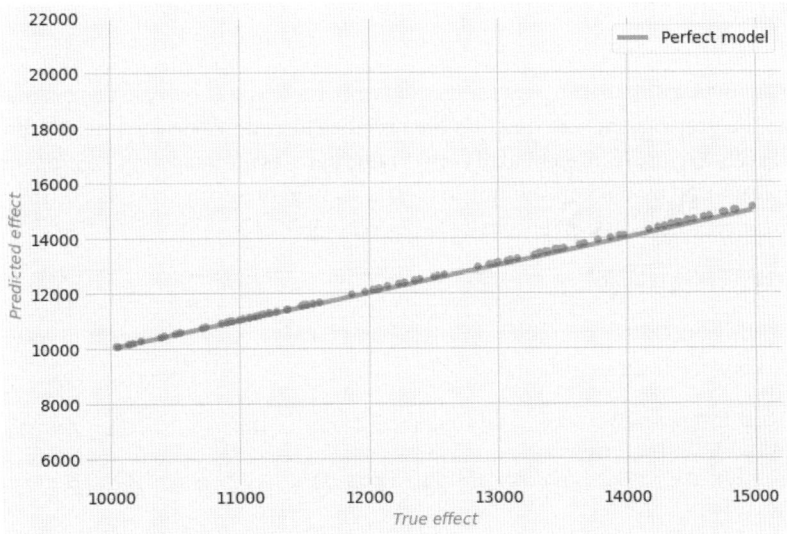

Figura 10.6. El efecto real frente al predicho para DML lineal con modelos menos complejos e iteraciones de ajuste cruzado.

Estos resultados parecen mucho mejores, pero da la impresión de que el modelo sobrestima sistemáticamente el efecto.

Ahora bien, quizá todo este proceso desconcierte un poco. ¿No hay un reto fundamental en todo lo que estamos haciendo?

Hemos cambiado algunos de los parámetros de los modelos base y observado una mejora de los resultados (estupendo), pero esto solo es posible cuando tenemos datos simulados, ¿no?

¿Hay algo que podamos hacer cuando no disponemos de datos simulados?

Ajuste de hiperparámetros con DoWhy y EconML

Sí. Un camino que podemos seguir para optimizar nuestros modelos es ajustar los hiperparámetros de los modelos de resultado y tratamiento.

El ajuste de hiperparámetros puede mejorar el modo en que nuestros estimadores se ajustan a los datos y cómo generalizan a nuevas instancias (pero no ayuda con el parámetro causal).

Hay dos formas principales de realizar ajuste de hiperparámetros con DoWhy y EconML. La primera es envolver los modelos en una de las clases de validación cruzada de sklearn, `GridSearchCV`, `HalvingGridSearchCV` o `RandomizedSearchCV`, y pasarlos tal cual al constructor.

Intentémoslo.

Para predecir el tratamiento utilizaremos esta vez el clasificador LGBM en vez de la regresión logística. Esperamos que con un cierto ajuste de los hiperparámetros, podamos superar el modelo con regresión logística.

Ahora es también un buen momento para un recordatorio. En DML, el modelo de tratamiento no estima las puntuaciones de propensión, sino que más bien predice los valores de tratamiento directamente. En este escenario, la calibración de probabilidad (importante para las puntuaciones de propensión) no es tan crítica, por lo que usar un modelo más complejo podría ser beneficioso, a pesar de que sus probabilidades podrían estar peor calibradas que en el caso de la regresión logística.

¿Preparados para escribir código?

Empezaremos definiendo nuestros modelos de resultado (`model_y`) y tratamiento (`model_t`) y envolviéndolos en una búsqueda de cuadrícula:

```
model_y = GridSearchCV(
    estimator=LGBMRegressor(),
    # Define the model's parameter search space
    param_grid={
        'max_depth': [3, 10, 20, 100],
        'n_estimators': [10, 50, 100]
    },
    # Define GridSearch params
```

```
    cv=10, n_jobs=-1, scoring='neg_mean_squared_error'
)

model_t = GridSearchCV(
    estimator=LGBMClassifier(),
    # Define the model's parameter search space
    param_grid={
        'max_depth': [3, 10, 20, 100],
        'n_estimators': [10, 50, 100]
    },
    # Define GridSearch params
    cv=10, n_jobs=-1, scoring='accuracy'
)
```

Establecemos el parámetro `cv` de `GridSearchCV` en 10. Este parámetro determina cuántas iteraciones se utilizarán para ajustar los hiperparámetros de nuestros modelos de tratamiento y resultado. Obsérvese que es distinto al parámetro `cv` del estimador DML, que controla el número de iteraciones para ajuste cruzado. Conviene recordar esta distinción, puesto que ambos parámetros controlan distintas funcionalidades.

Estimemos ahora los efectos, una tarea sencilla. Basta con pasarle los objetos `model_y` y `model_t` envueltos al diccionario `init_params`:

```
estimate = model.estimate_effect(
    identified_estimand=estimand,
    method_name='backdoor.econml.dml.LinearDML',
    target_units='ate',
    method_params={
        ,init_params': {
        # Pass models wrapped in GridSearchCV objects
        'model_y': model_y,
        'model_t': model_t,
        # Set discrete treatment to 'True'
        ,discrete_treatment': True,
        # Define the number of cross-fitting folds
        'cv': 4
    },
    'fit_params': {
    }
})
```

Tras calcular los resultados, obtenemos lo siguiente:

```
0.00179346825212699
```

El valor MAPE es solo de un 0,17 %, mucho mejor que nada de lo que hemos visto hasta ahora.

En particular, este resultado es más de 3,5 veces mejor que el de nuestro mejor DR-Learner.

Examinemos los resultados visualmente (figura 10.7).

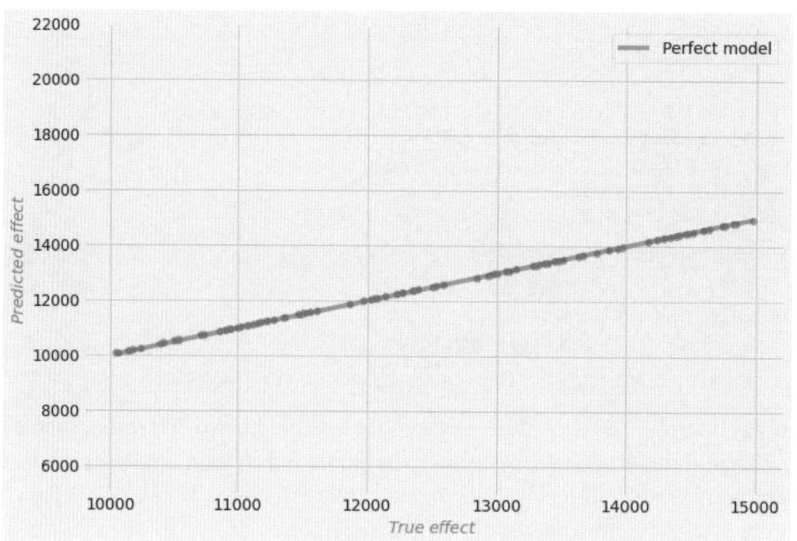

Figura 10.7. Resultados DML tras el ajuste de los hiperparámetros.

Estos resultados tienen muy buen aspecto. El modelo ajustado hizo un trabajo realmente bueno, hasta el punto de que un error tan pequeño podría parecer no realista.

Al observar la figura 10.7, debemos recordar dos cosas. En primer lugar, estamos trabajando con un conjunto de datos sintéticos relativamente sencillo, que debería poderse resolver fácilmente con un modelo lo bastante potente. En segundo lugar, para poder comparar, mantenemos los mismos rangos de valores para ambos ejes en el gráfico que empleamos para los modelos anteriores. Esto oculta (hasta cierto punto) el hecho de que el modelo tiene algún error.

Si los lectores ven resultados como estos en la vida real, no se olviden de la ley de Twyman. Esta ley tiene múltiples variantes (Kohavi *et al.*, 2020) y afirma que cualquier dato o estadística que parezca interesante es muy probable que esté equivocada. La ley de Twyman puede ser un valioso recordatorio para mantener un sano escepticismo en nuestro trabajo.

Como acabamos de ver, el ajuste de los hiperparámetros en modelos CATE puede aportar mejoras significativas. Al principio de esta sección dijimos que hay dos formas de ajustar los hiperparámetros con DoWhy y EconML.

Analicemos ahora la segunda forma.

La segunda forma de ajustar los hiperparámetros es hacerlo de antemano mediante el marco de ajuste de hiperparámetros que más nos guste, como Hyperopt u Optuna, y luego simplemente utilizar los mejores modelos encontrados.

Este enfoque tiene dos ventajas principales. La primera es que no estamos limitados a las opciones de búsqueda de cuadrícula o búsqueda aleatoria disponibles en sklearn. Con Hyperopt, Optuna y otros marcos, es posible aprovechar el poder de la optimización bayesiana más eficiente.

Tengamos en cuenta que se debe utilizar el procedimiento de validación cruzada o un conjunto de validación diferente cuando se ajustan los hiperparámetros, con el fin de minimizar el riesgo de fuga y sobreajuste. La segunda razón, y quizás incluso más importante, para ajustar los parámetros de forma independiente es que, al pasarle las envolturas sklearn a EconML, solo se utilizará un subconjunto de los datos para el ajuste, lo que podría ser estadísticamente menos estable.

Como observación adicional, quiero comentar una vez más la validación cruzada. En el capítulo 7, dijimos que la validación cruzada no es una técnica adecuada para validar los aspectos estructurales de los modelos causales, aunque puede ser útil para validar la parte de estimación. Esto también incluye el ajuste de hiperparámetros para estimadores base que hemos realizado en esta sección.

La idea de ajustar los hiperparámetros plantea más preguntas interesantes. Por ejemplo, si el modelo de resultado se ajusta y se entrena con un conjunto de datos concreto, ¿cómo se comportará con los datos que están fuera de la distribución? ¿No sería razonable esperar que un modelo causal se encargara de esta tarea sin problemas? Al fin y al cabo, hemos conocido una estructura causal que va más allá de las asociaciones en el conjunto de datos, ¿verdad?

La respuesta depende de varios factores. Analicemos dos importantes.

En primer lugar, la respuesta depende de los modelos que utilicemos. Por ejemplo, los modelos basados en árboles no extrapolan más allá del valor máximo del conjunto de entrenamiento. Imaginemos que en el problema que queremos resolver solo hay un predictor X, y que todos los valores de X en el conjunto de datos de entrenamiento están acotados entre 0 y 1000. Además, supongamos que el resultado Y es siempre dos veces X.

Se trata de un problema muy sencillo, pero si probamos el modelo basado en árboles con datos en los que X oscila entre 1000 y 2000 (es decir, todos los valores están fuera del intervalo de entrenamiento), la predicción para todas las observaciones será un valor constante, que no es mayor que el resultado máximo observado en el conjunto de datos de entrenamiento (que sería 1000*2 = 2000).

Este comportamiento proviene del hecho de que los árboles aprenden un conjunto de reglas a partir de los datos (por ejemplo, si 4,5 < x < 5,5, entonces y = 10), y alguien tendría básicamente que inventar las reglas para los datos que están fuera del rango de entrenamiento. El hecho de que estemos usando un modelo causal DML no superará esta limitación.

En cambio, si empleamos un modelo de regresión lineal o una red neuronal, estos modelos extrapolarán, lo que nos lleva al segundo factor.

La extrapolación solo puede ser correcta en determinadas circunstancias limitadas: cuando la relación entre X e Y es lineal o, en el caso de las redes neuronales, cuando la función de activación es similar a la función objetivo (Xu *et al.*, 2021).

En este escenario, el uso de DML tampoco superará las limitaciones de los modelos de resultado y tratamiento.

Estas limitaciones son extremadamente importantes en cualquier sistema de producción y deben tenerse en cuenta en las primeras fases del diseño del sistema.

¿Es DML la solución perfecta?

Acabamos de analizar algunas de las limitaciones generales de los modelos de machine learning. Aceptándolas tal y como son, profundicemos un poco más en el marco DML.

El doble machine learning es un método excelente y flexible, y suele funcionar muy bien en un amplio conjunto de circunstancias; sin embargo, como cualquier otro método, tiene su propio conjunto de limitaciones. Vamos a estudiar aquí las más importantes.

Ya sabemos que uno de los supuestos en los que se basa DML es la ausencia de confusión oculta. En su artículo de 2022, Paul Hünermund y sus colegas mostraron que no cumplir este supuesto conduce a sesgos significativos que son similares en magnitud a los sesgos que obtenemos de otros métodos mucho más simples, como LASSO (Hünermund *et al.*, 2022). Estas conclusiones son coherentes con los resultados obtenidos por Gordon *et al.* (2022) en un estudio a gran escala que evaluaba DML mediante datos no experimentales de muchas dimensiones tomados de la plataforma Facebook Ads. Obsérvese que DML es sensible no solo a las causas comunes no observadas del tratamiento y de los resultados, sino también a otros esquemas de control malos, que permiten un flujo de información no causal en el grafo. Esto también se aplica a otros modelos causales (para una visión general de estos malos esquemas de control, véase Cinelli *et al.*, 2022).

Aunque puede que a algunos de los lectores no les sorprenda especialmente que DML pueda dar lugar a resultados sesgados cuando no se pueden excluir los factores de confusión ocultos, hay dos ideas que me gustaría destacar.

Puede resultar tentador para algunos investigadores y profesionales transferir sus conocimientos de los campos del deep learning y big data al ámbito de la inferencia causal. Veamos por qué este enfoque puede ser contraproducente.

En primer lugar, quienes estén familiarizados con el deep learning reconocerán que, en ciertos casos, aumentar el tamaño de la muestra de entrenamiento puede conducir a mejoras significativas en el rendimiento del modelo. En el machine learning causal, este enfoque también puede ser útil cuando los modelos de base no disponen de datos suficientes para aprender una asignación útil o cuando los datos originales no proporcionan suficiente diversidad para satisfacer la hipótesis de positividad. Dicho esto, cuando se cumplen estas condiciones, añadir más observaciones no ayuda a reducir el sesgo causal que surge del incumplimiento de las hipótesis causales.

La razón de ello es que el sesgo causal procede de relaciones estructurales mal definidas entre variables, no de una cantidad insuficiente de información en un conjunto de datos. En otras palabras, el sesgo causal está relacionado con la mala especificación del parámetro causal y no con la estimación estadística.

En segundo lugar, a veces, sobre todo en entornos de big data, los profesionales del machine learning tradicional podrían beneficiarse de la incorporación de más atributos al modelo. En muchas empresas tecnológicas, es habitual el uso de cientos o incluso miles de variables para tareas predictivas. La lógica de añadir más atributos a un modelo estadístico se basa en la suposición de que tener más atributos se traduce en un mayor poder predictivo, lo que a su vez lleva a mejores predicciones. Este razonamiento puede conducir a resultados beneficiosos cuando se emplean técnicas modernas de machine learning.

El marco causal es diferente. Como ya sabemos, añadir atributos arbitrarios al modelo puede dar como resultado la apertura de caminos no causales en el grafo DAG, lo que a su vez puede introducir confusión y dar lugar a estimaciones sesgadas de los parámetros causales.

En la práctica, podría ser mejor incluir un conjunto más pequeño de variables en el modelo y asegurarse de que no se introducen factores de confusión no deseados. Esto es más fácil de decir que de hacer, pero en los casos en los que no esté claro qué variables incluir, este enfoque se puede tratar como un proceso de generación de hipótesis y mejorarlo iterativamente con el tiempo.

Si no se puede excluir la posibilidad de confusión no observada en la configuración y tampoco es posible realizar un experimento (por razones éticas, financieras o de otro tipo), DML puede seguir siendo útil. Chernozhukov *et al.* (2022) propusieron un marco general para encontrar límites de confianza bajo factores de confusión no observados. El método, que pertenece a una familia más amplia de métodos de análisis de sensibilidad, nos permite evaluar cómo de estable sería el efecto bajo confusión oculta de diferente intensidad.

Esta solución puede ser muy valiosa para la toma de decisiones empresariales, ya que ofrece ideas potencialmente útiles a la luz de hipótesis difíciles o imposibles de cumplir.

Doble robustez frente a DML

Antes de concluir esta sección, hagamos una rápida comparación entre DR-Learner y DML. Los dos métodos logran buenos resultados y ambos ofrecen soluciones inteligentes para reducir el sesgo y la varianza de las estimaciones causales. Tras leer este capítulo, probablemente surja la duda sobre cuál se debería elegir en la práctica. No puedo dar una respuesta definitiva que garantice que un modelo supere siempre al otro, pero podemos revisar juntos algunas recomendaciones que deberían ayudar a tomar decisiones en casos de uso propios.

La primera diferencia esencial entre los modelos es que DML funciona para tratamientos categóricos y continuos, mientras que DR-Learner (de forma similar a TMLE) está (por diseño) limitado a tratamientos categóricos, lo que podría aclarar de inmediato algunas cosas.

Centrémonos ahora en las implementaciones especiales que están disponibles en EconML. Como ya hemos dicho antes, `DRLearner` es algo más que un simple estimador DR, dado que utiliza la ortogonalización y el ajuste cruzado en segundo plano. En un cierto sentido, se puede considerar a `DRLearner` como un estimador DR reforzado, porque incorpora varias técnicas modernas para minimizar el error. Una cosa que no cambia es que la corrección DR es el núcleo del método, una de las razones por las que se comporta de manera diferente comparado con los métodos DML de EconML.

La principal ventaja del método DR es que el error de la estimación final solo se ve afectado por el producto de los errores de los modelos de resultado y de tratamiento (Hernán y Robins, 2020). Los métodos DR podrían funcionar mejor siempre que el modelo de resultado esté mal especificado.

Por otro lado, DR-Learner tendrá normalmente una varianza más alta que DML. Jane Huang, de Microsoft, sugiere que esto se podría notar en particular cuando «hay regiones del espacio de control (…) en las que algún tratamiento tiene una baja probabilidad de ser asignado» (traducido de Huang *et al.*, 2020). En este escenario, «el método DML podría extrapolar mejor, ya que solo requiere una buena superposición en promedio para lograr un buen error cuadrático medio» (traducido de Huang *et al.*, 2020). Nótese que TMLE también podría funcionar bien en el último caso. Otra situación en la que DML podría superar a DR-Learner es con escasez en una configuración de muchas dimensiones, como demuestra Zachary Clement (Clement, 2023; en este caso, observamos que los resultados de DR-Learner podrían mejorar notablemente añadiendo regularización lasso al modelo final).

Por añadidura, una comparación entre DML y TMLE podría resultar de interés. Como ya hemos mencionado antes, una discusión profunda sobre este tema queda fuera del ámbito de este libro, aunque tenemos a nuestra disposición estudios de gran calidad. Para empezar, recomiendo van der Laan y Hejazi (2019) y Díaz (2020).

¿Qué gano yo con esto?

Es difícil señalar un solo algoritmo que garantice de manera incondicional un funcionamiento mejor que el de otras soluciones.

Dicho esto, dados los resultados de nuestros experimentos en este capítulo y el anterior, podríamos tener la impresión de que DML funciona mejor que otros métodos. Esta impresión está, en cierto modo, sesgada porque no ajustamos los hiperparámetros para los métodos restantes. Por otro lado, DML se suele recomendar como método elegido para tratamientos continuos. Los métodos DR no pueden competir en esta categoría. Se puede adaptar S-Learner para que funcione con tratamiento continuo, pero la versión actual de EconML no soporta esta posibilidad.

Si no es posible comparar una amplia gama de métodos, y estamos convencidos de que nuestros datos contienen efectos del tratamiento heterogéneos, yo recomendaría empezar con S-Learner, en particular si los recursos informáticos son un problema. Podría ser una buena idea añadir T-Learner y X-Learner a la mezcla si el tratamiento es discreto.

Si los recursos informáticos no son un problema, DML (tratamiento continuo o discreto) y DR-Learner o TMLE (tratamiento discreto) suelen ser buenas opciones. Dicho esto, siempre conviene tener un modelo más sencillo como punto de referencia. Es muy fácil introducir estimadores de base complejos en DML o DR/TMLE y dejarse llevar, sin saber que la complejidad nos aleja de los mejores resultados que podríamos lograr.

En la próxima sección trataremos otra familia de métodos que podrían merecer la pena tener en cuenta.

Pero antes, hagamos un resumen de la sección actual.

En esta sección hemos introducido DML. Hemos analizado los conceptos principales que conforman la singularidad del método: la ortogonalización y el *cross-fitting* o ajuste cruzado. Hemos mostrado cómo realizar ajuste de hiperparámetros utilizando DoWhy y EconML. Después, hemos explicado los puntos débiles de DML, para terminar con una comparación entre DR-Learner y DML.

Bosques causales y mucho más

En esta breve sección ofreceremos una visión general de la idea de los bosques causales. Introduciremos una de las clases de EconML implementando el método. Tratar a fondo los bosques causales y sus extensiones queda fuera del alcance de este libro, pero recomendaré recursos con los que se puede obtener más información sobre los estimadores causales basados en bosques.

El bosque causal es un modelo basado en árboles derivado de los trabajos de Susan Athey, Julie Tibshirani y Stefan Wager (Wager y Athey, 2018; Athey *et al.*, 2019). La diferencia fundamental entre un bosque aleatorio normal y el bosque causal es que este último utiliza los denominados árboles causales. Por lo demás, los métodos son similares y ambos utilizan remuestreo, creación de subconjuntos de predictores y promediado a lo largo de una serie de árboles.

Árboles causales

Lo que diferencia a los árboles causales de los normales es el criterio de división. Los árboles causales emplean un criterio basado en los efectos estimados del tratamiento, mediante la denominada división honesta, en la que las particiones se generan con datos de entrenamiento, mientras que los valores de la hoja se estiman utilizando un conjunto de retención (esta lógica es muy similar al *cross-fitting* en DML). Si se necesita una explicación más detallada, véase el artículo de Daniel Jacob (Jacob, 2021), la entrada del blog de Mark White (`https://www.markhw.com/blog/causalforestintro`) o el capítulo sobre bosques causales de White y Green (2023). Se puede encontrar una introducción más avanzada en la entrada del blog de Haaya Naushan de este enlace: `https://towardsdatascience.com/causal-machine-learning-for-econometrics-causal-forests-5ab3aec825a7`. Para más información, recomiendo Wagner y Athey (2018) o Athey *et al.* (2019).

Exceso de bosques

EconML ofrece una gran variedad de estimadores que se basan en la idea de los bosques causales. Los métodos comparten muchas similitudes, pero muchos difieren en detalles importantes (por ejemplo, en cómo se estiman los modelos de primera etapa). Esto podría traducirse en diferencias significativas en los costes informáticos. Para entender las diferencias entre las distintas clases de estimadores, véase la página de documentación de EconML: `https://econml.azurewebsites.net/spec/estimation/forest.html`.

Ventajas de los bosques causales

Los bosques causales son una buena elección cuando manejamos datos de muchas dimensiones. Proporcionan unos intervalos de confianza válidos, siendo al mismo tiempo no paramétricos, y ofreciendo una elevada flexibilidad. Para empezar con estos métodos, la clase `CausalForestDML` del módulo `dml` será probablemente el mejor punto de partida en la mayoría de los casos. EconML ofrece además una versión sin procesar (`CausalForest`) que se encuentra en el módulo `grf`. Esta clase no estima el parámetro molesto.

Quizá convenga usar esta implementación básica en ciertos casos, pero hay que tener en cuenta que ello podría dar lugar a resultados insuficientes comparados con `CausalForestDML`.

El bosque causal con DoWhy y EconML

Para utilizar el bosque causal con ortogonalización DML, simplemente le pasamos el nombre del método al parámetro `method_name`. Quizá también interese elegir modelos propios de resultado y tratamiento. Esto se hace exactamente igual a lo que hicimos con el estimador DML. Si el tratamiento es discreto, conviene no olvidarse de incluir `discrete_treatment': True` en el diccionario `init_params`. A continuación, muestro un ejemplo de código a modo de referencia:

```
estimate = model.estimate_effect(
    identified_estimand=estimand,
    method_name='backdoor.econml.dml.CausalForestDML',
    target_units='ate',
    method_params={
        'init_params': {
            'model_y': LGBMRegressor(n_estimators=50,
                max_depth=10),
            'model_t': LGBMClassifier(n_estimators=50,
                max_depth=10),
            ,discrete_treatment': True,
            # Define the num. of cross-fitting folds
            'cv': 4
        },
        'fit_params': {
        }
    }
)
```

El error de este modelo está en torno al 46 %, un resultado comparable con S-Learner y X-Learner. Nótese que no ajustamos los hiperparámetros de este modelo. La figura 10.8 muestra los resultados del modelo.

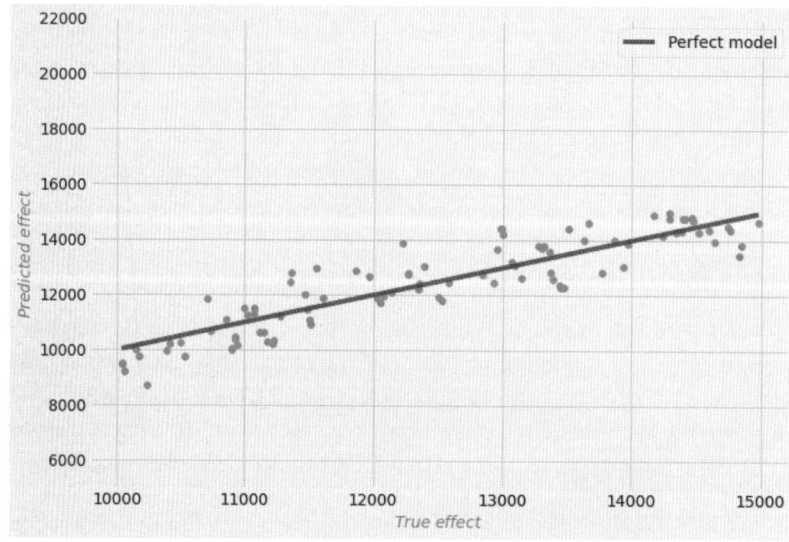

Figura 10.8. Resultados del bosque causal con DML (no ajustado).

Antes de concluir esta sección, resumamos en una sola tabla los resultados de todos los modelos CATE con el conjunto de datos de ingresos utilizado en los capítulos 9 y 10. La tabla 10.1 ofrece este resumen.

Tabla 10.1. Un resumen de los resultados de todos los modelos de los capítulos 9 y 10 con el conjunto de datos de ingresos.

Estimador	MAPE
S-Learner	5,02 %
T-Learner	8,13 %
X-Learner	3,63 %
DR-Learner lineal	0,62 %
DML lineal	1,25 %
DML lineal (ajustado)	0,17 %
Bosque causal	4,60 %

En esta sección hemos hablado de las diferencias fundamentales entre el bosque aleatorio clásico y los bosques causales. Dijimos que la diferencia principal entre ambos algoritmos reside en el modo en que se construyen los árboles. Hemos señalado recursos con los que se puede obtener más información sobre métodos basados en bosques causales. Por último, hemos implementado `CausalForestDML` (un método que amplía el bosque causal básico con la estimación del parámetro molesto) y resumido los resultados de todos los modelos CATE con el conjunto de datos de ingresos.

En la siguiente sección trataremos la estimación de los efectos del tratamiento heterogéneos a partir de datos experimentales. ¿Preparados?

Efectos del tratamiento heterogéneo a partir de datos experimentales: la odisea uplift

La configuración de los efectos del tratamiento con datos experimentales suele tener un espíritu ligeramente distinto al del trabajo con datos observacionales, lo que deriva del hecho de que se supone que los datos experimentales no tienen confusión por diseño (asumiendo que nuestro diseño experimental y su implementación no sean defectuosos).

En esta sección recorreremos un flujo de trabajo con datos experimentales utilizando EconML. Aprenderemos cómo utilizar la API básica de EconML y veremos cómo trabajar con tratamientos discretos que tienen más de dos niveles. Por último, usaremos algunas mediciones de evaluación de modelos causales para comparar los modelos.

El título de esta sección habla de efectos del tratamiento heterogéneos. Ya sabemos lo que son, pero también hay un término nuevo: *uplift* o elevación. El modelo `uplift` o de elevación y la configuración de los efectos del tratamiento heterogéneos (también conocidos como condicionales) son términos estrechamente relacionados. En marketing y medicina, *uplift* significa simplemente la cantidad de cambio sufrido por un cierto resultado en un grupo (o sujeto) de tratamiento comparada con un grupo de control; en otras palabras, el efecto del tratamiento. Aunque la elevación o *uplift* se pueda calcular para un grupo de tratamiento completo, también se puede estimar para sujetos o subgrupos individuales. En este último caso, es sinónimo de efectos del tratamiento condicionales (heterogéneos).

Los datos

En esta sección usaremos los datos del desafío MineThatData de Kevin Hillstrom (`https://blog.minethatdata.com/2008/03/minethatdata-e-mail-analytics-and-data.html`).

Antes de empezar, quiero tomarme un momento para expresar mi gratitud a Kevin por su generosidad, puesto que estuvo de acuerdo en que utilizáramos su conjunto de datos. Aprecio mucho este gesto y creo que la decisión de Kevin nos ayudará a convertirnos paso a paso en mejores científicos de datos causales. Muchas gracias, Kevin. Ahora, toca comprender cómo están estructurados los datos, que proceden de un experimento aleatorio por correo electrónico con 64 000 clientes.

El tratamiento tiene tres niveles y se administró aleatoriamente:

- 1/3 de los clientes recibió una campaña por correo electrónico con productos masculinos (tratamiento 1).

- 1/3 recibió una campaña por correo electrónico con productos femeninos (tratamiento 2).

- 1/3 no recibió ninguna campaña (control).

Los atributos son el tiempo transcurrido desde la última compra (`recency`), la cantidad de dinero gastado el año pasado (`history`), indicadores del tipo de producto comprado el año pasado (`mens` o `womens`), un indicador de si el cliente era nuevo en los últimos 12 meses (`newbie`), a través de qué canal compró anteriormente (`channel`), y en qué tipo de zona vive (`rural`, `suburban`, `urban`; `zip_code`). El tratamiento es una variable discreta de tres niveles que describe qué campaña por correo electrónico recibió el cliente (productos masculinos, productos femeninos o control). Por último, tenemos tres variables de resultado: `visit`, `conversion` y `spending`.

Usaremos `spending` como objetivo. Registra el gasto de un cliente dentro de las dos semanas posteriores al envío de la campaña por correo electrónico. Leamos los datos.

Leeremos el conjunto de datos principal de un archivo CSV y la asignación de tratamiento de un archivo JSON:

```
hillstrom_clean =
    pd.read_csv(r'./data/hillstrom_clean.csv')

with open(r'./data/hillstrom_clean_label_mapping.json',
    ,r') as f:
    hillstrom_labels_mapping = json.load(f)
```

Nuestro tratamiento tiene tres niveles. He almacenado la asignación en un diccionario serializado como un objeto JSON. Veamos en la figura 10.9 un par de filas de nuestro conjunto de datos.

	recency	history	mens	womens	newbie	visit	conversion	spend	zip_code__rural
0	10	142.44	1	0	0	0	0	0.0	0
1	6	329.08	1	1	1	0	0	0.0	1
2	7	180.65	0	1	1	0	0	0.0	0
3	9	675.83	1	0	1	0	0	0.0	1
4	2	45.34	1	0	0	0	0	0.0	0

zip_code__surburban	zip_code__urban	channel__multichannel	channel__phone	channel__web	treatment
1	0	0	1	0	1
0	0	0	0	1	0
1	0	0	0	1	1
0	0	0	0	1	2
0	1	0	0	1	1

Figura 10.9. Las primeras cinco filas del conjunto de datos Hillstrom.

Hemos dividido la imagen de la figura en dos partes para que resulte más legible. Como se puede observar, hay muchos atributos binarios escasos en los datos. Aproximadamente la mitad son atributos categóricos de varios niveles codificados con *one-hot*: el área del código postal y el canal.

Las variables `zip code` y `channel` se representan como conjuntos de variables completos codificados con *one-hot*. Esto significa que para cada fila, el conjunto de variables que representa un canal (o área de código postal) tendrá exactamente una columna con el valor 1. Esto hace que una de las columnas sea redundante, puesto que su valor se puede inferir inequívocamente de los valores de las columnas restantes del conjunto: si `channel__web` y `channel__phone` son ambas 0, `channel__multichannel` tiene que ser 1 (por definición de la codificación *one-hot*).

Obsérvese que esta configuración con información redundante introducirá multicolinealidad en los datos. Aunque esto pueda no ser un problema para los métodos basados en árboles, afectará a la convergencia y al rendimiento de los modelos lineales.

Para resolver esto con antelación, quitemos las columnas redundantes:

```
hillstrom_clean = hillstrom_clean.drop(['zip_code__urban',
    'channel__web'], axis=1)
```

Los datos están técnicamente listos.

Examinemos sus propiedades.

Tanteando el terreno: ¿hasta qué punto nos sentimos libres de confusión?

Esperamos que los datos experimentales estén libres de confusión debido a la aleatorización, aunque en ocasiones pueden estar sesgados. Esto puede ocurrir por diversas razones: fallos técnicos, procedimientos no válidos, desviaciones en el tratamiento, etc.

No es posible probar por completo si la aleatorización era válida (no hay una forma sencilla de detectar factores de confusión arbitrarios no observados), pero sí podemos intentar averiguar si las variables observadas pueden predecir el tratamiento. Si fuera este el caso, tendríamos un indicador de que la aleatorización o el proceso de recogida de datos eran defectuosos.

Una forma práctica de hacer esta comprobación es dividir los datos por la mitad: entrenar un modelo que prediga el tratamiento a partir de covariables en una mitad de los datos y predecir los valores del tratamiento en la otra mitad. El rendimiento de nuestro modelo debería ser esencialmente aleatorio.

Implementemos este proceso.

Primero, dividimos los datos en vectores de tratamiento, resultado y atributo:

```
hillstrom_X = hillstrom_clean.drop(['visit', 'conversion',
    'spend', 'treatment'], axis=1)
hillstrom_Y = hillstrom_clean[,spend']
hillstrom_T = hillstrom_clean[,treatment']
```

Segundo, comprobamos que los tratamientos estén distribuidos uniformemente en nuestros datos como esperábamos:

```
sample_size = hillstrom_clean.shape[0]
hillstrom_T_.value_counts() / sample_size
```

Obtenemos el siguiente resultado:

```
1     0.334172
2     0.332922
0     0.332906
Name: treatment, dtype: float64
```

Todos los valores están próximos al 33,3 %, lo que indica que los tratamientos se distribuyeron uniformemente.

Tercero, realizamos una división entrenamiento-prueba para las comprobaciones de aleatoriedad:

```
X_train_eda, X_test_eda, T_train_eda, T_test_eda =
    Train_test_split(hillstrom_X, hillstrom_T_eda,
        test_size=.5)
```

Verifiquemos la calidad de la división. Esperamos que más o menos un 33 % de las observaciones estén asignadas a cada grupo de tratamiento:

```
T_test_eda.value_counts() / T_test_eda.shape[0]
```

Este es el resultado obtenido:

```
0     0.335156
2     0.333250
1     0.331594
Name: treatment, dtype: float64
```

Esto tiene buen aspecto.

Cuarto, ajustamos el clasificador cuyo objetivo es predecir el tratamiento T a partir de los atributos X:

```
lgbm_eda = LGBMClassifier()
lgbm_eda.fit(X_train_eda, T_train_eda)
```

Una observación adicional que quiero compartir aquí es que, en general, para el clasificador LGBM, podría ser mejor para nosotros no codificar con *one-hot* nuestros atributos categóricos (como la zona postal o el canal). El modelo maneja los datos categóricos de forma nativa, de una manera que, en ciertos casos, puede mejorar los resultados con respecto a los atributos codificados con *one-hot*.

Dicho esto, seguiremos con los atributos codificados con *one-hot*, porque nos dan más flexibilidad a etapas avanzadas (otros modelos podrían no soportar funciones categóricas de manera nativa) y, de todos modos, no esperamos mejoras importantes en nuestro caso.

Quinto, hagamos predicciones con los datos de prueba y calculemos la puntuación de precisión:

```
T_pred_eda = lgbm_eda.predict(X_test_eda)
accuracy_score(T_test_eda, T_pred_eda)
```

Si no hay factores de confusión en los datos, esperamos obtener una precisión en torno al 33 %. El resultado es el siguiente:

```
0.33384375
```

Esto parece tener buen aspecto. Por último, podemos generar intervalos de confianza empíricos para ver si esta puntuación entra dentro de ellos:

```
random_scores = []

test_eda_sample_size = T_test_eda.shape[0]

for i in range(10000):
    random_scores.append(
        (np.random.choice(
            [0, 1, 2],
            test_eda_sample_size) == np.random.choice(
            [0, 1, 2],
            test_eda_sample_size)).mean())

np.quantile(random_scores, .025), np.quantile(random_scores, .975)
```

Comparamos la frecuencia con la que dos vectores aleatorios de tres valores mutuamente excluyentes son iguales. Por cada empate, comparamos cuantos vectores hemos observado en nuestro conjunto de prueba. Repetimos este proceso 10 000 veces y calculamos cuantiles de 0.025 y 0.975, lo que nos da intervalos de confianza del 95 %:

```
(0.32815625, 0.33850078125)
```

La puntuación de precisión obtenida de nuestro modelo se sitúa dentro de los límites de estos intervalos, lo que nos da más confianza de que los datos no tienen factores de confusión observables. Véase la figura 10.10 a modo de referencia.

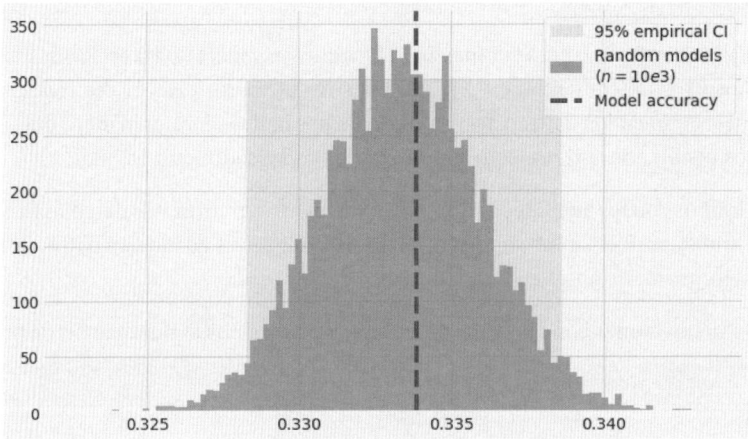

Figura 10.10. Distribución empírica de modelos aleatorios frente a la precisión en el modelo.

Otra forma similar de comprobar la aleatorización con variables observadas consiste en usar una prueba de clasificador de dos muestras o C2ST (*Classifier Two-Sample Test*) (Diemert *et al.*, 2018; Lopez-Paz y Oquab, 2016). El procedimiento es muy parecido, con la diferencia de que la prueba C2ST compara la pérdida de un clasificador entrenado con los datos reales con la distribución de pérdidas de un clasificador que predice el ruido aleatorio, en vez de comparar precisiones.

Las pruebas C2ST basadas en distintos tipos de clasificadores podrían funcionar mejor en ciertos casos o para determinados tipos de datos (por ejemplo, imágenes). Véase Lopez-Paz y Oquab (2016) para más detalles.

Elegir el marco

Iniciamos esta sección afirmando que configurar efectos del tratamiento con datos experimentales es distinto de trabajar con datos observacionales.

Ya nos hemos hecho una idea de algunas de las diferencias en el flujo de trabajo. En vez de iniciar el proceso definiendo un grafo, realizamos comprobaciones de aleatorización. El hecho de que no definamos explícitamente un grafo significa que tampoco buscaremos en particular el parámetro causal y que no hay una base clara para realizar pruebas de refutación. Estas diferencias convierten el trabajo directo con estimadores de EconML en la elección natural (en lugar de utilizar el proceso en cuatro fases de DoWhy) al utilizar datos experimentales.

Estamos casi listos para empezar, pero antes de abrir la caja de herramientas, quiero compartir algo con mis lectores.

No conocemos ni la mitad de la historia

Hace poco leí un artículo sobre modelos de selección, que son unos modelos usados por estadísticos que realizan metaanálisis para evaluar en qué medida el efecto de interés podría estar sesgado, debido a investigaciones que no se publicaron.

Como investigadores y profesionales, estamos acostumbrados a trabajar con materiales que demuestran resultados satisfactorios. Los artículos de investigación y las entradas de blog rara vez se centran en los retos y los fracasos, y no muchas revistas (aunque hay excepciones) están dispuestas a publicar resultados negativos. Aunque comprensible desde un punto de vista psicológico, este sesgo hacia la discusión de resultados positivos tiene su precio.

Los que hemos trabajado con metaanálisis conocemos las herramientas utilizadas para evaluar la parcialidad en las publicaciones. Los que trabajamos en el sector quizá hayamos visto a científicos de datos noveles sorprendidos por el desorden de los datos del mundo real, algo que nunca encontraron en sus manuales y cursos. Además, es probable que la mayoría de nosotros nos hayamos encontrado en una situación similar al menos una vez, sorprendidos de lo alejados que pueden estar los datos del mundo real de nuestras expectativas.

Esta sorpresa se debe en parte al hecho de que el mundo es complejo, pero la forma en que estructuramos los incentivos en el sistema educativo y la cultura de «publicar o desaparecer» también influyen.

En esta sección veremos cómo deberían ser las cosas cuando todo funciona sin problemas, pero también veremos lo que ocurre cuando no es así. Espero que este enfoque les resulte beneficioso a mis lectores.

Ahora, pongámonos en contexto y comencemos nuestro viaje por la naturaleza.

El desafío de Kevin

Como decíamos al principio, los datos que vamos a utilizar proceden de un experimento en línea, pero esto es solo la mitad de la historia. Los datos se publicaron como parte de un reto organizado por Kevin allá por 2008. El desafío también incluía una serie de preguntas, por ejemplo: si pudieras eliminar 10 000 clientes de la campaña, ¿cuáles deberían ser?

Esta y otras preguntas planteadas por Kevin son muy interesantes y estoy seguro de que despiertan un sentimiento de entusiasmo en cualquier persona interesada en el marketing.

En el siguiente enlace se puede revisar la lista completa de preguntas de Kevin: `https://blog.minethatdata.com/2008/03/minethatdata-e-mail-analytics-and-data.html`.

Aunque la mayoría de estas preguntas, si no todas, pueden responderse con las herramientas que usaremos en esta sección (además de algunos análisis inteligentes), nos haremos una pregunta más sencilla: ¿cuál de los modelos nos ayudaría a tomar decisiones que se tradujeran en los mejores resultados financieros?

El hecho de que esta pregunta pueda parecer más sencilla no facilita nuestra tarea. Hay una serie de retos que deberemos superar:

- Primero, tenemos más de un tratamiento, lo que hace que la evaluación del modelo sea más difícil que en un caso binario.

- Segundo, aunque el conjunto de datos sea relativamente grande (64 000 observaciones), la velocidad de conversión es baja.

Echemos un vistazo a la asignación de etiquetas para averiguar cómo trabajar con el tratamiento:

```
hillstrom_labels_mapping
```

Esta línea de código nos da el siguiente resultado:

```
{'control': 0, 'womans_email': 1, 'mens_email': 2}
```

0 representa la asignación del grupo de control, 1 representa los correos electrónicos enviados a mujeres, y 2 representa los correos electrónicos enviados a hombres.

Comprobemos cuántas personas compraron algo bajo ambos tratamientos:

```
(hillstrom_Y[hillstrom_T > 0] > 0).sum()
```

Obtenemos lo siguiente:

```
456
```

Esto es más o menos un 0,7 % del conjunto de datos completo. Abramos la caja de herramientas.

Abrimos la caja de herramientas

En esta sección emplearemos seis algoritmos: S-Learner, T-Learner, X-Learner, DR-Learner, DML lineal y bosque causal con DML. Compararemos su rendimiento desde tres puntos de vista: coste informático, habilidad para clasificar la elevación o *uplift* real y resultado promedio esperado. Si alguno de ellos no se entiende, no hay problema; iremos explicándolos sobre la marcha.

Empecemos creando una instancia de los modelos. Primero crearemos una función que devuelve una instancia del modelo LGBM para que el código sea un poco más legible:

```
def create_model(model_type, n_estimators=100, max_depth=10, learning_
rate=.01):
    if model_type == 'regressor':
        return LGBMRegressor(
            n_estimators=n_estimators,
```

```
            max_depth=max_depth,
            learning_rate=learning_rate)
    elif model_type == 'classifier':
        return LGBMClassifier(
            n_estimators=n_estimators,
            max_depth=max_depth,
            learning_rate=learning_rate)
    else:
        raise NotImplementedError(
            f'Model type '{model_type}' not implemented.')
```

La función devuelve una instancia de un regresor o clasificador LGBM, dependiendo del argumento que le pasemos al parámetro `model_type`.

Hagamos la instancia de nuestros modelos causales:

```
s_learner = SLearner(
    overall_model=create_model('regressor')
)

x_learner = XLearner(
    models=[
        create_model('regressor'),
        create_model('regressor'),
        create_model('regressor'),
    ],
    cate_models=[
        create_model('regressor'),
        create_model('regressor'),
        create_model('regressor'),
    ]
)

t_learner = TLearner(
    models=[
        create_model(,regressor'),
        create_model('regressor'),
        create_model('regressor'),
    ]
)

dml = LinearDML(
    model_y=create_model('regressor'),
    model_t=create_model('classifier'),
    discrete_treatment=True,
    cv=5
)

dr = DRLearner(
```

```
    model_propensity=LogisticRegression(),
    model_regression=create_model('regressor'),
    model_final=create_model('regressor'),
    cv=5,
)

cf = CausalForestDML(
    model_y=create_model('regressor'),
    model_t=create_model('classifier'),
    discrete_treatment=True,
    cv=5
)
```

Esto es muy parecido a lo que hacíamos antes al usar envolturas DoWhy. La principal diferencia es que ahora le pasamos los parámetros del modelo directamente a sus constructores, en vez de codificarlos en un diccionario intermedio.

Para DML lineal y bosque causal, configuramos `discrete_treatment` en `True`. No hacemos lo mismo para los metaaprendices y DR-Learner, porque estos modelos solo permiten tratamientos discretos (S-Learner puede generalizarse a tratamientos continuos, pero la versión actual de EconML no soporta esto). Tengamos también en cuenta que nuestra función `create_model()` devuelve estimadores con el mismo conjunto de parámetros predefinidos para cada aprendiz base.

Lo primero es lo primero

Queremos evaluar el rendimiento de nuestros modelos, así que para ello dividiremos nuestros datos en conjuntos de entrenamiento y prueba.

A modo de recordatorio, no podremos calcular una medición de error como haríamos en el caso del aprendizaje supervisado tradicional. Tendremos que usar varios métodos, pero tener un conjunto de prueba nos seguirá beneficiando.

Emplearemos la función `train_test_split` de scikit-learn para realizar la partición:

```
X_train, X_test, y_train, y_test, T_train, T_test =
    train_test_split(
    hillstrom_X,
    hillstrom_Y,
    hillstrom_T,
    test_size=.5
)
```

Configuramos el tamaño de prueba en 0.5. La razón para elegir este valor es que aunque nuestro conjunto de datos tenga 64 000 observaciones, tan solo una pequeña parte de los sujetos ha realizado realmente una conversión (una compra). Veamos cuántas instancias de conversión tenemos en cada una de las particiones:

```
(y_train[T_train > 0] > 0).sum(),
(y_test[T_test > 0] > 0).sum()
```

Esto nos da el siguiente resultado:

```
(227, 229)
```

Son solamente 227 observaciones convertidas en el entrenamiento y 229 en el conjunto de prueba. No es un número muy grande para los métodos de machine learning. Aquí la disyuntiva está entre tener suficientes observaciones para entrenar los modelos con eficacia y evaluarlos con acierto. Nuestro caso es bastante complejo a este respecto.

No obstante, ajustemos los modelos y veamos cuánto podemos sacar de ellos.

Ajustaremos los modelos en un bucle para ahorrarnos un poco de espacio y tiempo. Hablando de tiempo, mediremos el tiempo de ajuste de cada uno de los algoritmos para tener una idea de las diferencias entre ellos en términos de coste informático.

Empecemos creando un diccionario que agregue todos los modelos:

```
models = {
    'SLearner': s_learner,
    'TLearner': t_learner,
    'XLearner': x_learner,
    'DRLearner': dr,
    'LinearDML': dml,
    'CausalForestDML': cf
}
```

Ahora iremos recorriendo el diccionario ajustando los modelos:

```
for model_name, model in models.items():
    start = time.time()
    model.fit(
        Y=y_train,
        T=T_train,
        X=X_train,
        inference='bootstrap'
    )
    stop = time.time()
    print(f'{model_name} fitted in {stop - start:0.4f}
        seconds.')
```

Este código nos da el siguiente resultado:

```
SLearner fitted in 0.1730 seconds.
XLearner fitted in 0.8588 seconds.
TLearner fitted in 0.2894 seconds.
DRLearner fitted in 2.0550 seconds.
LinearDML fitted in 4.0384 seconds.
CausalForestDML fitted in 6.3661 seconds.
```

A partir de este resultado, podemos hacernos una idea de los costes informáticos relacionados con cada modelo. Sería estupendo repetir este experimento un par de veces para obtener estimaciones más fiables de las diferencias entre los modelos, así que lo he hecho por adelantado. La tabla 10.2 contiene estimaciones aproximadas de cuánto tiempo computacional necesita cada uno de los métodos en comparación con S-Learner, tomado como referencia:

Tabla 10.2. Tiempos de entrenamiento relativos de seis estimadores CATE de EconML distintos.

Modelo	Tiempo (multiplicador comparado con S-Learner)
S-Learner	1x
T-Learner	2x
X-Learner	5x
DR-Learner	13x
LinearDML	27x
CausalForestDML	39x

En la tabla, la columna de la derecha muestra el tiempo empleado por cada modelo para completar su entrenamiento en comparación con la referencia de S-Learner. Por ejemplo, 2x significa que un modelo necesitó el doble del tiempo que S-Learner para finalizar el entrenamiento. Todos los modelos se entrenaron en el escenario de tratamiento de tres niveles, utilizando el mismo conjunto de datos, con estimadores base idénticos e hiperparámetros predeterminados.

T-Learner necesita el doble de tiempo de entrenamiento que S-Learner y el bosque causal con DML necesita unas sorprendentes 39 veces más. Para hacerse una idea de la magnitud de esta diferencia: si S-Learner entrenara durante 20 minutos, el bosque causal necesitaría 13 horas.

El coste informático se convierte en un importante factor siempre que diseñamos un sistema de producción. El bosque causal con DML podría llegar a ser prohibitivamente caro en conjuntos de datos muy grandes, sobre todo si añadimos ajuste de hiperparámetros a la mezcla.

Nuestros modelos están entrenados. Pensemos ahora en cómo evaluarlos.

Modelos uplift y rendimiento

Existe una gran cantidad de bibliografía sobre la evaluación de los modelos de elevación. Las mediciones más populares incluyen el coeficiente Qini (Radcliffe, 2007) y el área bajo la curva *uplift* (AUUC, *Area Under the Uplift Curve*; Rzepakowski y Jaroszewicz, 2010).

El coeficiente Qini es un resumen de la calidad del modelo de un solo escalar, que se basa en una comparación entre la curva Qini de un modelo real y un modelo aleatorio. La curva Qini muestra el número acumulado de resultados positivos dimensionado por el número de unidades tratadas.

El AUUC se basa en una idea similar: mide el área bajo la curva de elevación acumulada. En el eje *y* se representa la elevación frente al porcentaje de unidades observadas (el porcentaje acumulado del tamaño de la muestra) ordenadas según las predicciones del modelo en el eje *x*, y se calcula el área bajo la curva.

AUUC y Qini son muy populares y se pueden encontrar muchas implementaciones de código abierto para estas mediciones (por ejemplo, en el paquete `uplift-analysis`: `https://github.com/PlaytikaOSS/uplift-analysis?utm_source=book&utm_medium=book&utm_campaign=in-book-ch-10`). Ambas medidas se diseñaron originalmente para escenarios con tratamientos y resultados binarios.

Otra opción habitual para la evaluación del rendimiento del modelo *uplift* es el gráfico de *uplift* por decil (o *uplift* por percentil).

Quizá el lector se pregunte por qué hablamos de mediciones y gráficos acumulativos o por deciles. La respuesta está relacionada con la naturaleza del problema abordado: nunca observamos la verdadera elevación (es decir, el verdadero efecto causal).

Veamos la elevación por decil y expliquémosla paso a paso. Resulta que podemos generalizarla de forma natural a resultados continuos, y eso es una estupenda noticia.

Uplift por decil

Cuando realizamos un experimento, nunca podemos observar todos los resultados potenciales de una unidad determinada al mismo tiempo. Cada unidad o sujeto puede recibir el tratamiento *T*, o no recibirlo.

Cuando realizamos un experimento aleatorio, intentamos superar esta limitación inherente calculando los efectos del grupo, asumiendo que los resultados se podrán generalizar (sería perfectamente válido que nos preguntáramos hasta qué punto y en qué condiciones, pero omitiremos esas preguntas aquí).

En otras palabras, si tomamos un grupo de sujetos y los asignamos aleatoriamente a condiciones experimentales, esperamos poder aprender algo sobre el efecto general del tratamiento.

La elevación por decil se basa en la misma fuente.

Dividimos el conjunto de datos en intervalos o *bins*, suponemos que podemos aprender algo sobre el efecto real dentro de cada intervalo y aprovechamos esta información para evaluar la calidad de nuestros modelos.

¿Cómo lo hacemos exactamente?

1. Primero, generamos predicciones de nuestros modelos.

2. Después, clasificamos las predicciones del *uplift* predicho más alto al más bajo.

3. Dividimos nuestras predicciones en deciles (en caso de conjuntos de datos más pequeños o cuando es imposible dividir los datos en deciles, también se pueden usar cuantiles de menor granularidad, por ejemplo, cuartiles).

4. Dividimos las observaciones de nuestro conjunto de datos en 10 *bins*, de acuerdo con los deciles que acabamos de calcular.

5. Dentro de cada decil, calculamos el resultado medio para las unidades que fueron originalmente tratadas y para las que estaban originalmente en el grupo de control.

6. Dentro de cada decil, restamos el resultado medio de los no tratados del resultado medio de los tratados. Estas diferencias son nuestras estimaciones de la elevación real dentro de cada decil.

7. Empleamos un gráfico de barras para visualizar estas estimaciones frente a los deciles, ordenados desde el decil superior al inferior (de izquierda a derecha).

La figura 10.11 muestra un ejemplo de un gráfico de *uplift* por decil.

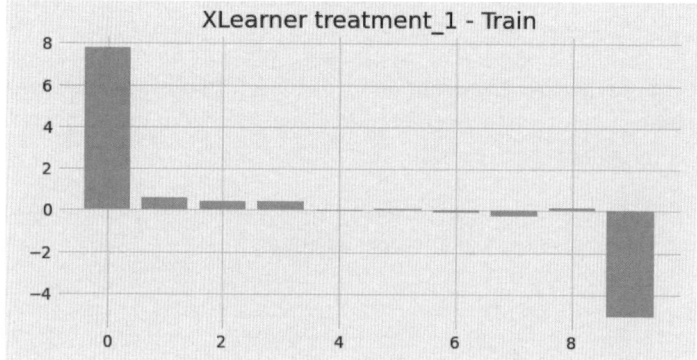

Figura 10.11. Ejemplo de un gráfico de *uplift* por decil.

Veamos más detenidamente la figura 10.11. El eje x representa los deciles, y el eje y nuestra elevación real media estimada.

El verdadero significado de este gráfico proviene de que los deciles no están ordenados por la elevación real estimada que vemos en el gráfico, sino por las elevaciones predichas (que no están visibles en el gráfico).

¿Qué sentido tiene esto?

Esperamos que los resultados de un buen modelo se correspondan con la elevación real, puesto que nos gustaría ver una elevación real estimada alta en los deciles superiores (a la izquierda) y una estimada baja en los deciles inferiores (a la derecha).

La figura 10.11 presenta los resultados de un modelo realmente bueno, ya que podemos ver que los valores más altos están a la izquierda y los más bajos a la derecha.

En el caso de un modelo perfecto, los valores del eje y deberían descender de manera monótona de izquierda a derecha. Vemos que en la figura 10.11 esto no es del todo así, con desviaciones menores en la quinta y octava marca (obsérvese que el eje x está indexado a 0), pero en general, el patrón indica un modelo muy bueno.

La elevación por decil puede ser una buena forma de evaluar visualmente el modelo con rapidez, pero no nos proporciona los medios para comparar cuantitativamente varios modelos.

Usaremos otra herramienta para este fin, pero primero vamos a trazar la elevación por decil para todos nuestros modelos. La figura 10.12 muestra los resultados.

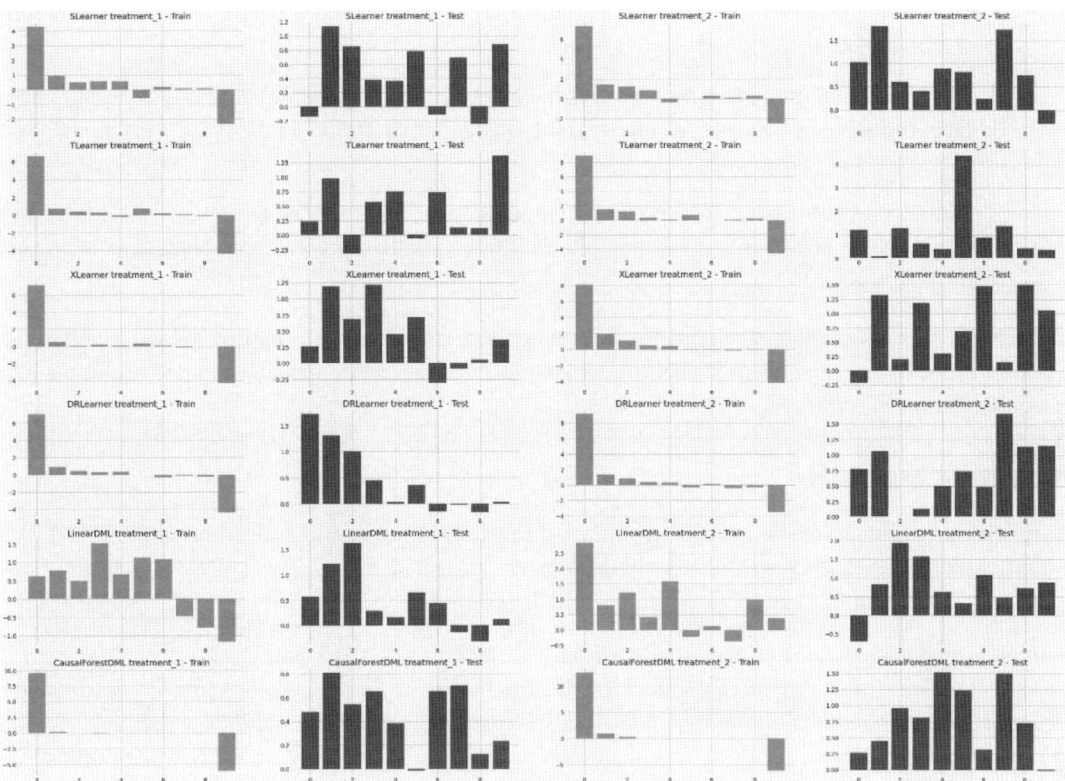

Figura 10.12. Gráficos de *uplift* por decil.

Cada fila de la figura 10.12 corresponde a un modelo. Las dos columnas de la izquierda presentan los resultados del tratamiento 1 y las dos de la derecha, los del tratamiento 2. Los gráficos grises representan la evaluación con datos de entrenamiento, mientras que los negros representan la evaluación con datos de prueba. Obsérvese que los ejes *y* no están normalizados. Lo hemos hecho a propósito para ver con más claridad los patrones entre los distintos modelos.

Según los criterios de los que hablamos antes, podemos decir que la mayoría de los modelos funcionan muy bien con los datos de entrenamiento. Una excepción es DML lineal, con un patrón descendente menos claro. Una de las razones podría ser el hecho de que la última etapa del DML lineal es, eso, lineal, lo que impone una restricción a la expresividad del modelo.

Cuando se trata del conjunto de prueba, el rendimiento de la mayoría de los modelos desciende significativamente. La mayoría de las celdas del gráfico indican un bajo rendimiento. La gran excepción aquí es DR-Learner para el tratamiento 1, pero el mismo modelo para el tratamiento 2 ofrece casi el patrón inverso.

Este bajo rendimiento en el conjunto de pruebas puede deberse a un par de razones:

- Primero, nuestros modelos podrían estar sobreajustándose a los datos de entrenamiento, lo que quizá esté relacionado con el hecho de que no hay datos suficientes para que los modelos creen una representación que pueda generalizarse.

- La otra cara de la moneda es que las arquitecturas usadas quizá sean demasiado complejas para la tarea (nótese que elegimos los hiperparámetros de forma arbitraria, sin ajustar los modelos en absoluto).

- Por último, podría producirse una cierta inestabilidad en las estimaciones por decil de la elevación real, aunque los resultados con el conjunto de entrenamiento sugieren que probablemente no es el principal problema.

El hecho de que los gráficos de *uplift* por decil no se vean favorables no implica necesariamente que nuestros modelos no sean útiles. Calculemos una medida que nos ayude a evaluar si los modelos pueden proporcionarnos un valor real.

Respuesta esperada

La medición de respuesta esperada fue introducida por Yan Zhao y sus colegas en su artículo de 2017 *Uplift Modeling with Multiple Treatments and General Response Types* (Zhao *et al.*, 2017). El método funciona en escenarios con múltiples tratamientos y con resultados continuos, perfecto para nuestro caso particular.

Aunque la medición se centra en el resultado y no en la elevación, es una forma válida de evaluar los modelos de elevación. La medida calcula el resultado medio esperado de un modelo combinando la información de todos los tratamientos, y esto es muy útil. Al mismo tiempo, es también útil desde el punto de vista de la toma de decisiones, ya que nos da una buena comprensión del rendimiento medio de la inversión que podemos esperar empleando un modelo elegido.

Intuitivamente, la medición funciona para los modelos de elevación, porque empleamos datos no vistos previamente para comprobar el rendimiento de la inversión esperado de un modelo determinado. Esta información se puede utilizar para comparar dos o más modelos en condiciones de ausencia de confusión, y obtener información sobre el rendimiento esperado de los datos de fuera de la muestra.

Antes de explicar cómo funciona la medición de respuesta esperada, contextualicemos un poco. Los modelos de *uplift* pueden entenderse como sistemas de recomendación de acciones.

Imaginemos que tenemos k tratamientos distintos. Por cada observación del conjunto de datos, podemos obtener k estimaciones del efecto (uno por cada tratamiento). Elegimos la estimación más alta para cada observación y la tratamos como un tratamiento predicho óptimo. Ahora vamos a por la explicación.

La idea de la respuesta esperada es sencilla. Por cada observación del conjunto de pruebas, comprobamos si el tratamiento predicho era el mismo que el tratamiento real. En caso afirmativo, dividimos el valor del resultado de esta observación por la probabilidad del tratamiento y lo almacenamos. En caso contrario, ponemos el valor a 0 y lo guardamos. Por último, hacemos la media de los valores almacenados, y la puntuación obtenida es nuestra respuesta esperada para un modelo determinado.

Esto nos da básicamente el resultado medio ponderado por tratamiento, que esperamos obtener si administramos tratamientos según las recomendaciones del modelo.

En los archivos de ejemplo del libro (`Chapter_10.ipynb`) he incluido la fórmula para la medición de respuesta esperada. Aquí nos la vamos a saltar, pero recomiendo explorar tranquilamente los archivos de ejemplo y jugar con la implementación y la fórmula.

Veamos ahora los resultados de la respuesta esperada (el código completo está en los archivos de ejemplo de este capítulo):

```
Expected response on train:

SLearner: 2.004509358884219
TLearner: 2.499033323345889
XLearner: 2.3844783394170035
DRLearner: 2.357949913732327
LinearDML: 1.5596898804820036
CausalForestDML: 2.9583483277085936

----------------------------
Expected response on test:

SLearner: 1.3498049695400602
TLearner: 1.2108070097957537
XLearner: 1.2901946274863276
DRLearner: 1.500974856751045
LinearDML: 1.3496321556492639
CausalForestDML: 1.3114730998145985
```

Vemos que la medición de todos los modelos disminuyó significativamente entre los conjuntos de entrenamiento y prueba. La menor diferencia se observa en el modelo DML lineal. Esto es congruente con lo que observamos en el gráfico de elevación por decil, donde el modelo DML lineal tuvo un rendimiento relativamente bajo en los datos de entrenamiento y un poco peor en los datos de prueba.

El mejor modelo con el conjunto de prueba, según la respuesta esperada, es DR-Learner. Esto se traduce también (al menos parcialmente) en lo que observamos en el gráfico. DR-Learner tuvo una tendencia descendente bastante clara para el tratamiento 1; quizá este buen rendimiento permitió al modelo compensar el rendimiento peor del tratamiento 2.

Otras mediciones para resultados continuos con múltiples tratamientos

Radcliffe propuso una versión de Qini aplicable a problemas de resultado continuo (Radcliffe, 2007), pero no funciona con múltiples tratamientos.

Gubela y Lessmann (2020) han propuesto una generalización a múltiples tratamientos. Consúltese su artículo para más detalles: `https://www.researchgate.net/publication/347902854_Uplift_Forest_for_Multiple_Treatments_and_Continuous_Outcomes`.

Intervalos de confianza

Hemos dicho antes que una de las ventajas de DML lineal es su capacidad para proporcionarnos intervalos de confianza válidos. ¿Cómo podemos obtenerlos en la práctica?

Con EconML es muy fácil. Basta con llamar al método `.effect_interval()` en el estimador ajustado. El método devuelve una dupla de arrays NumPy. El primer array contiene los límites inferiores y el segundo los límites superiores de los intervalos de confianza. Implementémoslo.

```
models['LinearDML'].effect_interval(X=X_test, T0=0, T1=1)
```

El resultado es el esperado:

```
(array([-1.41417908, -0.40901173, -1.50891344, ..., -0.27946152,
-0.8185368 , -0.92689394]),
 array([0.88022207, 1.03706657, 3.34888932, ..., 2.47925003,
1.75716167, 1.51788005]))
```

Basándonos en los intervalos de confianza, podemos decidir si hay observaciones que nos gustaría excluir como objetivos. Veamos cuántos intervalos contienen 0:

```
ints = np.stack(models['LinearDML'].effect_interval(
    X=X_test, T0=0, T1=1, alpha=.05)).T
# What % of effects contains zero?
(np.sign(ints[:, 0]) == np.sign(ints[:, 1])).sum() /
    ints.shape[0]
```

Este código da el siguiente resultado:

```
0.100875
```

De todas las observaciones de prueba, los intervalos de confianza para el 10 % de ellas contienen 0. Eliminar estas observaciones de nuestro conjunto de recomendación de acciones podría mejorar aún más el rendimiento del modelo.

Para obtener intervalos de confianza para métodos que no los soportan de manera nativa, le pasamos `inference='bootstrap'` al método `.fit()` del modelo. Esto dará como resultado un notable incremento en el tiempo de entrenamiento. El número de muestras de *bootstrap* se puede ajustar mediante el objeto `BootstrapInference`. Para más información, consúltese `https://econml.azurewebsites.net/spec/inference.html`.

La propuesta ganadora del desafío de Kevin

Al principio de esta sección dijimos que los datos utilizados formaban parte de un reto. La propuesta que Kevin Hillstrom eligió como ganadora procedía de Nicholas Radcliffe. ¿Te suena este nombre?

Si te suena extrañamente familiar, puede que sea porque ya lo hemos visto en este capítulo (en realidad, el apellido). Nicholas Radcliffe no solo es el autor de la propuesta ganadora del desafío de Kevin, sino también la persona que propuso originalmente el coeficiente Qini (y la curva Qini).

Para los lectores interesados en marketing y modelos *uplift*, la propuesta de Nicholas puede resultarles interesante o incluso inspiradora. El documento que describe el enfoque de Nicholas está disponible aquí: `http://minethatdata.com/Stochastic_Solutions_E-Mail_Challenge_2008.04.30.pdf`.

Antes de cerrar esta sección, quiero que reflexionemos sobre una pregunta que recibí de uno de los miembros de la comunidad causalpython.io.

¿Cuándo se deberían utilizar estimadores CATE para datos experimentales?

Las organizaciones, tanto comerciales como no comerciales, deciden normalmente realizar experimentos para responder a preguntas concretas. Una organización comercial puede plantearse preguntas como, por ejemplo, ¿qué impacto tendrá en sus ventas un cambio en el diseño de su *funnel page*? A un equipo de investigación universitario le podría interesar conocer el impacto que causaría determinado cambio en el estilo de comunicación del ayuntamiento en la participación de los ciudadanos en una iniciativa pública importante. Estas preguntas se suelen poder responder con experimentos aleatorios y, en muchos casos, análisis estadísticos tradicionales.

Una prueba t de dos muestras (Student, 1908) es una opción habitual para analizar datos de experimentos con tratamientos binarios. Para diseños más complejos, quizá con estructuras jerárquicas, pueden utilizarse modelos de efectos mixtos (por ejemplo, Baayen *et al.*, 2008; Barr, 2008). También disponemos de una gran variedad de métodos intermedios, incluidos (entre otros) el análisis de regresión y (muy relacionado con este último) el ANOVA.

Todos estos métodos pueden ayudarnos a extraer conclusiones válidas de los datos experimentales.

> **Experimentos, efectos del tratamiento y generalización**
>
> Lo que significan realmente las conclusiones válidas de los experimentos y cuáles son las garantías de las posibilidades de generalización están fuera del alcance de este libro. Si alguno de mis lectores está interesado en comprender los entresijos de las relaciones entre los resultados experimentales, la ATE y la capacidad de transporte, es decir, las posibilidades de generalización de los resultados más allá de la (sub)población de prueba, esta conversación en Twitter en la que participan Judea Pearl, Frank Harrell y Stephen Senn, entre otros, puede resultar interesante: `https://twitter.com/yudapearl/status/1625904133290229765`.

Los métodos de machine learning resultan útiles cuando el espacio de atributos es amplio, y cuando las relaciones e interacciones entre los datos pueden adoptar formas funcionales arbitrarias. Los métodos CATE, en particular, nos ofrecen una flexibilidad adicional al permitirnos predecir respuestas individualizadas a un número (potencialmente alto) de tratamientos con un modelo de elevada complejidad. Estas capacidades cuasicontrafactuales van más allá de lo que nos ofrecen los métodos estadísticos tradicionales

Se ha demostrado que las técnicas de los modelos *uplift* (CATE y HTE) aportan valor en numerosos entornos industriales, desde el marketing y la banca hasta los juegos, entre otros.

El principal precio que pagamos por la flexibilidad que ofrecen los modelos CATE de machine learning es la dificultad de calcular el tamaño de muestra necesario para establecer la potencia estadística deseada. En el capítulo 9 analizamos algunas ideas sobre cómo superar esta limitación.

La principal ventaja de estos modelos es que nos ofrecen un modo de distinguir, de forma no paramétrica o semiparamétrica, las unidades que pueden beneficiarse de la obtención de nuestro tratamiento (influenciables) de las que muy probablemente no se beneficiarán de él (segurísimas y causas perdidas), y de las que probablemente no se beneficien pero que, además, pueden salir perjudicadas o perjudicarnos (no molestar; revísese el capítulo 9 y la tabla 9.5 para recordar la información).

> **Más formas de determinar el tamaño de la muestra para modelos complejos**
>
> En lo que se refiere a estimar potencia estadística para modelos complejos, recientemente aprendí un pequeño truco de Frank Harrell (`https://www.fharrell.com/`). Si es posible permitirse la realización de un estudio piloto o se dispone de datos históricos que representen un problema similar al que interesa, se puede hallar un subgrupo en los datos que sea lo más homogéneo posible. También es posible estimar el tamaño de la muestra para este grupo utilizando alguna de las herramientas tradicionales de potencia estadística. Por último, se puede dimensionar el tamaño de la muestra global, de forma que este subgrupo tenga la potencia adecuada en relación a la muestra completa (Harrell, 2023).

Selección del modelo: una guía simplificada

Antes de terminar esta sección, quisiera compartir con mis lectores una sencilla tabla, en la que se resume la información esencial sobre los modelos de los que hemos hablado en este capítulo, de manera que puedan sacar el máximo provecho de él. La tabla 10.3 resume aspectos importantes de distintos estimadores, que pueden guiar las decisiones de implementación.

Tabla 10.3. Comparación de estimadores EconML seleccionados

Nombre del modelo	Tipo de tratamiento	Intervalos de confianza	Tratamiento lineal asumido	Múltiples resultados	Velocidad de entrenamiento (relativa a S-Learner)
SLearner	Categórico (puede adaptarse a continuo)	Solo por *bootstrapping*	No	Sí	1x
TLearner	Categórico	Solo por *bootstrapping*	No	Sí	2x
XLearner	Categórico	Solo por *bootstrapping*	No	Sí	5x
DRLearner	Categórico	Solo por *bootstrapping*	No	Sí	13x

Nombre del modelo	Tipo de tratamiento	Intervalos de confianza	Tratamiento lineal asumido	Múltiples resultados	Velocidad de entrenamiento (relativa a S-Learner)
LinealDML	Categórico, continuo	Nativamente	Sí	Sí	27x
CausalForestDML	Categórico, continuo	Por *Bag-of-Little-Bootstraps* o *bootstrapping* (convencional)	Sí	Sí	39x

Si se desea una comparación más exhaustiva entre estimadores EconML, recomiendo esta página de documentación: `https://econml.azurewebsites.net/spec/comparison.html`. Para otras comparaciones de rendimiento entre distintos métodos de machine learning para CATE (metaaprendices, DR y más) con datos experimentales, consúltese Jacob (2021).

Ahora sí es el momento de finalizar esta sección. La iniciamos con una breve discusión sobre el uso de modelos CATE con datos experimentales y el flujo de trabajo de EconML adaptado a escenarios experimentales.

A continuación, introdujimos el conjunto de datos de Hillstrom y probamos si nuestros datos estaban libres de confusión con variables observadas. Ajustamos seis modelos distintos y comparamos su rendimiento desde el punto de vista del coste informático.

También hablamos de conocidas herramientas de evaluación para modelos *uplift*: el coeficiente Qini, AUUC y *uplift* por decil. Empleamos este último y la medición de respuesta esperada generalizada para comparar el rendimiento de nuestros modelos. Por último, mostramos cómo obtener intervalos de confianza a partir de estimadores EconML, analizamos cuándo puede ser beneficioso utilizar modelos CATE de machine learning con datos experimentales y compartimos una completa tabla de comparación de estimadores causales.

En la próxima sección corta, comentaremos la idea de utilizar machine learning para explicaciones contrafactuales.

Extra: explicaciones contrafactuales

Imaginemos que vas a solicitar un crédito a tu banco. Te has preparado bien: has revisado las distintas variables que podrían afectar a la decisión del banco, así que estás bastante seguro de que tu solicitud será aprobada. El miércoles por la mañana recibes un correo electrónico del banco. Estás visiblemente emocionado. Abres el mensaje, listo para dar la bienvenida al éxito. Pero en el correo te espera una sorpresa.

Tu solicitud de crédito ha sido rechazada.

Llamas al banco y les preguntas de todo. Quieres entender las razones. Al final del día, la decisión que han tomado tiene un enorme impacto en algunos de tus planes más importantes.

La única respuesta que obtienes del representante del servicio al cliente es que no cumplías los criterios. «¿Qué criterios?», preguntas. Pero la respuesta no te satisface.

Te gustaría asegurarte de que cumples los criterios la próxima vez que vuelvas a presentar la solicitud, pero parece que nadie puede decirte cómo mejorar.

¿Es mala fe o se trata de un técnico que no sabe?

¿La falta de respuestas se debe a que los empleados del banco no están dispuestos a ayudar?

No necesariamente. Es posible que algunas organizaciones no estén técnicamente preparadas para responder a preguntas como las nuestras. ¿Cómo podemos ayudarles a cambiar esta situación?

Recordemos la idea en la que se basa S-Learner.

En primer lugar, entrenamos un único modelo con nuestros datos. A continuación, generamos predicciones para distintos valores de la variable de tratamiento y realizamos una simple resta. Esta idea es muy flexible. ¿Y si la ampliamos a otras variables que no consideramos antes?

En teoría (dependiendo del escenario), esto podría estropear el carácter causal del modelo.

¿Nos importa? Pues no, si nuestro objetivo es responder a la pregunta «¿qué hay que hacer?» para cambiar el resultado del modelo.

¿Por qué? Estamos realizando una intervención en el modelo y nos interesa su comportamiento, no la precisión con la que representa un proceso subyacente.

Intervenciones como esta nos proporcionan unos resultados válidos dado nuestro objetivo.

En cierto sentido, este enfoque es aún más sencillo que S-Learner, dado que solo nos interesa encontrar los cambios mínimos en los datos que producirían el cambio esperado en el resultado, de modo que ni siquiera nos haga falta calcular el efecto causal. Pero este método tiene algunos desafíos.

¿Qué pasa si tenemos que cambiar más de un atributo para influir en el resultado porque hay interacción entre ellos? ¿Y si hay muchas maneras de cambiar el resultado y algunas son mucho más fáciles, pero solo hemos hallado la más difícil?

Para resolver estas cuestiones, Microsoft lanzó un paquete de código abierto denominado DiCE (*Diverse Counterfactual Explanations*, diversas explicaciones contrafactuales; Mothilal *et al.*, 2020). La intuición básica de DiCE es que busca una serie de cambios en los atributos de entrada que dan lugar al cambio en el resultado, a la vez que maximiza la proximidad a los valores originales y a la diversidad (y localiza muchas soluciones distintas al mismo problema para que podamos elegir la mejor). Para saber más sobre DiCE, consúltese la entrada introductoria del post de Amit Sharma (`https://www.microsoft.com/en-us/research/blog/open-source-library-provides-explanation-for-machine-learning-through-diverse-counterfactuals/`) y el repositorio de GitHub de DiCE (`https://github.com/interpretml/DiCE`).

Hay que tener en cuenta que, en función del sector del mercado y de la región geopolítica, el uso de métodos como el tratado antes podría ser difícil, debido a requisitos normativos especiales. DiCE ofrece un conjunto inteligente de herramientas, que pueden ayudar cuando hay datos sensibles en juego.

En casos en los que sea difícil aplicar modelos complejos de machine learning por los requisitos de capacidad de interpretación, con modelos lineales sencillos es posible implementar una lógica similar a la que hemos comentado al principio de esta sección.

En esta breve sección adicional, hemos analizado las ideas básicas en las que se basan las explicaciones de modelos contrafactuales y hemos presentado DiCE, una biblioteca Python de código abierto que ayuda a los analistas a realizar con facilidad inferencias contrafactuales en casos más complejos.

Para terminar

Felicidades por llegar al final del capítulo 10.

En este capítulo hemos presentado cuatro nuevos estimadores causales: DR-Learner, TMLE, DML y el bosque causal. Hemos utilizado dos de ellos en nuestro conjunto de datos sintéticos sobre ingresos y comparado su rendimiento con el de los metaaprendices del capítulo 9.

Después, hemos conocido las diferencias en los flujos de trabajo entre datos observacionales y experimentales, y hemos ajustado seis modelos diferentes al conjunto de datos de Hillstrom. Hablamos de las mediciones más usadas para evaluar los modelos de elevación o *uplift* y aprendimos a utilizar los intervalos de confianza para los estimadores EconML. Hemos comentado cuándo puede ser beneficioso el uso de modelos de machine learning para efectos de tratamiento heterogéneos desde un punto de vista experimental. Por último, resumimos las diferencias entre los distintos modelos y cerramos el capítulo con un breve debate sobre explicaciones de modelos contrafactuales.

En el próximo capítulo, continuaremos nuestro viaje por la tierra de la inferencia causal con machine learning y, con el capítulo 12, abriremos la puerta a la última parte del libro, dedicada al descubrimiento causal. ¡Hasta la vista!

Referencias

Athey, S., Tibshirani, J. y Wager, S. (2018). «Generalized random forests». The Annals of Statistics, 47(2). 1148-1178.

Balestriero, R., Pesenti, J. y LeCun, Y. (2021). «Learning in High Dimension Always Amounts to Extrapolation». arXiv. https://arxiv.org/abs/2110.09485.

Barr, D. J. (2008). «Analyzing 'visual world' eyetracking data using multilevel logistic regression». *J. Mem. Lang. 59*, 457-474.

Baayen, R. H., Davidson, D. J. y Bates, D. M. (2008). «Mixed-effects modeling with crossed random effects for subjects and items». *J. Mem. Lang. 59*, 390-412.

Bühlmann, P. y van de Geer, S. A. (2011). «Statistics for High-Dimensional Data». Springer.

Cassel, C.M., Särndal, C. y Wretman, J. H. (1976). «Some results on generalized difference estimation and generalized regression estimation for finite populations». *Biometrika, 63,* 615-620.

Chernozhukov, V., Chetverikov, D., Demirer, M., Duflo, E., Hansen, C., Newey, W. y Robins, J. M. (2018). «Double/debiased machine learning for treatment and structural parameters». *The Econometrics Journal, 21*(1), C1-C68. https://academic.oup.com/ectj/article/21/1/C1/5056401.

Chernozhukov, V., Cinelli, C., Newey, W., Sharma, A. y Syrgkanis, V. (2022). *Long Story Short: Omitted Variable Bias in Causal Machine Learning* (Documento de trabajo n°. 30302; serie de documentos de trabajo del NBER). National Bureau of Economic Research. https://www.nber.org/system/files/working_papers/w30302/w30302.pdf.

Cinelli, C., Forney, A. y Pearl, J. (2022). «A crash course in good and bad controls». *Sociological Methods & Research*, 00491241221099552.

Clement, Z. (8 de febrero de 2023). «Estimating causal effects under sparsity using the econml package». *Medium.* https://medium.com/@clementzach_38631/estimating-causal-effects-under-sparsity-using-the-econml-package-153b787cb2b1.

Courthoud, M. (19 de julio de 2022). «Understanding AIPW, the Doubly-Robust Estimator». *Towards Data Science; Medium.* https://towardsdatascience.com/understanding-aipw-ed4097dab27a.

Diemert, E., Betlei, A., Renaudin, C. y Amini, M. R. (2018). *A Large Scale Benchmark for Uplift Modeling.* KDD.

Ding, P. y Li, F. (2018). «Causal Inference: A Missing Data Perspective». *Statist. Sci. 33*(2), 214-237.

Díaz, I. (2020). «Machine learning in the estimation of causal effects: targeted minimum loss-based estimation and double/debiased machine learning». *Biostatistics, 21*(2), 353-358. https://academic.oup.com/biostatistics/article/21/2/353/5631845.

Facure, M. A. (2020). *Causal Inference for The Brave and True.* https://matheusfacure.github.io/python-causality-handbook/landing-page.html.

Gordon, B. R., Moakler, R. y Zettelmeyer, F. (2022). «Close Enough? A Large-Scale Exploration of Non-Experimental Approaches to Advertising Measurement». arXiv. https://arxiv.org/abs/2201.07055.

Green, J. y White, M. H., II. (2023). *Machine Learning for Experiments in the Social Sciences.* Cambridge University Press.

Gruber, S. y van der Laan, M. J. (2010). «A Targeted Maximum Likelihood Estimator of a Causal Effect on a Bounded Continuous Outcome». *The International Journal of Biostatistics, 6*(1), 26. https://www.degruyter.com/document/doi/10.2202/1557-4679.1260/html.

Gubela, R. y Lessmann, S. (2020). «Uplift Forest for Multiple Treatments and Continuous Outcomes». *International Conference on Information Systems.*

Harrell, F. [@f2harrell]. (2 de marzo de 2023). *This is a difficult case. Sometimes one must have pilot data to do meaningful calculations.* [Tweet]. Twitter. `https://twitter.com/f2harrell/status/1631281762075590656.`

Hernán M. A. y Robins J. M. (2020). *Causal Inference: What If.* Chapman & Hall/CRC.

Holland, P. (1986). «Statistics and Causal Inference». *Journal of the American Statistical Association, 81,* 945-960.

Huang, J., Yehdego, D. y Siddarth, K. (5 de noviembre de 2020). «Causal inference (Part 2 of 3): Selecting algorithms». *Medium.* `https://medium.com/data-science-at-microsoft/causal-inference-part-2-of-3-selecting-algorithms-a966f8228a2d.`

Hünermund, P., Louw, B. y Caspi, I. (2022). «Double Machine Learning and Automated Confounder Selection – A Cautionary Tale». arXiv. `https://arxiv.org/abs/2108.11294.`

Jacob, D. (2021). «CATE meets ML - Conditional Average Treatment Effect and Machine Learning». *Accounting Technology & Information System eJournal.*

Kang, J. D. Y. y Schafer, J. L. (2007). «Demystifying Double Robustness: A Comparison of Alternative Strategies for Estimating a Population Mean from Incomplete Data». *Statist. Sci. 22*(4), 523-539.

Kennedy, E. H. (2020). «Towards optimal doubly robust estimation of heterogeneous causal effects». arXiv: Statistics Theory. `https://arxiv.org/abs/2004.14497.`

Kohavi, R., Tang, D. y Xu, Y. (2020). Twyman's Law and Experimentation Trustworthiness. En el volumen *Trustworthy Online Controlled Experiments: A Practical Guide to A/B Testing* (págs. 39-57). Cambridge University Press.

Li, F. (2020). «Comment: Stabilizing the Doubly-Robust Estimators of the Average Treatment Effect under Positivity Violations». *Statist. Sci. 35*(3), 503-510. `https://projecteuclid.org/journals/statistical-science/volume-35/issue-3/Comment--Stabilizing-the-Doubly-Robust-Estimators-of-the-Average/10.1214/20-STS774.full.`

Li, F. (2021). STA 640. *Causal Inference. Chapter 3.5. Doubly Robust and Augmented Estimators* [material didáctico]. Departamento de Estadística. Universidad Duke. `http://www2.stat.duke.edu/~fl35/teaching/640/Chap3.5_Doubly%20Robust%20Estimation.pdf.`

Lopez-Paz, D. y Oquab, M. (2016). «*Revisiting classifier two-sample tests*». arXiv.

Mohan, K. y Pearl, J. (2021). «Graphical Models for Processing Missing Data». *Journal of the American Statistical Association, 116,* 1023-1037.

Mothilal, R. K., Sharma, A. y Tan, C. (2020). «Explaining machine learning classifiers through diverse counterfactual explanations». *Actas de la Conferencia ACM FAT de 2020,* 607-617.

Oprescu, M., Syrgkanis, V. y Wu, Z. S. (2019). «Orthogonal Random Forest for Causal Inference». Actas *de la 36.ª Conferencia Internacional sobre Machine Learning, en Actas de Investigación sobre Aprendizaje Automático, 97,* 4932-4941. `https://proceedings.mlr.press/v97/oprescu19a.html.`

Porter, K. E., Gruber, S., van der Laan, M. J. y Sekhon, J. S. (2011). «The Relative Performance of Targeted Maximum Likelihood Estimators». *The International Journal of Biostatistics, 7*(1), 31. https://www.degruyter.com/document/doi/10.2202/1557-4679.1308/html.

Radcliffe, N. (2007). «Using control groups to target on predicted lift: Building and assessing uplift model». *Direct Marketing Analytics Journal, 3*, 14-21.

Robins, J. M., Rotnitzky, A. y Zhao, L. P. (1994). «Estimation of Regression Coefficients When Some Regressors are not Always Observed». *Journal of the American Statistical Association, 89*, 846-866.

Rosenbaum, P. R. y Rubin, D. B. (1983). «The central role of the propensity score in observational studies for causal effects». *Biometrika, 70*, 41-55.

Rzepakowski, P. y Jaroszewicz, S. (2010). «Decision Trees for Uplift Modeling». *Conferencia internacional sobre minería de datos de 2010*, 441-450.

Schuler, M. S. y Rose, S. (2017). «Targeted maximum likelihood estimation for causal inference in observational studies». *American Journal of Epidemiology, 185*(1), 65-73.

Student (1908). «The probable error of a mean». *Biometrika*, 1-25.

Tan, X., Yang, S., Ye, W., Faries, D. E., Lipkovich, I. y Kadziola, Z. (2022). «When Doubly Robust Methods Meet Machine Learning for Estimating Treatment Effects from Real-World Data: A Comparative Study». arXiv. https://arxiv.org/abs/2204.10969.

Van de Geer, S.A., Buhlmann, P., Ritov, Y. y Dezeure, R. (2013). «On asymptotically optimal confidence regions and tests for high-dimensional models». *Annals of Statistics, 42*, 1166-1202.

van der Laan, M. y Hejazi, N. (24 de diciembre de 2019). *CV-TMLE and double machine learning.* vanderlaan-lab. org. https://vanderlaan-lab.org/2019/12/24/cv-tmle-and-double-machine-learning/.

van der Laan, M. y Rubin, D. (2006). «Targeted Maximum Likelihood Learning». *The International Journal of Biostatistics, 2*(1). https://www.degruyter.com/document/doi/10.2202/1557-4679.1043/html.

Wager, S. y Athey, S. (2018). «Estimation and Inference of Heterogeneous Treatment Effects using Random Forests». *Journal of the American Statistical Association, 113*(523), 1228-1242. https://www.tandfonline.com/doi/full/10.1080/01621459.2017.1319839.

Xu, K., Li, J., Zhang, M., Du, S. S., Kawarabayashi, K. y Jegelka, S. (2020). «How Neural Networks Extrapolate: From Feedforward to Graph Neural Networks». arXiv. https://arxiv.org/abs/2009.11848.

Zhao, Yan, Xiao Fang y David Simchi-Levi. «Uplift Modeling with Multiple Treatments and General Response Types». *Actas de la conferencia internacional SIAM sobre minería de datos de 2017* (9 de junio de 2017): 588-596.

## 11

Inferencia causal y machine learning: deep learning, PLN y mucho más

Has recorrido un largo camino, muchas felicidades.

El capítulo 11 marca un importante punto de inflexión en nuestro viaje hacia la causalidad. Con este capítulo, concluiremos nuestra aventura por la tierra de la inferencia causal y nos prepararemos para aventurarnos en el territorio inexplorado del descubrimiento causal.

Antes de continuar, veamos con más detalle lo que el deep learning tiene que ofrecer en el ámbito de la inferencia causal.

Empezaremos dando un paso atrás y recordando la mecánica de los dos modelos que introdujimos en el capítulo 9: S-Learner y T-Learner.

Exploraremos cómo pueden ayudarnos las flexibles arquitecturas de deep learning a combinar las ventajas de ambos modelos e implementaremos algunas de estas arquitecturas con la librería CATENets basada en PyTorch.

A continuación estudiaremos cómo se entrecruzan la causalidad y el procesamiento del lenguaje natural (PLN), y aprenderemos cómo mejorar las modernas arquitecturas con capacidades causales, utilizando Transformers Huggingface y PyTorch.

Después, nos adentraremos en el mundo de la econometría y de los datos de series temporales cuasiexperimentales, y aprenderemos a implementar un estimador de control sintético bayesiano con CausalPy.

¿Preparados?

En este capítulo, trataremos los siguientes temas:

- Efectos promedio del tratamiento (ATE) condicionales con deep learning.
- PLN causal con Transformers.
- Control sintético bayesiano.

Profundizando todavía más: deep learning para efectos del tratamiento heterogéneos

Desde que el deep learning moderno empezó a ganar terreno a principios de la década de 2010, hemos asistido a una progresión continua de avances. Desde AlexNet (Krizhevsky *et al.*, 2012), que revolucionó la visión por ordenador, pasando por Word2vec (Mikolov *et al.*, 2013), que cambió el panorama de la PLN para siempre, hasta los Transformers (Vaswani *et al.*, 2017) y las arquitecturas generativas modernas (por ejemplo, Radford *et al.*, 2021 y Rombach *et al.*, 2022), que impulsaron la explosión de la IA generativa de 2022-2023.

Aunque la idea básica del deep learning (supervisado) es asociativa por naturaleza y, como tal, pertenece al primer peldaño de la escalera de la causalidad, su flexibilidad puede aprovecharse para mejorar y ampliar los métodos de inferencia causal existentes.

En esta sección, introduciremos arquitecturas de deep learning para configurar efectos del tratamiento heterogéneos (también conocidos como CATE, *Conditional Treatment Effects*). Estudiaremos las ventajas de usar deep learning para los modelos CATE e implementaremos dos arquitecturas clave con la librería CATENets basada en PyTorch (Curth y van der Schaar, 2021a).

CATE va más allá

Las arquitecturas de deep learning diferenciables facilitan la organización de la información prácticamente de todas las maneras posibles, lo que abre la puerta a un mundo de posibilidades totalmente nuevo.

En el capítulo 9 presentamos los algoritmos S-Learner y T-Learner. Vimos que una de las ventajas de S-Learner, comparado con T-Learner, es la eficiencia de la muestra.

S-Learner emplea un modelo con un solo alumno base y lo entrena con todos los datos disponibles. Mientras tanto, T- Learner utiliza observaciones tratadas y observaciones de control para entrenar dos modelos base distintos.

Una de las ventajas de T-Learner es que al aprender dos funciones de respuesta individuales, podría ser más efectivo para configurar dichas funciones cuando difieren de manera significativa.

¿Qué pasaría si pudiéramos combinar las ventajas de ambos modelos en una sola arquitectura?

TARNet

La red de representación agnóstica del tratamiento o TARNet (*Treatment-Agnostic Representation Network*) es una arquitectura de red neuronal, introducida por Uri Shalit de Technion (entonces en la Universidad de Nueva York) y sus colegas en la ponencia de la conferencia ICML de 2017 de título *Estimating individual treatment effect: generalization bounds and algorithms* (Shalit *et al.*, 2017).

La arquitectura consiste en un bloque de capas compartidas, entrenadas con todos los datos disponibles y dos cabezales de regresión disjuntos, entrenados mediante datos tratados o de control, respectivamente. Sin pensarlo mucho, esta arquitectura combina la eficiencia de la muestra de S-Learner, gracias a las capas compartidas, y la flexibilidad de T-Learner, gracias a los cabezales de regresión disjuntos.

Obsérvese que esta solución combate también la mayor debilidad de S-Learner, es decir, el riesgo de que una variable de tratamiento no sea tenida en cuenta en la representación compartida.

La figura 11.1 muestra simbólicamente la arquitectura TARNet.

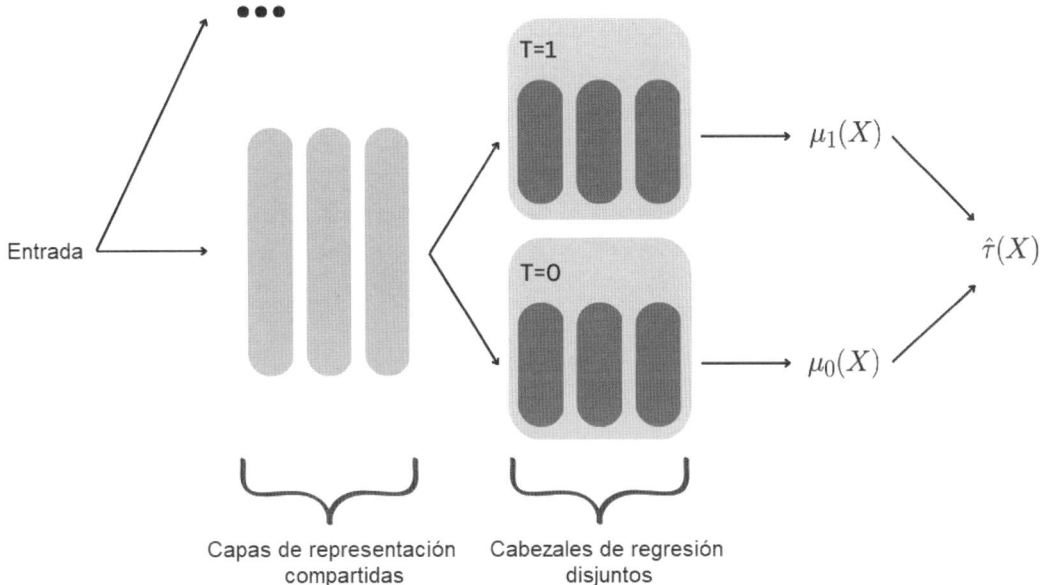

Figura 11.1. Una arquitectura TARNet simplificada.

Como se observa en la figura, las primeras capas de TARNet (capas de representación compartidas) aprovechan todos los datos. Después, el flujo de información se divide entre cabezales específicos de tratamiento y control (cabezales de regresión disjuntos). La salida de esos cabezales sirve para calcular CATE.

Además de lo que vemos en la figura, TARNet usa un componente adicional, que calcula la discrepancia entre las representaciones de las covariables de tratamiento y control, empleado para equilibrar estas representaciones cuando sea necesario, de manera análoga a la puntuación de propensión, marcada simbólicamente por los tres puntos de la figura (se han omitido los detalles por claridad en la presentación).

TARNet ha demostrado funcionar de manera competitiva o incluso superar a otras arquitecturas (Shalit *et al.*, 2017, y Curth y van der Schaar, 2021a).

SNet

SNet (Curth y van Der Schaar, 2021a) es una arquitectura basada en deep learning que se puede considerar una generalización de TARNet y de otras arquitecturas como DragonNet (Shi *et al.*, 2019) y DR-CFR (Hassanpour y Greiner, 2020)).

SNet consiste en una serie de capas iniciales paralelas entrenadas con todos los datos. En particular, SNet aprende cinco representaciones distintas y las pasa a tres cabezales disjuntos, dos de regresión, que representan el modelo de resultado, y una puntuación de propensión, que representa el modelo de tratamiento.

La S del nombre de SNet proviene del hecho de que los últimos cabezales específicos de la tarea comparten (*share*) la información de las representaciones iniciales de la red.

La figura 11.2 muestra simbólicamente la arquitectura SNet.

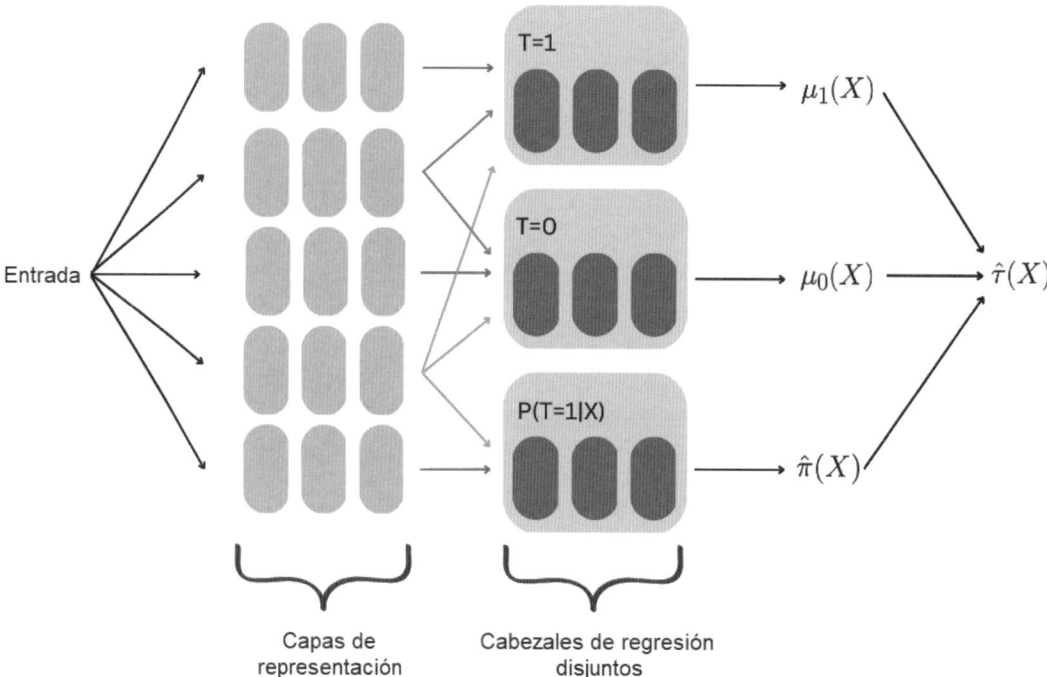

Figura 11.2. Una arquitectura SNet simplificada.

En la figura 11.2 vemos que la señal de cada una de las cinco capas de representación fluye a un conjunto distinto de cabezales de regresión. En la zona central del gráfico, las flechas sencillas rectas de izquierda a derecha indican el flujo a un solo cabezal, mientras que las flechas dobles y triples indican el flujo a varios cabezales.

Como todas las representaciones se aprenden conjuntamente, la distinción entre ellas puede no estar bien identificada. Los autores añaden un término de regularización al objetivo del modelo que «impone la ortogonalización de las entradas a (...) distintas capas» (traducido de Curth y van der Schaar, 2021).

También los autores muestran que SNet supera a TARNet y a las versiones de red neuronal de T-Learner y DR-Learner con varios conjuntos de datos semisintéticos y sintéticos.

La flexibilidad adicional de SNet puede tener como consecuencia más desafíos al ajustar el algoritmo, como podría ocurrir también con cualquier arquitectura compleja.

Ahora implementaremos TARNet y SNet mediante la librería CATENets.

Conozcamos CATENets.

CATENets

CATENets fue desarrollada por Alicia Curth, una investigadora del laboratorio van der Schaar de la Universidad de Cambridge, dirigido por Mihaela van der Schaar. La librería está basada en JAX (Bradbury *et al.*, 2018) y ofrece una gama de arquitecturas de deep learning para estimar CATE, incluyendo TARNet y SNet.

Además, incluye implementaciones de tres algoritmos originales propuestos por Curth y van der Schaar: SNet (Curth y van der Schaar, 2021a), FlexTENet y OffsetNet (Curth y van der Schaar, 2021b).

La mayoría de los modelos están también disponibles como implementaciones de PyTorch (Paszke *et al.*, 2017), a las que contribuyó amablemente Bogdan Cebere (`https://github.com/bcebere`). Utilizaremos estas implementaciones en los siguientes ejemplos de código.

CATENets ofrece una API de estilo scikit-learn muy conveniente e intuitiva.

> **PyTorch**
>
> PyTorch (Paszke *et al.*, 2017) es un esquema de deep learning de fuente abierta, desarrollado en sus inicios por el equipo Meta AI (Facebook AI) y dirigido actualmente por la Fundación PyTorch. La versión 2.0 se lanzó en marzo de 2023, introduciendo una serie de funciones que podían acelerar PyTorch en numerosas situaciones. En los últimos años, PyTorch ha ganado bastante terreno, sobre todo entre la comunidad investigadora. Los modelos con los que experimentaremos en este capítulo (CATENets y CausalBert) utilizan PyTorch en segundo plano. En la parte 3, «Descubrimiento causal», crearemos un bucle de entrenamiento completo PyTorch al implementar el modelo DECI de Microsoft.

Experimentos con CATENets

Usaremos un conjunto de datos simulado no lineal con un tratamiento binario para nuestros experimentos con CATENets. El código de esta sección y la siguiente está en los archivos de ejemplo del libro `Chapter_11.1.ipynb`.

Empecemos con los datos:

```python
import numpy as np

SAMPLE_SIZE = 5000
TRAIN_SIZE = 4500
N_FEATURES = 20

X = np.random.normal(0, 1, (SAMPLE_SIZE, N_FEATURES))
T = np.random.binomial(1, 0.5, SAMPLE_SIZE)

weights = np.random.gumbel(5, 10, (SAMPLE_SIZE,
    N_FEATURES - 1))

y = (50 * T * np.abs(X[:, 0])**1.2) + (weights * X[:,
    1:]).sum(axis=1)

y0 = (50 * 0 * np.abs(X[:, 0])**1.2) + (weights * X[:,
    1:]).sum(axis=1)
y1 = (50 * 1 * np.abs(X[:, 0])**1.2) + (weights * X[:,
    1:]).sum(axis=1)
effect_true = y1[TRAIN_SIZE:] - y0[TRAIN_SIZE:]
```

Generamos 5000 muestras y las dividimos en conjuntos de entrenamiento y prueba, que contienen 4500 y 500 observaciones respectivamente. Nuestro conjunto de datos tiene 20 atributos y los datos se generan de acuerdo con la siguiente fórmula:

$$Y_i = \left(50^* T_i^* abs\left(X_i^{(0)}\right)\right)^{1.2} + \sum_{d=1}^{D} w^{(d)} X_i^{(d)}$$

En la fórmula anterior:

- Y_i es el resultado de la observación i-ésima.

- T_i es el tratamiento para la observación i-ésima.

- $X_i^{(d)}$ es el atributo d-ésimo para la observación i-ésima.

- $w^{(d)}$ es el peso del atributo d.

- $abs(.)$ es el operador de valor absoluto.

Elegimos los pesos de forma aleatoria, a partir de la distribución Gumbel.

Como se observa en la fórmula anterior, el efecto del tratamiento no se suma y no es lineal (tenemos un valor absoluto y elevamos el término de interacción a la potencia 1,2-ésima). Al mismo tiempo, solo uno de los 20 atributos que generamos interactúa con el tratamiento (atributo $X^{(0)}$, que corresponde a X[:, 0] en el fragmento de código).

Utilizaremos nuestro conjunto de datos para ajustar S-Learner, X-Learner, DR-Learner y el bosque causal como referencia. Después, ajustaremos TARNet y SNet.

Empecemos con las importaciones necesarias:

```
from catenets.models.torch import TARNet, SNet
from econml.metalearners import SLearner,
from econml.dr import LinearDRLearner
from econml.dml import CausalForestDML
from lightgbm import LGBMRegressor
```

Hemos importado las clases TARNet y SNet desde catenets.models.torch y añadido DML de bosque causal y S-Learner, X-Learner y DR-Learner desde EconML.

También importaremos PyTorch (torch) y PyTorch Lightning (pytorch_lightning):

```
import torch
import pytorch_lightning as pl
```

Veamos el dispositivo computacional utilizando torch:

```
device = 'cuda' if torch.cuda.is_available() else 'cpu'
device
```

Si se dispone de una GPU instalada en el sistema soportada por PyTorch y se han configurado adecuadamente los controladores, este código producirá el siguiente resultado:

```
'cuda'
```

En caso contrario, mostrará lo siguiente:

```
'cpu'
```

Los cálculos con máquinas que solo tienen CPU requerirán más tiempo, pero hemos preparado los conjuntos de datos de tal forma que deben permitirnos realizarlos en un tiempo razonable con una CPU.

Veamos a continuación la semilla para la reproducibilidad. PyTorch Lightning ofrece para ello una función conveniente:

```
SEED = 18
pl.seed_everything(SEED)
```

Tengamos en cuenta que aun usando pl.seed_everything() no siempre se logran los mismos resultados. Para imponer por completo el comportamiento determinista de PyTorch, tendríamos que usar torch.use_deterministic_algorithms(True) y congelar la aleatoriedad de los cargadores de datos. En el momento de escribir esto, ello requería modificar las variables del entorno y el código de CATENets. No iremos tan lejos, y mantendremos los resultados débilmente reproducibles. Conviene estar preparados para que los resultados obtenidos difieran.

Para saber más de la reproducibilidad en PyTorch, recomiendo `https://pytorch.org/docs/stable/` `notes/randomness.html`.

Ajustemos primero los modelos de referencia:

```
benchmark_models = {
    ,SLearner': SLearner(overall_model=LGBMRegressor()),
    ,XLearner': XLearner(models=LGBMRegressor()),
    ,DRLearner': LinearDRLearner(),
    ,CausalForest': CausalForestDML()
}

benchmark_results = {}

for model_name, model in benchmark_models.items():
    model.fit(
        X=X[:TRAIN_SIZE, :],
        T=T[:TRAIN_SIZE],
        Y=y[:TRAIN_SIZE]
    )

    effect_pred = model.effect(
        X[TRAIN_SIZE:]
    )

    benchmark_results[model_name] = effect_pred
```

Hemos creado un diccionario de modelos y lo hemos utilizado para ajustar cada modelo, almacenando los resultados en otro diccionario denominado `benchmark_results`. Utilizamos regresores LightGBM para S-Learner y X-Learner, y modelos predeterminados para DR-Learner y el bosque causal.

Ajustemos a continuación TARNet y SNet:

```
tarnet = TARNet(
    n_unit_in=X.shape[1],
    binary_y=False,
    n_units_out_prop=32,
    n_units_r=8,
    nonlin='selu',
)

tarnet.fit(
    X=X[:TRAIN_SIZE, :],
    y=y[:TRAIN_SIZE],
    w=T[:TRAIN_SIZE]
)
```

Tenemos que especificar una serie de parámetros para inicializar la clase `TARNet`:

- `n_unit_in` define el número de atributos de nuestro conjunto de datos. Para mantener dinámico el código, le pasamos el tamaño de la primera dimensión de nuestro conjunto de datos como argumento. Este parámetro es obligatorio.

- `binary_y` informa al modelo si el resultado es binario. Nuestro conjunto de datos tiene un resultado continuo, de modo que lo configuramos en `False`. Internamente, este parámetro controlará qué función de pérdida debe utilizar el modelo para el modelo de resultado (entropía cruzada binaria para un resultado binario y error cuadrático medio en otro caso). Este parámetro se configura en `False` de forma predeterminada, pero yo quería usarlo explícitamente porque es importante.

- `n_units_out_prop` y `n_units_r` definen el número de neuronas de la capa de puntuación de propensión (los tres puntos de la figura 11.1) y las capas de representación (las capas más claras de la figura 11.1), respectivamente. Estos parámetros son opcionales, pero yo quería que los viéramos, ya que podrían ser útiles si el lector decide un día ajustar por sí mismo TARNet. Para más parámetros (por ejemplo, el número de capas), conviene revisar `https://github.com/AliciaCurth/CATENets/blob/main/catenets/models/torch/representation_nets.py`.

- `nonlin` define la función de activación empleada por la red. El valor predeterminado es la unidad lineal exponencial (ELU, *Exponential Linear Unit*), pero la unidad lineal exponencial dimensionada (SELU, *Scaled Exponential Linear Unit*) ha demostrado tener un efecto autonormalizador sobre redes densas (Klambauer *et al.*, 2017). Este efecto podría no estar garantizado en arquitecturas más complejas como TARNet, pero descubrí que SELU funcionaba mejor que ELU para conjuntos de datos similares a los que utilizamos.

Tras inicializar el modelo, llamamos al método `.fit()` y le pasamos los datos. Obsérvese que el convenio de nomenclatura de CATENets difiere del que empleamos en EconML:

- `X` toma la matriz de atributos (debería incluir todos los factores de confusión si hay datos observaciones).

- `y` toma el vector de resultado.

- `w` toma el vector de tratamiento.

Indexamos las variables `X`, `y` y `T` usando la constante `TRAIN_SIZE` que definimos al principio; por ejemplo, `X[:TRAIN_SIZE, :]` significa que tomamos todas las observaciones desde la primera hasta la observación `TRAIN_SIZE` (pero sin incluirla), y tomamos todos los atributos (marcados por el segundo signo de dos puntos después de la coma).

Nótese que no mezclamos el conjunto de datos, ya que está generado aleatoriamente.

Obtengamos predicciones de TARNet:

```
effect_pred_tarnet = tarnet.predict(
    X=X[TRAIN_SIZE:, :]
).cpu().detach().numpy()
```

Para obtener el efecto CATE predicho, utilizamos el método `.predict()`. Esta vez le pasamos el conjunto de datos de prueba (empezando desde la observación `TRAIN_SIZE` hasta la última).

Nótese que llamamos a una cadena de métodos sobre el resultado:

1. Llamamos a `.cpu()` para enviar el tensor resultante de una GPU (si se usó una) a una CPU.

2. A continuación, llamamos a `.detach()`, lo que separa el tensor del grafo computacional usado por PyTorch en segundo plano (este grafo no tiene nada que ver con los grafos causales; lo utiliza PyTorch para realizar cálculos de manera eficiente).

3. Por último, llamamos a `.numpy()` para convertir el tensor al tipo de datos `np.array` de NumPy.

Esta cadena solo es necesaria cuando utilizamos una GPU, pero no hace ningún efecto si se trabaja con una máquina que solo tiene CPU.

Ahora ajustemos el modelo SNet.

El procedimiento es prácticamente idéntico al empleado para TARNet:

```
snet = SNet(
    n_unit_in=X.shape[1],
    binary_y=False,
    n_units_out_prop=32,
    n_units_r=8,
    nonlin='selu',
)

snet.fit(
    X=X[:TRAIN_SIZE, :],
    y=y[:TRAIN_SIZE],
    w=T[:TRAIN_SIZE]
)
```

Para obtener las predicciones, llamamos al método `.predict()` y a la cadena de funciones `cpu`, `detach` y `numpy` sobre el resultado:

```
effect_pred_snet = snet.predict(
    X=X[TRAIN_SIZE:, :]
).cpu().detach().numpy()
```

Estupendo. Estamos ya listos para comparar los resultados entre todos los modelos.

La figura 11.3 resume los resultados para TARNet, SNet y nuestro método de referencia. TARNet obtuvo los mejores resultados, logrando un valor para el porcentaje de error medio absoluto (MAPE, *Mean Absolute Percentage Error*) de 2.49. SNet rindió menos favorablemente, con la varianza más alta de todos los modelos comparados. Quizá el modelo pudo beneficiarse de un entrenamiento más largo y/o de un tamaño de muestra más grande.

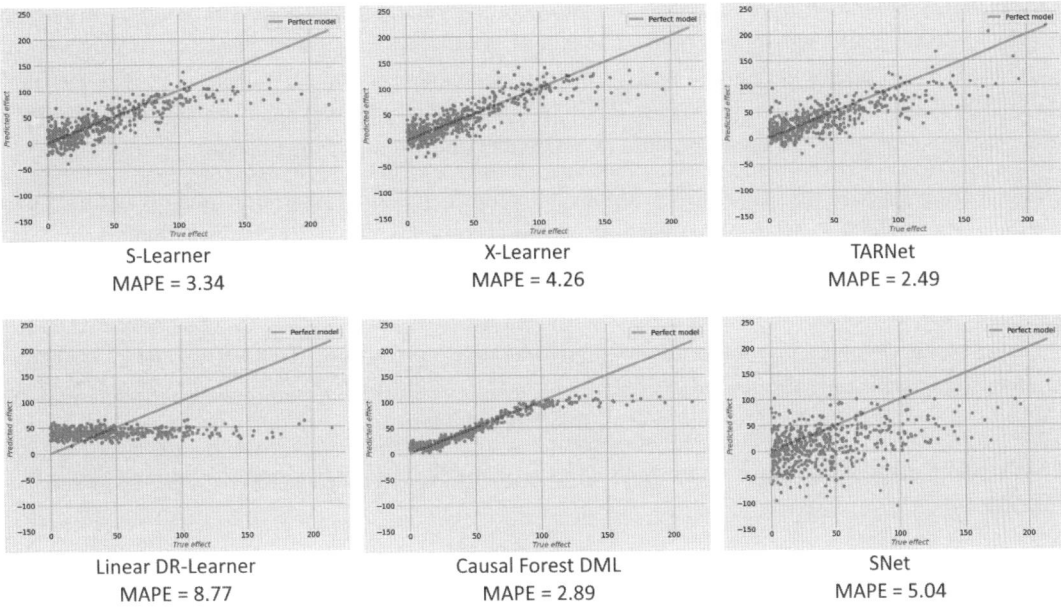

Figura 11.3. Resultados para los modelos de referencia y los modelos de deep learning (TARNet y SNet).

TARNet es el mejor modelo aproximando las regiones de baja densidad (la parte de la esquina superior derecha de cada panel con un pequeño número de puntos). DML de bosque causal tiene la varianza más baja, pero su rendimiento es deficiente en estas regiones de baja densidad, cediendo el puesto a TARNet.

S-Learner y X-Learner parecen tener una varianza comparable a la de TARNet, pero rinden visiblemente peor en comparación en las regiones de densidad más baja.

Finalmente, DR-Learner lineal no logra capturar la heterogeneidad del efecto. Esto no resulta sorprendente, ya que el modelo (por definición) solo puede captar efectos del tratamiento de manera lineal en parámetros.

Los resultados de nuestro experimento no deben tratarse como una referencia universal. Solo ejecutamos una iteración por cada modelo, pero también hay una razón más profunda para ello.

Como demostraron Curth *et al.* (2021), los modelos CATE podrían funcionar de maneras muy distintas dependiendo de la construcción del conjunto de datos. En particular, cambiar la función que modifica el efecto del tratamiento puede favorecer a algunos modelos frente a otros.

Este hecho podría dificultar mucho la evaluación del modelo CATE con datos sintéticos. Los autores proponen una serie de pasos para resolver estos retos, como utilizar datos experimentales artificialmente sesgados para construir conjuntos de datos observacionales. Dicho esto, cada una de sus propuestas tiene sus propias desventajas (Curth *et al.*, 2021).

En la realidad, integrar en el proceso conocimiento experto y validar predicciones del modelo con datos de prueba (utilizando intervenciones y predicciones contrafactuales si es posible) puede servir para resolver estos desafíos, lo que nos lleva a una conclusión aparentemente paradójica: podría ser más fácil evaluar un modelo CATE en un determinado caso de uso práctico del mundo real que comparar su rendimiento universal con otros modelos según pruebas de referencia ya existentes y organizadas.

Desde una perspectiva más amplia, quizá podríamos decir que este estado de cosas no es único para configurar la causalidad, y el machine learning no causal contemporáneo se enfrenta a desafíos similares, aunque sean más difíciles de detectar de manera explícita (por ejemplo, pensemos en validar grandes modelos de lenguaje entrenados prácticamente con toda internet).

En esta sección, hemos presentado dos arquitecturas de deep learning, TARNet y SNet, y las hemos implementado utilizando la librería CATENets. Comparamos los resultados con otros métodos CATE, y hablamos de los desafíos que presenta la evaluación de modelos CATE.

En la sección siguiente, veremos un ejemplo de adaptación de la arquitectura Transformer a tareas PLN causales.

Transformers e inferencia causal

«Der Gegenstand ist einfach» [el objeto es simple]

—Ludwig Wittgenstein (1921)

Estamos en 1916. Las llamas de la guerra consumen Europa. Un joven austriaco de ascendencia judía llega a un hospital de Cracovia, herido en una explosión industrial. Es un soldado voluntario que sirvió en un regimiento de artillería austriaco. Pero hay algo que le diferencia de los demás jóvenes del hospital.

Su mochila está llena de notas.

Las guarda cerca, pero esas notas no son un diario. Consisten en un conjunto de observaciones sobre lógica, ética, lenguaje y religión. Algunas de ellas las tomó cuando aún estaba en las trincheras del Frente Oriental.

El joven se llama Ludwig Wittgenstein, y sus notas se convertirán más tarde en la base del único libro que publicará en vida: *Tractatus Logico-Philosophicus* (Wittgenstein, 1922).

Este volumen se convertirá en una de las obras más significativas de la filosofía occidental del siglo XX.

Una de sus ideas centrales es que la mayoría de los problemas filosóficos se crean por el mal uso del lenguaje. Afirma que arreglar el lenguaje haciendo referencias claras a objetos y estados de cosas del mundo real resolvería los problemas filosóficos existentes, muchos de ellos mediante la demostración de que son meros artefactos del mal uso del lenguaje.

En esta sección hablaremos de los retos de usar lenguaje natural en tareas de inferencia causal, mostraremos uno de los enfoques para abordar este reto y lo implementaremos usando un modelo CausalBert basado en PyTorch.

La teoría del significado en cinco párrafos

Iniciamos esta sección con una cita del libro de Wittgenstein. La cita (tesis 2.02 del *Tractatus Logico-Philosophicus*) fue traducida al inglés por Charles Kay Ogden como: «*The object is simple*» (Wittgenstein, 1922) y al castellano por el doctor Ivo Hernández (2022) como: «El objeto es simple».

La teoría del significado propuesta en este libro afirma que los nombres que usamos en el lenguaje se refieren a objetos simples (atómicos). Los objetos atómicos no tienen complejidad; no pueden dividirse más o describirse, solo nombrarse.

Esta visión desborda belleza. La correspondencia entre el lenguaje y el mundo parece sencilla y elegante. Un problema de esta visión es que, en los lenguajes naturales, la misma palabra puede expresar a menudo objetos o acontecimientos diferentes o, incluso, frases enteras distintas.

Por ejemplo, la palabra árabe يلا (*yallah*) utilizada mucho por oradores árabes y hebreos, tiene numerosos significados que dependen enormemente del contexto. Puede significar, entre otras cosas, las siguientes:

- ¡Vamos!
- ¡Date prisa!
- Por favor, vete a la cama ahora.
- ¡Vale!
- ¡Márchate!
- ¡Ven aquí!
- ¡Hagámoslo!

Esta dependencia del contexto es habitual en lenguajes naturales. Es más, los cambios en el significado de una palabra pueden tener un carácter sutil entre distintos usos. Wittgenstein se dio cuenta de esto y cambió su enfoque del significado en las últimas etapas de su carrera filosófica.

Quizá el nuevo enfoque que adoptó en sus últimos trabajos nos haya ayudado a crear sistemas como ChatGPT. Pero vayamos paso a paso.

Lograr que los ordenadores comprendan el lenguaje

Trabajar con lenguaje natural basado en unidades discretas, a las que llamamos palabras, ha sido un gran desafío para los científicos informáticos durante mucho tiempo.

A lo largo de los años, lingüistas computacionales y científicos informáticos han ideado muchas formas creativas de extraer información de documentos en lenguaje natural. Los primeros intentos se basaban en acercamientos del tipo «lista de palabras» y análisis teóricos de la información (por ejemplo, Zipf en 1949).

El principal problema de estos intentos era que no eran capaces de capturar los aspectos de las similitudes semánticas entre palabras (aunque algunos sí podían captar una cierta noción de similitud a nivel de documento).

El enfoque de Wittgenstein del significado cambió de la idea de palabras que denotan objetos a su uso en el contexto. En *Philosophical Investigations* (publicado póstumamente), Wittgenstein (1953) escribió: «el significado de una palabra es su uso en el lenguaje» [traducido], y propuso que en los juegos lingüísticos podrían codificarse distintos significados. Estas ideas están estrechamente relacionadas con la noción promovida por el lingüista inglés John Rupert Firth, resumida del siguiente modo: «conocerás una palabra por la compañía que tiene» (traducido, Firth, 1957).

Probablemente los trabajos de Wittgenstein han contribuido en muchas líneas de investigación en inteligencia artificial y lingüística por varias vías. Una de ellas dio lugar a los trabajos de su alumna Margaret Masterman, quien aplicó las ideas de Wittgenstein al ámbito de la traducción automática. Fundó la Unidad de Investigación Lingüística de Cambridge en 1955, y su trabajo influyó en investigadores de todo el mundo (Molino y Tagliabue, 2023).

De la filosofía al código Python

En 2013, Tomáš Mikolov, investigador checo de Google, y sus colegas publicaron un artículo que cambió para siempre el panorama del PLN. El artículo presentaba un algoritmo autosupervisado llamado word2vec, que aprendía representaciones vectoriales densas y continuas de las palabras, lo que permitía enmarcar la similitud semántica como una distancia entre vectores en un espacio multidimensional continuo (Mikolov *et al.*, 2013).

Aunque word2vec no era capaz de configurar la polisemia (múltiples significados de la misma palabra), se consideró como la primera implementación práctica de las ideas esenciales propuestas en los últimos trabajos de Wittgenstein.

Menos de cinco años después de la publicación del artículo sobre word2vec, el modelo ELMo, introducido por Matthew E. Peters y sus colegas (Peters *et al.*, 2018), hizo posible la configuración de la polisemia. Solo un par de meses después, un equipo de Google lanzó el modelo BERT (Devlin *et al.*, 2018), que reemplazaba las redes neuronales recurrentes con un mecanismo de atención multicabezal (Vaswani *et al.*, 2018). BERT es un ejemplo de la arquitectura Transformer que también dio origen a la familia de modelos GPT (Radford *et al.*, 2019, Brown *et al.*, 2020 y OpenAI, 2023).

BERT ha revolucionado el campo del PLN por completo, aportando enormes mejoras a la mayoría de las referencias conocidas, si no a todas. Sus primos generativos de la familia GPT convirtieron al PLN en un tema de actualidad, con titulares en los medios de comunicación. Aunque los grandes modelos de lenguaje (LLM, *Large Language Models*) modernos como BERT o GPT-4 han supuesto un impresionante avance en las posibilidades actuales de los modelos en lenguaje natural y PLN, tienen algunas limitaciones.

Los LLM y la causalidad

ChatGPT es un sistema de *chatbot* presentado por OpenAI en noviembre de 2022 (OpenAI, 2022). El sistema está basado en los modelos GPT-3.5 y GPT-4, entrenados utilizando el paradigma RLHF (*Reinforcement Learning from Human Feedback*, aprendizaje por refuerzo con realimentación humana). ChatGPT es conocido por producir textos cortos, medianos e incluso largos que resultan verosímiles.

Se ha demostrado que el modelo puede responder con éxito a varios tipos de preguntas causales y contrafactuales. La figura 11.4 muestra cómo ChatGPT respondió (correctamente) a la pregunta contrafactual que resolvimos analíticamente en el capítulo 2.

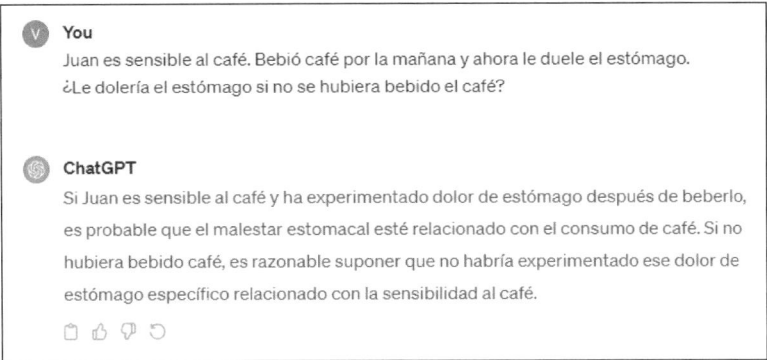

Figura 11.4. El razonamiento contrafactual de ChatGPT.

El comportamiento mostrado en la figura 11.4 me parece impresionante, aunque resulta que, con un examen más sistemático, el modelo no es del todo consistente en este ámbito.

Dos equipos independientes de Microsoft (dirigido por Cheng Zhang) y la Universidad Técnica de Darmstadt (dirigido por Moritz Willig y Matej Zečević) han analizado a fondo el sistema desde la perspectiva causal. Ambos equipos llegaron a conclusiones similares: el sistema tiene un potencial significativo para responder a varios tipos de preguntas (incluidas algunas preguntas causales), pero no puede considerarse plenamente causal (Zheng *et al.*, 2023 y Willig *et al.*, 2023).

Willig *et al.* (2023) propusieron que ChatGPT aprende un modelo meta-SCM partiendo puramente de datos lingüísticos, lo que le permite razonar causalmente, pero solo en un conjunto limitado de circunstancias y sin una generalización adecuada.

Zhang *et al.* (2023) sugirieron que el modelo podría beneficiarse de su integración con módulos causales implícitos o explícitos. Su equipo ha hecho incluso una demostración de un primer ejemplo de la integración de GPT-4 con un marco DECI causal completo (hablaremos de DECI en la parte 3, «Descubrimiento causal»).

En un artículo más reciente de título *Causal Reasoning and Large Language Models: Opening a New Frontier for Causality* (Kıcıman *et al.*, 2023), Emre Kıcıman y sus colegas demostraron que los modelos basados en GPT superan a muchos modelos existentes en el descubrimiento causal por pares, en el razonamiento contrafactual y en la determinación de causas necesarias y suficientes, logrando GPT-4 una precisión del 92,44 % en la prueba de evaluación CRASS de razonamiento contrafactual (comparado con la precisión del 98,18 % de los anotadores humanos).

La figura 11.5 presenta una comparación de precisión de la evaluación contrafactual CRASS (Frohberg y Binder, 2022) entre distintos modelos y anotadores humanos.

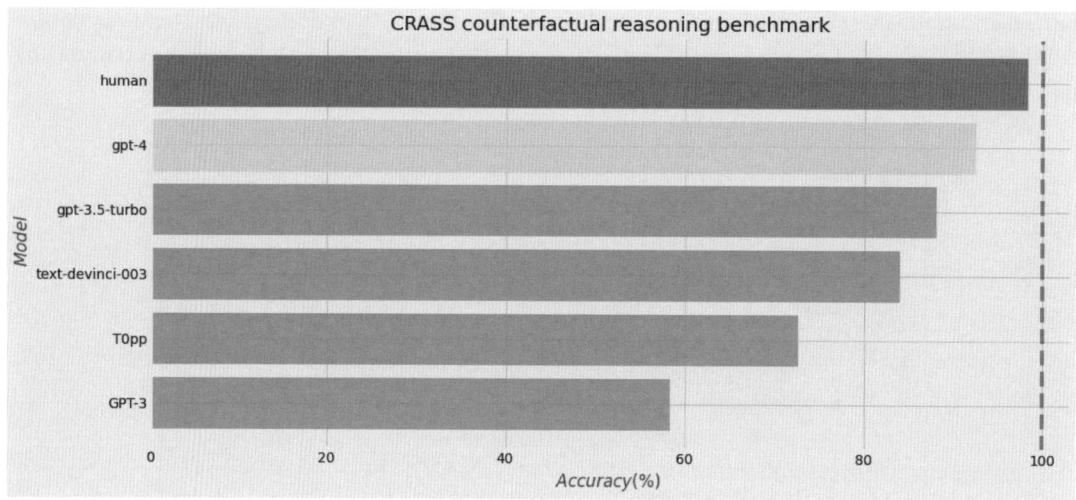

Figura 11.5. Rendimiento de modelos y humanos en la prueba de evaluación contrafactual CRASS.

Estos resultados son realmente impresionantes. El principal desafío pendiente está asociado a los modos de fallo del modelo, que son difíciles de predecir y podrían producirse «incluso en tareas en las que los LLM obtienen una elevada precisión» (traducido, Kıcıman *et al.*, 2023). Esto podría estar relacionado con el hecho de que el meta-SCM que aprende el modelo, como proponen Willig *et al.* (2023) es correlacional por naturaleza, por lo que el modelo podría producir errores estocásticamente.

Teniendo en cuenta que los LLM aún no son capaces de realizar razonamientos causales sistemáticos, una pregunta que surge de manera natural es si existen otras formas en las que puedan ser útiles en el contexto de la causalidad.

Resulta que la respuesta es positiva.

Los tres escenarios

Hay dos tipos principales de preguntas que podemos formular en la intersección entre PLN y causalidad:

- Preguntas relacionadas con las capacidades de los LLM y/o otras herramientas de PLN para ayudarnos a responder preguntas causales sobre el mundo (por ejemplo, ¿un programa de formación en escritura mejoró la claridad de escritura de los participantes?).

- Preguntas relacionadas con la mecánica causal interna de los LLM u otros modelos (por ejemplo, ¿qué cambios puede provocar en el resultado la alteración del espacio de incrustación?).

Nos centraremos únicamente en el primer tipo de pregunta.

Existen tres escenarios básicos en los que podemos aprovechar los LLM y otras herramientas de PLN para responder a preguntas causales al abordar el primer tipo de pregunta. En cada uno de ellos, utilizaremos texto como un nodo (o conjunto de nodos) de un grafo causal.

Los tres escenarios son los siguientes:

- Texto como tratamiento.
- Texto como resultado.
- Texto como factor de confusión.

En esta subsección, nos basaremos en un estupendo artículo de revisión de Amit Feder y sus colegas, cuya lectura recomiendo encarecidamente en caso de tener interés en la causalidad y el PLN (Feder *et al.*, 2020).

Evaluemos los tres escenarios.

Texto como tratamiento

Ana es redactora en una importante agencia de marketing de Madrid. En las últimas semanas, ha estado trabajando en un proyecto de gran repercusión mediática. Ella y su equipo están trabajando en una campaña en línea para impulsar las conversiones para una importante marca de moda.

Ana ha puesto todo su corazón en el proyecto, eligiendo minuciosamente las palabras que cree que hablarán a su cliente ideal. Ha creado numerosas campañas de éxito en el pasado, pero en el fondo de su corazón no sabe qué aspectos de su redacción son los responsables de su éxito.

¿Es la redacción? ¿El uso de metáforas? ¿El ritmo del texto? ¿Una combinación de todos ellos?

Ana confía en su intuición para decidir cuándo el texto es bueno. A menudo acierta, pero cuantificar el impacto del texto de una forma más sistemática podría ayudarle en su trabajo y permitirle alcanzar nuevos nichos de mercado mucho más rápido. También le proporcionaría un excelente activo, que podría aprovechar en la comunicación con las partes interesadas internas y externas.

Uno de los ejemplos de cómo podría abordarse el caso de uso de Ana procede del trabajo de Reid Pryzant *et al.* (2017). Los autores diseñaron una red neuronal para aislar los aspectos del lenguaje que influyen en las ventas y llegaron a la conclusión de que, en su muestra (procedente de la tienda en línea japonesa Rakuten), apelar a la autoridad con un lenguaje cortés, informativo y estacional era lo que más contribuía a aumentar las ventas.

Otros trabajos, cuyo objetivo es descubrir las características del lenguaje que influyen en el resultado concreto, incluyen el descubrimiento de tendencias conversacionales que conducen a resultados positivos para la salud mental (Zhang *et al.*, 2020). Estos trabajos son muy interesantes y abren camino hacia nuevas y fascinantes direcciones de investigación. Al mismo tiempo, plantean una serie de retos.

Por ejemplo, podría ser difícil excluir los factores de confusión que tienen su origen interno en el texto. El texto es una fuente del tratamiento, pero otros aspectos del texto (no relacionados con el tratamiento) podrían influir tanto en el tratamiento como en el resultado (Feder *et al.*, 2022).

Por otra parte, la situación puede complicarse aún más por el hecho de que distintos lectores pueden interpretar un texto de forma diferente (para ver un ejemplo de un modelo que tiene en cuenta la interpretación del lector véase Pryzant *et al.*, 2021).

Texto como resultado

Javier es un aspirante a escritor. Tiene una imaginación prolífica y produce historias con facilidad, pero siente que a su forma de escribir le falta un poco de concentración y claridad. Decide matricularse en un curso de escritura del ayuntamiento de su ciudad.

Medir la mejora en la claridad de la escritura de Javier después del curso es un ejemplo de un escenario de texto como resultado.

En este caso, el tratamiento se puede aleatorizar con relativa facilidad (técnicamente hablando) y eliminar la confusión en los datos observacionales sería posiblemente mucho más fácil que en el caso anterior.

El principal reto en este escenario es la medida del resultado. Si empleamos un modelo para medir la claridad, y este modelo está entrenado con los datos de nuestra muestra, la medida de la claridad pasa a depender de los valores del tratamiento de todos los participantes, lo que hace que los resultados de todos los participantes dependan de los tratamientos de todos los demás, infringiendo la hipótesis de consistencia (Feder *et al.*, 2022).

Una forma de abordar este desafío es entrenar el modelo de medición de resultados con otra muestra (Egami *et al.*, 2018), lo que puede hacerse con relativa facilidad, si disponemos de suficientes muestras.

Texto como factor de confusión

Por último, el texto también puede ser un factor de confusión.

A Carla y a su amigo Esteban les encanta el manga y se inspiran en personajes similares. Se fijan en detalles similares y suele ocurrir que deseen compartir la misma historia en el mismo momento.

Ambos escriben sobre manga en Reddit. Un día se dieron cuenta de un patrón interesante: las publicaciones de Esteban reciben más votos positivos y, es mucho más probable, que su publicación reciba un voto positivo en la primera hora después de haber sido publicada que la de Carla. Tienen curiosidad por saber a qué se debe esta diferencia.

Se ha demostrado repetidamente que, en todos los campos científicos, las autoras son citadas con menos frecuencia que sus homólogos masculinos. Este efecto se ha demostrado en neurociencia (Dworkin *et al.*, 2020), astronomía (Caplar *et al.*, 2017), investigación sobre trasplantes (Benjamens *et al.*, 2020), etc.

¿Podría el hecho de que Carla sea percibida como mujer influir en la reacción de otros usuarios de Reddit ante sus publicaciones?

Como aprendices causales experimentados, sabemos que para responder a esta pregunta debemos considerar detenidamente una serie de factores.

El sexo de Carla puede influir en los temas que elige, en su estilo de escritura o en la frecuencia con que emplea determinadas palabras. Todas estas decisiones pueden influir en la reacción de otros participantes ante su contenido.

Además, otros usuarios de Reddit no conocen el verdadero sexo de Carla. Solo pueden inferirlo a partir de la información de su perfil, como su nombre de usuario o su avatar. Por lo tanto, la cuestión aquí es referente a los géneros percibidos, más que al impacto del género real en el comportamiento de otros usuarios.

Construyamos un grafo acíclico dirigido (DAG, Directed Acyclic Graph) que represente este problema. También añadiremos un nodo que representa si un determinado mensaje contiene una imagen o no.

La figura 11.6 muestra el grafo propuesto.

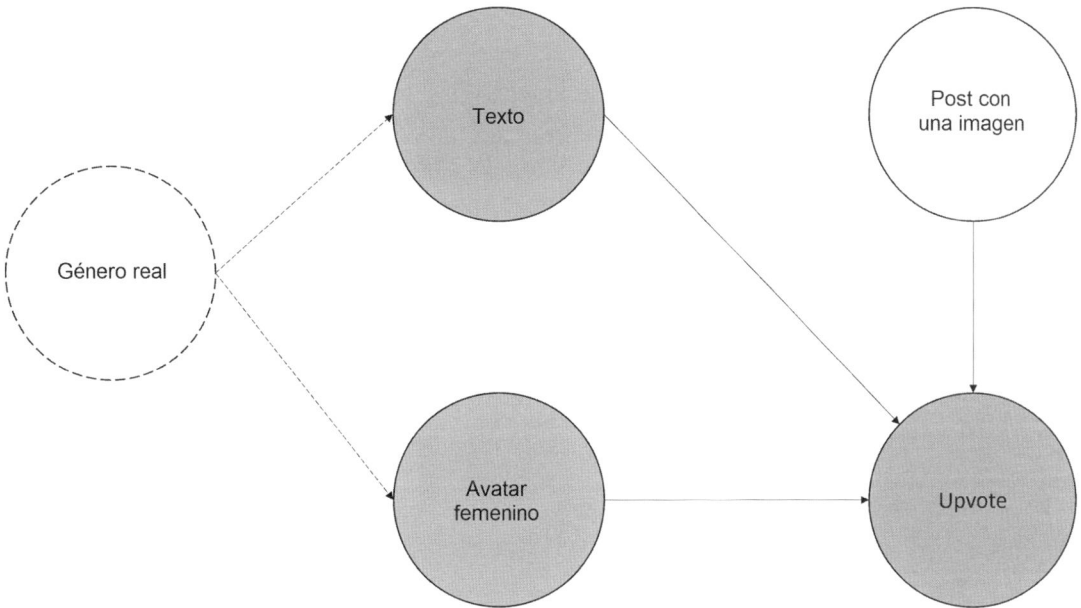

Figura 11.6. El DAG de Reddit.

El nodo Avatar femenino representa nuestro tratamiento (género percibido) y el nodo *Upvote* es el resultado (*upvote* es un voto positivo en Reddit una hora después de haber publicado el *post*).

Género real influye en la probabilidad de que una persona utilice un avatar femenino y tiene impacto en Texto (por ejemplo, en el tema o en las propiedades lingüísticas). Tengamos en cuenta que Género real es no observado, lo que se indica en la figura 11.6 mediante una línea discontinua.

Además, tenemos un nodo que indica si un *post* contiene una imagen. En nuestro modelo, este nodo es independiente del género real y del percibido.

El nodo Género real abre un camino de puerta trasera entre el tratamiento (Avatar femenino) y el resultado (*Upvote*). Por suerte, en su impacto actúa Texto como mediador, es decir, que controlando Texto, podemos bloquear el camino.

Una pregunta natural que surge aquí es qué aspectos del texto deberíamos controlar y cómo podemos asegurarnos de que están presentes en la representación del texto que elegimos utilizar.

CausalBert

CausalBert es un modelo propuesto por Victor Veitch, Dhanya Sridhar y David Blei de la Universidad de Columbia en su artículo *Adapting Text Embeddings for Causal Inference* (Veitch *et al.*, 2020). Aprovecha la arquitectura BERT (Devlin *et al.*, 2018) y la adapta para que aprenda incrustaciones causalmente suficientes que permitan la identificación causal cuando el texto es un factor de confusión o un mediador.

CausalBert es similar en concepto a DragonNet (Shi *et al.*, 2019), descendiente de la arquitectura TARNet. La figura 11.7 presenta CausalBert de un modo simbólico.

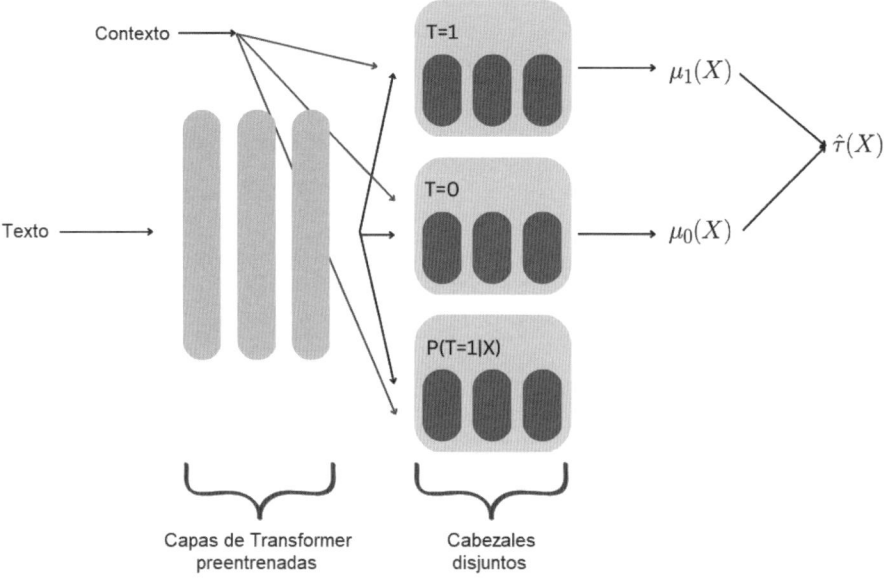

Figura 11.7. Arquitectura CausalBert.

Las capas de tono gris de la figura 11.7 son capas de Transformer preentrenadas. Estas capas proceden del modelo BERT preentrenado con el corpus original. Tres cabezales disjuntos estiman los dos posibles resultados y la puntuación de propensión y todos empiezan desde la misma representación compartida.

La familia de modelos BERT

Desde que se introdujo el modelo BERT en 2018, se han propuesto muchas modificaciones de la arquitectura original. Una de ellas es DistilBERT (Sanh *et al.*, 2019), una versión de BERT más pequeña, rápida y ligera, que conserva aproximadamente el 97 % de las capacidades del modelo original, reduciendo al mismo tiempo su tamaño en un 40 % y realizando cálculos un 60 % más rápido. CausalBERT utiliza DistilBERT en segundo plano.

La versión de CausalBert mostrada en la figura 11.7 varía un poco con respecto a la original propuesta por Veitch *et al.* (2020) y sigue la implementación de PyTorch de Reid Pryzant. Pryzant incorporó la posibilidad de incluir una variable de confusión categórica adicional, marcada como Contexto en la figura.

Durante el entrenamiento, CausalBert adapta las capas preentrenadas y aprende conjuntamente los modelos de incrustación, resultado y tratamiento. Este objetivo conjunto conserva la información de la incrustación que predice el tratamiento y el resultado y atenúa todo lo demás. Gracias a este mecanismo, nos aseguramos de que la información relevante para la tarea posterior se conserve en las incrustaciones, lo que hace que sean suficientes para controlar la confusión de manera efectiva.

Nótese que el mismo mecanismo resulta útil cuando el texto es un mediador parcial del efecto del tratamiento. Al controlar el texto en esta situación, aprendemos el efecto directo del tratamiento sobre el resultado, lo que excluye toda la información que viaja a través del mediador, y deja únicamente la que fluye directamente desde el tratamiento hasta el resultado, también conocido como efecto directo natural (NDE, *Natural Direct Effect*).

Jugando sobre seguro con CausalBert

El mecanismo para adaptar las incrustaciones que predicen el tratamiento y el resultado tiene también un lado oscuro. Los escenarios de confusión y mediación no son los únicos en los que el texto está correlacionado tanto con el tratamiento como con el resultado.

También ocurrirá cuando el texto sea un descendiente común del tratamiento y el resultado. En tal caso, el texto se convierte en un colisionador, y controlarlo abre una vía falsa y sesgada entre el tratamiento y el resultado.

Para mitigar este riesgo, siempre debemos asegurarnos de que ninguno de los aspectos del texto sea descendiente del tratamiento y del resultado; tampoco que sea descendiente solo del resultado (ya que esto anularía cualquier efecto del tratamiento sobre el resultado).

Por ejemplo, si un usuario de Reddit comparte un *post*, observa la falta de *upvotes* en los primeros quince minutos tras la publicación, y después lo edita, con la esperanza de conseguir un *upvote*, el texto se convierte en un colisionador entre el tratamiento y el resultado.

Como si esto fuera poco, CausalBert requiere hipótesis de inferencia causal estándares, es decir, ausencia de factores de confusión ocultos, positividad y consistencia (un solo tipo de tratamiento y ninguna interferencia en el tratamiento entre sujetos; conviene revisar el capítulo 8 para más detalles).

CausalBert en código

Implementaremos CausalBert utilizando la implementación PyTorch de Reid Pryzant (`https://github.com/rpryzant/causal-bert-pytorch`).

En el momento de escribir esto, el código del repositorio original contenía un pequeño error que podría distorsionar los resultados del modelo. En los archivos de código del libro hemos incluido una versión reparada del código que será la que utilicemos en esta sección(`CausalBert.py`).

Empecemos con las importaciones:

```
import pandas as pd
from models.causal_bert_pytorch.CausalBert import CausalBertWrapper
```

Importamos `pandas` para leer los datos y la clase `CausalBertWrapper`, que implementa el modelo y lo envuelve en una API de fácil manejo para el usuario.

A continuación, leemos los datos:

```
df = pd.read_csv('data/manga_processed.csv')
```

Nuestro conjunto de datos se ha generado de acuerdo con la estructura presentada en la figura 11.6. Consiste en 221 observaciones y 5 atributos:

- `text`: el contenido de texto.
- `subreddit`: el nombre subreddit (ignoraremos esta variable, ya que tiene un valor único para todos los *posts*).
- `female_avatar`: una variable binaria, que indica si el usuario tiene un avatar femenino en su perfil.
- `has_photo`: un indicador binario que señala si un *post* contiene una imagen.
- `upvote`: un indicador binario que señala que un *post* ha recibido un *upvote* en la primera hora tras su publicación (el resultado).

Los textos son *posts* cortos de estilo Reddit, generados con ChatGPT con mensajes indirectos para producir contenido de estereotipos de género. Tanto los indicadores del texto como del avatar femenino tienen como factor de confusión una variable de género real no observada, y el texto impacta de manera causal en el resultado mediante atributos lingüísticos (para el código de generación de datos, véase `Extras_01__DGPs.ipynb` en los archivos de ejemplo del libro).

La figura 11.8 presenta las cinco primeras filas del conjunto de datos antes de mezclar.

	text	subreddit	female_avatar	has_photo	upvote
0	What's your favorite romance manga with a fema...	manga	1	0	1
1	As a woman, I find 'Nana' to be a very empower...	manga	1	0	0
2	Can we talk about how badass the female charac...	manga	1	0	0
3	Any other ladies here obsessed with 'Ouran Hig...	manga	1	1	0
4	Just finished reading 'Skip Beat!' and I'm in ...	manga	1	1	1

Figura 11.8. Un conjunto de datos pseudoReddit de *posts* sobre manga.

Creemos una instancia del modelo:

```
causal_bert = CausalBertWrapper(
    batch_size=8,
    g_weight=0.05,
    Q_weight=1.,
    mlm_weight=0.05
)
```

Le pasamos al constructor cuatro parámetros.

Definimos el tamaño del lote y tres parámetros de peso, que serán responsables de ponderar los componentes de la función de pérdida durante el entrenamiento. Este es su significado:

- `g_weight` es responsable de ponderar la parte de la pérdida que procede de la puntuación de propensión (el bloque $P(T=1|X)$ de la figura 11.7; se denomina g, de acuerdo con el convenio empleado en el artículo de Veitch *et al.*, 2018).

- `Q_weight` es responsable de ponderar la pérdida del modelo de resultado (el submodelo que predice el resultado real; los bloques $T=0$ y $T=1$ de la figura 11.7, llamados Q de acuerdo con el convenio del artículo).

- `mlm_weight` pondera la pérdida del modelo de lenguaje enmascarado (MLM, *Masked Language Model*) de BERT.

MLM

BERT y algunos de sus primos son entrenados utilizando el denominado objetivo MLM. Es un paradigma de entrenamiento autosupervisado, en el que se enmascara un *token* aleatorio de una secuencia de entrenamiento, y el modelo intenta predecirlo usando otros *tokens* de la secuencia. Gracias al mecanismo de atención, el modelo puede «ver» la secuencia completa cuando predice el *token* enmascarado.

Como podemos observar, le damos a la pérdida del modelo de resultado (`Q_weight`) un peso mucho más alto que al modelo de propensión (`g_weight`) o a la pérdida MLM (`mlm_weight`). Esta configuración funciona bastante bien para nuestro conjunto de datos, pero cuando se trabaja con datos propios, estos parámetros se deberían ajustar solo si se dispone de suficientes muestras para ello.

La baja ponderación de la pérdida MLM indica que probablemente los textos de nuestro conjunto de datos no son muy distintos al lenguaje general de internet y las incrustaciones DistilBERT genéricas nos ofrecen una representación suficientemente buena para nuestra tarea. Entrenemos el modelo:

```
causal_bert.train(
    texts=df['text'],
    confounds=df['has_photo'],
    treatments=df['female_avatar'],
    outcomes=df['likes'],
    epochs=6
);
```

El método `.train()` toma cinco argumentos:

- `texts`: un array (`pd.Series`) de textos.
- `confounds`: un array categórico que contiene valores de un factor de confusión adicional o de una variable de contexto (si no hay tal variable en la configuración, basta con pasar aquí un array de ceros).
- `treatments`: un indicador binario de tratamiento.
- `outcomes`: un indicador binario de resultado.
- `epochs`: el número de *epochs* de entrenamiento.

Tras entrenar el modelo, podemos calcular el ATE.

Para ello, llamamos al método `.inference()` y le pasamos textos y factores de confusión adicionales como argumentos.

Este método devuelve una tupla, de la que nos interesa el elemento 0:

```
preds = causal_bert.inference(
    texts=df['text'],
    confounds=df['has_photo'],
) [0]
```

El elemento 0 contiene un array de dimensión N x T, donde N es el número de observaciones y T es el número de niveles de tratamiento (para un tratamiento binario $T = 2$). Las entradas de la primera columna (0) son las probabilidades de que el resultado sea igual a 1 sin tratamiento. Las entradas de la segunda columna (1ª) son las probabilidades de que el resultado sea igual a 1 con tratamiento.

Para calcular el ATE, restamos las entradas de la primera columna de las entradas de la segunda y sacamos la media:

```
np.mean(preds[:, 1] - preds[:, 0])
```

Lo que nos da lo siguiente:

```
-0.62321178301562
```

Este resultado es bastante próximo al efecto real de -0.7.

Indica que el género percibido causa una notable disminución en las primeras reacciones al contenido publicado en nuestro subreddit de manga imaginario.

Esta conclusión solo es válida si se cumplen las tres hipótesis causales (ningún factor de confusión oculto, positividad y consistencia) y el modelo es estructuralmente sólido (ningún aspecto del texto es descendiente del tratamiento ni del resultado, ni el propio resultado).

Si Carla y Esteban tuvieran dudas en referencia a algunas de estas hipótesis, podrían realizar un experimento aleatorizado en Reddit para ver si se mantienen los resultados.

Antes de concluir esta sección, quiero retroceder un momento y analizar el tema de la igualdad o imparcialidad. Al principio de esta sección citamos algunos artículos que demostraban una brecha de género en las publicaciones de autores femeninos y masculinos. Aunque podríamos vernos tentados a sacar conclusiones sobre brechas de género y otros efectos similares basados en sencillos análisis estadísticos de datos observacionales (por ejemplo, datos de encuestas), suele ser una mala idea.

El aspecto estructural es crucial en los análisis de imparcialidad e ignorarlo conducirá casi con toda seguridad a resultados no válidos (incluida la inversión de signos, el enmascaramiento de efectos o la alucinación de efectos no existentes). Para saber más sobre este tema, recomiendo los excelentes trabajos de Drago Plečko y Elias Bareinboim (Plečko y Bareinboim, 2023).

En esta sección hemos explorado la intersección del PLN y la causalidad, comenzando con un debate sobre las ideas de Ludwig Wittgenstein y sobre cómo estas y otras ideas similares contribuyeron a que los ordenadores codificaran el lenguaje natural de una manera eficiente.

Después nos adentramos en los tres tipos de escenarios hallados en la intersección entre el PLN y la causalidad: el texto como tratamiento, el texto como resultado y el texto como factor de confusión. A continuación, vimos un enfoque para adaptar las incrustaciones de texto a la inferencia causal en el escenario de texto como factor de confusión, utilizando un modelo CausalBert basado en Transformer.

Al final examinamos las limitaciones y los posibles desafíos que podemos encontrarnos al trabajar con este modelo. Terminamos el capítulo compartiendo referencias a materiales que hablan de cómo abordar los problemas de igualdad o imparcialidad desde una perspectiva causal.

En la próxima sección, veremos una de las formas de aprovechar la dimensión temporal para extraer conclusiones causales cuando los experimentos no están disponibles.

Causalidad y series temporales: cuando un econometrista se vuelve bayesiano

En esta sección introduciremos una nueva forma de pensar en la causalidad. Comenzaremos la sección con una breve introducción de métodos cuasiexperimentales. Después analizaremos uno de estos métodos, el estimador de control sintético, lo implementaremos mediante un paquete de código abierto, CausalPy de PyMC Labs, y lo probaremos con datos de la vida real.

Cuasiexperimentos

Los ensayos controlados aleatorizados (RCT, *Randomized Controlled Trial*) se suelen considerar como el «estándar perfecto» para la inferencia causal. Uno de los desafíos asociado a los RCT es que no podemos realizarlos en determinadas situaciones.

Por otro lado, existe una amplia variedad de circunstancias en las que podemos observar intervenciones que ocurren de forma natural y que no podemos controlar ni aleatorizar. Algo cambia de forma natural en el mundo, y nos interesa comprender el impacto de tal acontecimiento en algún resultado de interés.

Acontecimientos como este se denominan experimentos naturales. Tales intervenciones no tienen el poder de garantizar la ausencia de confusión, aunque a veces sí pueden ofrecernos información útil.

Una familia de métodos tradicionalmente utilizados para analizar datos procedentes de experimentos naturales (también conocidos como cuasiexperimentos) se conoce como métodos cuasiexperimentales.

Tradicionalmente, los cuasiexperimentos se plantean como problemas de series temporales. Se observa un acontecimiento en el tiempo y hacemos un seguimiento para ver cómo cambia una cierta cantidad mesurable después de este acontecimiento, comparando con alguna referencia.

Concretemos más esto.

La adquisición de Twitter y nuestros patrones de búsqueda en Google

El 27 de octubre de 2022, Elon Musk adquirió una conocida red social, Twitter.

El proceso de compra fue largo y estuvo marcado por numerosas controversias.

Al día siguiente de la adquisición formal, el 28 de octubre, Musk tuiteó lo siguiente: «The bird is freed» (el pájaro queda libre), sugiriendo que la compra ya era una realidad. El tuit atrajo rápidamente la atención del público y de los medios de comunicación, y muchas personas lo comentaron y compartieron en la plataforma.

Los acontecimientos importantes que se producen en política, economía o arte y cultura pueden despertar la atención del público y alterar el comportamiento de grandes grupos de personas, haciéndoles buscar información adicional.

¿Es la adquisición de Twitter un acontecimiento de este tipo?

Veámoslo.

Para responder a esta pregunta, miraremos en los datos de Google Trends y compararemos con qué frecuencia buscaron Twitter los usuarios antes y después del tuit de Elon Musk.

Para hacer una comparativa como esta, necesitaremos alguna referencia.

La lógica de los controles sintéticos

Con los ensayos RCT, asignamos unidades aleatoriamente a los grupos de tratamiento y control y comparamos los resultados entre ambos grupos para cuantificar la relativa eficacia del tratamiento.

En los cuasiexperimentos no tenemos control sobre la asignación del tratamiento. Es más, muchas veces la intervención está limitada solo a una unidad.

¿Cómo podemos hacer frente a esto?

Primero, fijémonos en lo que ya tenemos. Tenemos una unidad tratada, y creemos saber en qué momento del tiempo se ha asignado el tratamiento.

Esta información es muy valiosa, pero no es suficiente para sacar conclusiones.

Para poder comparar, también necesitamos una referencia (un grupo o una unidad de control).

Una unidad de control que fuera útil nos proporcionaría información sobre lo que le habría ocurrido a la unidad tratada si el tratamiento no se hubiera producido. Como ya sabemos, este resultado alternativo no se puede observar. ¿Cómo solucionamos esto?

Recordemos la idea básica de los metaaprendices. Con ellos, aprendemos funciones de respuesta para unidades tratadas y no tratadas, y después predecimos uno o ambos resultados, basándonos en la representación aprendida. Utilizamos estos resultados contrafactuales para calcular el efecto estimado del tratamiento.

El control sintético es distinto de los metaaprendices en varios aspectos importantes, aunque guarda una similitud conceptual con ellos.

En el control sintético (Abadie y Gardeazabal, 2003), observamos unidades a lo largo del tiempo. Si dos unidades están correlacionadas durante un amplio periodo de tiempo, es muy probable que cualquiera de ellas tenga un efecto causal (directo o indirecto) sobre la otra, o que tengan una causa común que sea una fuente de variabilidad en ambos.

Sea cual sea el caso, las dos unidades tendrán cierto poder predictivo para predecirse entre sí (siempre que no cambie el proceso subyacente de generación de datos).

> ### El principio de Reichenbach
>
> El principio de causa común de Reichenbach afirma que, cuando dos variables están correlacionadas, debe haber una relación causal entre ambas, o bien existir una tercera variable (conocida como causa común de Reichenbach) que provoque la correlación entre ambas.
>
> En un régimen de datos finito, las correlaciones entre dos variables también podrían producirse aleatoriamente. Por eso en el texto decimos que es muy probable que las dos variables estén relacionadas causalmente o que tengan una causa común, en vez de decir con certeza que esto es cierto. Las correlaciones aleatorias entre dos series temporales largas son muy improbables, pero cuanto más cortas son las series, más probable es la correlación aleatoria.
>
> Obsérvese que algunos autores proponen contraejemplos (putativos) al principio de Reichenbach (para más detalles, consúltese `https://plato.stanford.edu/entries/physics-Rpcc/#PutaCoun`). El principio también es objeto de debate en la física cuántica (el argumento Einstein-Podolsky-Rosen, por ejemplo, Rédei, 2002).

La idea principal del control sintético es encontrar unidades que estén correlacionadas con nuestra unidad de interés en el periodo anterior al tratamiento, aprendiendo un modelo que prediga eficazmente el comportamiento de la unidad tratada después de que se produzca el tratamiento. Las unidades que utilizamos como predictores se denominan grupo de donantes.

Desglosemos esto.

Introducción visual a la lógica de los controles sintéticos

Veamos la figura 11.9, que muestra una variable de resultado (*Target*, la línea negra del gráfico) y una serie de posibles variables del grupo de donantes (las otras tres líneas). Todas las variables se registran con el paso del tiempo.

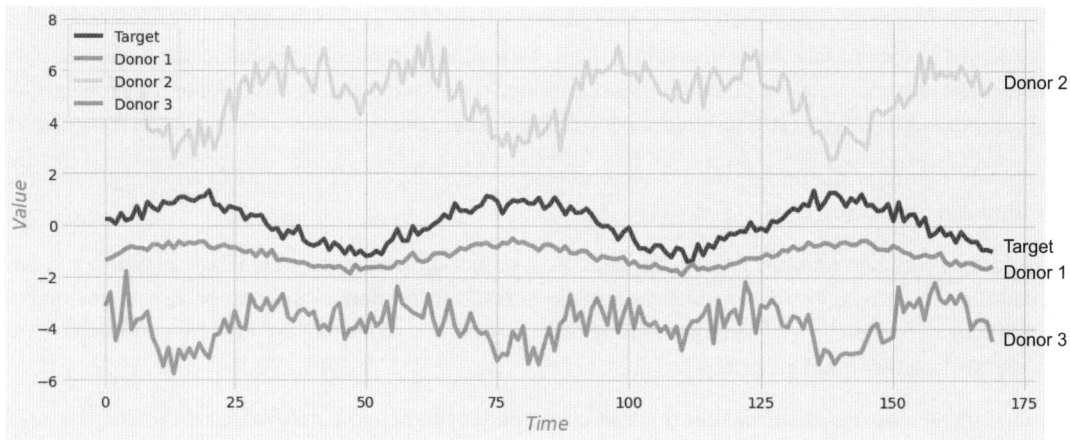

Figura 11.9. Una variable de resultado (*Target*) y una serie de posibles variables de donantes.

Nuestra intención es predecir la variable de resultado (*Target*) usando las variables restantes (*Donor* 1, ..., *Donor* 3) como predictores.

Las variables del grupo de donantes de la figura 11.9 parecen ser buenos posibles predictores de *Target*, ya que hay patrones de correlación visibles entre ellos y dicha variable.

Para ver esto de un modo más sistemático, la tabla 11.1 presenta coeficientes de correlación de Pearson entre las variables del grupo de donantes y el resultado.

Tabla 11.1. Los coeficientes de correlación entre las variables de donantes y el resultado.

Variable	r de Pearson (donante-resultado)	Valor p
Donor 1	0,92	<0,0001
Donor 2	-0,60	<0,0001
Donor 3	-0,33	<0,0001

Los coeficientes de correlación fuertemente significativos indican que estas variables del grupo de donantes serán buenos predictores del resultado.

Veamos lo bien que podemos predecir el resultado a partir de estas variables utilizando regresión lineal simple. La figura 11.10 presenta la variable de resultado real (línea negra) y su versión predicha (línea gris).

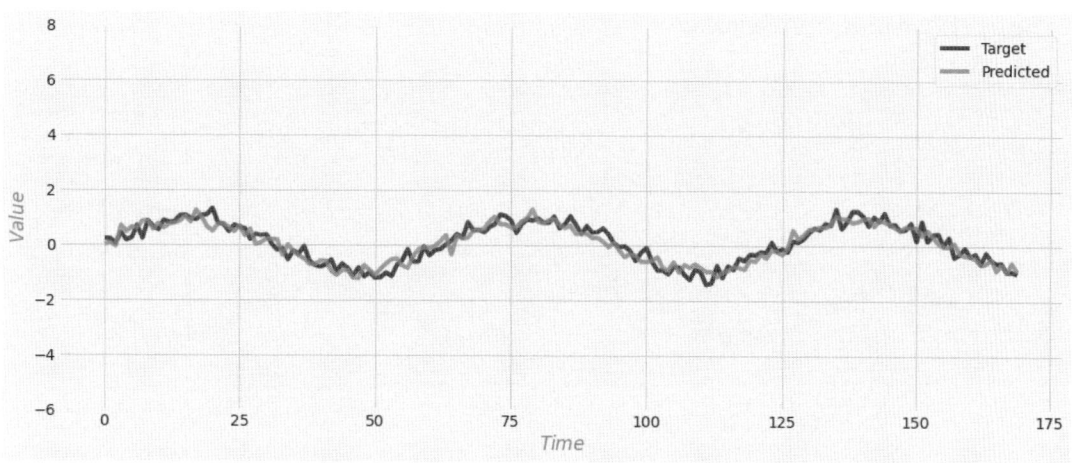

Figura 11.10. El objetivo real y la predicción basados en variables de donantes.

Como podemos comprobar, el ajuste general parece realmente bueno.

Una propiedad importante de las unidades del grupo de donantes es que deben estar correlacionadas con la unidad tratada en el periodo previo al tratamiento (antes de que este se produzca), pero no deben reaccionar al tratamiento por sí mismas. En la figura 11.11 vemos una versión más larga de la serie temporal de la figura 11.9, con un tratamiento registrado en el momento 170.

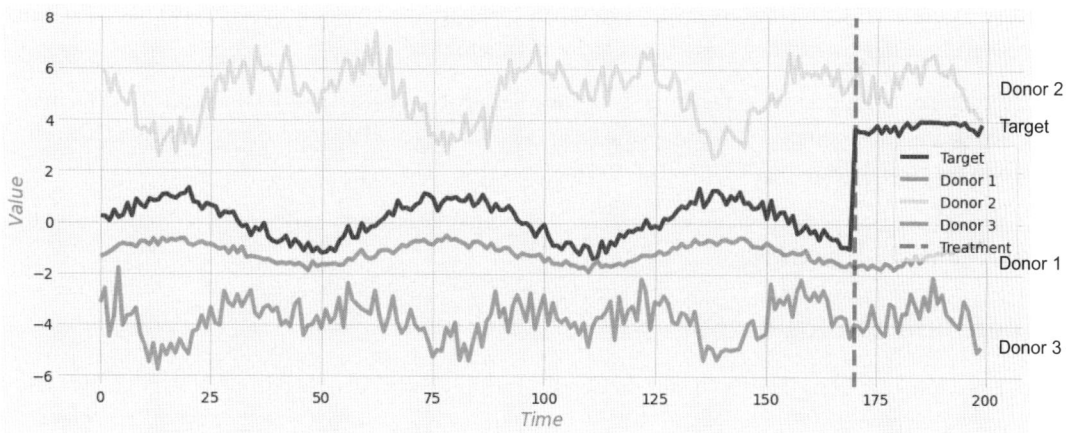

Figura 11.11. Una variable de resultado (*Target*), un conjunto de variables del grupo de donantes y el tratamiento.

Vemos que nuestra variable de resultado cambió notablemente después de producirse el tratamiento, pero las variables de donantes parecen seguir su patrón anterior en el periodo posterior al tratamiento.

Hagamos una predicción de la variable de resultado a partir de las variables del grupo de donantes después de que se haya producido el tratamiento.

La figura 11.12 muestra los resultados.

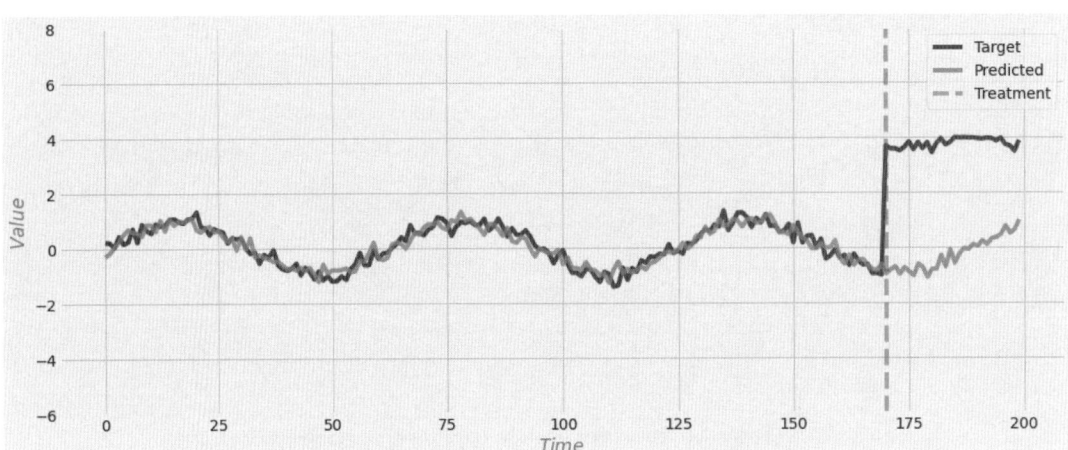

Figura 11.12. El objetivo real y la predicción, basados en variables del grupo
de donantes en los periodos previo y posterior al tratamiento.

La predicción (la línea gris continua de la figura 11.12) en el periodo posterior al tratamiento es nuestra
unidad de control sintético.

Teniendo el resultado real (la línea negra de la figura 11.12) y el resultado contrafactual predicho (la línea
gris de la figura 11.12), podemos restar el segundo del primero para obtener el efecto estimado del tratamiento en cualquier punto en el periodo posterior al tratamiento.

Conceptualmente, conocemos el resultado contrafactual a partir de las variables del grupo de donantes, y
después restamos los valores de este resultado de los valores del resultado real, para obtener la estimación
del efecto del tratamiento.

Usaremos esta lógica para ver si el tuit de Elon Musk tuvo el impacto suficiente para alterar nuestros
patrones de búsqueda en Google.

Empezando con los datos

En esta sección, usaremos datos tomados de Google Trends de volumen de búsquedas en distintas redes
sociales en el tiempo.

Emplearemos esta información para LinkedIn, TikTok e Instagram como unidades de grupo de donantes.
Obtuvimos la muestra de los datos con granularidad diaria entre el 15 de mayo y el 11 de noviembre
de 2022, produciéndose el tratamiento (el tuit) el 28 de octubre de 2022, con un total de 181 muestras
(días), de las cuales 166 muestras (días) se tomaron en el periodo previo al tratamiento. Este tamaño de
muestra debería ser más que suficiente para capturar las regularidades predictivas en el conjunto de datos.

Controles sintéticos en el código

En la sección de introducción visual, todo lo que hicimos estaba basado en un modelo de regresión lineal simple. De hecho, el estimador de control sintético está basado en la misma idea.

Este estimador aprende a predecir la variable de resultado utilizando las variables del grupo de donantes en el periodo previo al tratamiento, y después predice la versión contrafactual de la variable de resultado en el periodo posterior al tratamiento.

Este procedimiento se lleva a cabo hallando una serie de pesos para cada una de las variables del grupo de donantes que mejor predice la variable de resultado. La forma más fácil de hacerlo es mediante regresión lineal.

Para disminuir el riesgo de sobreajuste, el estimador de control sintético obliga a los pesos para las variables del grupo de donantes a tomar valores entre 0 y 1 e impone la condición de que todos los pesos sumen 1.

Esto limita al modelo a aprender a predecir la variable de resultado interpolando entre las variables del grupo de donantes, reduciendo así de manera efectiva el riesgo de sobreajuste.

En un estimador de control sintético tradicional, esta limitación se puede lograr empleando el esquema de optimización restringido (para más detalles, recomiendo Facure, 2020 en el capítulo 15).

Como seguiremos una implementación bayesiana, utilizaremos una distribución Dirichlet antes de imponer las limitaciones a los pesos, en lugar de restringir el esquema de optimización.

La distribución Dirichlet es una generalización multidimensional de la distribución beta. Las muestras de la Dirichlet están acotadas entre 0 y 1 y suman 1: una combinación perfecta para nuestra idea de reducción del sobreajuste.

Tengamos en cuenta que, para predecir eficazmente la variable de resultado a partir de las variables del grupo de donantes con estas limitaciones, necesitamos que algunas de estas variables tomen valores mayores que el resultado y otras tomen valores menores que el resultado.

Sin pensarlo demasiado vemos que una media ponderada de un array de valores nunca puede ser inferior al mínimo de este array ni superior al máximo, suponiendo que los pesos estén acotados entre 0 y 1.

Veamos con detalle de nuevo la figura 11.11. La línea del donante 2 es la situada más arriba del gráfico, mientras que las de los donantes 1 y 3 están por debajo de la variable de resultado (la línea negra de las cuatro de la figura). Esto es bueno.

Si las variables del grupo de donantes toman siempre valores por encima o debajo de los valores del resultado, un estimador de control sintético con limitación no funcionará. En teoría, en un caso así, es posible transformar las variables, pero esto acarrea ciertos inconvenientes (véase Abadie, 2021 para más detalles).

Muy bien, estamos preparados para escribir un poco de código.

Utilizaremos CausalPy, una librería bayesiana para datos cuasiexperimentales, para implementar el estimador de control sintético. CausalPy se basa en PyMC, un conocido marco de programación probabilístico de Python, que permite crear y depurar modelos bayesianos sin problemas.

El código de esta sección está en los archivos de ejemplo del libro `Chapter_11.2.ipynb`, para el que se emplea un entorno conda independiente, que incluye además instrucciones de instalación.

Importemos las librerías:

```
import pandas as pd
import causalpy as cp
import matplotlib.pyplot as plt
```

Y leamos los datos:

```
data = pd.read_csv(r'./data/gt_social_media_data.csv')
La figura 11.13 muestra las cinco primeras filas del conjunto de datos.
```

	date	twitter	linkedin	tiktok	instagram
0	2022-05-15	55	9	23	59
1	2022-05-16	54	18	20	59
2	2022-05-17	54	20	23	57
3	2022-05-18	54	20	21	55
4	2022-05-19	49	23	21	52

Figura 11.13. Las cinco primeras filas del conjunto de datos de volumen de búsqueda en redes sociales.

La primera columna almacena la información sobre la fecha. Las restantes cuatro contienen información sobre el volumen de búsqueda relativa para un determinado día.

Para facilitar nuestro trabajo con CausalPy, emplearemos `date` como índice de nuestro marco de datos:

```
data.index = pd.to_datetime(data['date'])
data = data.drop('date', axis=1)
```

Primero, lo convertimos al tipo `pandas.Timestamp` y sobrescribimos el índice actual.

Segundo, quitamos la columna original (la información de la fecha está ahora almacenada en el índice).

Visualicemos los datos. La figura 11.14 los muestra, con la fecha del tuit de Musk marcada con una línea de puntos negra.

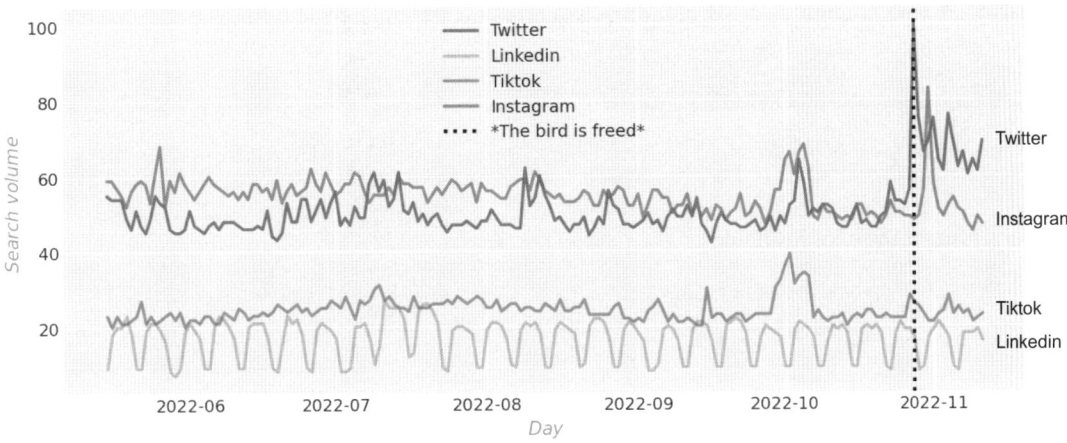

Figura 11.14. Datos de volumen de búsqueda en redes sociales.

El volumen de búsqueda de Instagram suele ser más alto que Twitter (las dos líneas de arriba), mientras que Tiktok y LinkedIn (las dos de abajo) tienen volúmenes más bajos en comparación. La línea de Twitter suele superar a la de Instagram, lo que no es ideal pero, como ocurre con poca frecuencia, lo aceptaremos, suponiendo que no obstaculizará la capacidad del modelo de aprender una representación útil.

Para preparar los datos, necesitamos almacenar la fecha del tratamiento en el mismo formato que las fechas del índice de nuestro marco de datos. Emplearemos para esto la función pd.to_datetime():

```
treatment_index = pd.to_datetime('2022-10-28')
```

Para implementar el estimador de control sintético en CausalPy, usaremos la clase WeightedSumFitter() del módulo pymc_models:

```
model = cp.pymc_models.WeightedSumFitter()
```

Para definir la estructura del modelo, usaremos la fórmula de regresión de estilo R (se puede refrescar la información sobre fórmulas de estilo R en el capítulo 3).

```
formula = 'twitter ~ 0 + tiktok + linkedin + instagram'
```

La fórmula dice que predeciremos twitter usando las tres variables restantes. El cero al principio de la fórmula significa que no ajustaremos una intercepción.

Finalmente podemos ajustar el modelo. En CausalPy, lo hacemos con ayuda de la clase SyntheticControl del módulo pymc_experiments:

```
results = cp.pymc_experiments.SyntheticControl(
    data,
    treatment_index,
    formula=formula,
    model=model,
)
```

Le pasamos al constructor los datos, el índice de la fecha del tratamiento, la fórmula y el modelo, y asignamos el objeto a la variable `results`.

El entrenamiento se iniciará automáticamente.

Ahora podemos usar el objeto ajustado `SyntheticControl` para acceder a información útil sobre el modelo.

Primero, visualicemos los resultados:

```
results.plot(plot_predictors=True)
La figura 11.15 muestra los resultados.
```

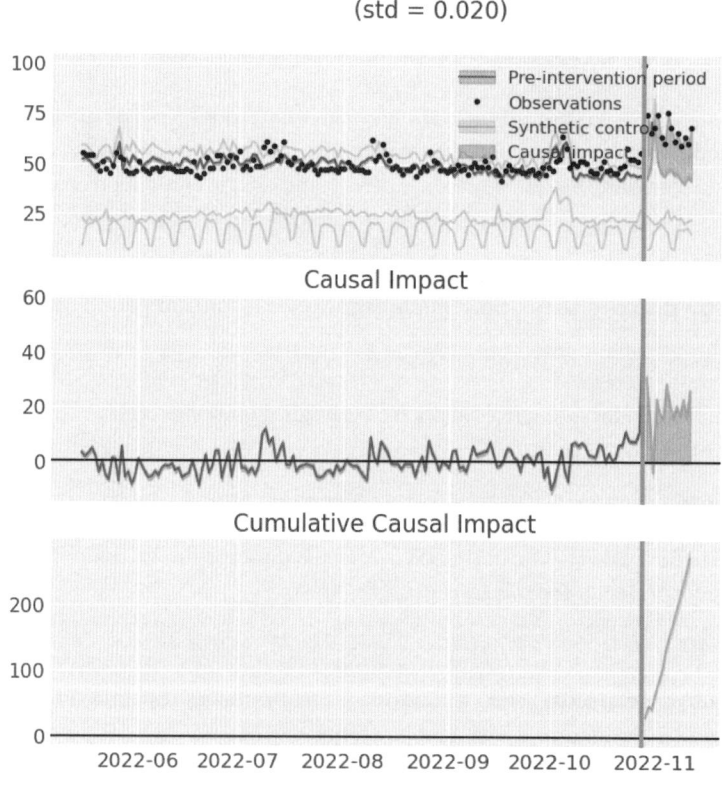

Figura 11.15. Los resultados del modelo ajustado.

En la parte superior de la figura 11.15 vemos la información sobre el ajuste del modelo previo al tratamiento, expresada en términos de R^2 bayesiano (Gelman *et al.*, 2018), que define en qué medida se explica la cantidad de variación de la variable de resultado en el periodo previo al tratamiento por la variación en los predictores del grupo de donantes.

Nuestros predictores del grupo de donantes solo explican el 38,6 % de la variación en el resultado antes del tratamiento, lo que significa que el ajuste tiene una calidad limitada.

El panel superior presenta los valores reales de la variable de resultado (los puntos negros) y los valores predichos de la variable de resultado (la línea oscura de arriba). La línea de la parte derecha con un gran pico representa el control sintético predicho, y la zona sombreada representa el efecto causal estimado del tratamiento, representado como una línea vertical gris.

El panel central muestra la diferencia entre los valores predicho y real de la variable de resultado. Si tuviéramos un modelo que predijera el resultado perfectamente, la línea con picos del panel central de la figura 11.15 sería una línea recta fijada en cero en todo el periodo previo al tratamiento. Esto es porque un modelo perfecto tendría cero errores.

Finalmente, el panel inferior presenta el impacto causal acumulativo estimado del tratamiento. Veamos cómo contribuyó a la predicción cada uno de los predictores del grupo de donantes. Podemos hacerlo llamando al método `.summary()` con el objeto `results`:

```
results.summary()
```

Lo que muestra el siguiente resultado:

```
===============================Synthetic Control=======================
==========
Formula: twitter ~ 0 + tiktok + linkedin + instagram
Model coefficients:
Tiktok                    0.08, 94% HDI [0.01, 0.18]
linkedin                  0.08, 94% HDI [0.01, 0.15]
instagram                 0.84, 94% HDI [0.81, 0.87]
sigma                     5.79, 94% HDI [5.34, 6.28]
```

El coeficiente de contribución de Instagram es el más alto (0.84), convirtiéndolo en el mejor predictor del resultado.

Ninguno de los intervalos de densidad más altos (HDI, *Highest Density Intervals*) del 94 % contiene cero, lo que sugiere que todos los predictores tenían importancia. El HDI se puede considerar un análogo bayesiano de los intervalos de confianza (aunque esto es una simplificación; para más detalles, véase Martin *et al.*, 2021).

El ajuste del modelo no es perfecto (tal y como lo expresa R^2), aunque el efecto global parece bastante grande.

Para mejorar nuestra confianza en los resultados, podríamos probar formalmente la importancia del efecto (para más ideas, consúltese Facure, 2020 en el capítulo 15, y Chernozhukov *et al.*, 2022), pero aquí nos saltaremos este procedimiento.

Suponiendo que nuestro modelo está correctamente especificado, podemos decir que hemos encontrado evidencias convincentes de que el tuit de Elon Musk aumentó el volumen de búsquedas en Google en el caso de Twitter. Es un fantástico resultado.

Antes de concluir, hablemos de unos cuantos desafíos.

Desafíos

El tamaño del grupo de donantes que utilizamos para este análisis es pequeño, lo que puede explicar el bajo valor de R^2. Muchos profesionales recomiendan como regla general usar al menos entre 5 y 25 variables en el grupo de donantes. Dicho esto, los grupos de donantes más pequeños pueden tener ciertas ventajas.

Por ejemplo, podemos estar bastante seguros de que no estamos sobreajustando, lo que podría ocurrir con grupos de donantes de mayor tamaño (Abadie, 2021).

Nuestra hipótesis es que el tuit de Elon Musk provocó el aumento del volumen de búsqueda en Twitter, pero podría haber otros factores en juego (por ejemplo, publicaciones en los medios de comunicación sobre la adquisición de Twitter). También podríamos enfrentarnos aquí a factores de confusión.

La propia adquisición de Twitter podría haber provocado el tuit de Musk y aumentado el interés por conseguir información acerca de la plataforma. Esta alternativa no puede excluirse basándose únicamente en los datos, y podría ser muy difícil de excluir en general.

Esta consideración nos muestra una verdad importante sobre los métodos cuasiexperimentales: no garantizan automáticamente la identificabilidad.

Cuando trabajemos con estos métodos debemos considerar todos los datos disponibles, exactamente igual que hacemos con cualquier otro método causal. La consideración de un DAG que describa nuestro problema, la comprensión de las relaciones estructurales entre variables y la investigación de posibles factores de confusión son buenos primeros pasos en el análisis cuasiexperimental.

Para saber más sobre las buenas prácticas relativas a la selección de datos y la metodología general del control sintético, recomiendo consultar los excelentes artículos de Abadie (2021) y Ferman *et al.* (2020).

Otros excelentes recursos sobre controles sintéticos son el libro de Scott Cunningham *Causal Inference: The Mixtape* (Cunningham, 2021) y el capítulo 15 del libro en línea de Matheus Facure *Causal Inference for the Brave and True* (Facure, 2020).

Con esto concluye nuestra sección sobre métodos de control sintético y cuasiexperimentales.

En esta sección, hemos introducido métodos cuasiexperimentales y hemos analizado cómo funciona un estimador de control sintético. Lo implementamos en Python utilizando CausalPy y hablamos sobre una serie de desafíos planteados por nuestro análisis.

Para terminar

En este capítulo hemos hablado de muchas cosas. Empezamos revisando los modelos S-Learner y T-Learner y demostramos cómo las arquitecturas flexibles de deep learning pueden ayudar a combinar las ventajas de ambos modelos. Implementamos TARNet y SNet y aprendimos a utilizar la biblioteca CATENets basada en PyTorch.

A continuación, profundizamos en la aplicación de la causalidad en PLN. Utilizamos un modelo CausalBert basado en Transformer para calcular el efecto medio del tratamiento de un avatar de género sobre la probabilidad de obtener un *upvote* en un foro de debate simulado tipo Reddit.

Por último, echamos un vistazo al mundo de la econometría y los datos cuasiexperimentales, y aprendimos a implementar un estimador bayesiano de control sintético utilizando CausalPy.

En el próximo capítulo, iniciaremos nuestra aventura con el descubrimiento causal.

¡Nos vemos al otro lado!

Referencias

Abadie, A. (2021). «Using Synthetic Controls: Feasibility, Data Requirements, and Methodological Aspects». *Journal of Economic Literature, 59*(2), 391-425.

Abadie, A. y Gardeazabal, J. (2003). «The Economic Costs of Conflict: A Case Study of the Basque Country». *Public Choice & Political Economy Journal.*

Benjamens, S., Banning, L. B. D., van den Berg, T. A. J. y Pol, R. A. (2020). «Gender Disparities in Authorships and Citations in Transplantation Research». *Transplantation Direct, 6*(11), e614.

Bradbury, J., Frostig, R., Hawkins, P., Johnson, M. J., Leary, C., Maclaurin, D., Necula, G., Paszke, A., VanderPlas, J., Wanderman-Milne, S. y Zhang, Q. (2018). *JAX: composable transformations of Python+NumPy programs* [software informático]. `https://github.com/google/jax`.

Brown, T., Mann, B., Ryder, N., Subbiah, M., Kaplan, J. D., Dhariwal, P., ... y Amodei, D. (2020). «Language models are few-shot learners. Advances in Neural Information Processing Systems», 33, 1877-1901.

Caplar, N., Tacchella, S. y Birrer, S. (2017). «Quantitative evaluation of gender bias in astronomical publications from citation counts». *Nature Astronomy, 1*(6), 0141.

Chernozhukov, V., Wuthrich, K. y Zhu, Y. (2022). «A t-test for synthetic controls». arXiv.

Cunningham, S. (2021). *Causal Inference: The Mixtape.* Yale University Press.

Curth, A., Svensson, D., Weatherall, J. y van der Schaar, M. (2021). «Really Doing Great at Estimating CATE? A Critical Look at ML Benchmarking Practices in Treatment Effect Estimation». *Actas de Seguimiento de la sección de conjuntos de datos y puntos de referencia de NeurIPS.*

Curth, A. y van der Schaar, M. (2021a). «Nonparametric Estimation of Heterogeneous Treatment Effects: From Theory to Learning Algorithms». *Actas de la 24.ª conferencia internacional sobre inteligencia artificial y estadística (AISTATS).*

Curth, A. y van der Schaar, M. (2021b). «On Inductive Biases for Heterogeneous Treatment Effect Estimation». *Actas de 35.ª conferencia NeurIPS.*

Devlin, J., Chang, M. W., Lee, K. y Toutanova, K. (2018). «Bert: Pre-training of deep bidirectional transformers for language understanding». arXiv.

Dworkin, J. D., Linn, K. A., Teich, E. G., Zurn, P., Shinohara, R. T. y Bassett, D. S. (2020). «The extent and drivers of gender imbalance in neuroscience reference lists». *Nature Neuroscience, 23*(8), 918-926.

Egami, N., Fong, C. J., Grimmer, J., Roberts, M. E. y Stewart, B. M. (2018). «How to make causal inferences using texts». arXiv.

Facure, M., A. (2020). *Causal Inference for The Brave and True.*

Feder, A., Keith, K. A., Manzoor, E., Pryzant, R., Sridhar, D., Wood-Doughty, Z., ... y Yang, D. (2022). «Causal inference in natural language processing: Estimation, prediction, interpretation and beyond». *Transactions of the Association for Computational Linguistics, 10*, 1138-1158.

Ferman, B., Pinto, C. y Possebom, V. (2020). «Cherry Picking with Synthetic Controls». *Journal of Policy Analysis and Management, 39*, 510-532.

Firth, J. (1957). «A Synopsis of Linguistic Theory», 1930-55. En Studies in Linguistic Analysis, volumen especial de la Philological Society. Blackwell.

Frohberg, J. y Binder, F. (2022). «CRASS: A Novel Data Set and Benchmark to Test Counterfactual Reasoning of Large Language Models». *Actas de la 30.ª conferencia LREC*, 2126-2140. `https://aclanthology.org/2022.lrec-1.229/`.

Gelman, A., Goodrich, B., Gabry, J. y Vehtari, A. (2018). «R-squared for Bayesian regression models». *The American Statistician.*

Hassanpour, N. y Greiner, R. (2020). «Learning disentangled representations for counterfactual regression». *Conferencia Internacional sobre Representaciones de Aprendizaje.*

Hernán M. A., Robins J. M. (2020). *Causal Inference: What If.* Chapman & Hall/CRC.

Kıcıman, E., Ness, R., Sharma, A. y Tan, C. (2023). «Causal Reasoning and Large Language Models: Opening a New Frontier for Causality». arXiv. `https://arxiv.org/abs/2305.00050`.

Klambauer, G., Unterthiner, T., Mayr, A. y Hochreiter, S. (2017). «Self-normalizing neural networks». *Advances in Neural Information Processing Systems, 30.*

Krizhevsky, A., Sutskever, I. y Hinton, G. E. (2012). *ImageNet Classification with Deep Convolutional Neural Networks.* En F. Pereira, C. J. Burges, L. Bottou y K. Q. Weinberger (eds.), *Advances in Neural Information Processing Systems* (vol. 25).

Martin, O. A., Kumar, R., Lao, J. (2021). *Bayesian Modeling and Computation in Python.* Chapman & Hall/CRC.

Mikolov, T., Chen, K., Corrado, G. y Dean, J. (2013). «Efficient estimation of word representations in vector space». arXiv.

Molino, P. y Tagliabue, J. (2023). «Witgenstein's influence on artificial intelligence». arXiv.

OpenAI (30 de noviembre de 2022). «Introducing ChatGPT». *Blog de OpenAI*: `https://openai.com/blog/chatgpt`.

OpenAI (2023). «GPT-4 Technical Report». arXiv.

Paszke, A., Gross, S., Chintala, S., Chanan, G., Yang, E., DeVito, Z., Lin, Z., Desmaison, A., Antiga, L. y Lerer, A. (2017). *Automatic differentiation in PyTorch*.

Pearl, J. (2009). *Causality*. Cambridge University Press.

Pearl, J., Glymour, M. y Jewell, N. P. (2016). *Causal inference in statistics: A primer*. Wiley.

Pearl, J. y Mackenzie, D. (2019). *The Book of Why*. Penguin.

Peters, J., Janzing, D. y Schölkopf, B. (2017). *Elements of Causal Inference: Foundations and Learning Algorithms*. MIT Press.

Peters, M. E., Neumann, M., Iyyer, M., Gardner, M., Clark, C., Lee, K. y Zettlemoyer, L. (2018). «Deep Contextualized Word Representations». Capítulo Norteamericano de la Asociación de Lingüística Computacional.

Plečko, D. y Bareinboim, E. (2023). «Causal Fairness Analysis». arXiv.

Pryzant, R., Chung, Y. y Jurafsky, D. (2017). *Predicting Sales from the Language of Product Descriptions*. eCOM@SIGIR.

Pryzant, R., Card, D., Jurafsky, D., Veitch, V. y Sridhar, D. (2021). «Causal Effects of Linguistic Properties». *Actas de la conferencia de 2021 del Capítulo Norteamericano de la Asociación de Lingüística Computacional: Tecnologías del Lenguaje Humano*, 4095-4109.

Pryzant, R., Shen, K., Jurafsky, D. y Wagner, S. (2018). «Deconfounded Lexicon Induction for Interpretable Social Science». Actas de la conferencia de 2018 del Capítulo Norteamericano de la Asociación de Lingüística Computacional: Tecnologías del Lenguaje Humano, 1, 1615-1625.

Radford, A., Kim, J. W., Hallacy, C., Ramesh, A., Goh, G., Agarwal, S., ... y Sutskever, I. (2021). «Learning transferable visual models from natural language supervision». *En la Conferencia Internacional sobre Aprendizaje Automático*, 8748-8763. PMLR.

Radford, A., Wu, J., Child, R., Luan, D., Amodei, D. y Sutskever, I. (2019). *Language Models are Unsupervised Multitask Learners*.

Rédei, M. (2002). *Reichenbach's Common Cause Principle and Quantum Correlations*. En Placek, T., Butterfield, J. (eds.) *Non-locality and Modality. NATO Science Series, vol. 64*. Springer, Dordrecht.

Rombach, R., Blattmann, A., Lorenz, D., Esser, P. y Ommer, B. (2022). «High-resolution image synthesis with latent diffusion models». En *actas de la conferencia IEEE/CVF sobre visión por ordenador y reconocimiento de patrones*, 10684-10695.

Sanh, V., Debut, L., Chaumond, J. y Wolf, T. (2019). «DistilBERT, a distilled version of BERT: smaller, faster, cheaper and lighter». arXiv.

Shalit, U., Johansson, F. D. y Sontag, D. (2017). «Estimating individual treatment effect: generalization bounds and algorithms». En la *Conferencia International sobre Aprendizaje Automático, 3076-3085. PMLR.*

Shi, C., Blei, D. y Veitch, V. (2019). «Adapting neural networks for the estimation of treatment effects». *Advances in Neural Information Processing Systems, 32.*

Vaswani, A., Shazeer, N., Parmar, N., Uszkoreit, J., Jones, L., Gomez, A. N., Kaiser, Ł. y Polosukhin, I. (2017). *Attention is All you Need.* En: I. Guyon, U. V. Luxburg, S. Bengio, H. Wallach, R. Fergus, S. Vishwanathan y R. Garnett (Eds.). *Advances in Neural Information Processing Systems (vol. 30).*

Veitch, V., Sridhar, D., & Blei, D. (2020). «*Adapting text embeddings for causal inference*». En la *Conferencia UAI sobre Incertidumbre en Inteligencia Artificial*, 919-928. PMLR.

Willig, M., Zečević, M., Dhami, D. S., Kersting, K. (2023). «Causal Parrots: Large Language Models May Talk Causality But Are Not Causal» [preimpreso ACM].

Wittgenstein, L. (1953). *Philosophical investigations. Philosophische Untersuchungen.* Macmillan.

Wittgenstein, L. (1922). *Tractatus Logico-Philosophicus.* Harcourt, Brace & Company, Inc.

Zhang, C., Bauer, S., Bennett, P., Gao, J., Gong, W., Hilmkil, A., ... y Vaughan, J. (2023). «Understanding Causality with Large Language Models: Feasibility and Opportunities». arXiv.

Zhang, J., Mullainathan, S. y Danescu-Niculescu-Mizil, C. (2020). «Quantifying the causal effects of conversational tendencies». Actas de la *conferencia ACM sobre interacción humano-ordenador, 4*(CSCW2), 1-24.

Zipf, G. K. (1949). *Human behavior and the principle of least effort.* Addison Wesley Press.

Parte 3.
Descubrimiento causal

En la parte 3, iniciaremos nuestro viaje por el mundo del descubrimiento causal. Empezaremos con una introducción sobre las fuentes de conocimiento causal y una exploración más profunda sobre importantes hipótesis.

Introduciremos cuatro familias de algoritmos de descubrimiento causal y las implementaremos utilizando gCastle. Continuaremos viendo métodos avanzados y demostraremos cómo entrenar un algoritmo DECI usando PyTorch.

Por el camino explicaremos cómo inyectar conocimiento experto en el proceso de descubrimiento causal, y trataremos brevemente métodos que nos permiten combinar datos observaciones e intervencionistas para aprender estructuras causales de un modo más eficiente.

Concluiremos la parte 3 con un resumen del libro, un debate sobre la causalidad en empresas, un vistazo rápido al (posible) futuro de este campo, e indicaciones sobre más recursos de inferencia y descubrimiento causal, para los usuarios que estén listos para continuar con su viaje causal.

Esta parte comprende los siguientes capítulos:

- Capítulo 12. Grafos causales.
- Capítulo 13. Descubrimiento causal y machine learning: de las hipótesis a las aplicaciones.
- Capítulo 14. Descubrimiento causal y machine learning: deep learning avanzado y mucho más.
- Capítulo 15. Epílogo.

12

Grafos causales

Bienvenido al capítulo 12.

Iniciaremos aquí nuestro viaje por la tierra del descubrimiento causal.

La mayoría de la gente que oye hablar de descubrimiento causal por primera vez se siente realmente fascinada por el tema. Otras personas son escépticas, aunque nadie se mantiene indiferente.

Quizá esta tendencia hacia las reacciones intensas revele algo fundamental sobre sobre la naturaleza humana. En el primer capítulo, hablamos brevemente de la investigación de Alison Gopnik acerca de que incluso los bebés realizan experimentos para construir modelos del mundo con eficacia.

En este capítulo vamos a analizar tres fuentes de conocimiento causal y reflexionaremos sobre las ventajas y desventajas relativas de su uso.

Al final del capítulo, el lector tendrá una clara idea de las distintas fuentes de conocimiento causal y será capaz de debatir sobre sus puntos fuertes y débiles fundamentales.

En este capítulo, trataremos los siguientes temas:

- Fuentes de conocimiento causal.
- Experimentos científicos y simulaciones como fuente de conocimiento causal.
- Observaciones personales y conocimiento del dominio.
- Descubrimiento causal y aprendizaje de estructuras.

Fuentes de conocimiento causal

Manuel, Luis y Pablo son unos bebés de 11 meses que juegan juntos. Manuel le da un coche de juguete a Luis, a quien se le había caído accidentalmente. Pablo está intentando coger un nuevo osito de peluche que su hermana le puso al lado de la silla. Si observamos a Manuel, Luis y Pablo, pronto nos damos cuenta de que están muy motivados por explorar el entorno que les rodea.

Esto es una buena señal, es decir, un indicador de una trayectoria de desarrollo sana.

Pero hay un inconveniente.

¿Cómo eligen qué explorar?

Tú y yo, sobresaturados

Se estima que en torno a 11 millones de fragmentos de información llegan al cerebro por segundo desde distintas entradas sensoriales. En los adultos, solo se procesan de manera consciente unos 60 fragmentos por segundo (Martín, 2009).

Es difícil evaluar cuántos fragmentos de esos 11 millones se procesan de manera inconsciente. Tampoco es nada fácil traducir estos números directamente a habilidades de procesamiento de bebés, pero lo que sí es seguro es que los lactantes no son capaces de procesar la mayor parte del tiempo toda la información disponible en el entorno que les rodea.

Uno de los mecanismos que ayuda a los humanos y otros animales a liberar parte de su capacidad de procesamiento se llama habituación. La habituación es un proceso en el que disminuye la respuesta de un organismo a presentaciones repetidas o prolongadas de un estímulo. En otras palabras, dejamos de prestar atención a cosas que ocurren a nuestro alrededor una y otra vez de forma similar.

¿Alguna vez te has mudado a un piso situado en una calle ruidosa? Si la respuesta es positiva, es probable que te resultara difícil no notar el ruido al principio.

Existe la posibilidad de que te resultara bastante molesto. Incluso podrías haberte dicho a ti mismo o a tu familia: «vaya, ¡qué ruidosa es esta calle!».

Probablemente en un mes, más o menos, dejaras de notar el ruido. El ruido pasó a formar parte del fondo, se volvió prácticamente invisible.

Esto es la habituación.

La habituación aparece muy pronto en el desarrollo y se puede observar incluso en las etapas prenatales (por ejemplo, Muenssinger *et al.*, 2013).

El poder de la sorpresa

Los psicólogos del desarrollo aprovecharon el mecanismo de habituación y crearon paradigmas de investigación, como la violación de la expectativa (VoE, *Violation of Expectation*), que les permite estudiar cómo aprenden los bebés. Los investigadores han demostrado que eventos sorprendentes (no acostumbrados) pueden activar distintas reacciones específicas, como alteraciones en la expresión facial, dilatación de las pupilas, cambios en el flujo de sangre al cerebro y en su actividad eléctrica, y modificaciones en el tiempo de fijación de la mirada.

Aimee Stahl y Lisa Feigenson, de la Universidad Johns Hopkins, han mostrado a grupos de bebés de 11 meses juguetes normales y otros juguetes que (aparentemente) infringían las leyes de la física. Los juguetes modificados atravesaban las paredes, flotaban en el aire y cambiaban repentinamente de posición.

Los bebés pasaban más tiempo explorando los juguetes modificados que los normales. También interactuaban con ellos de formas diferentes.

Los análisis han demostrado que los bebés aprendían más de los objetos con comportamientos inesperados, los exploraban más y probaban hipótesis relevantes para el comportamiento de dichos objetos (Stahl y Feigenson, 2015).

Este y otros experimentos (véase Gopnik, 2009) sugieren que hasta los bebés de menor edad eligen sistemáticamente acciones que les ayudan a falsificar las hipótesis y crear modelos del mundo causales relevantes. Este enfoque intervencionista de aprendizaje activo es esencial para lograr este objetivo.

¿Recuerdas a Manuel, Luis y Pablo al comienzo de este capítulo? Manuel le dio un coche de juguete a Luis, al que se le había caído accidentalmente. Resulta que es mucho más probable que un bebé le dé un objeto caído a una persona a la que se le cayó inadvertidamente que a alguien que lo dejó caer o lo tiró de forma intencionada.

Los modelos del mundo son fundamentales para moverse con eficacia por mundos físicos y sociales, y no dejamos de construirlos cuando somos adultos.

Conocimientos científicos

Los bebés humanos tienen mucho que aprender durante su desarrollo: las leyes de la física, el lenguaje y las normas sociales. Una vez aprendidas las bases, la mayoría de los niños comienzan en el colegio. El colegio nos proporciona a la mayoría un canon de conocimientos actuales sobre una amplia variedad de temas.

A muchas personas les basta con aprender este canon. Sin embargo, otras, inconformes con las respuestas a las preguntas que se plantean o motivadas por otros factores, deciden profundizar más y buscar ellos mismos las respuestas. Algunas de estas personas llegan a ser científicos.

En esta sección, miraremos el conocimiento causal a través de la lente de los métodos científicos. Introduciremos algunas metodologías científicas básicas y abordaremos sus ventajas y limitaciones.

La lógica de la ciencia

Karl Popper, uno de los filósofos de ciencia más famosos del siglo XX, solía decir: «lo que es verdadero en lógica es verdadero en el método científico» (traducido de Popper, 1971). En el capítulo 7 mencionamos brevemente el esquema de Popper; vamos a revisarlo para recordar.

El discurso de Popper es el siguiente: decir que todas las X son x suele ser imposible, porque normalmente no podemos observar todas las X (y si, en ciertos casos, sí podemos observar todas las X, no necesitamos ciencia para estos casos, ya que podemos observar todos los resultados).

Aunque no podamos observar todas las X y, por tanto, no podamos confirmar definitivamente ninguna hipótesis específica sobre las X, aún podemos aprender algo útil.

«Todas las X son x» es equivalente en lógica a «ninguna X es no x». Aunque no podemos probar inequívocamente que todas las X son x, encontrar un solo caso en el que X no es x refuta la hipótesis de que todas las X son x. Refutar una hipótesis de este modo se denomina falsabilidad.

Una hipótesis falsable es una hipótesis para la que podemos definir una prueba empírica que la falsifica. «Todas las palomas son blancas» es una hipótesis falsable, que puede falsarse encontrando al menos una paloma que no sea blanca.

Por otro lado, la existencia de un ser sobrenatural inteligente suele ser no falsable, a menos que establezcamos una hipótesis de una manera muy específica, por ejemplo, que la existencia de un ser sobrenatural garantice que nadie muera antes de los 18 años.

Creo que a pocas personas de las que creen en la existencia de seres sobrenaturales les interesa formular hipótesis como esta. Otros supuestos más generales o imprecisos en contextos similares suelen resultar imposibles de falsar.

Las hipótesis son una especie

En el esquema popperiano, las hipótesis proceden de teorías (o teorías tentativas). Una vez generadas, deben ser examinadas, es decir, sometidas a prueba empírica, lo que puede falsarlas.

Si se falsa una hipótesis generada a partir de una teoría, la teoría en su forma original también resulta falsada y se debe revocar. Toda teoría puede generar muchas hipótesis distintas, aunque una que sobreviva al mayor número de pruebas no es necesariamente más cierta. Es más apta, en cierto sentido, igual que ocurre con la adaptación en evolución biológica.

Por ejemplo, una teoría podría adaptarse muy bien a los datos actuales y ello podría deberse a que simplemente no disponemos de herramientas suficientemente avanzadas para recoger los datos que podrían falsarla, por lo que se adaptación no se traduce automáticamente en su veracidad. Algunos de estos puntos de vista han sido criticados desde entonces y no todos se aceptan en general hoy en día (véase la siguiente nota).

> **Popper y otros filósofos**
>
> Aquí presentamos una introducción muy breve y reducida del esquema popperiano, sin duda simplificada e incompleta. Aunque las ideas de Popper siguen siendo una parte vital de la cultura científica moderna, debemos ser conscientes de que algunas han sido criticadas.
>
> Por ejemplo, Thomas Kuhn ha propuesto un modelo alternativo de cómo progresa la ciencia con el tiempo (Kuhn, 1962), y otros filósofos, como Imre Lakatos o Paul Feyerabend, criticaron la visión de Popper sobre la demarcación entre ciencia y pseudociencia y su criterio del rechazo de teorías.
>
> Una de las consecuencias (quizá sorprendentes) del popperismo consistente es el rechazo de la teoría de la evolución de Darwin como no científica (el propio Popper la llamó «un interesante proyecto de metafísica»; traducido de Rosenberg y McIntyre, 2020).
>
> El físico francés Pierre Duhem y el lógico americano Willard Van Orman Quine argumentaron de manera independiente que las hipótesis no se pueden falsar empíricamente y de manera aislada, porque una prueba empírica necesita hipótesis auxiliares. La teoría de Popper también ha sido criticada por excesivamente romántica y poco realista (Rosenberg y McIntyre, 2020).

Una sola lógica, muchas posibilidades

La investigación científica puede tomar distintas formas según el objeto de interés de un determinado campo. Los físicos suelen diseñar sus experimentos de forma diferente a los psicólogos. Aunque prácticamente todos los científicos siguen (o al menos se esfuerzan por seguir) una serie de principios básicos similares, en la práctica pueden hacer cosas muy distintas.

Por ejemplo, los físicos están interesados en formular hipótesis sobre las leyes básicas universales que rigen el mundo físico. Los objetos que les interesan suelen poder describirse mediante un número finito de observables físicos bien definidos.

Por otro lado, los psicólogos intentan captar las leyes universales que rigen la cognición y el comportamiento de los seres humanos y otros animales.

Las distintas formas en las que pueden diferir dos chimpancés o dos humanos son difíciles de cuantificar. Los animales pueden considerarse sistemas complejos, en los que múltiples factores diferentes interactúan entre sí y con el entorno en una danza prácticamente infinita.

Estas diferencias se reflejan en la elección de las herramientas científicas que hacen los científicos de estos campos.

Experimentos controlados

Físicos, químicos y otros representantes de las llamadas ciencias duras suelen trabajar con experimentos controlados. El aspecto del control significa que el entorno experimental es cuidadosamente controlado para minimizar cualquier interferencia del mundo exterior o, en otras palabras, para mantener constantes las variables del contexto. Un ejemplo extremo de este tipo de control son proyectos como el Gran Colisionador de Hadrones, un sofisticado sistema experimental que consiste en un anillo de imanes superconductores de 27 kilómetros de largo, situado a más de 100 metros bajo la superficie del planeta, con un sistema de blindaje no menos sofisticado, para reducir las influencias externas no deseadas.

Muchos experimentos en ciencias duras no requieren aleatorización, ya que se considera que los objetos con los que tratan los experimentadores se rigen por principios universales, y a menudo se supone que los efectos observados son generalizables a otras condiciones. Por ejemplo, si un experimento bien diseñado referente a principios universales se lleva a cabo en París, se supone que los resultados son reproducibles en Kiev, Nueva York y Shanghái.

Las cosas son distintas en medicina, ciencias sociales y agricultura. Los objetos estudiados en estos campos suelen ser complejos y pueden diferir significativamente entre sí en dimensiones no observables. Si los grupos de tratamiento y control difieren sistemáticamente en algunas de estas dimensiones, los resultados podrían estar sesgados. ¿Cómo afrontar este riesgo?

Ensayos controlados aleatorizados (RCT)

Los ensayos controlados aleatorizados (RCT, *Randomized Controlled Trials*) son experimentos en los que los participantes (o, más general, las unidades) se asignan de manera aleatoria a condiciones experimentales. La idea de la aleatorización procede del emblemático polímata británico Sir Ronald Aymler Fisher. Fisher utilizó la idea de la aleatorización en el contexto de la agricultura. Aunque la idea ya era conocida, él la formalizó y popularizó a través de su trabajo, a partir de la década de 1920.

El objetivo de la aleatorización es eliminar el sesgo y permitir pruebas de significación válidas (Hall, 2007). Contrariamente a la idea errónea popular, la aleatorización no hace que los grupos de tratamiento y control sean equilibrados u homogéneos (Senn, 2020).

Los ensayos RCT suelen considerarse la referencia para inferir relaciones causales.

Dicho esto, la idea de la aleatorización parece controvertida para muchos. Como expresó Stephen Senn, «(...) ha seguido siendo controvertida desde que fue introducida por R.A. Fisher en el diseño de estudios agrícolas en la década de 1920, e incluso los estadísticos discrepan sobre su valor» (traducido de Senn, 2021).

Uno de los retos de los RCT que señalan algunos autores es que no proporcionan estimaciones de la eficacia del tratamiento a nivel individual, sino solo a nivel de grupo (por ejemplo, Kostis y Dobrzynski, 2020). Otros autores sugieren que esto no siempre es problemático y que a menudo las conclusiones a nivel de grupo son sorprendentemente transportables a los individuos (por ejemplo, Harrell, 2023), pero como vimos en el capítulo 9, las conclusiones a nivel de grupo pueden ocultar información importante.

En esta sección, asumimos implícitamente que un RCT consta de dos (o más) grupos que se asignan a las condiciones de tratamiento o control en paralelo. Este no es el único diseño posible de RCT. Es más, otros diseños, como el cruzado, podrían ser más potentes. Un análisis más detallado de los diseños experimentales queda fuera del alcance de este libro. Para un primer acercamiento, consúltese Harrell (2023).

De los experimentos a los grafos

Los experimentos científicos pueden ayudarnos a comprender qué fenómenos del mundo real están relacionados causalmente. Aunque desde un punto de vista tradicional popperiano sería difícil argumentar que la ciencia puede ofrecernos verdaderos grafos causales, la mayoría de las personas estarían probablemente de acuerdo en que la ciencia puede ayudarnos a decidir qué grafos causales son aceptables.

Cada nueva hipótesis y cada nuevo experimento pueden profundizar nuestra comprensión de los sistemas causales del mundo real, y esta comprensión puede codificarse mediante grafos causales (tengamos en cuenta que no todos los sistemas pueden describirse fácilmente mediante grafos acíclicos, y que a veces la causalidad puede ser difícil de cuantificar). Por ejemplo, puede que nos interese saber cómo influye en las ventas el brillo de los colores de una página web. Podríamos diseñar una prueba A/B para comprobar esta hipótesis. Si los resultados indican que el brillo del color influye en las ventas, deberíamos añadir una arista desde Brillo hasta Ventas en un grafo que describa las causas de las ventas.

Simulaciones

Las simulaciones son otra forma de obtener conocimiento causal.

Las simulaciones suelen comenzar con un conjunto de mecanismos de bajo nivel conocidos (o hipotéticos). Estos mecanismos se codifican para observar un comportamiento de alto nivel de un sistema de interés.

Por ejemplo, en TensorCell (`https://www.tensorcell.com/`), un grupo de investigación fundado por el matemático e investigador de IA polaco Paweł Gora, utilizan simuladores de sistemas de tráfico para optimizar los sistemas de control del tráfico, mediante diversas técnicas de machine learning y aprendizaje por refuerzo.

Realizar intervenciones en un simulador suele ser mucho más barato que hacerlo en un sistema real aunque, si el simulador es lo bastante preciso, de tales intervenciones se esperan obtener valiosos conocimientos del mundo real.

Curiosamente, las simulaciones complejas también pueden resultar demasiado caras para determinados fines. Por ejemplo, utilizar un simulador de tráfico complejo para producir entradas para un agente de aprendizaje por refuerzo es ineficiente y muy lento. En TensorCell utilizan redes neuronales de grafos y modelos Transformer para aproximar los resultados de los simuladores y abordar este problema.

En esta sección, analizamos los fundamentos del método científico, y las herramientas científicas básicas que pueden emplearse para generar conocimiento causal. Hemos hablado brevemente de cómo poner a prueba empíricamente las hipótesis mediante experimentos y de cuáles son las principales ventajas y limitaciones de este enfoque.

Ahora, echemos un vistazo a fuentes menos formales de conocimiento causal.

Experiencia personal y conocimiento del dominio

Empezamos este capítulo hablando de cómo los bebés realizan experimentos para construir modelos causales del mundo. En esta sección, analizaremos el enfoque de un adulto para refinar y construir dichos modelos.

Imagina una tarde lluviosa y fría en algún lugar del norte. Estás en una parada de autobús cerca de tu parque favorito. Hay un gran charco en la calle frente a ti. Ves que se acerca un coche por la izquierda, muy cerca de la acera. Parece que se va a meter directamente en el charco. Cuando el coche se acerca al charco sin reducir la velocidad, instintivamente saltas detrás de la marquesina de la parada de autobús. El agua golpea el cristal de la marquesina justo al lado de tu cara, pero, afortunadamente, estás a salvo al otro lado.

Es probable que esta reacción fuera el resultado de muchos factores diferentes, incluida una respuesta instintiva rápida a un estímulo amenazador (salpicaduras de agua sucia), pero es probable que no fuera totalmente instintiva. Te diste cuenta con antelación de la presencia de un coche y probablemente simulaste lo que ocurriría. Una simulación de este tipo requiere que tengamos un modelo del mundo.

En este caso, el modelo de lo que ocurrirá cuando un objeto relativamente duro (un neumático) se desplace por un charco a una velocidad suficiente probablemente proceda de varias experiencias diferentes. Puede tener componentes experimentales (como cuando saltabas en los charcos cuando tenías 2 años y observabas los efectos de tus intervenciones) y componentes observacionales (ver a una persona salpicada por un coche y observar las consecuencias).

Experiencias personales

Experiencias personales como las que te llevaron a simular que el coche te salpicaba con agua pueden ser una fuente válida de conocimiento causal. Los humanos y algunos otros animales son capaces de generalizar eficazmente experiencias y conocimientos de un contexto a otro.

Dicho esto, las generalizaciones no siempre son correctas. Un buen ejemplo procede del ámbito de la psicología clínica. Los niños que crecen en familias disfuncionales pueden (y suelen) aprender patrones relacionales específicos (cómo relacionarse con otras personas en diversas situaciones).

A menudo, estos patrones se trasladan a la edad adulta y se transfieren a las relaciones con nuevas personas, provocando dinámicas de relación inestables o destructivas. Aunque los patrones originales funcionaran bien en la familia de origen, no funcionan bien en una nueva relación. El modelo no se ha actualizado.

Las experiencias personales son vulnerables a muchos sesgos, sobre todo cuando se basan en datos observacionales y no se examinan de forma crítica. Daniel Kahneman y Amos Tversky recopilaron una extensa lista de tales sesgos. Aquí solo trataremos brevemente uno de ellos.

Una heurística de disponibilidad es un atajo mental (normalmente utilizado de forma inconsciente) que se basa en los datos que primero vienen a la mente (o más fácilmente, Kahneman, 2011). Por ejemplo, si normalmente se ven hombres y no mujeres en puestos de liderazgo, la imagen de un hombre resultará cognitivamente más accesible al pensar en el liderazgo.

Esto podría hacernos asociar subconscientemente a los hombres con el liderazgo y manifestarse en una creencia consciente de que ser hombre está relacionado con estar mejor preparado para ocupar puestos de liderazgo, aunque las pruebas sugieren lo contrario (por ejemplo, Zenger y Folkman, 2020).

Una heurística de disponibilidad podría conducir no sólo a modelos del mundo defectuosos, sino también a interesantes paradojas. Múltiples estudios han demostrado que, aunque se considera que las mujeres tienen más competencias claves de liderazgo que los hombres, el mismo grupo de personas no las percibe necesariamente como mejores líderes (por ejemplo, Centro de Investigaciones Pew, 2008).

Conocimiento del dominio

El conocimiento del dominio puede basarse en diversas fuentes, a saber: conocimientos científicos, experiencias personales, la transmisión cultural o una combinación de todas ellas.

Por lo general, los expertos en un ámbito conocen en profundidad una o varias áreas que han estudiado o con las que han interactuado durante mucho tiempo. Es posible que sean capaces de simular con precisión diversos escenarios dentro de su área de especialización.

Los principales riesgos relacionados con los conocimientos especializados como fuente de conocimiento causal son similares a los que hemos analizado en referencia a la experiencia personal. La transmisión cultural que tiene lugar en la vida cotidiana y en las organizaciones también puede dotarnos de modelos incorrectos o sesgados (por ejemplo, las oraciones para que llueva parecen asumir un modelo causal incorrecto).

Además, los expertos pueden ser sensibles al exceso de confianza, sobre todo cuando tienen un enfoque limitado. Resulta que los expertos especializados en un campo reducido suelen hacer predicciones sobre el futuro que no son mejores que las proporcionadas por completos profanos e incluso, a veces, son peores, lo que indica modelos del mundo incorrectos (Tetlock, 2005; Tetlock y Gardner, 2015).

La investigación de Phillip Tetlock a la que nos referimos se centraba específicamente en pronosticar escenarios complejos del mundo real. Aunque es posible que las conclusiones no puedan generalizarse perfectamente a otros ámbitos, no cabe duda de que ponen de relieve un importante factor de riesgo a la hora de utilizar los conocimientos especializados como fuente de conocimiento causal.

En resumen, las experiencias personales y los conocimientos especializados pueden ser fuentes valiosas de conocimiento causal. Al mismo tiempo, son susceptibles de numerosas distorsiones asociadas a heurísticas y sesgos.

Las experiencias personales y los conocimientos especializados parecen ser menos fiables que los conocimientos científicos, pero en algunos casos pueden ser más precisos (por ejemplo, cuando no se dispone de conocimientos científicos sobre un determinado ámbito o cuando éste es muy heterogéneo).

Aprendizaje de estructuras causales

La última fuente de conocimiento causal que trataremos en este capítulo es el aprendizaje de estructuras causales. Esta expresión (que a veces se intercambia con descubrimiento causal) es un conjunto de métodos, cuyo objetivo es recuperar la estructura del proceso de generación de datos a partir de los datos generados por dicho proceso. El descubrimiento causal tradicional se centraba en recuperar la estructura causal únicamente a partir de datos observacionales.

Algunos métodos más recientes permiten codificar el conocimiento experto en el grafo o aprender a partir de datos intervencionistas (con intervenciones conocidas o desconocidas).

El aprendizaje de estructuras causales puede ser mucho más barato y rápido que realizar un experimento, pero a menudo resulta complicado en la práctica.

Muchos métodos de aprendizaje de estructuras causales requieren que no haya confusión oculta, una condición difícil de garantizar en numerosos escenarios del mundo real. Algunos métodos de descubrimiento causal intentan superar esta limitación con cierto éxito.

Otro reto es la capacidad de ampliación: el espacio de posibles grafos acíclicos dirigidos (DAG) crece de forma superexponencial en función del número de nodos del grafo.

Una dirección de investigación apasionante y relativamente nueva es combinar el aprendizaje de estructuras causales con el conocimiento del dominio y una experimentación eficiente.

Aprenderemos más sobre el descubrimiento causal en el próximo capítulo.

Para terminar

En este capítulo, hemos analizado tres amplias fuentes de conocimiento causal: los conocimientos científicos, las experiencias personales y el conocimiento del dominio, y el aprendizaje de estructuras causales.

Hemos visto que los humanos empezamos a trabajar en la construcción de modelos del mundo en una etapa muy temprana de nuestro desarrollo; sin embargo, no todos los modelos del mundo que construimos son precisos. Las heurísticas empleadas introducen sesgos, que pueden distorsionar nuestros modelos a nivel individual, organizativo o cultural.

Los experimentos científicos son un intento de estructurar el proceso de obtención de conocimientos, de forma que podamos excluir o minimizar las interferencias y fuentes de distorsión no deseadas.

Por desgracia, los experimentos no siempre están disponibles y tienen sus propias limitaciones. Los métodos de aprendizaje de estructuras causales suelen ser más baratos y rápidos que los experimentos, pero pueden basarse en supuestos difíciles de cumplir en determinados casos.

Los métodos híbridos que combinan el aprendizaje de estructuras causales, la experiencia en el dominio y la experimentación eficiente son un nuevo y apasionante campo de investigación.

Veamos cómo implementar algoritmos de descubrimiento causal y cómo funcionan en la práctica.

Nos vemos en el capítulo 13.

Referencias

Gopnik, A. (2009). *The philosophical baby: What children's minds tell us about truth, love, and the meaning of life*. Farrar, Straus, Giroux.

Hall N. S. (2007). «R. A. Fisher and his advocacy of randomization». *Journal of the History of Biology, 40*(2), 295-325.

Harrell, F. (14 de febrero de 2023). «Randomized Clinical Trials Do Not Mimic Clinical Practice, Thank Goodness». *Statistical Thinking.* `https://www.fharrell.com/post/rct-mimic/`.

Kahneman, D. (2011). *Thinking, fast and slow*. Farrar, Straus, Giroux.

Kostis, J. B. y Dobrzynski, J. M. (2020). «Limitations of Randomized Clinical Trials». *The American Journal of Cardiology, 129*, 109-115.

Kuhn, T. S. (1962). *The structure of scientific revolutions*. University of Chicago Press.

Martín, F. M. (2009). «The thermodynamics of human reaction times». arXiv. `https://arxiv.org/abs/0908.3170`.

Muenssinger, J., Matuz, T., Schleger, F., Kiefer-Schmidt, I., Goelz, R., Wacker-Gussmann, A., Birbaumer, N. y Preissl, H. (2013). «Auditory habituation in the fetus and neonate: an fMEG study». *Developmental Science, 16*(2), 287-295.

Centro de Investigaciones Pew (2008). *Men or Women: Who's the Better Leader? A Paradox in Public Attitudes.* `https://www.pewresearch.org/social-trends/2008/08/25/men-or-women-whos-the-better-leader/`.

Popper, K. (1959). *The Logic of Scientific Discovery*. Basic Books.

Popper, K. (1971). «Conjectural Knowledge: My Solution of the Problem of Induction». *Revue Internationale de Philosophie, 25*(95/96), 167-197.

Rosenberg, A. y McIntyre, L. (2020). *Philosophy of Science: A Contemporary Introduction (4th ed.)*. Routledge.

Senn, S. S. (2021). *Statistical Issues in Drug Development (3rd ed.)*. Wiley.

Senn, S. S. (20 de abril de 2020). *Randomisation is not about balance, nor about homogeneity but about randomness. Error Statistics.* https://errorstatistics.com/2020/04/20/s-senn-randomisation-is-not-about-balance-nor-about-homogeneity-but-about-randomness-guest-post/.

Stahl, A. E. y Feigenson, L. (2015). «Cognitive development. Observing the unexpected enhances infants' learning and exploration». *Science (Nueva York), 348*(6230), 91-94.

Tetlock, P.E. (2005). *Expert Political Judgment: How Good Is It? How Can We Know?* Princeton University Press.

Tetlock, P. E. y Gardner, D. (2015). *Superforecasting: The Art and Science of Prediction.* Crown.

Zenger, J. y Folkman, J. (30 de diciembre de 2020). «Research: Women Are Better Leaders During a Crisis». *Harvard Business Review.* https://hbr.org/2020/12/research-women-are-better-leaders-during-a-crisis.

13

Descubrimiento causal y machine learning: de las hipótesis a las aplicaciones

En el capítulo anterior evaluamos tres clases de fuentes de conocimiento y descubrimiento causal, y hablamos de sus principales ventajas y desventajas. En este capítulo, nos centraremos en la última fuente de conocimiento mencionada en el capítulo 12: el descubrimiento causal.

Empezaremos revisando las hipótesis más habituales del descubrimiento causal. Después, presentaremos cuatro amplias familias de métodos para el descubrimiento causal e introduciremos gCastle, el principal paquete de Python que emplearemos en este capítulo. Seguiremos con una comparación de métodos seleccionados, y con una guía práctica sobre cómo combinar algoritmos de descubrimiento causal con conocimiento experto.

Al final de este capítulo, el lector conocerá una amplia variedad de métodos de descubrimiento causal. Será capaz de implementarlos con Python y gCastle y comprenderá los mecanismos e implicaciones de combinar métodos seleccionados con conocimiento del dominio ya existente.

En este capítulo, trataremos los siguientes temas:

- Repaso de las hipótesis del descubrimiento causal.
- Introducción a gCastle.
- Descubrimiento causal basado en restricciones.
- Descubrimiento causal basado en puntuaciones.
- Descubrimiento causal funcional.
- Descubrimiento causal basado en el gradiente.
- Codificar el conocimiento experto.

Descubrimiento causal: un repaso de las hipótesis

La primera vez que mencionamos el descubrimiento causal en este libro fue en el capítulo 1. En el capítulo 5 profundizamos un poco más y discutimos dos hipótesis empleadas a menudo para los métodos de descubrimiento causal: lealdad y minimalidad.

En esta sección, revisaremos estos supuestos y hablaremos sobre otros más generales, que serán útiles en nuestro viaje hacia el descubrimiento causal.

Comencemos.

Preparación

El descubrimiento causal pretende descubrir (o aprender) el verdadero grafo causal a partir de datos observacionales (y a veces intervencionales o mixtos).

En general, esta tarea es difícil, aunque posible en determinadas condiciones. Muchos métodos de descubrimiento causal requerirán que cumplamos una serie de supuestos para utilizarlos correctamente.

La primera hipótesis general es la de la suficiencia causal (o ausencia de confusión oculta). Una gran mayoría de los métodos de descubrimiento causal se basan en esta hipótesis (aunque no todos).

Otra hipótesis conocida para el descubrimiento causal es la lealtad.

Siempre intentando ser leal...

La hipótesis de lealtad establece que, si dos variables son condicionalmente independientes en sus distribuciones dada una tercera variable, también serán condicionalmente independientes en el grafo que represente el proceso de generación de datos. Aquí se expresa de manera más formal:

$$X \perp\!\!\!\perp_p Y|Z \Rightarrow X \perp\!\!\!\perp_G Y|Z$$

Esta hipótesis es el inverso de la propiedad de Markov global, que utilizamos para la inferencia causal y que ya analizamos en el capítulo 5. La fórmula dice que, si X e Y son independientes en su distribución dada Z, también lo serán en el grafo dado Z.

...pero a veces es difícil

La hipótesis de la lealtad puede ser difícil de cumplir en ocasiones. Una razón de ello es el error de muestreo al comprobar la independencia condicional en el régimen de tamaño de muestra finito (Uhler *et al.*, 2013).

Además, cualquier situación en la que una variable influya en otra a través de dos caminos diferentes, y estos caminos se cancelen por completo, conducirá al incumplimiento de la lealtad (véase el capítulo 5 para más detalles, y el vídeo de Neal Brady para una referencia rápida: `https://www.youtube.com/watch?v=frC8xsl9h7s`).

Dicho esto, la probabilidad de encontrar esto último en el mundo real es extremadamente pequeña (Sprites *et al.*, 2000, págs. 68-69), aunque sí resulte fácil encontrar ejemplos teóricos (Peters *et al.*, 2017, págs. 107-108).

El minimalismo es una virtud

Podría existir más de un grafo o modelo causal estructural (SCM, *Structural Causal Model*) que implique la misma distribución.

Esto supone un reto para la recuperación de la estructura causal, porque la correspondencia entre la estructura y la distribución se vuelve ambigua.

La hipótesis de minimalidad causal está diseñada para resolver este problema. El supuesto establece que el grafo acíclico dirigido (DAG) G es mínimo con respecto a la distribución P si, y solo si, G induce P, pero ningún subgrafo propio de G induce P. En otras palabras, si el grafo G induce P, la eliminación de cualquier arista de G debe dar como resultado una distribución distinta de P.

Aunque no todos los métodos de descubrimiento causal requieren las tres hipótesis analizadas en esta sección, es probable que las tres sean las más frecuentes en un amplio conjunto de métodos. Revisaremos esto cuando hablemos en detalle de métodos concretos.

En esta sección, hemos repasado tres hipótesis populares en las que se basan muchos métodos de descubrimiento causal: suficiencia, lealtad y minimalidad.

En la siguiente sección, trataremos cuatro corrientes de ideas que condujeron al desarrollo de métodos de descubrimiento causal clásicos y contemporáneos.

Las cuatro familias (y media)

En esta sección, presentaremos una visión general de las cuatro familias de métodos de descubrimiento causal. Al final de ella, el lector debería tener un buen conocimiento de las cuatro familias y sus propiedades básicas.

Usamos la palabra familias, en vez de un término más formal como tipos, porque la distinción entre las cuatro familias que utilizaremos puede ser ligeramente difusa. Seguimos la categorización propuesta por Glymour *et al.* (2019) y la ampliamos un poco para incluir métodos de descubrimiento causal más recientes, no mencionados en el artículo de Glymour y sus colegas.

Las cuatro corrientes

Los orígenes del descubrimiento causal moderno se remontan a los trabajos de Judea Pearl y al artículo de 1987 que escribió con George Rebane. El artículo describía un método que recupera la estructura causal a partir de datos estadísticos, suponiendo que el proceso de generación de datos tiene una estructura de poliárbol (Rebane y Pearl, 1987).

Las ideas derivadas de esta investigación dieron lugar a dos corrientes de investigación paralelas en tres centros académicos: la Universidad de California en Los Ángeles (UCLA), la Universidad Carnegie Mellon (CMU) y Stanford (Pearl, 2009):

- Métodos basados en restricciones: los investigadores de UCLA y CMU se centraron en el enfoque del descubrimiento causal basado en las independencias de grafos (entendidas como las describimos en el capítulo 5). Nos referimos a estos métodos como métodos basados en restricciones. Esta corriente de investigación condujo al desarrollo de algoritmos como la causalidad inductiva y su implementación en un famoso paquete de software llamado TETRAD.

- Métodos basados en puntuaciones: el trabajo en Stanford se centró en el enfoque de redes bayesianas. Las primeras investigaciones (por ejemplo, Heckerman *et al.*, 1995) allanaron el camino para el desarrollo del algoritmo de búsqueda codiciosa de equivalencias (GES, *Greedy Equivalence Search*) (Chickering, 2020), uno de los ejemplos clásicos de método basado en puntuaciones.

- Descubrimiento causal funcional: la tercera línea de pensamiento se inspiró en el análisis de componentes independientes o ACI (en inglés ICA, *Independent Component Analysis*) (Hyvärinen *et al.*, 2001) y fue desarrollada por Shohei Shimizu y sus colegas. Denominamos a esta familia de algoritmos descubrimiento causal funcional. Los algoritmos de esta familia aprovechan varios aspectos de las formas funcionales de las relaciones entre variables para determinar la dirección causal. Un ejemplo clásico de esta familia es el algoritmo LiNGAM (*Linear Non-Gaussian Acyclic Model*, modelo acíclico lineal no gaussiano) (Shimizu *et al.*, 2006).

- Métodos basados en el gradiente: la cuarta línea de pensamiento tiene su origen en la investigación centrada en la idea de tratar la búsqueda en el espacio de grafos como un problema de optimización continua. Nos referiremos a esta cuarta familia como métodos basados en el gradiente, ya que normalmente utilizamos el descenso de gradiente para la optimización. Un método clásico dentro de esta familia es el algoritmo NOTEARS (Zheng *et al.*, 2018).

Esta sección se titulaba «Las cuatro familias (y media)». ¿Y la media que falta?

Esa mitad incluye métodos híbridos, métodos basados en el aprendizaje por refuerzo y otros que no encajan en las cuatro categorías principales, lo cual no quiere decir que sean menos importantes.

Cada una de las familias tiene sus propios beneficios y desafíos, pero a veces las líneas de demarcación entre ellas pueden ser difusas.

En esta sección, hemos introducido las cuatro familias (y media) de algoritmos de descubrimiento causal (basados en restricciones, basados en puntuaciones, funcionales, basados en el gradiente y otros), y hemos proporcionado una breve reseña histórica de las cuatro categorías principales.

Hablaremos de cada familia con detalle, pero, antes de empezar, vamos a introducir la principal librería que utilizaremos en este capítulo: gCastle.

Introducción a gCastle

En esta sección, presentaremos gCastle (Zhang *et al.*, 2021), la librería de descubrimiento causal que usaremos en este capítulo. Introduciremos cuatro modelos principales: modelos, generadores de datos sintéticos, herramientas de visualización y herramientas de evaluación de modelos. Al final de esta sección, el lector será capaz de generar un conjunto de datos sintético con la complejidad elegida, ajustar un modelo de descubrimiento, visualizar los resultados y evaluar el modelo utilizando los datos sintéticos como referencia.

¡Hola, gCastle!

¿Qué es gCastle?

Se trata de una librería de descubrimiento causal de código abierto de Python creada por el Laboratorio del Arca de Noé de Huawei. Esta librería nos proporciona una amplia selección de algoritmos de descubrimiento causal modernos, que incluyen clásicos, como el algoritmo PC, así como métodos de vanguardia basados en el gradiente o en aprendizaje por refuerzo.

El repositorio `https://github.com/huawei-noah/trustworthyAI/tree/master/gcastle` incluye archivos de ejemplo, una lista de modelos actualmente disponibles y documentación básica.

Un gran punto fuerte de gCastle es que nos proporciona una API unificada, muy intuitiva y elegante, para interactuar con varios modelos de descubrimiento causal. Esto hace que la experimentación y la comparación de modelos se lleven a cabo sin problemas.

La librería tiene cuatro componentes funcionales principales:

- Generadores de datos sintéticos.
- Modelos.
- Herramientas de visualización.
- Herramientas de evaluación de modelos.

Echémosles un buen vistazo.

Datos sintéticos en gCastle

Los datos sintéticos suelen ser una opción natural para la evaluación comparativa de algoritmos de descubrimiento causal, ya que no hay muchos conjuntos de datos causales del mundo real disponibles públicamente. gCastle proporciona el módulo `datasets`, que permite generar datos sintéticos fácilmente.

El módulo datasets de gCastle

Los dos objetos principales del módulo son DAG y IIDSimulation. El primero nos permite generar grafos (estructura) en forma de matriz de adyacencia, y el segundo genera los datos reales dada una matriz de adyacencia, y un conjunto de parámetros que definen las propiedades de las ecuaciones estructurales, que determinan las relaciones entre variables.

El objeto DAG permite generar cinco tipos de grafos distintos:

- Erdős-Rényi.

- Libre de escala (Barabási-Albert).

- Bipartito.

- Jerárquico.

- De rango bajo.

Tipos de grafo, teoría de grafos y ciencia de redes

La idea de distinguir entre distintos tipos de grafos viene de la teoría de grafos y se extendió más tarde a lo que hoy conocemos como ciencia de redes. Esta última se inició con los trabajos de dos matemáticos húngaros, Paul Erdős y Alfréd Rényi, que estudiaron los denominados grafos aleatorios (Erdős y Rényi, 1959). Más recientemente, la ciencia de redes recuperó popularidad con las obras de Albert-László Barabási y Réka Albert (por ejemplo, Barabási y Albert, 1999; Barabási, 2009).

El objeto IIDSimulation nos permite elegir entre asignaciones lineales y no lineales. Los conjuntos de datos lineales pueden ser binarios (logistic) o continuos. Los conjuntos de datos continuos se crean utilizando una de cuatro distribuciones de ruido distintas:

- Gausiana (gauss).

- Exponencial (exp).

- De Gumbel (gumbel).

- Uniforme (uniform).

Los conjuntos de datos no lineales se generan utilizando lo siguiente:

- Perceptrón multicapa (mlp).

- Dos versiones de procesos gaussianos (gp y gp-add).

- Función cuadrática (quadratic).

- Modelo de múltiple índice (mim; Zheng *et al.*, 2020)

También hay una clase de simulador adicional llamada `THPSimulation`, que permite simular secuencias de eventos con procesos topológicos de Hawkes o THP (*Topological Hawkes Processes*). El análisis de THP queda fuera del alcance de este libro. Para más información, consúltese Cai *et al.* (2021).

Generemos algunos datos. Trataremos también sobre la marcha los grafos libres de escala y los principales parámetros del objeto `IIDSimulation`.

Generando los datos con gCastle

Empecemos con las importaciones. El código de este capítulo está en los archivos de ejemplo del libro `Chapter_13.ipynb`.

Importamos los objetos `DAG` e `IIDSimulation` desde gCastle; así como NetworkX y Matplotlib para las visualizaciones:

```
from castle.datasets import DAG, IIDSimulation
import networkx as nx
import matplotlib.pyplot as plt
```

Establecemos la semilla para mantener el código reproducible:

```
SEED = 18
np.random.seed(SEED)
```

Ya estamos listos para generar nuestra primera matriz de adyacencia:

```
adj_matrix = DAG.scale_free(
    n_nodes=10,
    n_edges=17,
    seed=SEED
)
```

Usamos el método `.scale_free()` del objeto `DAG`. Especificamos 10 para el número de nodos y 17 para el número de aristas. Fijamos la semilla aleatoria en el valor predefinido.

Las redes libres de escala tienen una serie de propiedades interesantes. Se crean utilizando un mecanismo probabilístico de conexión preferente. Un nodo con un gran número de conexiones tiene más probabilidades de obtener nuevas conexiones que un nodo con un número menor de conexiones.

Esto se describe a veces metafóricamente como que los ricos se hacen más ricos. La distribución de los grados de los nodos (número de aristas por nodo) en las redes libres de escala es de cola gruesa. Esto se debe a que las redes libres de escala tienden a tener unos cuantos nodos fuertemente conectados, y a que la mayoría de los nodos tienen un número notablemente menor de conexiones.

Aunque las redes libres de escala ya se conocían al menos desde la década de 1960 (aunque no necesariamente con su nombre actual), ganaron popularidad de forma significativa a finales de la década de 1990 y principios de la de 2000 con los trabajos de Albert-László Barabási y Réka Albert, que propusieron emplear las redes libres de escala para modelar la estructura de interconexión de Internet y otros sistemas del mundo real (Barabási y Albert, 1999; Barabási, 2009).

> **Grafos, redes y matrices de adyacencia**
>
> En términos de ciencia de redes, grafo y red se utilizan indistintamente. Como vimos en el capítulo 4, los grafos pueden representarse como matrices de adyacencia y las matrices pueden visualizarse como grafos. En este capítulo nos serviremos ampliamente esta correspondencia.

Visualicemos el grafo que representa nuestra matriz de adyacencia y veamos si podemos reconocer el esquema de conexión preferencial en el gráfico. Para ello usaremos NetworkX.

Primero, transformemos la matriz de adyacencia en el objeto de grafo dirigido de NetworkX:

```
g = nx.DiGraph(adj_matrix)
```

A continuación, visualicemos el grafo g:

```
plt.figure(figsize=(12, 8))
nx.draw(
    G=g,
    node_color=COLORS[0],
    node_size=1200,
    pos=nx.circular_layout(g)
)
```

Establecemos el tamaño de la figura con Matplotlib y le pasamos una serie de parámetros al método `nx.draw()` de NetworkX. Pasamos g como grafo, establecemos el color y tamaño del nodo, y definimos la disposición de la red para aumentar la legibilidad. La disposición circular debería proporcionar una buena claridad visual para nuestro grafo, relativamente pequeño.

Para conocer otras opciones de disposición de NetworkX, recomiendo la página `https://python-graph-gallery.com/322-network-layout-possibilities/` o la documentación de NetworkX (`https://networkx.org/documentation/stable/reference/drawing.html#module-networkx.drawing.layout`).

La figura 13.1 presenta el grafo resultante.

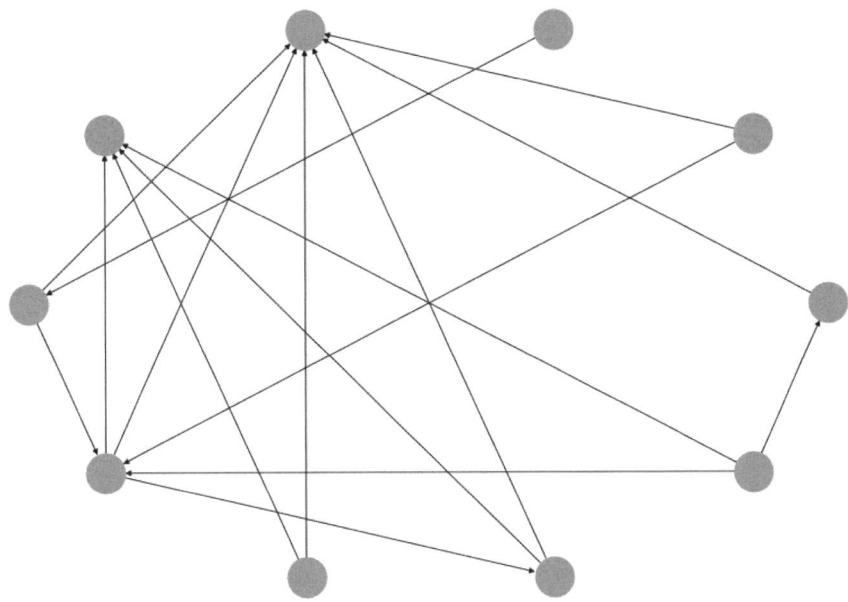

Figura 13.1. Un grafo que representa la matriz de adyacencia, g.

En la figura 13.1, en la parte superior, vemos un nodo con muchas conexiones y seis aristas entrantes. Este es el efecto del mecanismo de conexión preferencial. Si ampliáramos el grafo, las diferencias entre los nodos muy conectados y los menos conectados serían aún más visibles. Observando el grafo, podemos imaginar cómo el mecanismo de conexión preferencial añadiría más aristas a los nodos más conectados y menos aristas a los nodos menos conectados.

Estamos listos para generar datos. Emplearemos nuestra matriz de adyacencia, adj_matrix, y generaremos 10 000 observaciones con asignaciones lineales estructurales y ruido gaussiano:

```
dataset = IIDSimulation(
    W=adj_matrix,
    n=10000,
    method='linear',
    sem_type='gauss'
)
```

El parámetro W acepta matrices de adyacencia como matrices NumPy. Las matrices pueden ser ponderadas (pero no tienen por qué serlo), n determina el número de muestras devueltas, y podemos elegir entre conjuntos de datos lineales y no lineales mediante el parámetro method (las opciones disponibles son linear y non-linear). Por último, sem_type determina las características clave de las asignaciones estructurales (gauss, exp, mlp, etc.).

El objeto dataset producido por IIDSimulation tiene dos atributos: X y B. El primero contiene los datos reales y el segundo la matriz de adyacencia.

Podemos acceder a los datos generados de la siguiente manera:

```
dataset.X
```

Con nuestro conjunto de datos generado, aprendamos cómo ajustar un modelo de descubrimiento causal gCastle.

Ajustando nuestro primer modelo de descubrimiento causal

gCastle ofrece una gran variedad de modelos de descubrimiento causal, desde clásicos, como los modelos PC y GES, hasta métodos más recientes basados en el gradiente, como GOLEM.

Para esta demostración, utilizaremos el algoritmo PC.

Comencemos con las importaciones:

```
from castle.algorithms import PC
```

Tras importar la clase del modelo, tenemos que crear una instancia de él.

```
pc = PC()
```

Entrenar el modelo es extremadamente sencillo:

```
pc.learn(dataset.X)
```

El resultado de un algoritmo de descubrimiento causal es una matriz de adyacencia aprendida. Dependiendo del método empleado, la matriz puede ser ponderada o no ponderada. En nuestro caso, aprendimos una matriz de adyacencia no ponderada. Accedamos a ella:

```
pc.causal_matrix
```

Esta sentencia imprimirá la matriz causal aprendida. No la mostraremos aquí para ahorrar espacio, pero se puede verificar en los archivos de ejemplo del libro.

Ahora que ya hemos aprendido la matriz de adyacencia, estamos preparados para compararla con la verdad sobre el terreno. Primero lo haremos visualmente:

Visualizando el modelo

En la subsección anterior, visualizamos la matriz de adyacencia como un grafo. Hagamos lo mismo para el DAG verdadero y el aprendido con el objetivo de compararlos. La figura 13.2 muestra el resultado.

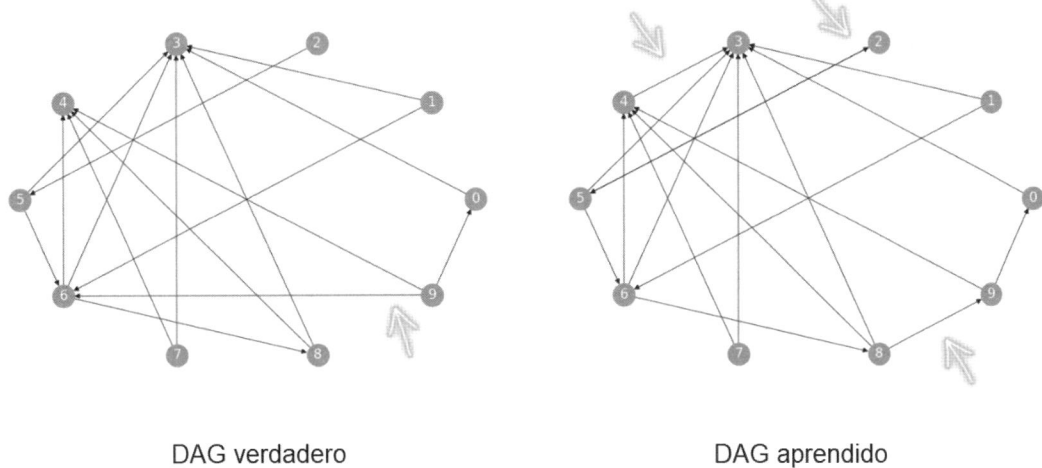

DAG verdadero   DAG aprendido

Figura 13.2. El DAG verdadero frente al aprendido.

Hemos añadido unas flechas grandes en la figura 13.2 para indicar aristas incorrectamente identificadas. Tengamos en cuenta que la arista entre los nodos 2 y 5 existe en ambos DAG verdadero y aprendido, pero en el aprendido, esta arista es bidireccional. Este es un ejemplo práctico de una situación en la que un modelo de descubrimiento causal devuelve un grafo acíclico parcialmente dirigido completo (CPDAG, *Complete Partially Directed Acyclic Graph*); recordemos en el capítulo 5 cuando hablamos de las clases de equivalencia de Markov.

Comparar dos grafos visualmente solo es útil para grafos pequeños. Aunque nuestro grafo solo tiene 10 nodos y 17 aristas, la comparación podría ser ya un reto para algunos de nosotros.

Otra manera de visualizar matrices de adyacencia es mediante mapas de calor. Como nuestra matriz de adyacencia es no ponderada, un mapa de calor respectivo será binario. En un mapa de calor binario, cada celda solo tiene uno de dos valores (0 o 1).

gCastle incluye un cómodo objeto llamado GraphDAG, que se encarga de visualizar mapas de calor de comparación.

Importemos GraphDAG y veámoslo en acción:

```
from castle.common import GraphDAG
GraphDAG(
    est_dag=pred_dag,
    true_dag=adj_matrix)
```

La figura 13.3 muestra la imagen resultante.

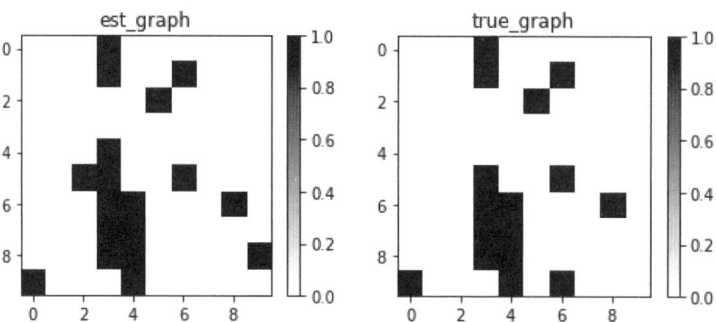

Figura 13.3. Mapas de calor que representan las matrices de adyacencia aprendida y verdadera.

Tras una breve inspección, el lector debería poder detectar en la figura 13.3 cuatro diferencias entre ambas matrices. Eso es congruente con nuestra observación de la figura 13.2.

Aunque los mapas de calor podrían facilitarnos las comparaciones visuales entre grafos un poco más grandes, solo funcionan hasta cierto punto.

Las comparaciones visuales podrían ser útiles, incluso muy útiles, en ciertos casos, aunque su utilidad está restringida por las limitaciones de nuestra atención, que solo puede controlar entre tres y siete elementos cada vez. Es entonces cuando las mediciones de evaluación numérica resultan útiles.

Mediciones de evaluación del modelo

gCastle incluye un objeto dedicado para evaluación de modelos denominado `MetricsDAG`.

Importemos el objeto y creemos una instancia:

```
from castle.metrics import MetricsDAG
metrics = MetricsDAG(
    B_est=pred_dag,
    B_true=adj_matrix
)
```

El objeto `metrics` de reciente creación calcula una serie de mediciones que resultan útiles internamente. Podemos acceder a ellas mediante un diccionario almacenado internamente como un atributo llamado `metrics`. Se puede acceder a los valores de todas las mediciones disponibles mediante las claves de diccionario correspondientes.

Por ejemplo, para acceder a la puntuación F1, lo hacemos del siguiente modo:

```
metrics.metrics['F1']
```

La puntuación F1 para el algoritmo PC de nuestro grafo es la siguiente:

```
0.8824
```

En el momento de escribir esto (gCastle, versión 1.0.3), hay nueve medidas disponibles en `MetricsDAG`.

Podemos acceder al diccionario de mediciones completo con esta línea de código:

```
metrics.metrics
```

Que da el siguiente resultado:

```
{'fdr': 0.1176,
 'tpr': 0.9375,
 'fpr': 0.069,
 'shd': 3,
 'nnz': 17,
 'precision': 0.8333,
 'recall': 0.9375,
 'F1': 0.8824,
 'gscore': 0.75}
```

La tabla 13.1 presenta un resumen y definiciones de las mediciones disponibles en gCastle 1.0.3.

Tabla 13.1. Resumen de mediciones disponibles en el objeto `MetricsDAG`.

Nombre	Acrónimo	Definición
Tasa de descubrimientos falsos	`fdr`	$\frac{rev + FP}{TP + FP}$
Tasa de positivos verdaderos	`tpr`	$\frac{TP}{TP + FN}$
Tasa de falsos positivos	`fpr`	$\frac{rev + FP}{TN + FP}$
Distancia de Hamming estructural	`shd`	Nº de aristas añadidas, invertidas o borradas para pasar del grafo predicho al verdadero
Nº de entradas no negativas	`nnz`	$TP + FP$
Precisión	`precision`	$\frac{TP}{TP + FP}$
Recuerdo	`recall`	$\frac{TP}{TP + FN}$
Puntuación F1	`F1`	$2\frac{recall \cdot precision}{recall + precision}$
Puntuación G	`gscore`	$\max\left(0, \frac{TP - FP}{TP + FN}\right)$

En la tabla 13.1, *TP* es el número de positivos verdaderos, *FP* el número de falsos positivos, *TN* representa el número de negativos verdaderos y *FN* representa el número de falsos negativos y *rev* es el número de aristas invertidas.

Contaríamos una entrada en la matriz de adyacencia como un positivo verdadero si predijéramos que esta entrada debería ser 1 y es también 1 en el grafo verdadero. Por otro lado, decimos que una entrada es un negativo verdadero cuando predecimos que sería 0 y es también 0 en el grafo verdadero. Si predijimos que una entrada era 1 pero, en realidad, es 0, lo contamos como falso positivo. Si predijimos una entrada como 0 pero en realidad es 1, la contamos como falso negativo. Las aristas invertidas son las que existen en el grafo predicho y el verdadero, pero hemos predicho mal su orientación (dirección).

En las siguientes secciones explicaremos cómo entender algunas de las mediciones.

Hay otras dos cantidades útiles que podría ser interesante calcular al comparar métodos de descubrimiento causal: el número de aristas no dirigidas y la distancia de intervención estructural (SID, *Structural Intervention Distance*) (Peters y Bühlmann, 2015).

Podemos implementar la primera cantidad, por ejemplo, de esta manera:

```python
def get_n_undirected(g):
    total = 0
    for i in range(g.shape[0]):
        for j in range(g.shape[0]):
            if (g[i, j] == 1) and (g[i, j] == g[j, i]):
                total += .5
    return total
```

La segunda está disponible en el paquete CDT de Python (`https://github.com/ElementAI/causal_discovery_toolbox/blob/master/cdt/metrics.py`) como envoltura para una implementación en R.

Resumamos ahora lo aprendido en esta sección.

En esta sección hemos introducido gCastle, una librería de descubrimiento causal que usaremos a lo largo de este capítulo. Hemos hablado de los cuatro módulos principales del paquete: el módulo de generación de datos sintéticos, el módulo de modelos, el módulo de visualización de datos y el modelo de evaluación de modelos. Hemos introducido la API de simulación de datos y ajuste de modelos, y hemos mostrado cómo utilizar la clase `GraphDAG` para visualizaciones y la clase `MetricsDAG` para calcular mediciones relevantes. Definimos las mediciones disponibles en gCastle e introdujimos dos cantidades adicionales que nos ayudan a evaluar la calidad del modelo: el número de aristas no dirigidas y la distancia de intervención estructural o SID.

Aprenderemos más de los módulos de gCastle en las siguientes secciones, mientras trabajamos con algoritmos específicos.

¿Preparados?

Empecemos.

Descubrimiento causal basado en restricciones

En esta sección, presentaremos la primera de las cuatro familias de métodos de descubrimiento causal: los métodos basados en restricciones. Aprenderemos los principios básicos de este tipo de descubrimiento causal e implementaremos el algoritmo PC (Sprites *et al.*, 2000).

Al final de este capítulo, el lector tendrá una sólida comprensión de cómo funcionan estos métodos y sabrá cómo implementar el algoritmo PC en la práctica usando gCastle.

Restricciones e independencia

Los métodos basados en restricciones (también conocidos como métodos basados en la independencia) tienen como objetivo decodificar la estructura causal a partir de los datos y aprovechar la estructura de independencia existente entre tres estructuras gráficas básicas: cadenas, bifurcaciones y colisionadores.

Empecemos con un breve recordatorio sobre las cadenas, las bifurcaciones y los colisionadores. La figura 13.4 presenta las tres estructuras.

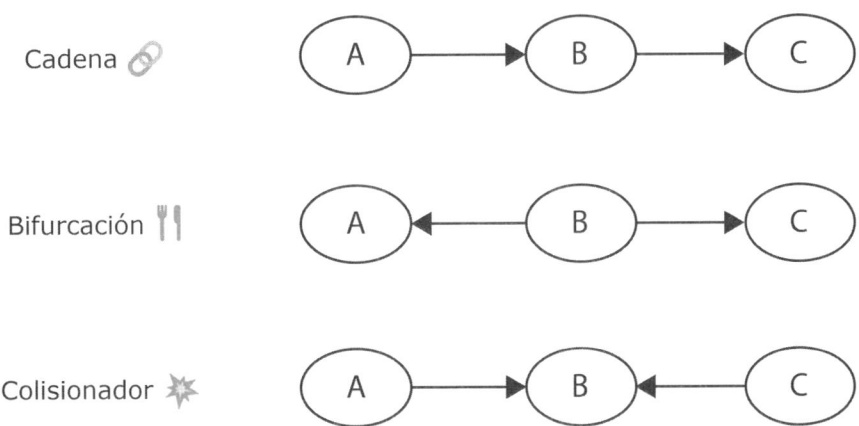

Figura 13.4. Las tres estructuras gráficas básicas.

En el capítulo 5 explicamos que la estructura del colisionador tiene una propiedad única.

Echemos otro vistazo a la figura 13.4. Cada estructura consiste en tres variables representadas por los nodos *A*, *B* y *C*. Para cada estructura, imaginemos un modelo en el que regresamos *C* sobre *A*.

Cuando controlamos *B* en cadenas y bifurcaciones, *A* y *C* se hacen independientes. Un colisionador es diferente. Cuando controlamos *B* en un colisionador, *A* y *C* se hacen dependientes.

Esta propiedad puede ayudarnos a recuperar información estructural a partir de datos observacionales.

Veamos cómo puede ser esto útil en la práctica.

Aprovechar la estructura de independencia para recuperar el grafo

En esta subsección utilizaremos el grafo mostrado en la figura 13.5. Su topología sigue la de Glymour *et al.* (2019).

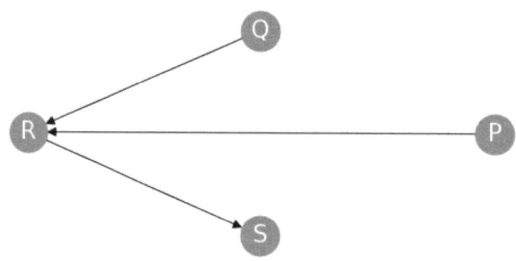

Figura 13.5. El grafo de ejemplo que utilizaremos en esta sección.

El grafo de la figura 13.5 consiste en cuatro nodos y tres aristas dirigidas.

Supongamos que observamos cuatro variables que corresponden a los nodos *P*, *Q*, *R* y *S* del grafo, y que desconocemos la estructura verdadera.

Utilizaremos el algoritmo PC para recuperar esta estructura a partir de las observaciones. El nombre del algoritmo procede de los nombres de pila de sus creadores, Peter (Sprites) y Clark (Glymour). Es probable que el nombre también haga referencia a un algoritmo precursor llamado IC, propuesto por Verma y Pearl en 1990.

El algoritmo PC consta de cinco pasos básicos:

1. Empezar con un grafo totalmente conectado.

2. Borrar las aristas entre variables incondicionalmente independientes.

3. Ir pasando por todos los pares de variables restantes (A, B) y borrar una arista entre A y B si $A \perp\!\!\!\perp B|C$, donde C es un conjunto condicionante de tamaño 1 (que solo contiene una variable). Repetir este paso para todos los pares restantes (A, B), aumentando en 1 el tamaño del conjunto condicionante C.

4. Por cada trío de variables $A - B - C$, donde «–» representa una arista no dirigida, y donde A y C no son adyacentes, orientar las aristas $A \rightarrow B \leftarrow C$ siempre que $A \not\perp\!\!\!\perp C|B$ (tengamos en cuenta que si lo último es verdadero, sabemos que $A - B - C$ forma un colisionador y, por tanto, sabemos cómo orientar las aristas).

5. Por cada trío de variables $A \rightarrow B - C$, donde A y C son no adyacentes, orientar la arista entre B y C como $B \rightarrow C$. Esto se denomina propagación de la orientación (Glymour *et al.*, 2019).

Si se desea disponer de una vista detallada del algoritmo PC, consúltese Glymour *et al.* (2019), Sprites *et al.* (2000) o Le *et al.* (2015).

Apliquemos el algoritmo PC paso a paso al grafo mostrado en la figura 13.5.

La figura 13.6 presenta el proceso completo.

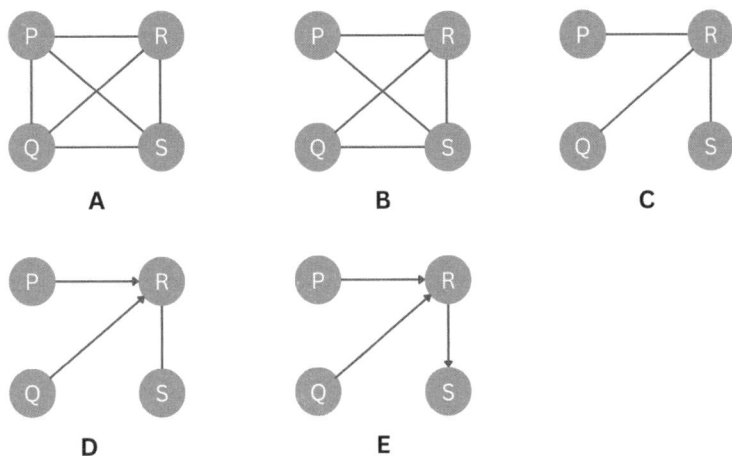

Figura 13.6. El algoritmo PC paso a paso.

Examinemos el proceso de la figura 13.6:

1. Empezamos con un grafo totalmente conectado (A).

2. Eliminamos las aristas entre los nodos incondicionalmente independientes (B). Solo hay un par de este tipo, el par (P, Q).

3. Eliminamos las aristas entre P y Q, y Q y S, ya que $P \perp\!\!\!\perp Q|R$ y $Q \perp\!\!\!\perp S|R$ (C).

4. Orientamos las aristas $P \rightarrow R \leftarrow S$ porque R es un colisionador entre P y S (D).

5. Finalmente, orientamos la arista entre R y S porque sabemos que R no es un colisionador entre S y ninguna otra variable adyacente (E).

Si alguno de estos pasos resulta poco claro, recomiendo volver a revisar las etapas de la figura 13.6 y los pasos del algoritmo PC de los que hablamos antes. Si se necesita una revisión más profunda de las independencias condicionales, conviene repasar el capítulo 5.

Generemos algunos datos de acuerdo con nuestro grafo y ajustemos el algoritmo PC para recuperar la estructura verdadera.

Empezaremos generando 1000 observaciones y almacenándolas en una matriz NumPy:

```
N = 1000
p = np.random.randn(N)
q = np.random.randn(N)
r = p + q + .1 * np.random.randn(N)
```

```
s = .7 * r + .1 * np.random.randn(N)
# Store the data as a matrix
pc_dataset = np.vstack([p, q, r, s]).T
```

Creemos ahora una instancia y ajustemos el algoritmo:

```
pc = PC()
pc.learn(pc_dataset)
```

Visualicemos la matriz causal predicha junto con el DAG verdadero:

```
GraphDAG(
    est_dag=pc.causal_matrix,
    true_dag=pc_dag)
plt.show()
```

En la figura 13.7 vemos la visualización obtenida.

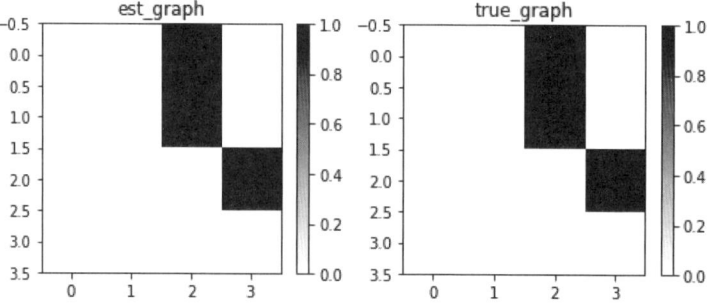

Figura 13.7. Comparación entre el DAG aprendido por el algoritmo PC (izquierda) y el DAG verdadero (derecha).

Los dos grafos DAG de la figura 13.7 parecen idénticos, lo que indica que nuestro modelo aprendió perfectamente el DAG subyacente.

En este caso, no es más que una pura formalidad; no obstante, visualicemos las mediciones:

```
MetricsDAG(
    B_est=pc.causal_matrix,
    B_true=pc_dag
).metrics
```

Lo que da como resultado lo siguiente:

```
{'fdr': 0.0,
 'tpr': 1.0,
 'fpr': 0.0,
 'shd': 0,
 'nnz': 3,
```

```
'precision': 1.0,
'recall': 1.0,
'F1': 1.0,
'gscore': 1.0}
```

Las mediciones confirman que el modelo aprendió una representación perfecta. La precisión, el recuerdo, la tasa TPR y la puntuación F1 son todos iguales a 1. Las tasas FDR y FPR y la distancia SHD son iguales a 0. El número NNZ es igual a 3, lo que indica que hay 3 aristas en el grafo.

Algoritmo PC: problemas ocultos

El algoritmo PC funcionó muy bien para los datos de nuestro ejemplo. Aunque, en general, el algoritmo PC ofrece garantías teóricas de convergencia a la verdadera clase MEC en el límite de muestras grandes, suponiendo que todas las hipótesis del modelo se cumplan, en determinados casos de muchas dimensiones, el algoritmo original podría arrojar resultados incorrectos.

La razón de esto es que, en ciertos escenarios, el algoritmo podría ser sensible al orden en el que realizamos las pruebas de independencia condicional. Dicha sensibilidad se ha resuelto con una variante del algoritmo PC llamada PC-stable (Colombo y Maathuis, 2012).

Por suerte, implementar PC-stable es muy fácil con gCastle. Solo necesitamos especificar una variante al inicializar el objeto:

```
pc_stable = PC(variant='stable')
```

> **Más sobre PC-stable**
>
> En realidad, PC-stable solo resuelve una parte del problema de la sensibilidad al orden, ya que esta variante solo es insensible al orden de las pruebas que dan lugar al descubrimiento del esqueleto, aunque sigue siendo sensible al orden a la hora de encontrar colisionadores y orientar aristas. Se han propuesto otras variantes del algoritmo PC para resolver estos dos problemas, pero resulta que, en la práctica, pueden producir resultados menos útiles que PC-stable. Véase Colombo y Maathuis (2012) para más detalles.

Otro desafío que presenta el algoritmo PC es computacional. Realizar una importante cantidad de pruebas de independencia condicional en un conjunto de datos muy grande podría ser caro informáticamente hablando. Una forma de superar este problema es paralelizar el algoritmo (Le *et al.*, 2015). Es una suerte que gCastle nos ofrezca una versión ya paralelizada.

Para utilizar esta última, basta especificar la variante:

```
pc_parallel = PC(variant='parallel')
```

Los resultados de las versiones estable y paralela del algoritmo son idénticos para nuestro ejemplo, de modo que no las incluiremos aquí (pero están en los archivos de ejemplo del libro).

Algoritmo PC para datos categóricos

En nuestro ejemplo, utilizamos datos continuos, pero el algoritmo PC también funciona con datos categóricos. Recordemos que el principio fundamental del funcionamiento de PC es la prueba de independencia. PC utiliza de forma predeterminada la prueba z de Fisher (Fisher, 1921) para probar la independencia entre variables. Esta prueba funciona bien para datos continuos y lineales-gaussianos.

Para variables categóricas, necesitamos otro enfoque.

gCastle nos ofrece una serie de pruebas de independencia que se pueden usar en este contexto. Dos de ellas, χ^2 y G^2 (Tsamardinos *et al.*, 2006), se pueden emplear directamente en el algoritmo PC, simplemente pasándole una cadena de texto al parámetro `ci_test`.

Para la prueba χ^2, utilizamos lo siguiente:

```
pc_cat = PC(ci_test='chi2')
```

Para la prueba G^2, empleamos esta línea de código:

```
pc_cat = PC(ci_test=g2)
```

Se pueden encontrar más pruebas en el objeto `castle.common.independence_tests.CITest`. Entre las que se incluyen la prueba de Neyman, la prueba de Cressie-Read (Cressie y Read, 1984) y muchas más.

Para utilizarlas, debemos pasarle al parámetro `ci_test` una función (sin llamarla):

```
from castle.common.independence_tests import CITest
pc_cat_alt = PC(ci_test=CITest.cressie_read)
```

También podemos usar una prueba personalizada arbitraria, siempre que devuelva una tupla de 3, en la que el último elemento representa el valor p de la prueba, estructuralmente hablando (`_, _, p_val`).

Este diseño modular es realmente potente. Todas las librerías causales usadas hasta ahora en este libro (DoWhy, EconML y gCastle) promueven un diseño abierto, modular y flexible, que las hace muy adecuadas para futuros desarrollos y facilita la investigación.

Ha llegado el momento de concluir esta sección. Volveremos brevemente al algoritmo PC en secciones posteriores de este capítulo para revelar otra joya oculta, que puede ser realmente útil en escenarios del mundo real.

En esta sección, hemos estudiado los métodos de descubrimiento causal basados en restricciones e introducido el algoritmo PC. Tratamos los cinco pasos básicos del algoritmo PC y los aplicamos a nuestro DAG de ejemplo. A continuación, generamos datos de acuerdo con el DAG e implementamos el algoritmo PC con gCastle.

Hemos explicado dos limitaciones del algoritmo e introducido dos variantes del algoritmo PC para abordarlas. Por último, hemos comentado cómo usar pruebas de independencia condicional alternativas, incluyendo las proporcionadas por la librería y las personalizadas.

En la siguiente sección, presentaremos la segunda familia más importante de métodos de descubrimiento causal: los métodos basados en puntuaciones.

Descubrimiento causal basado en puntuaciones

En esta sección, presentaremos métodos basados en puntuaciones para el descubrimiento causal. Hablaremos de la mecánica del algoritmo GES y lo implementaremos usando gCastle.

Tabula rasa: empezamos de cero

El primer paso del algoritmo PC era construir un grafo totalmente conectado. GES empieza en el otro extremo del espectro, pero lo primero es lo primero.

GES es un procedimiento en dos etapas. Primero genera las aristas y luego poda el grafo.

El algoritmo parte de un lienzo en blanco (un grafo totalmente desconectado) y va añadiendo repetidamente nuevas aristas. En cada paso, calcula una puntuación que expresa lo bien que un nuevo grafo modela la distribución observada y, en cada paso, la arista que obtiene la puntuación más alta se añade al mismo.

Cuando ya no se pueden conseguir más mejoras, comienza la fase de poda. En esta fase, el algoritmo va eliminando aristas repetidamente y comprobando la mejora de la puntuación. La fase continúa hasta que ya no se puedan lograr más mejoras mediante la eliminación de aristas.

La primera y la segunda fase completas se ejecutan de forma codiciosa (de ahí la parte «codiciosa» del nombre del algoritmo).

GES puede devolver un CPDAG, que corresponde a una clase de equivalencia de Markov para un DAG dado (de ahí la parte "de equivalencias" del nombre).

GES: cálculo de puntuaciones

Para calcular la puntuación en cada paso, Chickering (2003) emplea el criterio de puntuación bayesiano. Huang *et al.* (2018) propusieron un método más general basado en la regresión en el espacio de Hilbert de núcleo reproductor (RHKS, *Reproducing Kernel Hilbert Space*), que permite tipos de datos mixtos y variables multidimensionales.

La implementación de gCastle ofrece dos criterios de puntuación: el criterio de información bayesiano (BIC o `bic`, *Bayesian Information Criteria*) y el criterio Dirichlet uniforme equivalente y bayesiano (Bdeu o `bdeu`, *Bayesian Dirichlet Equivalent Uniform*). Este último está pensado para trabajar exclusivamente con variables discretas.

GES en gCastle

La implementación del algoritmo GES en gCastle es sencilla:

```
ges = GES(criterion='bic')
```

Para entrenar el modelo, usamos el método `.learn()` (de forma parecida a lo que hemos hecho para el algoritmo PC):

```
ges.learn(pc_dataset)
```

Usamos el conjunto de datos generado de acuerdo con el grafo de la figura 13.5. Visualicemos los resultados para ver qué tal funcionó GES:

```
GraphDAG(
    est_dag=ges.causal_matrix,
    true_dag=pc_dag)
plt.show()
```

El resultado se muestra en la figura 13.8.

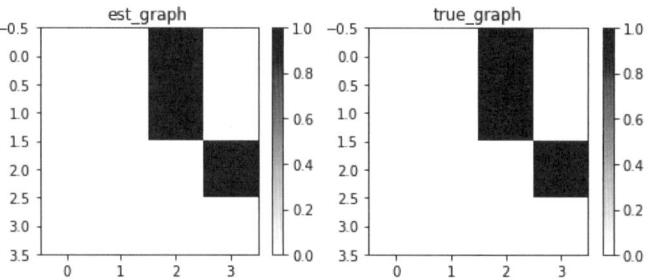

Figura 13.8. Resultados del algoritmo GES.

Como podemos ver en la figura 13.8, el algoritmo GES hizo un trabajo muy bueno y recuperó el grafo perfecto.

En general, se puede demostrar que el algoritmo GES es óptimo, basándose en la llamada Conjetura de Meeks (véase para más detalles Chickering, 2003), pero las garantías son solo asintóticas.

En el límite de una muestra grande, GES converge a la misma solución que PC. En mi experiencia personal, he observado que GES obtiene repetidamente peores resultados que otros métodos (incluido PC), pero hay que tener en cuenta que mis observaciones no tienen aquí un carácter sistemático. Como observación final, debemos destacar que la GES requiere que no haya confusión oculta en nuestro conjunto de datos.

En esta sección, hemos presentado los métodos de descubrimiento causal basados en puntuaciones, examinamos el algoritmo GES y lo aplicamos a nuestro conjunto de datos PC. En la siguiente sección, trataremos los métodos de descubrimiento causal funcional.

Descubrimiento causal funcional

El descubrimiento causal funcional (también llamado descubrimiento causal basado en funciones) consiste en aprovechar la información sobre las formas y propiedades funcionales de las distribuciones que rigen las relaciones entre variables, para identificar de manera única las direcciones causales en un conjunto de datos. En esta sección, presentaremos la lógica de los métodos basados en funciones, mediante el modelo de ruido aditivo (ANM, *Additive Noise Model*) (Hoyer *et al.*, 2008) y LiNGAM (Shimizu *et al.*, 2006) como ejemplos. Implementaremos ANM y LiNGAM y explicaremos las diferencias entre los dos. Al final de esta sección, el lector tendrá una buena comprensión de los principios generales del descubrimiento causal basado en funciones y será capaz de aplicar los modelos ANM y LiNGAM a sus propios problemas mediante Python y gCastle.

Las ventajas de la asimetría

> *Tyger Tyger, burning bright,*
> *In the forests of the night;*
> *What immortal hand or eye,*
> *Could frame thy fearful symmetry?*
> William Blake – *Tyger* (1794)
> (Blake, 2009)

> *[Tigre, tigre, ardiente resplandor,*
> *en los bosques de la noche;*
> *¿qué mano inmortal, qué ojo,*
> *pudo enmarcar tu temida simetría?]*

La simetría desempeña un papel especial en la vida humana. Los rostros simétricos nos parecen más bellos (Grammer y Thornhill, 1994), nos servimos de la simetría en la arquitectura (figura 13.9) y en diseños cotidianos como coches, aviones y trenes, y sentimos preferencia por los objetos simétricos (Enquist y Arak, 1994).

Figura 13.9. Tres famosas estructuras que emplean la simetría: Taj Mahal en India (arriba a la izquierda; imagen de Maahid Photos), las pirámides de Egipto (abajo a la izquierda; imagen de Diego Ferrari), Notre Dame de París, Francia (derecha; imagen de Max Avans). Todas las imágenes están en Pexels.com.

Iain Johnston y sus colegas sostienen que la simetría está fundamentalmente relacionada con el proceso de la evolución y su "preferencia" por comprimir la información (Johnston *et al.*, 2021).

Dicho esto, la simetría sólo cuenta una parte de la historia. Los rostros y objetos perfectamente simétricos se perciben como antinaturales. Parece que a la naturaleza le gusta ser asimétrica a veces, y bastantes variables del mundo real se distribuyen de forma no simétrica.

En el capítulo 3 demostramos que, cuando tenemos dos variables distribuidas normalmente y relacionadas causal y linealmente, no hay forma de decidir qué dirección es causal, basándonos únicamente en los datos. El comportamiento de la regresión en ambas direcciones es simétrico en el sentido de que los residuos en ambos casos son independientes y no contienen ninguna información que aprovechable para descifrar la dirección causal. En otras palabras, el mecanismo causal lineal-gaussiano no deja rastros en las relaciones entre pares.

¿Hay algo que podamos hacer al respecto?

Parece que el caso lineal-gaussiano es difícil, pero pasar al ámbito no lineal o no gaussiano rompe la simetría.

Veamos cómo.

Modelo ANM

ANM (Hoyer *et al.*, 2008) es un algoritmo de descubrimiento causal que aprovecha el hecho de que cuando dos variables están relacionadas no linealmente, el mecanismo causal deja rastros.

Veamos esto en la práctica.

Empecemos generando algunos datos no lineales:

```
x = np.random.randn(1000)
y = x**3 + np.random.randn(1000)
```

Visualicémoslos:

```
plt.figure(figsize=(10, 7))
plt.scatter(x, y, alpha=.5, color=COLORS[0])
plt.xlabel('$X$')
plt.ylabel('$Y$')
plt.show()
```

La figura 13.10 muestra los resultados.

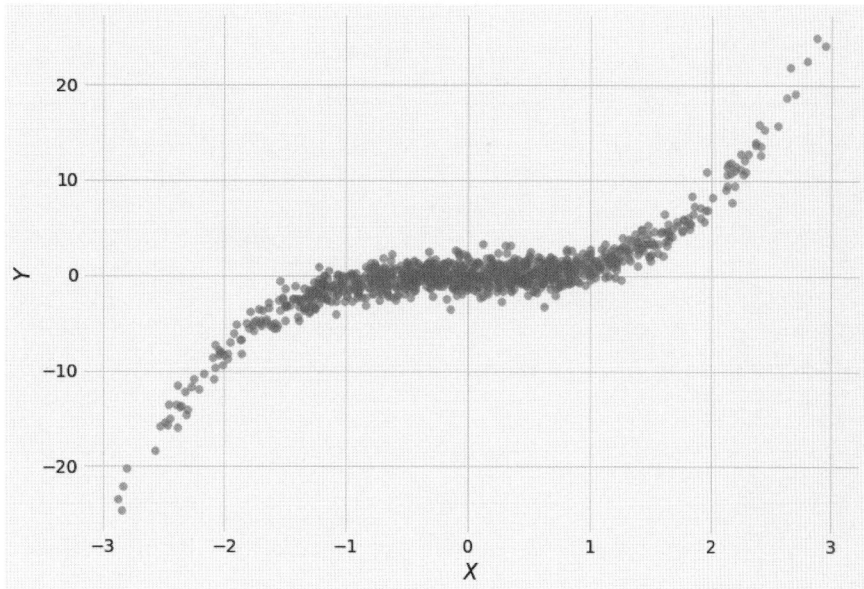

Figura 13.10. Gráfico de dispersión de nuestro conjunto de datos no lineal.

Ajustemos ahora dos regresiones de spline a nuestros datos, una en la dirección causal (X -> Y) y otra en la dirección anticausal (Y -> X).

Usaremos 150 splines en cada modelo:

```
n_splines = 150

# Instantiate the models
model_xy = GAM(n_splines=n_splines)
model_yx = GAM(n_splines=n_splines)

# Fit the models
model_xy.fit(x.reshape(-1, 1), y)
model_yx.fit(y.reshape(-1, 1), x)

# Generate predictions
y_pred = model_xy.predict(x.reshape(-1, 1))
x_pred = model_yx.predict(y.reshape(-1, 1))
```

Representemos gráficamente los datos en las curvas de regresión ajustadas. La figura 13.11 muestra los resultados.

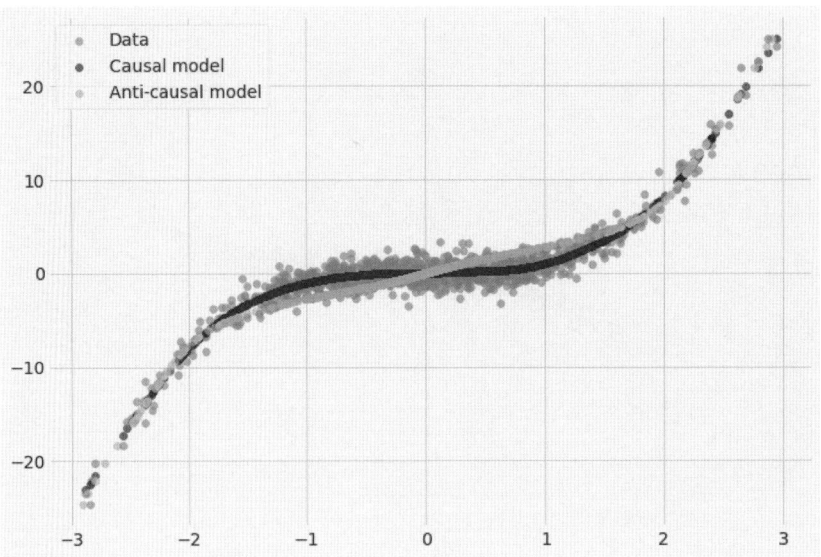

Figura 13.11. Gráfico de difusión de datos no lineales con dos curvas de regresión ajustadas.

Las dos líneas que representan los modelos causal y anticausal difieren notablemente.

Calculemos los residuos de ambos modelos:

```
residuals_xy = y - y_pred
residuals_yx = x - x_pred
```

Ahora los visualizamos:

```
plt.figure(figsize=(15, 7))

plt.subplot(121)
plt.scatter(x, residuals_xy, alpha=.5, color=COLORS[0])
plt.xlabel('$X$', fontsize=14)
plt.ylabel('$Y-residuals$', fontsize=14)

plt.subplot(122)
plt.scatter(residuals_yx, y, alpha=.5, color=COLORS[0])
plt.xlabel('$X-residuals$', fontsize=14)
plt.ylabel('$Y$', fontsize=14)

plt.show()
```

La figura 13.12 muestra los resultados.

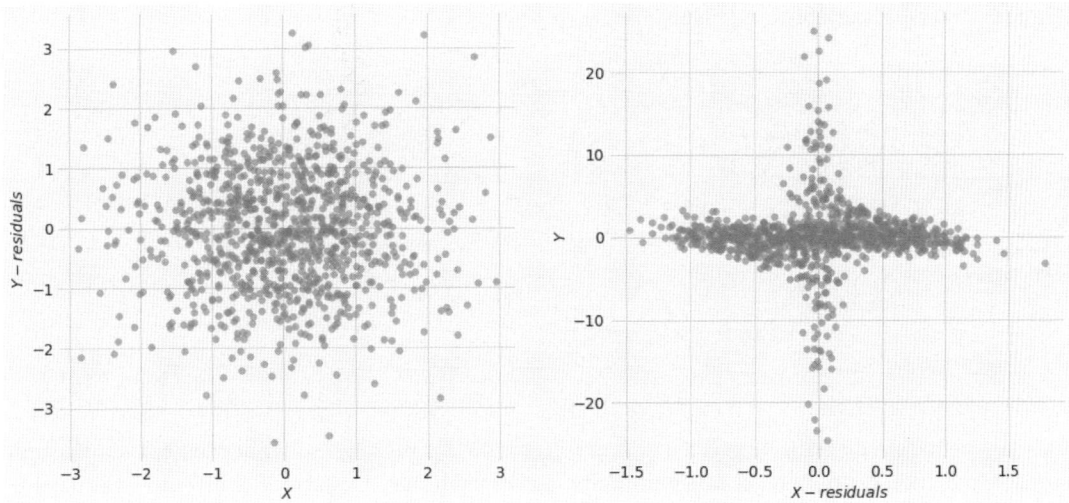

Figura 13.12. Gráficos de difusión de los residuos del modelo causal y anticausal.

Como podemos ver en la figura 13.12, los residuos de ambos modelos forman patrones muy diferentes. En particular, los residuos del modelo anticausal (panel derecho) forman un patrón en forma de cruz, lo que indica una falta de independencia entre los residuos (eje x) y el predictor (eje y).

Esto es una gran noticia para nosotros.

Si podemos decidir algorítmicamente qué patrones indican independencia, podremos recuperar la información sobre la dirección causal.

Evaluando la independencia

Parece claro que ninguna de las mediciones de correlación tradicionales, como r de Pearson o rho de Spearman, podrá ayudar en este caso. La relación en el panel derecho de la figura 13.12 es no monótona, lo que infringe la hipótesis básica de ambos métodos.

Por suerte, existen muchos métodos que sirven de ayuda en esta tarea. Uno de los más usados tradicionalmente en los modelos ANM se denomina criterio de independencia de Hilbert-Schmidt (HSIC, *Hilbert-Schmidt Independence Criterion*). El criterio HSIC permite manejar con facilidad patrones como el obtenido para el modelo anticausal.

Calculemos el criterio HSIC para ambos modelos. Usaremos la implementación de HSIC proporcionada por gCastle.

Primero importemos la función:

```
from castle.common.independence_tests import hsic_test
```

Ahora calculamos la estadística de HSIC:

```
# Compute HSIC
is_indep_xy = hsic_test(
    x = x.reshape(-1, 1),
    y = residuals_xy.reshape(-1, 1),
    alpha=.05
)

is_indep_yx = hsic_test(
    x = y.reshape(-1, 1),
    y = residuals_yx.reshape(-1, 1),
    alpha=.05
)
```

La implementación de HSIC de gCastle devuelve 1 cuando dos variables son independientes y 0 cuando son dependientes, dado un nivel de significación alfa especificado. Utilizamos el método `.reshape()` para transformar nuestras matrices en matrices bidimensionales, tal y como requiere la API.

Obtengamos los resultados:

```
is_indep_xy, is_indep_yx
```

Esto nos da el siguiente resultado:

```
(1, 0)
```

El resultado dice que los residuos son independientes para el modelo en la dirección X -> Y, mientras que son dependientes para el modelo en la dirección Y -> X.

Se espera que los residuos del modelo causal sean independientes. Por lo tanto, podemos concluir que, según nuestro modelo, el verdadero modelo causal es el de la dirección X -> Y.

Esto es correcto.

Enhorabuena, ¡acabas de aprender a implementar el modelo ANM desde cero!

También hay otras opciones para implementar ANM. Es posible emplear otro modelo no lineal en lugar de la regresión de spline (por ejemplo, la implementación de gCastle de ANM utiliza la regresión del proceso gaussiano). También es posible usar otras herramientas para comparar los residuos. Por ejemplo, un enfoque alternativo para la realización de pruebas de independencia se basa en la verosimilitud. Para su implementación, recomiendo revisar esta página: `https://github.com/AlxndrMlk/causality/blob/main/05%20-%20Causal%20discovery%20from%20scratch%20-%20ANM.ipynb`.

ANM sólo funciona cuando los datos tienen ruido aditivo independiente; también requiere que no haya confusión oculta. Para implementar ANM utilizando gCastle, empleamos la clase `ANMNonlinear`.

La hora de LiNGAM

Mientras ANM se basa en la no linealidad para romper la simetría entre los modelos causal y anticausal, LiNGAM se basa en la no gaussianidad.

Comparemos patrones residuales de dos conjuntos de datos lineales: uno con ruido gaussiano y otro con ruido no gaussiano. Empecemos generando los datos:

```
SAMPLE_SIZE = 1000

x_gauss = np.random.normal(0, 1, SAMPLE_SIZE)
y_gauss = x_gauss + 0.3 * np.random.normal(0, 1,
    SAMPLE_SIZE)

x_ngauss = np.random.uniform(0, 1, SAMPLE_SIZE)
y_ngauss = x_ngauss + 0.3 * np.random.uniform(0, 1,
    SAMPLE_SIZE)
```

En el caso no gaussiano hemos usado la distribución uniforme.

Echemos un vistazo a la figura 13.13, que presenta los datos gaussianos y no gaussianos con líneas de regresión ajustadas en direcciones causal y anticausal.

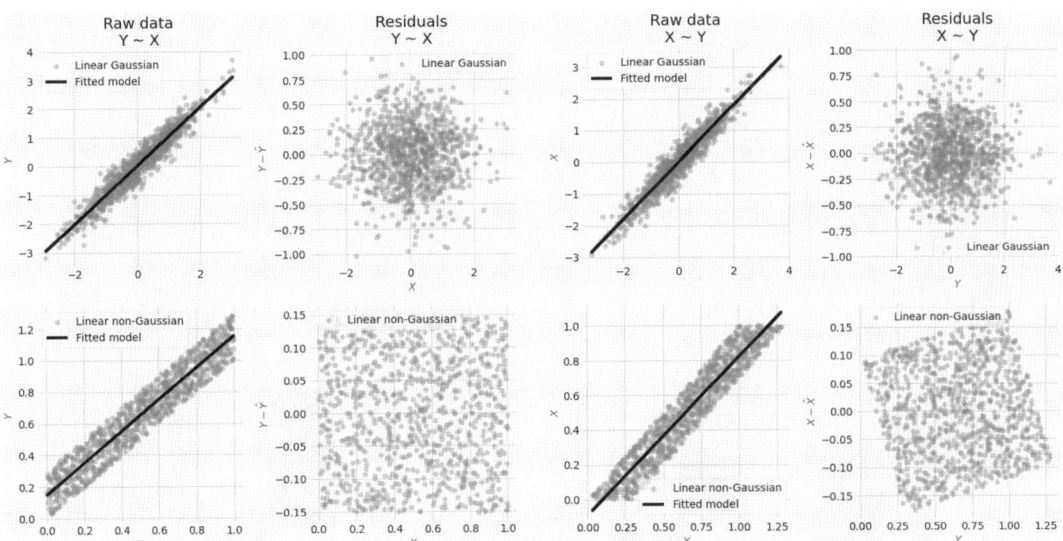

Figura 13.13. Datos gaussianos y no gaussianos con líneas de regresión ajustadas.

En los paneles superiores de la figura 13.13, vemos dos modelos gaussianos con líneas de regresión ajustadas (columnas primera y tercera) y sus respectivos residuos (columnas segunda y cuarta). En los paneles inferiores, vemos dos modelos no gaussianos (columnas primera y tercera) y sus residuos (columnas segunda y cuarta).

Aunque ambas distribuciones gaussiana y uniforme sean simétricas en sí mismas, la uniforme es rotacionalmente asimétrica. Observemos cómo los residuos forman un patrón girado en la esquina inferior derecha. La intuición que subyace a esta asimetría está estrechamente relacionada con el análisis de componentes independientes o ACI (en inglés: ICA, *Independent Component Analysis*).

ACI es un algoritmo empleado con frecuencia para recuperar señales de fuentes a partir de observaciones ruidosas superpuestas. Un ejemplo habitual de uso de ACI es la separación de la fuente en el denominado problema de fiesta de cóctel, donde tenemos una grabación multipista de varias personas hablando al mismo tiempo y queremos separar las voces en pistas diferentes.

Resulta que, bajo ciertas hipótesis, es posible lograrlo mediante el análisis ACI. Una de las hipótesis esenciales en este caso es la no gaussianidad de las señales de la fuente, que nos permite suponer que hay una asignación biyectiva entre la grabación ruidosa y la fuente.

Como LiNGAM se basa internamente en ACI, también hereda esta hipótesis.

La segunda hipótesis es la linealidad. El análisis ACI solo admite datos lineales y, una vez más, LiNGAM hereda esta limitación. La buena noticia es que LiNGAM no requiere la hipótesis de lealtad.

Veamos a LiNGAM en acción.

LiNGAM en acción

Empezaremos con los datos que generamos para el algoritmo PC para ver lo que pasa cuando las hipótesis de LiNGAM no se cumplen. Recordemos que `pc_dataset` era lineal y gaussiano.

Creemos una instancia y ajustemos el modelo:

```
lingam = ICALiNGAM(random_state=SEED)
lingam.learn(pc_dataset)
```

Visualicemos los resultados. La figura 13.14 presenta la comparación entre la matriz de adyacencia predicha y correcta.

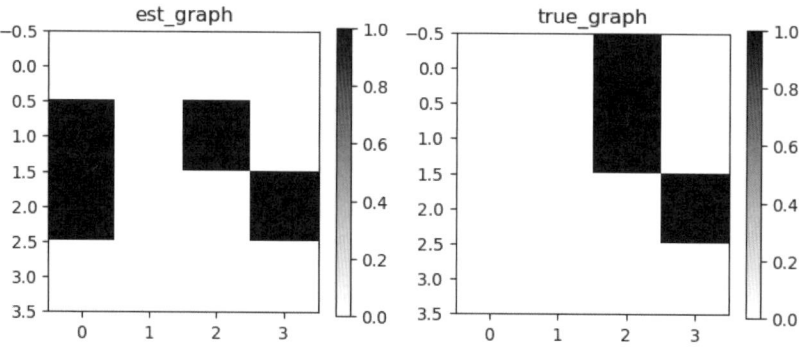

Figura 13.14. Resultados de LiNGAM.

Podemos ver que LiNGAM ha predicho dos aristas correctamente (1 -> 2 y 2 -> 3), pero ha fallado la arista 0 -> 2. Además, el modelo alucinó dos aristas (1 -> 0 y 2 -> 0). Estos resultados no son muy impresionantes, especialmente para un grafo tan sencillo. Dicho esto, esto era de esperar, puesto que infringimos una de las hipótesis básicas del método.

Utilizando datos legales con LiNGAM

Generemos los datos con los que LiNGAM puede tratar. Mantendremos la misma estructura causal utilizada para `pc_dataset` y solo actualizaremos las formas funcionales:

```
a = np.random.uniform(0, 1, N)
b = np.random.uniform(3, 6, N)
c = a + b + .1 * np.random.uniform(-2, 0, N)
d = .7 * c + .1 * np.random.uniform(0, 1, N)
lingam_dataset = np.vstack([a, b, c, d]).T
```

Volvamos a crear una instancia y reajustemos el modelo:

```
lingam = ICALiNGAM(random_state=SEED)
lingam.learn(lingam_dataset)
```

La figura 13.15 muestra los resultados del modelo con el nuevo conjunto de datos.

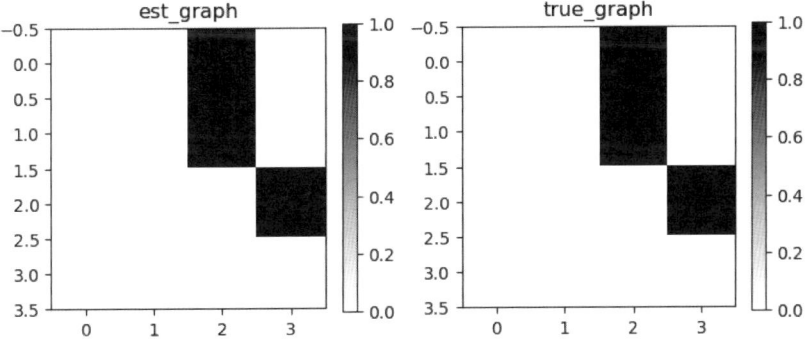

Figura 13.15. LiNGAM con datos no gaussianos.

Esta vez, el modelo fue capaz de recuperar perfectamente el grafo verdadero.

Una gran característica que ofrece LiNGAM es que no solo recupera la estructura causal, sino también la fuerza de las relaciones entre variables. En este sentido, LiNGAM es un método integral para el descubrimiento causal y para la inferencia causal.

Comprobemos lo bien que LiNGAM funcionó recuperando los coeficientes. Podemos acceder a la matriz ponderada aprendida mediante el atributo `weight_causal_matrix`:

```
lingam.weight_causal_matrix
```

Esta línea de código devuelve una matriz de adyacencia ponderada como un objeto `castle.common.base.Tensor`:

```
Tensor([[0. , 0. , 1.003, 0. ],
        [0. , 0. , 0.999, 0. ],
        [0. , 0. , 0.   , 0.7 ],
        [0. , 0. , 0.   , 0. ]])
```

La figura 13.16 presenta estos resultados en el contexto de las ecuaciones estructurales originales. Veamos cómo se las arregló el algoritmo para recuperar los coeficientes verdaderos.

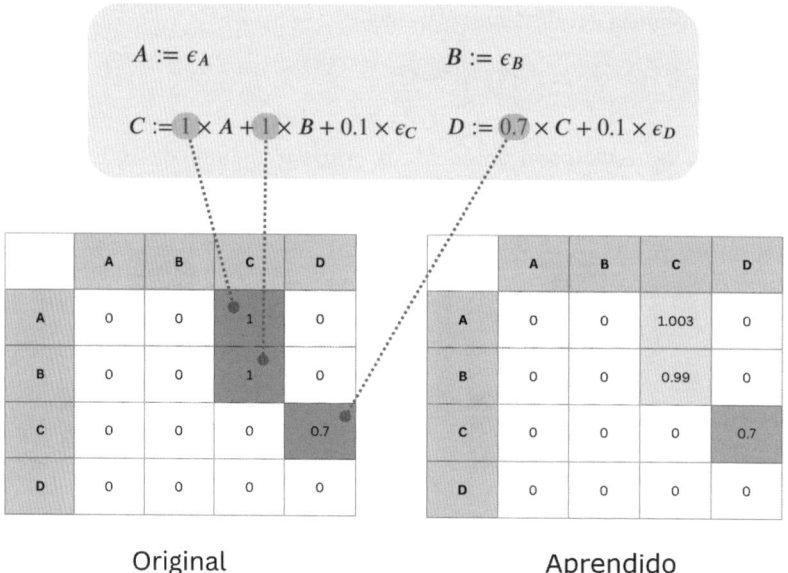

Original   Aprendido

Figura 13.16. Resultados de LiNGAM (derecha) frente al DAG original (izquierda) y a las ecuaciones estructurales originales (arriba).

En la figura 13.16 (arriba), vemos el conjunto de ecuaciones estructurales originales (las que implementamos). En la parte inferior, vemos el DAG original (izquierda) y la matriz aprendida (derecha). Las líneas de puntos asignan los coeficientes de las ecuaciones a las celdas respectivas del DAG original. Las celdas sombreadas de la derecha contienen los coeficientes recuperados por LiNGAM y la más oscura resalta el coeficiente perfectamente recuperado.

Estos resultados son bastante buenos.

Antes de terminar, conviene saber un par de cosas sobre LiNGAM. En primer lugar, LiNGAM usa ACI en segundo plano, y el análisis ACI es un método estocástico. A veces, puede no converger en una buena solución dentro del número predeterminado de pasos.

Es posible variar el número de pasos modificando el parámetro `max_iter`:

```
lingam = ICALiNGAM(
    max_iter=2000,
    random_state=SEED
)
```

En segundo lugar, LiNGAM no es invariante de escala, lo que podrá dar como resultado errores de estimación.

LiNGAM más directo

DirectLiNGAM (Shimizu *et al.*, 2011) es una variación libre de ACI de LiNGAM. El modelo usa una serie de regresiones para determinar el orden causal.

Se garantiza que convergerá en la solución verdadera en el régimen de muestra infinita cuando las hipótesis del modelo se cumplan estrictamente. El número de pasos requerido para la convergencia se dimensiona linealmente con el número de variables.

Por supuesto, en el mundo real nunca tenemos acceso a un número infinito de muestras. Dicho esto, DirectLiNGAM ha demostrado que también supera a su homólogo en datos de muestras finitas simuladas (Shimizu *et al.*, 2011).

DirectLiNGAM también resuelve el problema del escalado o dimensionamiento. El coste de las mejoras es el tiempo de cálculo. El tiempo se dimensiona como una función de potencia del número de variables (nodos).

El uso de DirectLiNGAM con gCastle es sencillo:

```
d_lingam = DirectLiNGAM()
d_lingam.learn(lingam_dataset)
```

Los resultados son idénticos a los del modelo normal, por lo que los omitimos aquí. En los archivos de ejemplo del libro se pueden ver los gráficos y la matriz ponderada aprendida.

Existen más variantes del modelo LiNGAM aparte de las dos comentadas aquí. El marco LiNGAM se ha ampliado para trabajar con series temporales, grafos cíclicos (Lacerda *et al.*, 2008) y variables latentes, entre otros. Para ver implementaciones y referencias de algunas de estas variantes, recomiendo la librería LiNGAM de Python (`https://lingam.readthedocs.io/en/latest/index.html`).

Es hora de concluir por ahora nuestro viaje con el descubrimiento causal basado en funciones.

En esta sección, hemos introducido métodos de descubrimiento causal basados en funciones. Hemos visto cómo la no linealidad y la no gaussianidad pueden ayudarnos a romper la simetría y seguir los rastros dejados por los mecanismos causales para obtener información valiosa.

Aprendimos a implementar el modelo ANM desde cero con Python y las pruebas de independencia HSIC de la biblioteca gCastle, así como a utilizar los algoritmos de la familia LiNGAM mediante gCastle. Por último, hablamos de las principales limitaciones de ACI-LiNGAM y analizamos cómo abordarlas con DirectLiNGAM.

En la siguiente sección, presentaremos la familia más contemporánea de métodos de descubrimiento causal: los métodos basados en el gradiente.

Descubrimiento causal basado en el gradiente

En esta sección, presentaremos los métodos de descubrimiento causal basados en el gradiente. Hablaremos de las principales contribuciones de esta familia de métodos y de sus principales desventajas. Por último, implementaremos los métodos seleccionados usando gCastle y compararemos su rendimiento con otras familias.

NOTEARS y los métodos basados en el gradiente

2018 fue un año emocionante para la comunidad de descubrimiento causal. Xun Zheng, de la Universidad Carnegie Mellon, y sus colegas presentaron un interesante trabajo durante la conferencia NeurIPS de 2018.

El trabajo se titulaba *DAGs with NO TEARS: Continuous Optimization for Structure Learning* e introdujo un enfoque novedoso para el aprendizaje de estructuras causales (aunque tenemos que decir que los autores no afirmaban explícitamente que su método es causal).

El método propuesto (denominado NOTEARS) no se basaba en un conjunto de pruebas de independencia o heurísticas locales, sino que trataba la tarea como un trabajo conjunto y continuamente optimizado.

Uno de los principales avances del artículo fue la función diferenciable que codifica las restricciones de aciclicidad. En otras palabras, los autores propusieron una función que se podía optimizar de manera continua y permitía asegurarse de que el grafo que se está ajustando a los datos es acíclico.

Antes de continuar, conviene mencionar que los métodos basados en el gradiente se basan esencialmente en puntuaciones: calculamos un resumen numérico de la calidad del ajuste de los datos del grafo en el proceso de optimización.

No obstante, hemos optado por considerarlos una familia aparte, porque el hecho de que utilicen la optimización continua conlleva oportunidades y retos únicos.

Veamos cómo codificar la restricción de aciclicidad como una función diferenciable. Resulta que la fórmula es muy concisa:

$$\mathscr{R}(A) = tr(e^{A \odot A}) - d$$

En la fórmula anterior, se aplica lo siguiente:

1. *A* es la matriz de adyacencia de un grafo *G*.

2. *e* es una exponencial de una matriz.

3. *tr*(.) es una traza de una matriz.

4. *d* es el número de nodos de un grafo representado por *A*.

5. $\odot$ es el producto Hadamard (elemento a elemento).

Si se necesita una rápida introducción a las exponenciales matriciales, recomiendo `https://mathworld.wolfram.com/MatrixExponential.html`.

Resulta que cuando $\mathcal{R}(A)$ es igual a cero, un grafo representado por la matriz de adyacencia *A* es un DAG. En caso contrario, no lo es. Esta es una forma muy cómoda de medir lo que los autores denominan calidad de DAG de un grafo.

Implementemos esta fórmula en Python:

```python
from scipy import linalg

def check_if_dag(adj_matrix):
    A = adj_matrix
    return np.trace(linalg.expm(A * A)) - A.shape[0] == 0
```

Primero, importamos el módulo de álgebra lineal `linalg` de SciPy. Lo necesitaremos para la operación de la exponencial matricial.

A continuación, multiplicamos la matriz de adyacencia elemento a elemento por sí misma. Este paso solo es efectivo para matrices de adyacencia ponderadas. Para matrices binarias, $A \odot A = A$.

Luego realizamos exponenciación matricial utilizando la función `linalg.expm()`.

Por último, calculamos la traza de la matriz resultante y restamos el número de filas de la matriz de adyacencia, lo que equivale al número de nodos del grafo representado por esta matriz (o el número de variables de nuestro problema).

Si esta cantidad (tengamos en cuenta que la traza es un valor escalar) es igual a cero, devolvemos `True`. En caso contrario, devolvemos `False`.

Probemos la función en el DAG `pc_dag` que creamos al principio de este capítulo:

```python
check_if_dag(pc_dag)
```

Esta línea de código devuelve lo siguiente:

```
True
```

El resultado es el esperado.

Construyamos un grafo cíclico sencillo:

```
dcg = np.array([
    [0, 1, 0],
    [1, 0, 0],
    [0, 1, 0]
])
```

Evaluémoslo con nuestra función:

```
check_if_dag(dcg)
```

Lo que nos da lo siguiente:

```
False
```

También este resultado es el esperado.

Los gradientes para $\mathcal{R}(A)$ son fáciles de calcular y, por tanto, es naturalmente compatible con métodos de optimización basados en el gradiente.

La función de pérdida global de NOTEARS consiste en el componente del error cuadrático medio $\|X - XA\|_F^2$ con una serie de términos adicionales de regularización y penalización. La función se optimiza usando el método de Lagrange aumentado (Niemirovski, 1999), sujeto a la restricción de que $\mathcal{R}(A)$ = 0 (véase en Zheng *et al.*, 2018 la definición completa).

En el componente de pérdida principal, X es una matriz de datos n x d, donde n es el número de observaciones y d es el número de atributos, A es la matriz de adyacencia y $\|\cdot\|_F^2$ es la norma de Frobenius al cuadrado (https://mathworld.wolfram.com/MatrixNorm.html; ver también el capítulo 14 si se necesita una definición).

Experimentos con NOTEARS

Los autores han probado NOTEARS con una selección de métodos tradicionales, incluyendo PC, LiNGAM y FGES (*fast GES*, GES rápido). En sus experimentos, descubrieron que NOTEARS superaba o funcionaba a la par que los mejores métodos tradicionales (dependiendo de la configuración).

Estos resultados iniciales emocionaron mucho a la comunidad e inspiraron nuevas líneas de investigación. Esta emoción inicial se enfrió tras la publicación de dos trabajos de investigación que examinaban el algoritmo NOTEARS. Kaiser y Sipos (2021) han demostrado que la sensibilidad de NOTEARS al dimensionamiento lo convierte en una opción arriesgada para descubrimiento causal en el mundo real. Reisach *et al.* (2021) mostraron inconsistencias similares en el rendimiento de métodos basados en el gradiente entre datos estandarizados y no estandarizados y apuntaron a un problema más general: los datos sintéticos empleados para evaluar estos métodos podrían contener regularidades no previstas que pueden ser explotadas con relativa facilidad por estos modelos, como expresaron los autores en el título de su artículo, *Causal Discovery Benchmarks May Be Easy To Game*.

El algoritmo GOLEM

GOLEM (Ng *et al.*, 2020) es un algoritmo que mejora NOTEARS. Este algoritmo usa un objetivo basado en la verosimilitud (en vez de uno basado en MSE como en NOTEARS) y en la restricción suave de la calidad de DAG (en vez de dura como en NOTEARS), lo que conduce a una optimización facilitada y a una convergencia más rápida. Los autores demuestran que GOLEM supera a NOTEARS con datos sintéticos.

Estos cambios no parecen resolver todos los problemas planteados por Reisach *et al.* (2021) y parece además que el rendimiento de GOLEM se ve afectado por los patrones de varianza no previstos, introducidos por procesos de generación de datos sintéticos. En particular, el rendimiento del modelo tiende a degradarse en el escenario con datos normalizados, donde los patrones de varianza injustos están minimizados. Lo mismo se aplica a NOTEARS (véanse los detalles en Reisach *et al.*, 2021).

> **NOTEARS, GOLEM y linealidad**
>
> La versión original de NOTEARS fue diseñada para trabajar con datos lineales. Lo mismo sucede con GOLEM. Existe una extensión de NOTEARS que trabaja con modelos generales no paramétricos (Zheng *et al.*, 2020).

La comparación

Generemos ahora tres conjuntos de datos con distintas características y comparemos el rendimiento de los métodos que representan cada una de las familias.

Empecemos creando el conjunto de datos:

```
true_dag = DAG.scale_free(n_nodes=11, n_edges=15, seed=SEED)

DATA_PARAMS = {
    'linearity': ['linear', 'nonlinear'],
    'distribution': {
        'linear': ['gauss', 'exp'],
        'nonlinear': ['quadratic']
    }
}

datasets = {}

for linearity in DATA_PARAMS['linearity']:
    for distr in DATA_PARAMS['distribution'][linearity]:
        datasets[f'{linearity}_{distr}'] = IIDSimulation(
            W=true_dag,
            n=2000,
            method=linearity,
            sem_type=distr)
```

Primero, generamos una estructura gráfica de acuerdo con el modelo libre de escala. Nuestro grafo tendrá 10 nodos y 15 aristas. La figura 13.17 presenta el grafo.

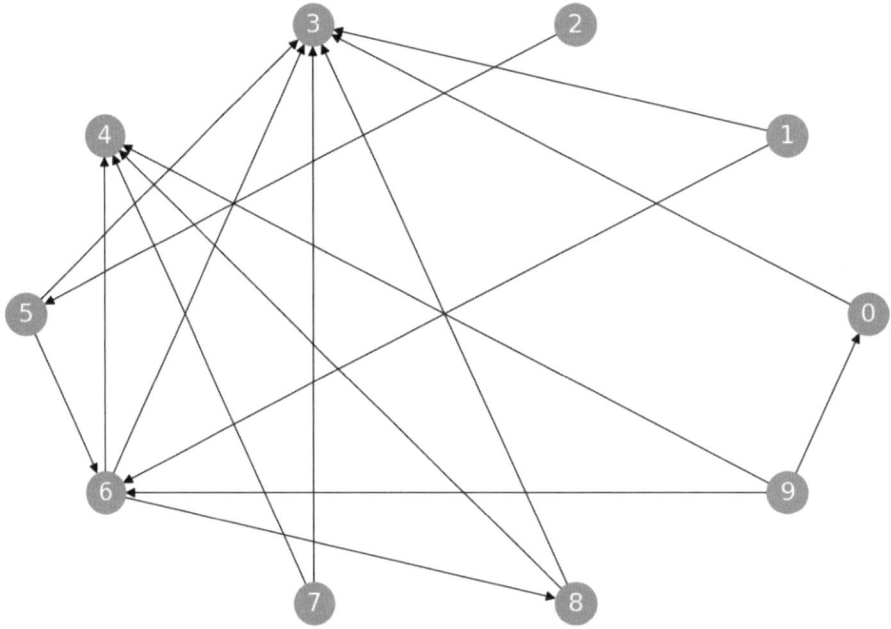

Figura 13.17. El grafo para el experimento comparativo.

Definamos a continuación el tipo de relaciones funcionales y/o ruido que queremos tener en nuestro modelo SCM (lineal con ruidos gaussiano y exponencial y cuadrático no lineal).

Por último, vamos pasando por las configuraciones definidas y generando las observaciones, que almacenamos en el diccionario datasets.

Ahora, creemos un objeto que contenga los métodos que utilizaremos:

```
methods = OrderedDict({
    'PC': PC,
    'GES': GES,
    'LiNGAM': DirectLiNGAM,
    'Notears': NotearsNonlinear,
    'GOLEM': GOLEM
})
```

Ya estamos preparados para iniciar el experimento. El bucle experimental completo está en los archivos de ejemplo del libro.

Presentamos los resultados en la figura 13.18. Los modelos que mejor han funcionado para cada conjunto de datos se marcan en negrita.

Conjunto de datos	Modelo	SHD	FDR	F1	Núm. aristas no dirigidas
Lineal gauss.	PC	5	0.2	0.75	1
Lineal gauss.	GES	17	0.5833	0.4762	2
Lineal gauss.	DirectLiNGAM	11 .	0.3889	0.6471	0
Lineal gauss.	NotearsNonlinear	11	0.4667	0.5161	0
Lineal gauss.	**GOLEM**	**0**	**0**	**1**	**0**
Lineal exp.	PC	5	0.1875	0.7647	2
Lineal exp.	GES	18	0.625	0.4286	2
Lineal exp.	**DirectLiNGAM**	**0**	**0**	**1**	**0**
Lineal exp.	NotearsNonlinear	12	0.44	0.5882	0
Lineal exp.	**GOLEM**	**0**	**0**	**1**	**0**
Cuad. no lineal	PC	14	0.5714	0.3871	1
Cuad. no lineal	GES	13	0.5714	0.3871	1
Cuad. no lineal	DirectLiNGAM	16	1	NaN	0
Cuad. no lineal	**NotearsNonlinear**	**7**	**0.1818**	**0.6667**	**0**
Cuad. no lineal	GOLEM	18	0.6111	0.4118	0

Figura 13.18. Resultados de la comparación de modelos.

En esta sección, presentamos métodos basados en el gradiente para el descubrimiento causal. Hablamos de la restricción de aciclicidad continua (calidad de DAG) y de su carácter innovador. Explicamos los principales retos a los que se enfrentan los métodos basados en el gradiente. Por último, realizamos un experimento comparando algoritmos de diferentes familias con un conjunto de datos sintéticos.

En la siguiente sección, veremos cómo combinar algoritmos de descubrimiento causal con conocimiento experto.

Codificar el conocimiento experto

Combinar el conocimiento experto con métodos automatizados puede ser increíblemente beneficioso. Ayuda a los algoritmos a aprender y, al mismo tiempo, inspira a las personas interesadas en profundizar en sus propios conocimientos y comprensión de sus entornos y procesos.

En esta sección, demostraremos cómo incorporar el conocimiento experto al flujo de trabajo de nuestros algoritmos de descubrimiento causal.

Al final de esta sección, el lector será capaz de traducir el conocimiento experto al lenguaje de los grafos y pasarlo a los algoritmos de descubrimiento causal.

¿Qué es el conocimiento experto?

En esta sección, consideramos el conocimiento experto como un término genérico que engloba cualquier tipo de conocimiento o idea que estamos dispuestos a aceptar como válida.

Desde el punto de vista algorítmico, podemos pensar en el conocimiento experto como en un conocimiento previo fuerte (pero normalmente local). Codificamos el conocimiento experto congelando una o varias aristas en el grafo. El modelo trata estas aristas como existentes, y adapta su comportamiento en consecuencia.

Conocimiento experto en gCastle

Veamos cómo codificar conocimiento externo utilizando gCastle.

Actualmente (gCastle 1.0.3), un único algoritmo soporta añadir conocimiento externo (el algoritmo PC), pero está previsto el soporte de más algoritmos.

Tomaremos el conjunto de datos lineal gaussiano del experimento de la sección anterior e intentaremos mejorar el rendimiento de PC añadiendo conocimiento externo al algoritmo.

Comenzamos con una importación adicional. El objeto `PrioriKnowledge` nos permitirá definir y pasar convenientemente el conocimiento al algoritmo:

```
from castle.common.priori_knowledge import PrioriKnowledge
```

Después, creamos una instancia del objeto `PrioriKnowledge` y le pasamos el número de nodos al constructor:

```
priori_knowledge = PrioriKnowledge(n_nodes=10)
```

A continuación, añadimos las aristas requeridas y prohibidas:

```
priori_knowledge.add_required_edges([(7, 3)])
priori_knowledge.add_forbidden_edges([(0, 9), (8, 6)])
```

He comprobado los gráficos del experimento de la sección anterior para descubrir que las aristas del algoritmo PC eran erróneas. Hemos añadido algunas aquí.

Estamos ya preparados para crear una instancia del modelo y entrenarlo:

```
pc_priori = PC(priori_knowledge=priori_knowledge)
pc_priori.learn(datasets['linear_gauss'].X)
```

Obsérvese que, esta vez, le pasamos al constructor el objeto `priori_knowledge`.

Comparemos los resultados antes y después de compartir nuestro conocimiento con el algoritmo. La figura 13.19 resume los resultados.

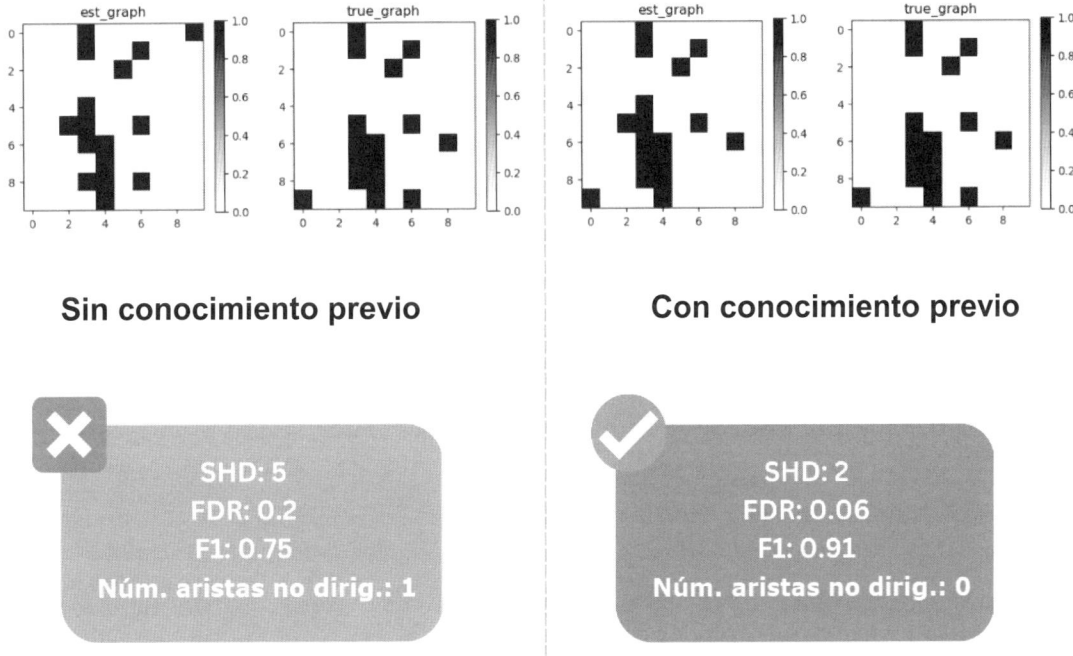

Figura 13.19. Resultados del algoritmo PC antes y después de añadir conocimiento previo.

En la figura 13.19, vemos que todas las mediciones registradas han mejorado después de añadir conocimiento externo al algoritmo. Podríamos seguir añadiendo y restringiendo más aristas para mejorar aún más el algoritmo.

En esta sección, hemos aprendido cómo codificar y pasar conocimiento experto al algoritmo PC. Actualmente, solo un algoritmo en gCastle soporta conocimiento externo, pero por lo que sé, los desarrolladores están planeando añadir soporte para más algoritmos en el futuro.

Para terminar

Comenzamos este capítulo dando un repaso a importantes hipótesis del descubrimiento causal. A continuación, presentamos gCastle. Hablamos de los principales módulos de la librería y entrenamos nuestro primer algoritmo de descubrimiento causal. A continuación, exploramos las cuatro familias principales de modelos de descubrimiento causal (basado en restricciones, basado en puntuaciones, funcional y basado en el gradiente) e implementamos al menos un modelo por familia utilizando gCastle. Por último, realizamos un experimento comparativo y aprendimos a pasar el conocimiento experto a los modelos causales.

En el próximo capítulo, debatiremos ideas más avanzadas en el descubrimiento causal y adoptaremos una perspectiva más amplia sobre las posibilidades de aplicación de los métodos de descubrimiento causal en casos de uso de la vida real.

¿Listo para una última inmersión?

Referencias

Barabási, A. L. (2009). «Scale-free networks: a decade and beyond». *Science, 325*(5939), 412-413.

Barabási, A. L. y Albert, R. (1999). «Emergence of Scaling in Random Networks». *Science, 286*(5439), 509-512.

Blake, W. (2009). *The Tyger. Songs of Experience.* En *William Blake: The Complete Illuminated Books.*

Cai, R., Wu, S., Qiao, J., Hao, Z., Zhang, K. y Zhang, X. (2021). «THP: Topological Hawkes Processes for Learning Granger Causality on Event Sequences». arXiv.

Chickering, D. M. (2003). «Optimal structure identification with greedy search». *Journal of Machine Learning Research, 3*, 507-554.

Chickering, M. (2020). «Statistically Efficient Greedy Equivalence Search». *Actas de la 36.ª Conferencia sobre Incertidumbre en Inteligencia Artificial (UAI).* En *Proceedings of Machine Learning Research, 124*, 241-249.

Colombo, D. y Maathuis, M.H. (2012). «Order-independent constraint-based causal structure learning». *Journal of Machine Learning Research, 15*, 3741-3782.

Cressie, N. y Read, T.R. (1984). *Multinomial goodness-of-fit tests. Journal of the Royal Statistical Society: Series B (Methodological), 46*(3), 440-464.

Enquist, M., Arak, A. (1994). «Symmetry, beauty and evolution». *Nature, 372*, 169-172.

Erdös, P. y Rényi, A. (1959). «On Random Graphs I». *Publicationes Mathematicae Debrecen, 6*, 290-297.

Fisher, R. A. (1921). «On The «Probable Error» of a Coefficient of Correlation Deduced From a Small Sample». *Metron, 1*, 1-32.

Glymour, C., Zhang, K. y Sprites, P. (2019). «Review of Causal Discovery Methods Based on Graphical Models». *Frontiers in genetics, 10*, 524.

Grammer, K. y Thornhill, R. (1994). «Human (Homo sapiens) facial attractiveness and sexual selection: the role of symmetry and averageness». *Journal of comparative psychology, 108*(3), 233-242.

Heckerman, D., Geiger, D. y Chickering, D.M. (1995). «Learning Bayesian Networks: The Combination of Knowledge and Statistical Data». *Machine Learning, 20,* 197-243.

Hoyer, P., Janzing, D., Mooij, J. M., Peters, J. y Schölkopf, B. (2008). «Nonlinear causal discovery with additive noise models». En D. Koller, D. Schuurmans, Y. Bengio y L. Bottou (Eds.). *Advances in Neural Information Processing Systems, 21.* Curran Associates, Inc.

Huang, B., Zhang, K., Lin, Y., Schölkopf, B. y Glymour, C. (2018). «Generalized score functions for causal discovery». En *actas de la 24.ª Conferencia Internacional ACM SIGKDD sobre Descubrimiento de Conocimiento y Minería de datos*, 1551-1560.

Hyvärinen, A., Karhunen, J. y Oja, E. (2001). *Independent Component Analysis.* Wiley.

Johnston, I. G., Dingle, K., Greenbury, S. F., Camargo, C. Q., Doye, J. P. K., Ahnert, S. E. y Ard A. Louis (2022). «Symmetry and simplicity spontaneously emerge from the algorithmic nature of evolution». *Proceedings of the National Academy of Sciences, 119*(11), e2113883119.

Kaiser, M., and Sipos, M. (2021). «Unsuitability of NOTEARS for Causal Graph Discovery». arXiv. https://arxiv.org/abs/2104.05441.

Lacerda, G., Sprites, P. L., Ramsey, J. y Hoyer, P. O. (2008). «Discovering Cyclic Causal Models by Independent Components Analysis». *Conferencia sobre Incertidumbre en Inteligencia Artificial.*

Le, T.D., Hoang, T., Li, J., Liu, L., Liu, H. y Hu, S. (2015). «A Fast PC Algorithm for High Dimensional Causal Discovery with Multi-Core PCs». *IEEE/ACM Transactions on Computational Biology and Bioinformatics, 16,* 1483-1495.

Ng, I., Ghassami, A. y Zhang, K. (2020). «On the Role of Sparsity and DAG Constraints for Learning Linear DAGs». arXiv. https://arxiv.org/abs/2006.10201.

Nemirovski, A. (1999). «Optimization II: Standard Numerical Methods for Nonlinear Continuous Optimization» [Notas del curso].

Peters, J. y Bühlmann, P. (2015). «Structural intervention distance for evaluating causal graphs». *Neural computation, 27*(3), 771-799.

Peters, J., Janzing, D. y Schölkopf, B. (2017). *Elements of Causal Inference: Foundations and Learning Algorithms.* MIT Press.

Rebane, G. y Pearl, J. (1987). «The recovery of causal poly-trees from statistical data». *International Journal of Approximate Reasoning.*

Shimizu, S., Hoyer, P.O., Hyvärinen, A. y Kerminen, A.J. (2006). «A Linear Non-Gaussian Acyclic Model for Causal Discovery». *Journal of Machine Learning Research, 7,* 2003-2030.

Shimizu, S., Inazumi, T., Sogawa, Y., Hyvärinen, A., Kawahara, Y., Washio, T., Hoyer, P.O. y Bollen, K.A. (2011). «DirectLiNGAM: A Direct Method for Learning a Linear Non-Gaussian Structural Equation Model». *Journal of Machine Learning Research, 12*, 1225-1248.

Sprites, P., Glymour, C. y Scheines, R. (2000). *Causation, Prediction, and Search*. MIT Press.

Tsamardinos, I., Brown, L. E. y Aliferis, C. F. (2006). «The max-min hill-climbing Bayesian network structure learning algorithm». *Machine Learning, 65*(1), 31-78.

Uhler, C., Raskutti, G., Bühlmann, P. y Yu, B. (2013). «Geometry of the faithfulness assumption in causal inference». *The Annals of Statistics*, 436-463.

Verma, T. y Pearl, J. (1990). «Equivalence and synthesis of causal models». *Actas de la 6.ª Conferencia sobre Incertidumbre e Inteligencia Artificial*, 222-227.

Zhang, K., Zhu, S., Kalander, M., Ng, I., Ye, J., Chen, Z. y Pan, L. (2021). «gCastle: A Python Toolbox for Causal Discovery». arXiv.

Zheng, X., Aragam, B., Ravikumar, P. y Xing, E.P. (2018). «DAGs with NO TEARS: Continuous Optimization for Structure Learning». *Neural Information Processing Systems*.

Zheng, X., Dan, C., Aragam, B., Ravikumar, P. y Xing, E.P. (2020). «Learning Sparse Nonparametric DAGs». *Conferencia internacional AISTATS sobre inteligencia artificial y estadística*.

14

Descubrimiento causal y machine learning: deep learning avanzado y mucho más

Bienvenido al capítulo 14.

Nos acercamos inevitablemente al final de nuestro libro, pero aún nos queda algo por aprender.

En el capítulo anterior dimos a conocer cuatro familias de modelos de descubrimiento causal: la de los modelos basados en restricciones, la de los basados en puntuaciones, la de los funcionales y la familia de los modelos basados en el gradiente, cada una de las cuales presenta ventajas y limitaciones únicas.

En este capítulo, presentaremos métodos e ideas que pretenden resolver algunas de estas limitaciones. Hablaremos del marco avanzado de descubrimiento causal de deep learning de nombre DECI (*Deep End-to-end Causal Inference*, inferencia causal integral profunda) y lo implementaremos utilizando PyTorch y Causica, la librería de código abierto de Microsoft.

Veremos cómo abordar datos con confusión oculta mediante el algoritmo FCI (*Fast Causal Inference*, inferencia causal rápida) e introduciremos otros algoritmos que pueden emplearse en situaciones similares.

A continuación, presentaremos dos marcos que permiten combinar datos observacionales e intervencionistas: ENCO y ABCI.

Concluiremos este capítulo con un análisis de los desafíos y las áreas abiertas a la mejora en descubrimiento causal.

Al final de este capítulo, el lector comprenderá la teoría básica de DECI y podrá aplicarla a sus propios problemas. Comprenderá cuándo puede ser útil el algoritmo FCI y será capaz de utilizarlo, incluso añadiendo conocimiento experto.

Por último, el lector comprenderá cómo extender el descubrimiento causal observacional a los datos intervencionistas, y a qué retos nos enfrentamos cuando aplicamos métodos de descubrimiento causal a problemas del mundo real.

En este capítulo, trataremos los siguientes temas:

- DECI (*Deep End-to-end Causal Inference*, inferencia causal integral profunda).
- Descubrimiento causal con confusión oculta.
- El algoritmo FCI.
- Descubrimiento causal con intervenciones.
- La capacidad de aplicación en el mundo real del descubrimiento causal y los desafíos abiertos.

Descubrimiento causal avanzado con deep learning

El artículo *DAGs with NO TEARS* de Xun Zheng y sus colegas (Zheng *et al.*, 2018), presentado en el capítulo anterior, despertó el entusiasmo en la comunidad del descubrimiento causal e inspiró toda una nueva línea de investigación sobre métodos basados en el gradiente.

El hecho de que la búsqueda de grafos pudiera realizarse mediante optimización continua abrió una vía para integrar el descubrimiento causal con técnicas procedentes de otras áreas de deep learning.

Un ejemplo de marco que integra dichas técnicas en el ámbito del descubrimiento causal es DECI, un marco de inferencia y descubrimiento causal integral de deep learning (Geffner *et al.*, 2022).

DECI es un modelo flexible basado en las ideas centrales del documento NO TEARS. Funciona para datos no lineales con ruido aditivo, bajo las hipótesis de minimalidad y ausencia de confusión oculta.

En esta sección analizaremos su arquitectura y sus principales componentes, y lo aplicaremos a un conjunto de datos sintéticos, ayudando al modelo a converger mediante la inyección de conocimiento experto en el grafo.

Esta sección tendrá un carácter ligeramente más técnico que algunos de los capítulos anteriores. Nos centraremos en profundizar en el conocimiento del marco y el código, lo que nos ayudará a tener una idea de cómo podrían diseñarse métodos avanzados en descubrimiento causal y de cómo implementarlos usando componentes de bajo nivel.

Con esto disponemos también de una oportunidad para obtener una muestra de cómo pueden implementarse los algoritmos causales mediante marcos de deep learning como PyTorch.

De los modelos generativos a la causalidad

En los últimos años, los modelos generativos han saltado a los titulares. Modelos como ChatGPT, DALL-E 2 y Midjourney han asombrado al gran público con sus capacidades, han despertado un amplio interés y han inspirado varios debates sobre el futuro de la IA e incluso de la propia humanidad; pero los modelos generativos no son ni mucho menos nuevos.

Las ideas que subyacen bajo los modelos generativos se remontan al siglo XIX y a los primeros trabajos de Adolphe Quetelet y, un poco más tarde, Karl Pearson (McLachlan *et al.*, 2019).

El descubrimiento causal contemporáneo tiene múltiples conexiones con el modelado generativo. Por ejemplo, DECI emplea el flujo autorregresivo causal (Khemakhem *et al.*, 2021), mientras que el modelo agnóstico estructural (SAM, *Structural Agnostic Model*; Kalainathan *et al.*, 2022) aprovecha las redes generativas adversarias (GAN, *Generative Adversarial Networks*; Goodfellow *et al.*, 2020).

Repasemos brevemente la conexión entre los flujos autorregresivos y los modelos causales.

Mirar hacia atrás para averiguar quién eres

Los flujos autorregresivos (Kingma *et al.*, 2016) son un subconjunto del marco de flujos de normalización, es decir, una serie de técnicas empleadas tradicionalmente en inferencia variacional para aprender eficientemente distribuciones complejas transformando otras más sencillas. En particular, los flujos autorregresivos estiman la distribución de la variable X_k como una función de las variables que la preceden.

Si deseamos expresar una variable como una función de las precedentes, primero necesitamos ordenar dichas variables de alguna forma.

Un escenario en el que las variables están ordenadas y su valor solo depende de las variables precedentes se asemeja a un modelo causal estructural (SCM, *Structural Causal Model*), en el que los valores de los nodos solo dependen de los valores de sus padres.

Esta idea ha sido aprovechada por Ilyes Khemakhem y sus colegas (Khemakhem *et al.*, 2021), quienes propusieron un marco de flujo autorregresivo con ordenamiento causal de variables (CAREFL).

DECI se basa en esta idea y configura la probabilidad de los datos dado el grafo de una forma autorregresiva.

Además, el modelo aprende la distribución posterior sobre varios grafos en vez de hacerlo sobre uno solo. En este sentido, DECI es bayesiano. Esta elección arquitectónica permite una incorporación muy natural del conocimiento experto en el grafo. Lo veremos en acción más adelante en esta sección.

Los componentes internos de DECI

En el centro de DECI se encuentra la misma idea básica que permitió la optimización continua de NO TEARS: la puntuación de calidad de DAG. Aunque la introdujimos en el capítulo anterior, vamos a recordar la definición:

$$\mathcal{R}(A) = tr(e^{A \odot A}) - d$$

En la fórmula anterior, observamos lo siguiente:

- A es la matriz de adyacencia de un grafo G.
- e es una exponencial matricial.
- $tr(.)$ es una traza de una matriz.
- d es el número de nodos de un grafo, representado por A.
- $\odot$ es el producto Hadamard (elemento a elemento).

El papel de $\mathcal{R}(A)$ es asegurarse de que centramos nuestra búsqueda en grafos acíclicos dirigidos o DAG (*Directed Acyclic Graphs*). $\mathcal{R}(A)$ es igual a 0 si y solo si el grafo representado por la matriz A es un DAG.

En otras palabras, minimizar este componente durante el entrenamiento nos ayuda a asegurarnos de que el modelo recuperado no contenga ciclos o aristas bidireccionales.

La puntuación de calidad de DAG es uno de los componentes de la función de pérdida de DECI, pero no es el único. Un segundo componente importante es la puntuación de escasez.

La puntuación de escasez se define utilizando la norma de Frobenius al cuadrado de la matriz de adyacencia. Formalmente, se representa de la siguiente manera:

$$\mathcal{S}(A) = \|A\|_F^2$$

El papel de la puntuación de escasez es promocionar (heurísticamente) la minimalidad de la solución. En otras palabras, $\mathcal{S}(A)$ empuja al grafo a seguir la hipótesis de minimalidad (si se necesita un repaso de la minimalidad, véanse los capítulos 5 y/o 13).

Norma de Frobenius

La norma de Frobenius es una norma matricial (https://mathworld.wolfram.com/MatrixNorm.html) definida como la raíz cuadrada de la suma de los cuadrados de los valores absolutos de las entradas de una matriz:

$$\|A\|_F = \sqrt{\sum_{i=1}^{m} \sum_{j=1}^{n} |a_{ij}|^2}$$

Cuando A es una matriz de adyacencia no ponderada, la norma de Frobenius mide la escasez de la matriz. Cuanto más escasa es, más entradas cero tiene.

Si la matriz A es de valor real, la función de valor absoluto $|\,.\,|$ es redundante (elevar al cuadrado hará que el resultado sea no negativo en cualquier caso). Eso solo importa en el caso de matrices de valor complejo (que no utilizamos aquí, pero incluimos el operador de valor absoluto para completar la definición).

La puntuación de calidad de DAG y de escasez se utilizan para definir tres términos empleados en la función de pérdida del modelo:

- $\alpha\mathcal{R}(A)$.

- $\rho\mathcal{R}(A)^2$.

- $\lambda\mathcal{S}(A)$

Cada término se pondera mediante un coeficiente específico: α, ρ y λ, respectivamente.

Mientras el último coeficiente se mantiene constante a lo largo del entrenamiento, los dos primeros aumentan gradualmente.

La idea es no restringir demasiado el espacio de búsqueda al principio (aunque los primeros grafos no sean DAG) para permitir al algoritmo explorar distintas trayectorias. Con el tiempo, aumentamos los valores de α y ρ, limitando las soluciones de una manera efectiva únicamente a los grafos DAG.

De las actualizaciones de estos parámetros se encarga el planificador del optimizador Lagrangiano aumentado (`https://en.wikipedia.org/wiki/Augmented_Lagrangian_method`).

Los valores iniciales de α, ρ y λ son establecidos por el usuario (desempeñan el papel de hiperparámetros) y pueden influir en la trayectoria del algoritmo. En algunos algoritmos de descubrimiento causal, como DECI, las configuraciones iniciales de los hiperparámetros pueden influir en los resultados.

Encontrar buenos valores para estos hiperparámetros puede resultar complicado, sobre todo si no disponemos de un conjunto de datos de referencia. Discutiremos este reto con más detalle en la última sección de este capítulo. Teniendo esto en cuenta, sigamos adelante y veamos cómo implementar DECI.

Examinaremos más hiperparámetros por el camino.

DECI en código

Implementemos DECI para comprender mejor cómo funciona. El código de este capítulo está en los archivos de ejemplo del libro `Chapter_14.ipynb`.

Empecemos con las importaciones.

Primero, importaremos el decorador `dataclass` y las librerías NumPy y NetworkX:

```
from dataclasses import dataclass
import numpy as np
import networkx as nx
```

El decorador `dataclass` nos ayuda a asegurarnos de que la configuración del modelo es inmutable y que no la cambiamos por error en algún momento. Utilizaremos NumPy para propósitos numéricos generales y NetworkX para visualizaciones de grafos.

A continuación, importaremos PyTorch, PyTorch Lightning y dos útiles herramientas: `DataLoader` y `TensorDict`:

```
import torch
import pytorch_lightning as pl

from torch.utils.data import DataLoader
from tensordict import TensorDict
```

PyTorch es un marco conocido de deep learning y PyTorch Lightning (`https://lightning.ai/docs/pytorch/stable/starter/introduction.html`) es una envoltura de PyTorch, cuya misión es simplificar el flujo de trabajo de PyTorch (algo parecido a lo que hace Keras para TensorFlow). No usaremos mucho las capacidades de Lightning en este capítulo, pero aprovecharemos su práctico método `convenient.seed_everything()` para fijar la semilla aleatoria en distintas librerías.

Después, importaremos una serie conocida de objetos de gCastle:

```
from castle.datasets import DAG, IIDSimulation
from castle.common import GraphDAG
from castle.metrics import MetricsDAG
```

Las emplearemos para generar los datos, visualizar los resultados y calcular mediciones útiles.

Luego importaremos una serie de módulos y métodos de Causica. Causica (`https://github.com/microsoft/causica`) es una librería de código abierto gestionada por Microsoft y centrada en el machine learning causal. En el momento de escribir este capítulo, DECI es el único algoritmo disponible de la librería, aunque los autores han informado de que se añadirán otros más con el tiempo.

Importamos primero el módulo `distributions`:

```
import causica.distributions as cd
```

El módulo `distributions` contiene una amplia variedad de objetos relacionados con operaciones probabilísticas específicas del modelo.

A continuación, importamos el módulo ICGNN (*Input Convex Graph Neural Network*, red neuronal de grafo convexo de entrada), tres objetos relacionados con los cálculos de la pérdida de Lagrangiano aumentado y un método que calcula la puntuación de calidad de DAG:

```
from causica.functional_relationships import ICGNN
from causica.training.auglag import AugLagLossCalculator, AugLagLR,
AugLagLRConfig
from causica.graph.dag_constraint import calculate_dagness
```

ICGNN (Park *et al.*, 2022) es una arquitectura de red neuronal de grafo que usaremos para recuperar las relaciones funcionales entre variables. Por último, importamos utilidades adicionales:

- `VariableTypeEnum`, que almacena información del tipo de variable (continua, binaria o categórica).

- La función `tensordict_shapes()`, que nos permite obtener fácilmente información sobre las formas de las variables almacenadas dentro de un contenedor `TensorDict`.

Hemos omitido estas importaciones para evitar un excesivo desorden (en los archivos de ejemplo del libro se puede encontrar la lista completa de importaciones).

TensorDict

`TensorDict` es una clase de estilo diccionario específica de PyTorch, diseñada como contenedor para almacenamiento de datos. La clase hereda propiedades de los tensores de PyTorch, como el indexado, las operaciones de formas y el lanzamiento a un dispositivo. `TensorDict` ofrece una útil abstracción, que proporciona mayor modularidad.

Ya hemos terminado con las importaciones. Preparémonos ahora para los experimentos.

Empecemos con una rápida configuración.

El entrenamiento DECI se puede acelerar con una GPU. La siguiente línea verificará si el sistema dispone de una GPU y almacenará la información correspondiente en la variable `device`:

```
device = 'cuda' if torch.cuda.is_available() else 'cpu'
```

Establezcamos una semilla aleatoria para la reproducibilidad:

```
SEED = 11
pl.seed_everything(SEED)
```

Estamos listos para generar los datos. Generaremos 5000 observaciones a partir de un sencillo grafo libre de escala:

```
# Generate a scale-free adjacency matrix
adj_matrix = DAG.scale_free(
    n_nodes=4,
    n_edges=6,
    seed=SEED
)

# Generate the simulation
dataset = IIDSimulation(
    W=adj_matrix,
    n=5000,
    method='nonlinear',
    sem_type='mim'
)
```

Seguimos ahora el mismo proceso empleado en el capítulo anterior:

- Generamos un grafo utilizando el objeto `DAG` de gCastle.
- Generamos las observaciones usando el objeto `IIDSimulation`.

Elegimos datos no lineales generados con el modelo de índice múltiple (Zheng *et al.*, 2020). La figura 14.1 muestra el DAG generado.

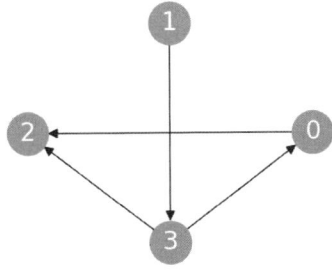

Figura 14.1. El DAG generado.

Configuración de DECI

Como seguro que el lector ya se ha dado cuenta, DECI es un modelo bastante complejo. Para mantener el código limpio y reproducible, definiremos un conjunto de objetos de configuración ordenados:

```python
@dataclass(frozen=True)
class TrainingConfig:
    noise_dist=cd.ContinuousNoiseDist.SPLINE
    batch_size=512
    max_epoch=500
    gumbel_temp=0.25
    averaging_period=10
    prior_sparsity_lambda=5.0
    init_rho=1.0
    init_alpha=0.0

training_config = TrainingConfig()
auglag_config = AugLagLRConfig()
```

Aprovechamos el decorador `@dataclass` con `frozen=True` para asegurarnos de no alterar inadvertidamente el objeto de configuración en algún punto.

Creamos una instancia de la configuración del modelo (`TrainingConfig()`) y de la del optimizador (`AugLagLRConfig()`) y las asignamos a variables.

He configurado el tamaño del lote en `512`, ya que me di cuenta de que los lotes más grandes funcionan mejor para grafos pequeños con DECI.

Preparando los datos

El conjunto de datos generado se almacena como arrays de NumPy. Como DECI usa PyTorch, tenemos que convertirlos en objetos `torch.tensor`.

Almacenaremos simultáneamente los tensores en un diccionario y después los encapsularemos en un objeto `TensorDict`:

```python
data_tensors = {}

for i in range(dataset.X.shape[1]):
    data_tensors[f'x{i}'] = torch.tensor(dataset.X[:,
        i].reshape(-1, 1))

dataset_train = TensorDict(data_tensors,
    torch.Size([dataset.X.shape[0]]))
```

Movamos el conjunto de datos al dispositivo (que debe ser `cuda` si un acelerador GPU se ha detectado en el sistema, en caso contrario `cpu`):

```
dataset_train = dataset_train.apply(lambda t:
    t.to(dtype=torch.float32, device=device))
```

Por último, creemos un cargador de datos PyTorch, que se encargará de procesar en lotes, mezclar y servir los datos durante el entrenamiento por nosotros:

```
dataloader_train = DataLoader(
    dataset=dataset_train,
    collate_fn=lambda x: x,
    batch_size=training_config.batch_size,
    shuffle=True,
    drop_last=False,
)
```

DECI y el conocimiento experto

Gracias a su flexible arquitectura, DECI nos permite inyectar conocimiento previo con facilidad en el proceso de entrenamiento.

Escojamos una arista de nuestro grafo, por ejemplo, la arista `(3, 0)`, y pasemos una fuerte creencia sobre su existencia al prior del modelo.

La figura 14.2 muestra un gráfico de la matriz de adyacencia verdadera con la arista `(3, 0)` marcada en la parte inferior izquierda:

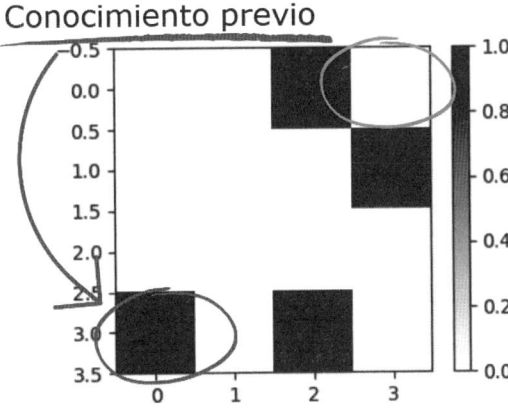

Figura 14.2. La matriz de adyacencia verdadera con las aristas del conocimiento previo marcadas.

Como se puede observar, en la figura 14.2 también hay otro punto marcado arriba a la derecha. Este punto representa la misma arista, pero apuntando en la dirección opuesta. Como estamos aprendiendo un grafo dirigido (un DAG), el modelo debe entender automáticamente que si la arista (3, 0) existe, entonces la arista (0, 3) no existe. La penalización de calidad de DAG en la función de coste empuja al modelo hacia esta solución.

Aunque no lo he probado sistemáticamente, me parece que pasar de manera explícita el conocimiento sobre la existencia de la arista $i \to j$ y la no existencia de la arista $j \to i$ ayuda a que el modelo converja, en comparación con el escenario en el que solo pasamos el conocimiento sobre la primera.

Para pasar el conocimiento a DECI, necesitamos construir tres matrices:

- Una matriz de conocimiento experto.

- Una máscara de relevancia, que contiene unos en las entradas que consideramos relevantes y cero en todos los demás sitios.

- Una matriz de confianza, que pondere las entradas relevantes según nuestra confianza, codificadas como un valor de punto flotante entre 0 y 1.

La matriz de relevancia es necesaria porque en ocasiones nos podría interesar pasar nuestra creencia de la no existencia de una arista (codificada como 0 en la matriz experta) en lugar de su existencia (codificada como 1 en la matriz experta).

Las entradas de la matriz de relevancia informan al modelo sobre qué entradas deben tenerse en cuenta durante la optimización.

Convirtamos todo esto a código.

Primero, generamos una matriz de ceros del tamaño de nuestra matriz de adyacencia y le asignamos 1 a la entrada (3, 0), donde creemos que existe una arista:

```
expert_matrix = torch.tensor(np.zeros(adj_matrix.shape))
expert_matrix[3, 0] = 1.
```

Después, para obtener la matriz de relevancia, clonamos la matriz experta (queremos que la entrada (3, 0) sea tenida en cuenta por el modelo, de manera que simplemente reutilizamos el trabajo que acabamos de realizar) y asignamos 1 a la entrada (0, 3):

```
relevance_mask = expert_matrix.clone()
relevance_mask[0, 3] = 1.
```

Ahora, el objeto expert_matrix contiene 1 en la posición (3, 0), mientras que el objeto relevance_mask contiene unos en las posiciones (3, 0) y (0, 3).

Finalmente, clonamos la matriz de relevancia para obtener la de confianza:

```
confidence_matrix = relevance_mask.clone()
```

Queremos decirle al modelo que estamos seguros al 100 % de que la arista (3, 0) existe.

La matriz de confianza toma valores entre 0 y 1, de modo que los unos de las entradas `(3, 0)` y `(0, 3)` le dicen básicamente al modelo que estamos completamente seguros de que estas entradas son correctas.

Como DECI es un modelo generativo, después de la convergencia podemos obtener muestras de la distribución sobre la matriz de adyacencia.

Para pasar de una manera efectiva el conocimiento al modelo, tenemos que pasarle las tres matrices al objeto `ExpertGraphContainer` de Causica:

```
expert_knowledge = cd.ExpertGraphContainer(
    dag=expert_matrix,
    mask=relevance_mask,
    confidence=confidence_matrix,
    scale=5.
)
```

El último parámetro que le pasamos al contenedor de conocimiento experto (`scale`) determina la cantidad de contribución del término experto a la pérdida.

Cuanto mayor sea el valor de `scale`, mayor será la ponderación del grafo experto al calcular la pérdida, logrando así que el conocimiento experto sea más importante y, a la vez, más difícil de ignorar para el modelo.

Los principales módulos de DECI

DECI es un sistema en gran parte modular, cuyos componentes particulares podrían ser reemplazados por otros elementos compatibles, lo que hace que el sistema sea aún más flexible.

Definamos los principales módulos de DECI.

Empezaremos por el prior del DAG:

```
prior = cd.GibbsDAGPrior(
    num_nodes=len(dataset_train.keys()),
    sparsity_lambda=training_config.prior_sparsity_lambda,
    expert_graph_container=expert_knowledge
)
```

Descifremos este código.

Para definir el prior usamos la clase `GibbsDAGPrior`. Le pasamos al constructor de la clase tres parámetros: el número de nodos del grafo (que también representa el número de atributos de nuestro conjunto de datos), el valor lambda de escasez (este es el parámetro λ, que pondera la puntuación de escasez de la que hablamos antes en este capítulo), y, por último, pero no por ello menos importante, el objeto de conocimiento experto.

Más tarde en el entrenamiento usaremos el objeto prior de Gibbs para calcular la probabilidad de registro no normalizada del DAG, que emplearemos para calcular el valor de la función de pérdida.

A continuación, creemos tres componentes que representan tres elementos de un modelo de ecuación estructural (SEM, *Structural Equation Model*):

- El módulo de distribución de la matriz de adyacencia.

- El módulo funcional (que configura las relaciones funcionales entre variables).

- El módulo de distribución de ruido (que configura la distribución del término de ruido en el modelo SEM).

Crearemos la matriz de adyacencia con el objeto `ENCOAdjacencyDistributionModule`. ENCO (Lippe *et al.*, 2022) es un modelo de descubrimiento causal que puede trabajar con datos observacionales, mixtos e intervencionistas. A diferencia de muchos otros algoritmos, ENCO parametriza la existencia de una arista y su dirección por separado, y aquí tomaremos prestada esta parametrización:

```
adjacency_dist = cd.ENCOAdjacencyDistributionModule(
    num_nodes)
```

El constructor de `ENCOAdjacencyDistributionModule` toma un único argumento: el número de nodos del grafo.

Después, definimos el modelo funcional. Usaremos para ello la red neuronal de grafos ICGNN (Park *et al.*, 2022):

```
icgnn = ICGNN(
    variables=tensordict_shapes(dataset_train),
    embedding_size=8,
    out_dim_g=8,
    norm_layer=torch.nn.LayerNorm,
    res_connection=True,
)
```

Pasamos cinco parámetros:

- Un diccionario de formas de variable (`variables`).

- El tamaño de incrustación empleado para representar las variables internamente (`embedding_size`).

- El tamaño de las incrustaciones que representan los nodos padre y calculan al mismo tiempo las representaciones de los nodos hijos internamente (`out_dim_g`).

- Un objeto de normalización de capa opcional (`norm_layer`; https://www.youtube.com/watch?v=2V3Uduw1zwQ).

- Una variable booleana que le indica al modelo si queremos que se utilicen conexiones residuales en la red neuronal interna o no (`res_connection`).

La red ICGNN será responsable de parametrizar las relaciones funcionales entre las variables de nuestro modelo.

Definamos finalmente el módulo de ruido.

Empezaremos creando un diccionario de tipos. Para cada variable, creamos un par clave-valor, usando el nombre de la variable como clave y su tipo como valor. Utilizaremos descripciones de tipo específicas de Causica, almacenadas en el objeto `VariableTypeEnum`:

```
types_dict = {var_name: VariableTypeEnum.CONTINUOUS for
    var_name in dataset_train.keys()}
```

Como todas las variables de nuestro conjunto de datos son continuas, usamos el mismo tipo (`VariableTypeEnum.CONTINUOUS`) para todas las variables.

Por último, creamos una serie de módulos de ruido para cada una de las variables:

```
noise_submodules = cd.create_noise_modules(
    shapes=tensordict_shapes(dataset_train),
    types=types_dict,
    continuous_noise_dist=training_config.noise_dist
)
```

Le pasamos las formas y los tipos de variable al constructor junto con la distribución de ruido prevista.

La información del tipo de distribución de ruido se almacena en nuestro objeto de configuración de entrenamiento. En el momento de escribir esto, DECI soporta dos tipos de distribución de ruido: gaussiano y de spline. El último suele ser más flexible, y se ha demostrado que funciona mejor en una amplia variedad de escenarios (Geffner *et al.*, 2022, pág. 7), de modo que lo hemos elegido como tipo predeterminado.

Combinemos ahora los submódulos por variable en un módulo de ruido conjunto:

```
noise_module = cd.JointNoiseModule(noise_submodules)
```

Ya tenemos preparados los tres módulos SEM (adyacencia, funcional y de ruido). Pasémoslos a un super-contenedor SEM común y enviemos todo a un dispositivo:

```
sem_module = cd.SEMDistributionModule(
    adjacency_module=adjacency_dist,
    functional_relationships=icgnn,
    noise_module=noise_module)
sem_module.to(device)
```

El módulo SEM está ya listo para el entrenamiento. Lo último que falta es el optimizador. DECI puede usar cualquier optimizador PyTorch. En este caso, emplearemos Adam.

Primero, creamos una lista de parámetros para todos los módulos y, después, se la pasamos al constructor de Adam:

```
modules = {
    'icgnn': sem_module.functional_relationships,
    'vardist': sem_module.adjacency_module,
    'noise_dist': sem_module.noise_module,
}
```

```
parameter_list = [
    {'params': module.parameters(), 'lr':
    auglag_config.lr_init_dict[name], 'name': name}
    for name, module in modules.items()
]
optimizer = torch.optim.Adam(params=parameter_list)
```

Como mencionamos al principio de esta sección, DECI usa un esquema restringido de optimización de Lagrangiano aumentado. Creemos una instancia de un planificador de velocidad de aprendizaje y un calculador de pérdida de Lagrangiano aumentado:

```
scheduler = AugLagLR(config=auglag_config)

auglag_loss = AugLagLossCalculator(
    init_alpha=training_config.init_alpha,
    init_rho=training_config.init_rho
)
```

Le pasamos los valores iniciales de `alpha` y `rho` al constructor `AugLagLossCalculator`. Representan los coeficientes α y ρ, usados para ponderar la puntuación de calidad de DAG, que comentamos al principio de esta sección.

Ya estamos preparados para entrenar el modelo.

Entrenando DECI

Para entrenar DECI, empleamos un bucle `for` doble.

En el bucle `for` exterior, pasamos por el número de *epochs*, y en el bucle interior iremos por los lotes que están dentro de cada *epoch* (como resultado de ello, pasaremos por todos los lotes del interior de cada *epoch*).

Antes de empezar con los bucles `for`, almacenemos el número total de muestras de nuestro conjunto de datos en una variable `num_samples`, que usaremos más tarde para calcular nuestro objetivo:

```
num_samples = len(dataset_train)

for epoch in range(training_config.max_epoch):
    for i, batch in enumerate(dataloader_train):
```

Dentro del bucle, empezaremos poniendo a cero los gradientes, de manera que podamos estar seguros de que calculamos gradientes nuevos para cada lote:

```
        optimizer.zero_grad()
```

A continuación, haremos un muestreo a partir de nuestro módulo SEM y calcularemos la probabilidad de los datos en el lote dado el modelo actual:

```
sem_distribution = sem_module()
sem, *_ = sem_distribution.relaxed_sample(
    torch.Size([]),
    temperature=training_config.gumbel_temp
)
batch_log_prob = sem.log_prob(batch).mean()
```

Observemos que estamos usando el método `.relaxed_sample()`. Este método emplea el truco de Gumbel-Softmax, que aproxima muestras de una distribución discreta (que es no diferenciable) a una distribución continua (que es diferenciable).

Esto es importante, porque no podemos impulsar los gradientes mediante operaciones no diferenciables, lo que imposibilita el entrenamiento con descenso de gradiente.

A continuación, aún dentro del bucle de lotes, calculamos la entropía de la distribución SEM (`https://mathworld.wolfram.com/Entropy.html`). Necesitaremos esta cantidad para calcular el valor global de la pérdida para el modelo:

```
sem_distribution_entropy =
    sem_distribution.entropy()
```

Ahora calculamos la probabilidad logarítmica del grafo actual, dado nuestro conocimiento previo y la puntuación de escasez definida en la subsección anterior sobre los componentes internos de DECI (la puntuación se calcula internamente):

```
prior_term = prior.log_prob(sem.graph)
```

A continuación, calculamos el objetivo y la puntuación de calidad de DAG, y le pasamos todo a nuestro calculador de Lagrangiano aumentado:

```
# Compute the objective
objective = (-sem_distribution_entropy -
    prior_term) / num_samples - batch_log_prob

# Compute the DAG-ness term
constraint = calculate_dagness(sem.graph)

# Compute the Lagrangian loss
loss = auglag_loss(objective, constraint / num_samples)
```

Calculamos los gradientes para el modelo completo y los propagamos hacia atrás:

```
loss.backward()
optimizer.step()
```

Por último, actualizamos el planificador que realiza el procedimiento de optimización de Lagrangiano aumentado:

```
scheduler.step(
    optimizer=optimizer,
    loss=auglag_loss,
    loss_value=loss.item(),
    lagrangian_penalty=constraint.item(),
)
```

Aquí concluye nuestro bucle de entrenamiento (en realidad, en los archivos de ejemplo del libro hay un par de líneas más que visualizan los resultados, pero las hemos omitido aquí para no incluir demasiado código en el capítulo).

Echemos un vistazo a los resultados.

Los resultados de DECI

La figura 14.3 muestra la matriz de adyacencia recuperada (izquierda) y la matriz verdadera (derecha).

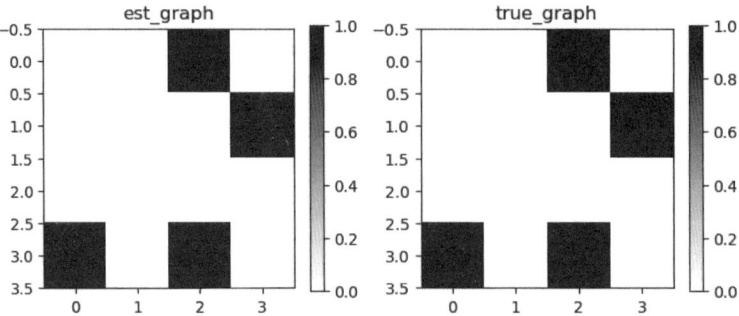

Figura 14.3. La matriz recuperada por DECI y la matriz verdadera.

Como podemos comprobar, DECI hizo un gran trabajo y recuperó la matriz perfectamente.

Dicho esto, conviene recordar que le facilitamos la tarea al modelo proporcionándole *a priori* algunos conocimientos muy fuertes.

También descubrí que hay varios hiperparámetros que son fundamentales para que los resultados del modelo sean más o menos estables para este y otros conjuntos de datos similares. Apliqué mis conocimientos e intuiciones de anteriores experimentos para elegir los valores.

Primero, configuré los tamaños de incrustación para ICGNN en 8. Con incrustaciones mayores de 32 dimensiones, el modelo parecía inestable. Segundo, establecí el tamaño de lote en 512. Con un tamaño de lote de 128, el modelo tenía dificultades para converger a una buena solución.

La arquitectura DECI es potente y flexible, pero tiene un precio: una elevada complejidad. Si queremos usarla en la práctica, es una buena idea trabajar primero el modelo con otros conjuntos de datos con una estructura conocida, que sean parecidos al problema tratado, para hallar buenas configuraciones de hiperparámetros.

DECI incluye además una serie de limitaciones. Está diseñada para trabajar con datos no lineales con ruido aditivo, y cuando los datos no siguen estas hipótesis, el modelo pierde sus garantías teóricas (que son asintóticas).

Además, DECI requiere las hipótesis estándares de ausencia de confusión oculta, minimalidad y especificación del modelo correcto.

Para más detalles sobre las hipótesis, recomiendo Geffner *et al.* (2022), sección 3.2. Para conocer las garantías teóricas y sus pruebas, véase Geffner *et al.* (2022), teorema 1 y apéndice A.

Antes de concluir esta sección, hablemos brevemente de una capacidad de DECI que no hemos tratado hasta ahora.

DECI es integral

Hemos utilizado DECI como método de descubrimiento causal, pero, en realidad, es un marco causal de extremo a extremo, capaz no solo de realizar descubrimiento causal, sino también de estimar el efecto promedio del tratamiento (ATE, *Average Treatment Effect*) y (hasta cierto punto) el efecto promedio del tratamiento condicional (CATE, *Conditional Average Treatment Effect*).

En esta sección hemos presentado DECI, un marco de inferencia causal profundo y de extremo a extremo. Explicamos la teoría básica del modelo y la implementamos con módulos de Causica y PyTorch. DECI es un modelo generativo flexible y potente, que puede realizar descubrimiento e inferencia causal de una forma integral.

A pesar de sus muchos puntos fuertes, DECI (similar a los modelos que hemos tratado en el capítulo anterior) requiere que no haya confusión oculta en los datos.

Veamos qué podemos hacer cuando no es posible excluir la posibilidad de confusión oculta.

Descubrimiento causal con confusión oculta

No todos los métodos de descubrimiento causal resultan inútiles ante la confusión oculta.

En esta sección aprenderemos el algoritmo FCI, que puede funcionar cuando algunas o todas las variables de confusión son no observadas. Implementaremos el algoritmo FCI utilizando el paquete `causal-learn` y, finalmente, trataremos dos métodos más, que pueden ser útiles cuando nuestro conjunto de datos contiene posibles factores de confusión no observados.

El algoritmo FCI

FCI (Sprites *et al.*, 2000, 2013) es un algoritmo basado en restricciones, lo que significa que emplea una serie de pruebas de independencia condicional para decidir qué aristas existen y cuáles son sus orientaciones. El algoritmo FCI puede considerarse una extensión del algoritmo PC, que puede funcionar en una clase ampliada de grafos, denominados grafos de camino inducido. La teoría de los grafos de camino inducido queda fuera del alcance de este libro. Para más información, véase el capítulo 6 de Sprites *et al.* (2000).

Más tipos de aristas, por favor

FCI da resultados asintóticamente correctos incluso con confusión oculta y sesgo de selección.

Es una estupenda noticia.

No obstante, en causalidad (igual que en machine learning) nada es gratuito, y esta función tan aparentemente maravillosa tiene un precio. FCI (igual que PC) puede devolver una clase de equivalencia de Markov (MEC, *Markov Equivalence Class*) en lugar de un grafo totalmente orientado. En otras palabras, algunas de las aristas podrían no estar orientadas (incluso aunque sean correctas). El algoritmo requiere además que se cumpla la hipótesis de lealtad.

Dicho esto, el resultado de FCI puede ser más informativo que el estándar obtenido de PC. La razón de esto es que FCI devuelve más tipos de aristas que solo las dirigidas y no dirigidas.

Para ser exactos, hay cuatro tipos de aristas en FCI (seguimos el esquema de notación empleado en el paquete `causal-learn`):

- Cuando $G_{ij} = -1$ y $G_{ij} = 1$, entonces i es una causa de j.
- Cuando $G_{ij} = 2$ y $G_{ij} = 1$, j no es un ancestro de i.
- Cuando $G_{ij} = 2$ y $G_{ij} = 2$, entonces ningún conjunto d-separa i e j.
- Cuando $G_{ij} = 1$ y $G_{ij} = 1$, entonces hay una causa común oculta de i y j.

Si esto parece un poco abrumador, tranquilos, es un sentimiento general.

Por suerte, causal-learn ofrece también una sencilla representación visual de estos tipos de aristas, que se pueden visualizar para cualquier grafo hallado (veremos esto en breve).

Implementando FCI

En el momento de escribir esto, FCI no está disponible en gCastle. Usaremos la implementación de la librería causal-learn. Esta librería es una traducción de Python y una extensión de la famosa librería TETRAD de Java, mantenida por el grupo CLeaR de la Universidad Carnegie Mellon, que incluye a Peter Sprites y Clark Glymour (los creadores de los algoritmos originales PC y FCI).

Como viene siendo tradición, empezamos por las importaciones:

```python
from causallearn.search.ConstraintBased.FCI import fci
from causallearn.utils.PCUtils.BackgroundKnowledge import
BackgroundKnowledge
from causallearn.graph.GraphNode import GraphNode
```

Importamos la función `fci`, que implementa el algoritmo FCI y las clases `BackgroundKnowledge` y `GraphNode`, que nos permiten inyectar conocimiento previo en el algoritmo.

Creemos ahora un conjunto de datos confusos:

```python
N = 1000

q = np.random.uniform(0, 2, N)
w = np.random.randn(N)
x = np.random.gumbel(0, 1, N) + w
y = 0.6 * q + 0.8 * w + np.random.uniform(0, 1, N)
z = 0.5 * x + np.random.randn(N)

data = np.stack([x, y, w, z, q]).T
confounded_data = np.stack([x, y, z, q]).T
```

Hemos generado un conjunto de datos de cinco dimensiones con 1000 observaciones y distintas distribuciones de ruido (gaussiana, uniforme y de Gumbel).

Hemos creado dos matrices: `data`, con todas las variables, y `counfounded_data`, con la variable que falta, `w` (que es una causa común de x e y).

La figura 14.4 muestra la estructura de nuestro conjunto de datos. El nodo de la izquierda marcado como W es un factor de confusión no observado.

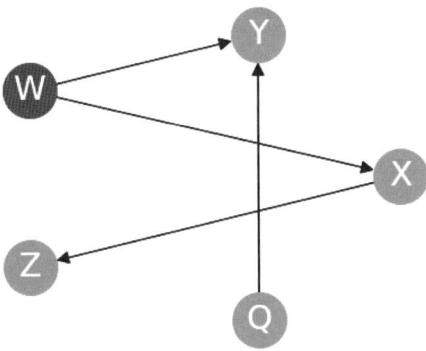

Figura 14.4. Un grafo con un factor de confusión no observado.

Ya estamos preparados para ajustar el modelo.

La API de causal-learn es muy diferente a la que conocemos de gCastle. Primero, el modelo se representa como una función, en lugar de como una clase con un método de ajuste dedicado.

La función del modelo (`fci()`) devuelve el objeto de grafo nativo de causal-learn y una lista de objetos de arista. Ejecutemos el algoritmo y almacenemos los resultados en variables:

```
g, edges = fci(
    dataset=confounded_data,
    independence_test_method='kci'
)
```

Le pasamos el conjunto de datos a la función y, además, especificamos la prueba de independencia condicional que queremos usar. La independencia condicional basada en kernel (KCI, *Kernel-based Conditional Independence*) es una prueba potente y flexible, que trabaja con distribuciones complejas. Dimensiona bien con el número de variables, pero puede ser muy lenta con tamaños de muestra grandes.

Veamos el grafo aprendido:

```
g.graph
```

Esta línea de código nos da lo siguiente:

```
array([[0, 2, 2, 0],
       [1, 0, 0, 1],
       [2, 0, 0, 0],
       [0, 2, 0, 0]])
```

Para la mayoría de las personas, esta matriz es difícil de leer (al menos al principio) y no hay forma fácil de visualizarla de manera significativa utilizando `GraphDAG`, que es lo que hemos usado hasta ahora.

Por suerte, podemos ir pasando por el objeto `edges` para obtener una representación de los resultados más legible para nosotros.

Creemos una correspondencia entre los nombres de variables predeterminados que usa internamente causal-learn y los nombres de variables que nosotros hemos utilizado en nuestro conjunto de datos:

```
mapping = {
    'X1': 'X',
    'X2': 'Y',
    'X3': 'Z',
    'X4': 'Q'
}
```

Vayamos ahora pasando por las aristas devueltas por FCI y visualicémoslas:

```
for edge in edges:
    mapped = str(edge)\
        .replace(str(edge.node1),
        mapping[str(edge.node1)])\
        .replace(str(edge.node2),
        mapping[str(edge.node2)])
    print(mapped)
```

Este fragmento nos ofrece los siguientes resultados:

```
X o-> Y
X o-o Z
Q o-> Y
```

Descodifiquémoslos.

El significado de las flechas del resultado es el siguiente:

- *X* no es un ancestro de *Y*: podría haber una flecha desde *X* hasta *Y* o podrían ser confusos, pero no hay flecha de *Y* a *X*.

- No hay conjunto que d-separe *X* y *Z*: podrían ser confusos o tener alguna relación causal directa.

- *Y* no es un ancestro de *Q*.

Mirando el grafo, todo esto es verdadero. Al mismo tiempo, el resultado no es muy informativo, puesto que nos deja muchas incógnitas.

FCI y el conocimiento experto

FCI nos permite inyectarle fácilmente conocimiento experto. En causal-learn, podemos añadir conocimiento experto usando la clase `BackgroundKnowledge`. Tendremos que usar el convenio de nomenclatura empleado internamente por causal-learn (X1, X2, etc.) para especificar conocimiento experto (véase el fragmento de código del diccionario `mapping` de la sección anterior para disponer de la correspondencia entre los nombres de variable de causal-learn y los nombres de variables de nuestro grafo).

Creamos el objeto y llamamos a los métodos `.add_forbidden_by_node()` y `.add_required_by_node()`:

```
prior_knowledge = BackgroundKnowledge()
prior_knowledge.add_forbidden_by_node(GraphNode('X2'),
    GraphNode('X4'))
prior_knowledge.add_required_by_node(GraphNode('X1'),
    GraphNode('X3'))
```

Para identificar los nodos, empleamos objetos `GraphNode` y pasamos los nombres de nodo que utiliza internamente causal-learn (podríamos invertir aquí la correspondencia, pero lo omitiremos por simplicidad).

Ya estamos listos para pasar nuestro conocimiento previo a la función `fci()`:

```
g, edges = fci(
    dataset=confounded_data,
    independence_test_method='fisherz',
    background_knowledge=prior_knowledge
)
```

Observamos que, en esta ocasión, también usamos la prueba z de Fisher en vez de KCI. Se trata de una prueba de independencia condicional rápida, pero algo menos flexible, comparada con KCI. La prueba z de Fisher se recomienda para datos lineales gaussianos, pero la hemos visto muchas veces también para distribuciones y relaciones mucho más complejas.

Veamos los resultados:

```
X o-> Y
X --> Z
Q --> Y
```

Como se puede observar, desambiguar la relación entre Y (X2) y Q (X4) y forzar directamente la arista entre X (X1) y Z (X3) funcionó bien. El símbolo --> se lee «es causa de». El grafo recuperado combinado con conocimiento experto es mucho más informativo.

FCI podría ser una buena opción si no estamos seguros de la existencia de aristas. El algoritmo puede darnos varias pistas útiles. Las aristas podrían pasarse a continuación en forma de conocimiento experto a otro algoritmo para una desambiguación más profunda (por ejemplo, LiNGAM o DECI si se cumplen las respectivas hipótesis). El rendimiento de FCI se puede mejorar también utilizando los denominados escalones al pasar conocimiento experto al algoritmo (conocimiento previo escalonado). Para más detalles, véase Andrews *et al.* (2020).

Otros enfoques a los datos confusos

FCI no es el único método que puede manejar confusión oculta.

Otra solución más reciente se denomina modelo confuso de ruido aditivo no lineal en cascada (CCANM, *Confounding Cascade Nonlinear Additive Noise Model*; Cai *et al.*, 2021).

CCANM

CCANM es un modelo de ruido aditivo (familia ANM, *Additive Noise Model*) que aprovecha un autocodificador variacional (VAE, *Variational Autoencoder*) para recuperar la dirección causal entre variables, incluyendo los escenarios de mediación y confusión. Los autores han demostrado que el modelo supera a modelos como ANM básico y LiNGAM en distintas pruebas de referencia. CCANM tiende a trabajar mejor con observaciones de tamaño de muestra grandes (5000-6000).

CORTH

CORTH es un algoritmo propuesto por Ashkan Soleymani del MIT y sus colegas (Soleymani *et al.*, 2022). El algoritmo utiliza el marco del doble machine learning para identificar las causas directas de una variable de interés. Los autores lo enmarcan como un algoritmo de selección de atributo causal. El algoritmo permite confusión oculta en el conjunto de datos, pero no entre la variable de interés y sus causas directas. CORTH requiere que ningún nodo del conjunto de datos sea descendiente de la variable de interés, pero no exige lealtad ni aciclicidad entre covariables y permite interacciones no lineales entre ellas.

En esta sección, presentamos métodos de descubrimiento causal que pueden funcionar con confusión oculta. Hemos hablado del algoritmo FCI y lo implementamos utilizando la biblioteca causal-learn. También aprendimos cómo pasar conocimiento previo al algoritmo e introdujimos otros dos métodos, que pueden funcionar en diferentes escenarios que implican confusión oculta: CCANM y CORTH.

En la siguiente sección, veremos los métodos que pueden aprovechar información procedente de las intervenciones.

Extra: más allá de las observaciones

En ciertos casos, podríamos intervenir sobre algunas o todas las variables para facilitar o mejorar los resultados de un proceso de descubrimiento causal.

En esta breve sección, presentaremos dos métodos que pueden ayudarnos a hacer un buen uso de dichas intervenciones.

ENCO

El descubrimiento causal neuronal eficiente o ENCO (*Efficient Neural Causal Discovery*; Lippe *et al.*, 2022) es un método de descubrimiento causal para datos observacionales e intervencionistas. Utiliza optimización continua y (como ya dijimos antes en la sección sobre DECI) parametriza la existencia de aristas y su orientación por separado. Se garantiza que ENCO converge a un DAG correcto si se dispone de intervenciones en todas las variables, pero también funciona bastante bien en conjuntos de intervenciones parciales. Además, el modelo funciona con variables discretas, continuas y mixtas, y puede ampliarse para trabajar con factores de confusión ocultos. El código del modelo está disponible en GitHub (`https://github.com/phlippe/ENCO`).

ABCI

La inferencia casual bayesiana activa (ABCI, *Active Bayesian Casual Inference*; Toth *et al.*, 2022) es un marco bayesiano completo para descubrimiento y razonamiento causal activo. ABCI no requiere confusión oculta ni aciclicidad y asume un modelo de ruido aditivo no lineal con ruido homocedástico. Una gran ventaja de ABCI es que no se centra necesariamente en estimar todo el grafo causal, sino más bien en una consulta causal de interés y luego diseña secuencialmente experimentos que reduzcan al máximo la incertidumbre. Esto hace que ABCI sea muy eficaz con los datos. Como método bayesiano, ABCI facilita la codificación del conocimiento experto en forma de prior (o priores). Además, permite diferentes tipos de consultas causales: descubrimiento causal, descubrimiento causal parcial, aprendizaje SCM, etc. El código del modelo está disponible en GitHub (`https://github.com/chritoth/active-bayesian-causal-inference`).

En esta sección hemos presentado dos métodos: ENCO y ABCI. Ambos nos permiten combinar datos observacionales e intervencionistas. ENCO proporciona excelentes resultados cuando se dispone de intervenciones para todas las variables (casi sin errores en grafos de hasta 1000 nodos), mientras que ABCI proporciona una excelente eficiencia de datos y ayuda a centrar los esfuerzos donde más se necesitan. Ambos marcos amplían significativamente el ámbito de las posibilidades que ofrece el descubrimiento causal y pueden aportar beneficios incluso cuando solo son posibles intervenciones mínimas.

Descubrimiento causal: aplicaciones del mundo real, desafíos y problemas abiertos

Antes de terminar este capítulo, adoptemos una perspectiva más amplia y discutamos la aplicabilidad del descubrimiento causal a los problemas del mundo real y a los desafíos que pueden surgir en el camino.

En el capítulo anterior, mencionamos que Alexander Reisach y sus colegas demostraron que los datos sintéticos usados para evaluar los métodos de descubrimiento causal pueden contener regularidades no intencionadas, que estos modelos pueden explotar con relativa facilidad (Reisach *et al.*, 2021). El problema radica en que estas regularidades podrían no estar presentes en los datos del mundo real.

Otro reto es la escasez de datos reales con una estructura causal conocida, lo que hace que los conjuntos de datos sintéticos sean una opción natural de evaluación comparativa, aunque esta opción nos deja sin una comprensión clara de lo que cabe esperar de los algoritmos de aprendizaje de estructuras causales, cuando se aplican a conjuntos de datos del mundo real.

La falta de puntos de referencia fiables es uno de los principales retos en este campo en el momento de escribir este capítulo. Dicho esto, existen investigaciones que examinan el rendimiento de los métodos de descubrimiento causal en datos del mundo real. A continuación, las analizaremos brevemente.

Tu *et al.* (2019) aplicaron cuatro algoritmos tradicionales de descubrimiento causal (FCI, RFCI, PC y GES) a datos del mundo real y simulados (de forma realista) para el diagnóstico del dolor neuropático. El conjunto de datos contiene más de 200 variables binarias, que representan diversas lesiones y síntomas.

Los resultados de todos los métodos de descubrimiento causal tuvieron una calidad limitada en este entorno. Las puntuaciones F1 variaron aproximadamente entre 0,01 y 0,32, dependiendo del método y el entorno (las puntuaciones más altas requerían una muestra muy grande, es decir, más de 16 000 muestras).

Huang *et al.* (2021) aplicaron los métodos NO TEARS, DAG-GNN y TCDF (*Temporal Causal Discovery Framework*, marco temporal de descubrimiento causal) a datos climáticos. El conjunto de datos consistía en una serie de variables que representaban las interacciones entre el hielo del mar Ártico y la atmósfera. Los autores concluyeron que fueron capaces de lograr resultados razonables (una distancia de Hamming normalizada de alrededor de 0,3) en comparación con el grafo experto con NO TEARS y DAG-GNN (pero sin TCDF).

Los autores también señalan que ambos métodos son sensibles a los cambios en los hiperparámetros. Esto supone un reto en el mundo real, donde se desconoce el grafo verdadero, y no hay un buen punto de referencia general, porque no sabemos qué valores de hiperparámetros elegir.

Shen *et al.* (2020) aplicaron los algoritmos FCI y FGES a datos sobre la enfermedad de Alzheimer. El algoritmo FGES proporcionó resultados prometedores, con una precisión que variaba entre 0,46 y 0,76, y una recuperación entre 0,6 y 0,74, dependiendo de cuánto conocimiento experto se inyectara en el algoritmo.

Estos últimos resultados demuestran lo valioso que puede resultar añadir conocimiento experto al grafo.

Los algoritmos de descubrimiento causal también se aprovechan en la industria. Por desgracia, la mayoría de los casos de uso industrial están protegidos por acuerdos de confidencialidad y no pueden compartirse públicamente.

Espero que, con la creciente adopción de métodos causales, esto empiece a cambiar gradualmente, y veamos a más empresas compartiendo sus experiencias. Esto es de suma importancia, ya que los casos de uso industrial proporcionan a la comunidad investigadora una inyección vital de motivación. La comunidad investigadora devuelve el favor, proporcionando ideas mejores y más eficientes, que hacen avanzar al sector.

Ya hoy podemos observar los efectos de este círculo virtuoso en el machine learning tradicional.

La evaluación comparativa no es el único reto del descubrimiento causal contemporáneo.

Muchos problemas del mundo real pueden describirse con tipos de variables mixtas (discretas y continuas).

Para la mayoría de los métodos de descubrimiento causal, esto supone un gran reto.

ENCO admite tipos mixtos de forma nativa, pero solo cuando proporcionamos al algoritmo datos intervencionistas. La necesidad de utilizar este tipo de datos puede suponer una importante limitación a la hora de aplicar este algoritmo en determinados casos.

El descubrimiento causal contemporáneo puede ser una fuente de información valiosa y, sin duda, útil, pero debe usarse siendo consciente de sus limitaciones.

Aún no hemos llegado a la etapa del científico totalmente automatizado, pero creo que la investigación del descubrimiento causal puede acercarnos un poco más a este hito.

Comprender qué métodos pueden funcionar en qué circunstancias es crucial, y espero que este libro haya proporcionado a los lectores una base sólida para construir su propia comprensión de este hecho.

Enhorabuena por haber llegado al final del capítulo 14. Resumamos lo que hemos aprendido.

Para terminar

En este capítulo, presentamos varios métodos e ideas que pretenden superar las limitaciones de los marcos de descubrimiento causal tradicionales. Hablamos de DECI, un marco avanzado de descubrimiento causal de deep learning, y demostramos cómo se puede implementar utilizando PyTorch y Causica, la librería de código abierto de Microsoft.

Exploramos el algoritmo FCI para manejar datos con confusión oculta y otros algoritmos que se emplean en situaciones similares. Estos métodos proporcionan unos buenos cimientos para abordar problemas complejos de inferencia causal.

Después, evaluamos dos marcos, ENCO y ABCI, que nos permiten combinar datos observacionales e intervencionistas. Estos marcos amplían nuestra capacidad de realizar descubrimientos causales y proporcionan herramientas valiosas para el análisis de datos.

Por último, analizamos una serie de retos a los que nos enfrentamos cuando aplicamos métodos de descubrimiento causal a problemas del mundo real.

Nos acercamos inexorablemente al final de nuestro viaje.

En el próximo capítulo, resumiremos todo lo aprendido hasta ahora, debatiremos ideas prácticas sobre cómo aplicar eficazmente algunos de los métodos analizados y veremos cómo se está aplicando con éxito la causalidad en distintos sectores.

Referencias

Andrews, B., Sprites, P. y Cooper, G. F. (2020). «On the Completeness of Causal Discovery in the Presence of Latent Confounding with Tiered Background Knowledge». *Conferencia Internacional sobre Inteligencia Artificial y Estadística (AISTATS)*.

Cai, R., Qiao, J., Zhang, K., Zhang, Z. y Hao, Z. (2021). «Causal discovery with cascade nonlinear additive noise models». *ACM Transactions on Intelligent Systems and Technology, 6*(12).

Geffner, T., Antorán, J., Foster, A., Gong, W., Ma, C., Kıcıman, E., Sharma, A., Lamb, A., Kukla, M., Pawlowski, N., Allamanis, M. y Zhang, C. (2022). «Deep End-to-end Causal Inference». arXiv.

Goodfellow, I., Pouget-Abadie, J., Mirza, M., Xu, B., Warde-Farley, D., Ozair, S., Courville, A. y Bengio, Y. (2020). «Generative adversarial networks». *Communications of the ACM, 63*(11), 139-144.

Goudet, O., Kalainathan, D., Caillou, P., Guyon, I., Lopez-Paz, D. y Sebag, M. (2018). «Causal generative neural networks». arXiv.

Huang, Y., Kleindessner, M., Munishkin, A., Varshney, D., Guo, P. y Wang, J. (2021). «Benchmarking of Data-Driven Causality Discovery Approaches in the Interactions of Arctic Sea Ice and Atmosphere». *Frontiers in Big Data, 4*.

Kalainathan, D., Goudet, O., Guyon, I., Lopez-Paz, D. y Sebag, M. (2022). «Structural agnostic modeling: Adversarial learning of causal graphs». arXiv.

Kingma, D. P., Salimans, T., Jozefowicz, R., Chen, X., Sutskever, I. y Welling, M. (2016). «Improved Variational Inference with Inverse Autoregressive Flow». *Advances in Neural Information Processing Systems, 29*.

McLachlan, G. J., Lee, S. X. y Rathnayake, S. I. (2019). «Finite Mixture Models». *Annual Review of Statistics and Its Application, 6*(1), 355-378.

Lippe, P., Cohen, T. y Gavves, E. (2021). «Efficient neural causal discovery without acyclicity Constraints». arXiv.

Park, J., Song, C. y Park, J. (2022). «Input Convex Graph Neural Networks: An Application to Optimal Control and Design Optimization». Open Review. `https://openreview.net/forum?id=S2pNPZM-w-f`.

Reisach, A. G., Seiler, C. y Weichwald, S. (2021). «Beware of the Simulated DAG! Varsortability in Additive Noise Models». arXiv.

Shen, X., Ma, S., Vemuri, P. y Simon, G. (2020). «Challenges and opportunities with causal discovery algorithms: application to Alzheimer's pathophysiology». *Scientific Reports, 10*(1), 2975.

Soleymani, A., Raj, A., Bauer, S., Schölkopf, B. y Besserve, M. (2022). «Causal feature selection via ortho-gonal search». *Transactions on Machine Learning Research.*

Sprites, P., Glymour, C. y Scheines, R. (2000). *Causation, Prediction, and Search.* MIT Press.

Sprites, P., Meek, C. y Richardson, T. S. (2013). «Causal inference in the presence of latent variables and selection bias». arXiv.

Toth, C., Lorch, L., Knoll, C., Krause, A., Pernkopf, F., Peharz, R. y Von Kügelgen, J. (2022). «Active

Bayesian Causal Inference». arXiv.

Tu, R., Zhang, K., Bertilson, B., Kjellstrom, H. y Zhang, C. (2019). «Neuropathic pain diagnosis simulator for causal discovery algorithm evaluation». *Advances in Neural Information Processing Systems, 32.*

Zhang, K., Peters, J., Janzing, D. y Schölkopf, B. (2012). «Kernel-based conditional independence test and application in causal discovery». arXiv.

Zheng, X., Aragam, B., Ravikumar, P. y Xing, E. P. (2018). «DAGs with NO TEARS: Continuous Optimization for Structure Learning». *Neural Information Processing Systems.*

Zheng, X., Dan, C., Aragam, B., Ravikumar, P. y Xing, E. P. (2020). «Learning Sparse Nonparametric DAGs». *Conferencia Internacional sobre Inteligencia Artificial y Estadística (AISTATS).*

15

Epílogo

Felicidades por llegar al capítulo final.

Esta es la última parada de nuestro viaje. Antes de finalizar, haremos unas cuantas cosas:

- Resumir lo que hemos aprendido en el libro.

- Analizar cinco pasos que nos permitan sacar el máximo partido de los proyectos causales.

- Examinar la intersección entre causalidad y empresa, y ver cómo implementan las organizaciones proyectos causales de éxito.

- Vislumbrar el (posible) futuro de la causalidad.

- Comentar dónde encontrar recursos y cómo aprender más sobre causalidad.

¿Preparados para el último tramo?

Lo que hemos aprendido en este libro

En el capítulo 1, comenzamos nuestro viaje causal preguntándonos por las razones que conducen a utilizar los modelos causales en vez del machine learning tradicional, a pesar del enorme éxito de este último.

Definimos el concepto de confusión, y mostramos cómo puede llevarnos por mal camino al producir relaciones falsas entre variables causalmente independientes. A continuación, presentamos la escalera de la causalidad y sus tres peldaños: observaciones, intervenciones y contrafactuales. Mostramos las diferencias entre las distribuciones observacionales e intervencionistas mediante regresión lineal.

A continuación, refrescamos nuestros conocimientos sobre la teoría básica de grafos, e introdujimos los grafos como un componente principal de gran importancia para los modelos causales. Hablamos de tres estructuras básicas de independencia condicional: bifurcaciones, cadenas y colisionadores, y demostramos que los colisionadores tienen un estatus especial, ya que nos permiten inferir la dirección de la influencia causal a partir de los datos.

A continuación, presentamos DoWhy y aprendimos a implementar su proceso causal de cuatro pasos, lo que nos guio hacia el debate sobre las hipótesis en las que se basan los modelos causales y los desafíos a los que nos enfrentamos al aplicarlos en la práctica.

Teniendo en cuenta estas ideas, pasamos a los métodos de estimación del efecto medio del tratamiento ATE y del mismo pero condicional CATE, y demostramos cómo implementarlos con DoWhy y EconML en escenarios observacionales e intervencionistas.

Cerramos la parte 2 del libro implementando metaaprendices con métodos de deep learning y basados en árboles, y aprendimos a implementar un modelo CausalBert basado en Transformer, que nos permite controlar los factores de confusión procedentes del lenguaje natural.

En la parte 3 revisamos varias fuentes de conocimiento causal y nos dirigimos hacia un debate sobre el descubrimiento causal. Comenzamos con algoritmos clásicos basados en restricciones y avanzamos hacia métodos modernos basados en el gradiente, cerrando con una implementación completa del algoritmo DECI de Microsoft utilizando PyTorch.

En la siguiente sección, analizaremos cinco pasos, basados en algunas de las mejores prácticas tratadas en el libro, que nos permitirán sacar el máximo partido de nuestros proyectos causales.

Cinco pasos para sacar el máximo partido de un proyecto causal

En esta sección, examinaremos cinco pasos que pueden ayudarnos a maximizar el potencial de nuestros proyectos causales.

Empezar con una pregunta

Empezar con una pregunta bien definida es un paso necesario en cualquier iniciativa empresarial o científica, pero tiene especial importancia en la causalidad.

Una pregunta bien definida puede transformar un problema imposible en uno abordable. En ocasiones, los modelos causales pueden convertirse en un juego de divide y vencerás, y varios retos que en un principio podrían parecer imposibles de encarar pueden resolverse (a veces con relativa facilidad) si estamos abiertos a perfeccionar nuestras preguntas.

Por ejemplo, un error que observo en el sector radica en empezar con preguntas muy amplias sobre el modelo causal completo de un proceso, incluso de toda una organización o unidad organizativa. En algunos casos, construir ese modelo completo puede ser muy difícil, muy costoso, o ambas cosas.

A menudo, responder a una o dos preguntas causales bien definidas aporta importantes beneficios por una fracción del coste de un proyecto tan grande.

El problema de exceder el alcance del proyecto y plantear preguntas demasiado amplias no es exclusivo de la causalidad. También ocurre en proyectos de IA no causal. Dicho esto, las preguntas poco definidas o mal planteadas pueden hacer fracasar un proyecto causal mucho más rápido que otro de machine learning tradicional.

Un aspecto positivo es que una empresa puede darse cuenta relativamente pronto de que un proyecto no aporta los beneficios esperados y cerrarlo rápidamente, evitando pérdidas significativas. La parte negativa es que esta experiencia suele decepcionar a las organizaciones, que se mostrarán reacias a avanzar hacia la implantación de los modelos causales, algo muy perjudicial porque, para muchas, dichos modelos pueden aportar importantes beneficios que no se materializarán sin la aplicación de métodos causales.

Para que un proyecto causal tenga éxito, es fundamental contar con preguntas bien definidas.

Obtener conocimiento experto

El conocimiento experto es de vital importancia en los modelos causales. Puede ayudarnos a eliminar la ambigüedad de las aristas de un grafo causal, reducir el espacio de búsqueda y evaluar la calidad de los resultados de los algoritmos de descubrimiento causal. Muchas fuentes de información pueden ser valiosas en este caso, entre otras, conocimiento del dominio, publicaciones científicas, experimentos internos previos, resultados de simulaciones, etc.

Dependiendo del caso de uso, la recopilación y validación del conocimiento experto puede ser un proceso corto y natural o bien largo y laborioso, pero es difícil sobrestimar su valor.

Hay que tener en cuenta que no todas las fuentes de conocimiento experto tienen por qué tener el mismo nivel de confianza. Es buena idea mantener la mente abierta con respecto a ellas (a las menos fiables) y estar preparado para descartarlas en el proceso, sobre todo si las explicaciones alternativas son más plausibles o coherentes con otras fuentes de información fiables.

Una buena práctica consiste en almacenar y gestionar el conocimiento experto de forma estructurada y accesible, por ejemplo, siguiendo FAIR (`https://www.go-fair.org/fair-principles/`) u otro conjunto de principios que se adapten bien a la organización y al problema en particular que se esté resolviendo.

Esto reviste especial importancia en el caso de los sistemas más grandes. La falta de un buen acceso al conocimiento experto recopilado puede provocar frustración, y consumir la energía creativa del equipo del proyecto, que debería dedicarse a resolver un problema en lugar de ocuparse de cuestiones técnicas eludibles.

Una vez recopilada, la información debe almacenarse de forma que nos permita acceder a ella con facilidad en el futuro. De este modo, nos aseguramos de emplear nuestros recursos de forma óptima si este conocimiento concreto puede reutilizarse en futuros proyectos.

Una vez recopilado el conocimiento experto, estamos listos para codificarlo en forma de grafo.

En realidad, la recopilación de conocimiento experto y la generación de grafos se pueden entrelazar, y es probable que se produzcan múltiples iteraciones entre estas dos etapas.

Generar grafos hipotéticos

Tras definir la pregunta y recopilar el conocimiento experto disponible, estamos listos para generar el primer grafo (o conjunto de grafos) hipotético.

Estos grafos representan nuestras hipótesis sobre el proceso de generación de datos.

No tienen por qué ser perfectos ni completos en esta fase. Los grafos hipotéticos nos permitirán comprender lo que sabemos y si tenemos suficiente información para responder a la pregunta o preguntas en cuestión.

A veces, incluso los grafos que no parecen demasiado informativos a primera vista pueden contener información suficiente para responder a algunas de nuestras preguntas (o a todas).

Dependiendo del tamaño del grafo, del tamaño del proyecto y de las características de la organización, podemos elegir diferentes opciones de almacenamiento para nuestros grafos: un repositorio que contenga uno o varios archivos que codifiquen los grafos o una base de datos de grafos (por ejemplo, Neo4j o Amazon Neptune) pueden ser opciones válidas.

La accesibilidad y la facilidad de actualización de la estructura son fundamentales en este caso.

Comprobar la identificabilidad

Es probable que el primer grafo contenga aristas ambiguas o variables no observadas, pero, a pesar de esto, es posible se pueda estimar que el efecto buscado.

Para comprobar si es este el caso, recomiendo utilizar uno de los algoritmos avanzados de identificabilidad, que pueden encontrarse en la librería `grapl-causal` de Python, desarrollada por Max Little, de la Universidad de Birmingham y el MIT.

Se puede consultar el repositorio en la página web `https://github.com/max-little/GRAPL?utm_source=book&utm_medium=link&utm_campaign=ch-15`.

Aunque el efecto no se pueda identificar de inmediato, es posible obtener información procesable del modelo, posibilidad aplicable a una amplia gama de modelos con herramientas de análisis de sensibilidad (véase el capítulo 8 para más detalles).

Por ejemplo, en marketing o ventas quizá se tenga claro por experiencia que, aunque haya confusión oculta en los datos, el impacto máximo en las ventas de todos los factores de confusión ocultos no debería ser superior a un valor determinado.

Si este es el caso, se puede comprobar de una manera fiable si el efecto se mantiene en condiciones de confusión extrema o bajo los valores más probables de los factores de confusión.

Si el efecto resulta ser identificable de inmediato o se manejan datos experimentales, es posible empezar a estimar el efecto usando uno de los métodos analizados en la parte 2 de nuestro libro.

Si surgen dudas sobre alguna arista o su orientación, recomiendo emplear uno de los métodos de descubrimiento causal comentados en la parte 3 y confrontar el resultado con el conocimiento experto. Si existe la opción de realizar intervenciones en algunas variables o en todas, métodos como ENCO (capítulo 14) pueden dar muy buenos resultados.

Falsar las hipótesis

Cuando obtenemos un grafo identificable, lo tratamos como una hipótesis, de modo que podamos aprender las correspondencias funcionales sobre el grafo (por ejemplo, utilizando el marco de cuatro pasos del capítulo 7). Una vez aprendidas dichas correspondencias, podemos generar predicciones. Probar estas predicciones con datos de prueba intervencionistas es una buena forma de comprobar si el modelo se comporta de forma realista.

Grandes discrepancias entre las predicciones y los efectos reales son un claro indicador de que un modelo tiene problemas (estructurales, relacionados con la estimación o ambos). Sin embargo, la ausencia de discrepancias no garantiza automáticamente que el modelo sea correcto (recordemos la lógica popperiana de la falsificación analizada en los capítulos 7 y 12).

Las cinco etapas (definición de preguntas, recopilación de conocimiento experto, generación del grafo, comprobación de la identificabilidad y falsificación de las hipótesis) suelen realizarse de forma iterativa y, en ocasiones, puede alterarse su orden. También pueden implicar algunas técnicas avanzadas que no tratamos en nuestro libro: análisis de la causa raíz, detección de valores atípicos causales, generación de contrafactuales a partir de un modelo funcional, etc.

Tengamos en cuenta que los pasos descritos no incluyen el proceso real de recopilación de datos. Esto se debe a que la recopilación de datos puede tener lugar en etapas muy diferentes, dependiendo de la naturaleza de la pregunta, la madurez de los datos de la organización y la metodología elegida.

En esta sección, hemos analizado cinco pasos que podemos seguir para llevar a cabo un proyecto causal fiable:

1. Empezar con una pregunta.

2. Obtener conocimiento experto.

3. Generar hipótesis.

4. Comprobar la identificabilidad.

5. Falsar las hipótesis.

En la siguiente sección veremos ejemplos de proyectos causales llevados a cabo en el mundo real.

Causalidad y empresa

En esta sección, describiremos un par de casos reales, en los que se han aplicado con éxito sistemas causales para resolver retos empresariales, y debatiremos cómo la causalidad se cruza con marcos empresariales.

Cómo pasan los autores causales de la visión a la implementación

Geminos es una compañía estadounidense cuya misión es ayudar a empresas de todos los sectores a resolver sus problemas mediante la causalidad. Uno de los casos de éxito de Geminos que más me ha gustado es su colaboración con un fabricante industrial de productos metálicos; llamémosle empresa M.

Me gusta esta historia, porque pone de relieve las amplias posibilidades de aplicación de la causalidad, que van mucho más allá de los casos más populares en marketing y econometría.

Veamos cómo funcionó.

La empresa M estaba interesada en optimizar el proceso de producción de uno de sus productos. Formularon cuatro preguntas principales:

1. ¿Cómo minimizamos una característica importante del producto P?

2. ¿Qué variables influyen más en el resultado R?

3. ¿Qué ha causado un cambio reciente en el resultado R y cómo lo revertimos?

4. ¿Por qué se producen los valores atípicos y cómo los eliminamos?

Obsérvese que las cuatro preguntas requieren al menos un razonamiento intervencionista (peldaño 2), lo que hace que no puedan responderse con métodos estadísticos o de machine learning tradicionales.

Por ejemplo, la pregunta 1 se refiere a qué medidas deberían tomarse para minimizar la característica de interés del producto P. Esta pregunta va más allá de entender lo que simplemente se asocia con esta característica (para contextualizar, recordemos nuestro debate sobre la confusión del capítulo 1). Para responder a la pregunta 1, necesitamos comprender el mecanismo que subyace a esta característica y cómo pueden afectarle los cambios en otras variables.

Tras definir las preguntas, el equipo de Geminos consultó a los expertos e investigó la bibliografía científica pertinente. Combinando la información de ambas fuentes, el equipo construyó su primer grafo hipotético.

La empresa M llevaba un par de años registrando un abundante conjunto de variables que describían sus procesos antes de que se iniciara el proyecto, pero resultó que algunas de las variables consideradas en el grafo no se habían empezado a recoger hasta ahora.

El equipo abordó este reto ajustando el grafo, de forma que se mantuviera la identificabilidad de las relaciones más importantes y el cliente aprendió qué variables debían priorizarse para su futura recopilación, a fin de facilitar nuevos análisis causales.

El conocimiento de las variables a las que había que dar prioridad en el futuro era valioso en sí mismo, puesto que ayudaba al cliente a saber cómo asignar los recursos de forma óptima. Instalar nuevos sensores o modificar la arquitectura de software existente puede resultar muy caro y, si no se obtienen resultados que aporten un valor empresarial real, pueden ser causa de importantes pérdidas de tiempo y dinero.

Con el grafo actualizado, el equipo estaba listo para empezar a validar sus hipótesis. Estimaron los coeficientes del modelo descrito por el grafo hipotético utilizando la plataforma de Geminos basada en DoWhy.

El equipo comparó los resultados del modelo con datos observacionales e intervencionistas, lo que mejoró continuamente el modelo. Como destacó Owen, de Geminos: «interrogar los modelos causales es un elemento importante del enfoque iterativo de la IA causal».

Tras repetir el proceso varias veces, el cliente logró responder a sus preguntas y optimizar el proceso más allá de lo que habían logrado hasta entonces con herramientas tradicionales de machine learning, estadística y optimización.

La empresa M detectó los valores atípicos utilizando la causalidad y comprendió la cadena causal que subyace a los cambios recientes, respondiendo en última instancia a las cuatro preguntas clave formuladas al inicio del proyecto. Todo ello condujo a mejoras significativas en el proceso de producción.

La empresa también aprendió a estructurar y priorizar sus nuevos esfuerzos de recopilación de datos para así maximizar el valor, lo que les ahorró posibles pérdidas asociadas a la adaptación de los sistemas existentes de recopilación de datos que no aportarían un valor empresarial claro.

Geminos no es la única organización que implementa y produccionaliza con éxito soluciones causales. Una empresa con sede en el Reino Unido, causaLens, ofrece una plataforma de ciencia de datos causal que abstrae gran parte de la complejidad de crear modelos causales. causaLens ha ayudado a numerosos clientes de distintos sectores a crear soluciones más sólidas mediante la introducción de la causalidad. Sus casos de uso incluyen el marketing, la cadena de suministro, la optimización de la fabricación, etc.

Los modelos causales también se emplean en la industria del entretenimiento digital. Playtika, una empresa de ocio digital con sede en Israel especializada en juegos para móviles, utiliza el modelado uplift (CATE) para optimizar su experiencia de usuario. La empresa ha convertido recientemente en código abierto su librería de evaluación *uplift*, `uplift-analysis` (véase `https://github.com/PlaytikaOSS/uplift-analysis`).

El gigante sueco del streaming de audio Spotify también aprovecha los modelos causales. La empresa comparte con regularidad su experiencia en causalidad aplicada a través de su blog técnico y de las publicaciones de sus principales conferencias (por ejemplo, Jeunen *et al.*, 2022). El blog de Spotify cubre una amplia variedad de temas, desde el análisis de sensibilidad de un estimador de control sintético (que aprendimos en el capítulo 11; más información en `https://research.atspotify.com/2023/04/gaining-confidence-in-synthetic-control-causal-inference-with-sensitivity-analysis/`) hasta la extracción de los efectos causales de conjuntos de intervenciones con confusión oculta (`https://research.atspotify.com/2022/11/can-we-correctly-attribute-changes-among-many-possible-causes-when-unobserved-confounders-are-present/`).

La producción, las ventas, el marketing y el entretenimiento digital no son las únicas áreas que pueden beneficiarse de los modelos causales, que se investigan e implementan en todos los campos, desde la medicina hasta la industria automovilística.

No es de extrañar, ya que estos modelos suelen captar los aspectos de los problemas que más nos interesa resolver. Los modelos causales, en particular los modelos causales estructurales (SCM, *Structural Causal Model*), también son compatibles con numerosos marcos empresariales y de mejora de procesos, o se pueden adaptar fácilmente a ellos.

Veamos un ejemplo. Six Sigma es un conjunto de herramientas y técnicas de mejora de procesos propuesto por Bill Smith de Motorola. En el marco de Six Sigma, la causalidad se define como el impacto de una entrada x sobre un resultado y mediante algún mecanismo f, formalmente expresado así:

$$y := f(x)$$

Obsérvese que esto es casi idéntico a las correspondencias funcionales en los modelos SCM, que ya analizamos en el capítulo 2 (salvo que en la fórmula anterior omitimos la variable de ruido).

Esto hace que el análisis causal sea la opción preferida, siempre que estén en juego cuestiones de toma de decisiones.

Para saber más sobre la causalidad desde el punto de vista empresarial, recomiendo *Causal Artificial Intelligence: The Next Step in Effective, Efficient, and Practical AI* de Judith Hurwitz y John K. Thompson. Vislumbremos ahora un poco cuál será el futuro de la causalidad.

Hacia el futuro del machine learning causal

En esta sección, exploraremos brevemente algunas posibles direcciones que puede tomar la causalidad desde el punto de vista de las empresas, las aplicaciones y la investigación. Como siempre que se habla del futuro, en cierto modo se trata de una apuesta, sobre todo en la segunda parte de esta sección, donde hablaremos de ideas más avanzadas.

Empecemos nuestro viaje hacia el futuro desde el punto en el que nos encontramos actualmente.

¿Dónde estamos ahora y hacia dónde nos dirigimos?

Con una media de 3.2 nuevos artículos publicados en arXiv cada día en 2022, la popularidad de la inferencia causal ha aumentado de manera exponencial, atrayendo una gran cantidad de talento e interés de los mejores investigadores e instituciones, incluidos gigantes de la industria como Amazon y Microsoft.

Al mismo tiempo, para muchas organizaciones, los métodos causales son mucho menos accesibles que las técnicas estadísticas y de machine learning tradicionales. Es probable que este estado de cosas se deba a que el sistema educativo se centra sobre todo en los métodos asociativos a la hora de enseñar sobre ciencia de datos y machine learning, junto con la falta de materiales accesibles que combinen los aspectos teóricos y prácticos de la causalidad (espero que este libro sea un pequeño paso para cambiar esto último).

Muchos aspectos de los modelos causales y del pensamiento causal se pueden adoptar con relativa facilidad en muchas organizaciones, lo que aportará grandes beneficios.

Estas son tres habilidades que ofrecen importantes beneficios a una amplia gama de organizaciones:

- El conocimiento de las diferencias entre los peldaños de la Escala de Causalidad ayuda a los analistas a distinguir claramente entre los problemas que pueden resolverse con los métodos asociativos tradicionales y los que no pueden resolverse de este modo. Esta conciencia permite a las organizaciones mitigar las pérdidas relacionadas con la inversión en proyectos de machine learning, que responden a preguntas mal planteadas y no pueden tener éxito a largo plazo.

- La capacidad de pensar estructuralmente sobre un proceso de generación de datos y de comprender la estructura de independencia condicional ayuda a los analistas, científicos de datos e ingenieros a tomar mejores decisiones en lo que se refiere al control estadístico, y a comprender los desafíos que plantea la robustez de sus modelos ante cambios en la distribución. Esta capacidad permite a los equipos de una organización evitar costosas sorpresas causadas por predicciones erróneas.

- La capacidad de configurar los efectos promedio del tratamiento condicional (CATE, *Conditional Average Treatment Effects*) ayuda a descubrir información ocultada por las técnicas tradicionales de análisis de pruebas A/B, y aportar nuevas oportunidades de personalizar y revolucionar la experiencia del usuario. La personalización causal puede ser más rentable que los sistemas de recomendación tradicionales. Esto es cierto en marketing, prevención de bajas de clientes y otras áreas, gracias a la capacidad de los modelos CATE para reconocer qué unidades deben ser tratadas y cuáles no.

A pesar del relativamente fácil acceso de estas tres ideas, parecen estar muy infrautilizadas en todos los sectores, industrias y tipos de organización.

Puntos de referencia causales

Desde el punto de vista de la investigación, uno de los principales retos a los que nos enfrentamos hoy en día en el ámbito de la causalidad es la falta de conjuntos de datos del mundo real ampliamente accesibles y de puntos de referencia universales (los análogos a ImageNet en el campo de la visión por ordenador).

Los conjuntos de datos y los puntos de referencia pueden desempeñar un papel crucial en el avance del campo de la causalidad, al fomentar la reproducibilidad y la transparencia y proporcionar a los investigadores un punto de referencia común.

Los puntos de referencia sintéticos actuales tienen propiedades que dificultan su uso eficaz en el descubrimiento causal (Reisach *et al.*, 2021) y la inferencia causal (Curth *et al.*, 2021).

El tema de los puntos de referencia causales se investiga activamente e iniciativas como la convocatoria *Call for causal Datasets* de CLeaR 2023 (`https://www.cclear.cc/2023/CallforDatasets`) demuestran la creciente atención por parte de la comunidad para afrontar estos retos.

También se han propuesto recientemente algunos simuladores de datos útiles, que pueden ayudar a evaluar los métodos de descubrimiento causal (véase `https://github.com/TURuibo/Neuropathic-Pain-Diagnosis-Simulator`).

Analicemos ahora cuatro posibles líneas de investigación y aplicación en las que la causalidad puede aportar valor.

Fusión causal de datos

La fusión causal de datos (Bareinboim y Pearl, 2016, y Hünermund y Bareinboim, 2023) es un término genérico para combinar datos de distintas fuentes, con el fin de realizar inferencia causal. En particular, los datos intervencionistas se pueden combinar con datos observacionales. La fusión causal de datos podría ser especialmente útil combinada con los paradigmas de la estimación de la incertidumbre (por ejemplo, Chau *et al.*, 2021) y el aprendizaje activo (por ejemplo, Toth *et al.*, 2022).

Esta línea de investigación promete hacer eficiente la inferencia causal aprovechando la información obtenida de varios conjuntos de datos procedentes de distintas fuentes. Esto es especialmente beneficioso en las ciencias biomédicas, donde los experimentos pueden ser caros, difíciles o arriesgados. La fusión causal de datos puede ayudar a extraer conclusiones válidas y fiables, combinando la información de experimentos con muestras pequeñas y conjuntos de datos observacionales con muestras grandes.

Aunque se han resuelto eficazmente varios desafíos planteados por la fusión causal de datos (Bareinboim y Pearl, 2016), el paradigma parece infrautilizado en la práctica, en particular en la industria.

Esto quizá podría cambiar si las partes interesadas se familiarizaran más con las oportunidades que ofrece esta línea de investigación.

Agentes de intervención

La revolución de la IA generativa de 2022/23 ha dado lugar a una serie de aplicaciones nuevas, como AutoGPT o AgentGPT, programas que aprovechan los modelos de clase GPT en segundo plano y les permiten interactuar con el entorno.

Las instancias del modelo (denominadas agentes) pueden tener acceso a Internet o a otros recursos y resolver tareas complejas de varios pasos. Dotar a estos agentes de capacidades de razonamiento causal puede hacerlos mucho más eficaces y menos susceptibles a la confusión, sobre todo, si pueden interactuar con el entorno para falsar sus propias hipótesis sobre mecanismos causales.

Agentes como éstos podrían realizar investigaciones automatizadas y son un paso importante hacia la creación del científico automatizado. Hay que tener en cuenta que permitir que estos agentes interactúen con el entorno físico en lugar de solo con el virtual podría mejorar significativamente su eficacia, aunque esto también conlleva una serie de importantes consideraciones éticas y de seguridad.

Obsérvese que estas ideas están relacionadas con algunos de los conceptos ampliamente debatidos por Elias Bareinboim en su tutorial *Causal Reinforcement Learning* de 2020 (`https://crl.causalai.net/`).

Aprendizaje de estructuras causales

El aprendizaje de estructuras causales (Schölkopf *et al.*, 2021) es un término muy amplio que engloba diversos algoritmos destinados a descodificar una estructura causal a partir de datos de muchas dimensiones (por ejemplo, vídeo). A diferencia del descubrimiento causal tradicional, el aprendizaje de estructuras causales asume que existen algunas variables latentes de pocas dimensiones que describen la estructura causal de un sistema presentado en la representación original multidimensional.

Por ejemplo, CITIRS (Lippe *et al.*, 2022) aprende estructuras causales de bajo nivel a partir de vídeos que contienen intervenciones.

Dependiendo del modelo, los modelos de estructura causal pueden funcionar en diversos escenarios (por ejemplo, con intervenciones conocidas o desconocidas). Esta línea de investigación puede ayudarnos a construir sistemas capaces de intervenir en el mundo y aprender estructuras causales observando los efectos de sus intervenciones (mediante la visión u otras modalidades).

Nótese que, en ocasiones, el término aprendizaje de estructuras causales se intercambia con el término descubrimiento causal y, también a veces, el aprendizaje de estructuras causales se entiende como un superconjunto del descubrimiento causal, que incluye los modelos con y sin variables latentes.

Aprendizaje por imitación

Cuando los bebés humanos aprenden modelos básicos del mundo, suelen basarse en la experimentación (por ejemplo, Gopnik, 2009; ver también el capítulo 1 de este libro). Paralelamente, los niños imitan a otras personas de su entorno. En etapas posteriores de la vida, empezamos a aprender de los demás con más frecuencia que a realizar nuestros propios experimentos. Este tipo de aprendizaje es eficiente, pero puede ser susceptible de presentar sesgos arbitrarios o de confusión.

Los estereotipos raciales o de género transmitidos de generación en generación son grandes ejemplos de aprendizaje de modelos del mundo incorrectos por imitación. Por ejemplo, en la cultura occidental moderna, hasta finales de la década de 1960 estaba muy extendida la creencia de que las mujeres eran físicamente incapaces de correr una maratón. Bobbi Gibb falsó esta hipótesis corriendo (ilegalmente) el maratón de Boston en 1966. No solo terminó la carrera, sino que, además, corrió más rápido que el 66 % de los participantes masculinos (`https://es.wikipedia.org/wiki/Bobbi_Gibb`).

El aprendizaje por imitación suele ser más eficiente que los experimentos, pero no garantiza la identificabilidad causal. Nos enfrentamos a un reto similar en el procesamiento del lenguaje natural (PLN) moderno. Algunos grandes modelos de lenguaje (LLM, *Large Language Models*) ofrecen potentes capacidades causales aprendidas a partir de datos lingüísticos, pero a veces fallan de forma impredecible (Kıcıman *et al.*, 2023).

Willig *et al.* (2023) propusieron que los LLM aprendieran un metaSCM a partir de texto y que este modelo fuera de naturaleza asociativa.

Los agentes que aprenden por imitación y luego falsifican los modelos aprendidos mediante intervenciones, o llevan a cabo un razonamiento causal eficiente aprovechando la fusión de datos causales, pueden ser aprendices estupendos y muy eficientes, capaces de adaptarse rápidamente a diversos dominios.

Por ejemplo, el aprendizaje por imitación con conciencia causal puede ser muy útil para crear asistentes virtuales para empresas, para la medicina o la investigación. Estos asistentes pueden aprender de materiales existentes o del rendimiento de otros asistentes (virtuales o físicos), y luego mejorar validando la fiabilidad de los modelos aprendidos.

Otra amplia línea de investigación que se cruza con algunas de las ideas anteriores es la IA neurosimbólica, una clase de modelos que combinan el aprendizaje de representaciones asociativas con módulos de razonamiento simbólico.

El análisis causal de los LLM, mencionado antes en esta sección, es en sí mismo una vía de investigación prometedora, que pone sobre la mesa muchas cuestiones interesantes. Gracias a la amplia adopción de los LLM, esta vía tiene posibilidades de suscitar un mayor interés y atraer la financiación necesaria para lograr avances significativos en un futuro próximo.

Aprendiendo causalidad

En esta sección, señalaremos recursos para aprender más sobre causalidad después de terminar este libro.

Para muchas personas que se inician en la causalidad, su camino de aprendizaje comienza con entusiasmo. La promesa de la causalidad es atractiva y poderosa. Después de aprender los conceptos básicos y de darnos cuenta de los retos a los que tiene que enfrentarse cualquier estudiante de causalidad, muchos perdemos la esperanza en las primeras etapas de nuestro viaje.

Algunos la recuperamos, cuando aprendemos que las soluciones existen, aunque no necesariamente donde en un principio esperábamos encontrarlas.

Tras superar los primeros desafíos y profundizar en el tema, muchos de nosotros nos damos cuenta de que quedan más dificultades por superar. Aprendiendo de las experiencias anteriores, en esta fase es más fácil ser conscientes de que (muchas de) estas dificultades pueden abordarse utilizando un enfoque creativo y sistemático.

Me gusta la forma en que el educador e investigador suizo Quentin Gallea presentó gráficamente el viaje hacia el aprendizaje de la causalidad (figura 15.1).

La figura procede de *The Causal Mindset* (`https://www.thecausalmindset.com/`), un libro en el que Quentin está trabajando.

Cualquiera que sea el punto de la curva de la figura 15.1 en el que nos encontremos, la coherencia llevará inevitablemente a la siguiente fase.

Un problema habitual al que nos enfrentamos muchos cuando aprendemos un nuevo tema es la elección del siguiente recurso tras terminar un libro o un curso.

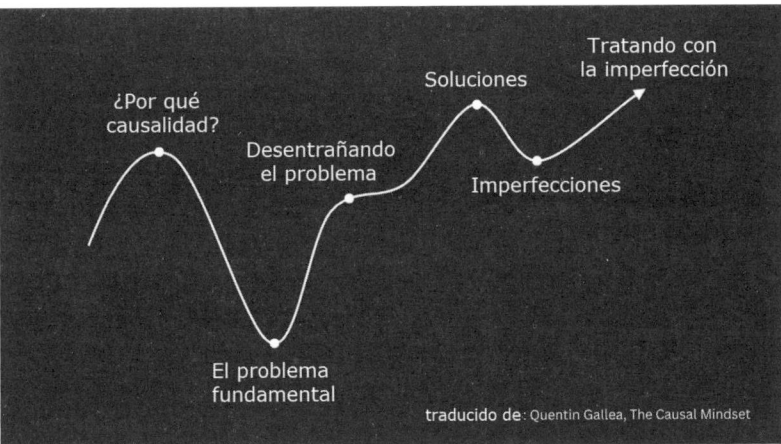

Figura 15.1. El viaje hacia la causalidad, por Quentin Gallea.

He aquí un par de recursos que quizá algún día resulten útiles.

En primer lugar, hay muchos libros estupendos sobre causalidad. Empezando por los clásicos de Judea Pearl, como *The Book of Why*, y terminando por *What If?* de Hernán y Robins, se puede aprender mucho sobre diferentes puntos de vista referidos a la inferencia y el descubrimiento causales. En una de las entradas de mi blog (`https://aleksander-molak.medium.com/yes-six-causality-books-that-will-get-you-from-zero-to-advanced-2023-f4d08718a2dd?utm_source=ch_15&utm_medium=book&utm_campaign=book`) resumo seis grandes libros sobre causalidad.

En segundo lugar, los estudios y artículos de investigación son una buena manera de hacerse una idea de lo que se cuece en este campo y de cuáles son los desafíos pendientes.

He aquí tres estudios que pueden ayudar a comprender el panorama causal actual:

- *Causal machine learning: A survey and open problems* (Kadour *et al.*, 2022).
- *Deep Causal Learning: Representation, Discovery and Inference* (Deng *et al.*, 2022).
- *D'ya like dags? A survey on structure learning and causal discovery"*(Vowels *et al.*, 2022).

Además, para obtener una perspectiva única sobre diversos métodos causales, recomiendo consultar el documento *Causal Deep Learning* de Jeroen Berrevoets y sus colegas (Berrevoets *et al.*, 2023).

Para estar al día, obtener recursos de aprendizaje gratuitos y formar parte de una comunidad de aprendices causales con ideas afines, recomiendo suscribirse a mi boletín semanal gratuito *Causal Python* en `https://causalpython.io/?utm_source=book&utm_medium=book&utm_campaign=ch-15`.

Para terminar

Es hora de concluir nuestro viaje.

En este capítulo, hemos resumido lo aprendido en este libro, hemos hablado de cinco pasos para sacar el máximo partido a nuestros proyectos causales, hemos echado un vistazo a la intersección entre causalidad y empresa, y nos hemos colado en el (posible) futuro de la investigación y las aplicaciones causales. Por último, enumeramos una serie de recursos útiles para las próximas etapas del viaje causal.

Espero que terminar este libro no sea el final, sino más bien el comienzo de un nuevo capítulo causal.

Referencias

Bareinboim, E. y Pearl, J. (2016). «Causal inference and the data-fusion problem». *Proceedings of the National Academy of Sciences of the United States of America, 113*(27), 7345-7352.

Berrevoets, J., Kacprzyk, K., Qian, Z. y van der Schaar, M. (2023). «Causal Deep Learning». arXiv.

Chau, S. L., Ton, J.-F., González, J., Teh, Y. y Sejdinovic, D. (2021). *BayesIMP: Uncertainty Quantification for Causal Data Fusion.*

M. Ranzato, A. Beygelzimer, Y. Dauphin, P. S. Liang y J. W. Vaughan (Eds.). *Advances in Neural Information Processing Systems, 34*, 3466-3477. Curran Associates, Inc.

Curth, A., Svensson, D., Weatherall, J. y van der Schaar, M. (2021). «Really Doing Great at Estimating CATE? A Critical Look at ML Benchmarking Practices in Treatment Effect Estimation». *Proceedings of the Neural Information Processing Systems Track on Datasets and Benchmarks.*

Deng, Z., Zheng, X., Tian, H. y Zeng, D. D. (2022). «Deep Causal Learning: Representation, Discovery and Inference». arXiv.

Gopnik, A. (2009). *The philosophical baby: What children's minds tell us about truth, love, and the meaning of life.* Farrar, Straus and Giroux.

Hünermund, P. y Bareinboim, E. (2023). «Causal inference and data fusion in econometrics». arXiv.

Jeunen, O., Gilligan-Lee, C., Mehrotra, R. y Lalmas, M. (2022). «Disentangling causal effects from sets of interventions in the presence of unobserved confounders». *Advances in Neural Information Processing Systems, 35*, 27850-27861.

Kaddour, J., Lynch, A., Liu, Q., Kusner, M. J. y Silva, R. (2022). «Causal machine learning: A survey and open problems». arXiv.

Kıcıman, E., Ness, R., Sharma, A. y Tan, C. (2023). «Causal Reasoning and Large Language Models: Opening a New Frontier for Causality». arXiv.

Lippe, P., Magliacane, S., Löwe, S., Asano, Y. M., Cohen, T. y Gavves, S. (2022). *CITRIS: Causal identifiability from temporal intervened sequences. In International Conference on Machine Learning.* (págs. 13 557-13 603). PMLR.

Reisach, A.G., Seiler, C. y Weichwald, S. (2021). «Beware of the Simulated DAG! Varsortability in Additive Noise Models». arXiv.

Schölkopf, B., Locatello, F., Bauer, S., Ke, N. R., Kalchbrenner, N., Goyal, A. y Bengio, Y. (2021). «Toward causal representation learning». *Actas de la conferencia IEEE, 109*(5), 612-634.

Toth, C., Lorch, L., Knoll, C., Krause, A., Pernkopf, F., Peharz, R. y Von Kügelgen, J. (2022). «Active Bayesian Causal Inference». arXiv.

Vowels, M. J., Camgoz, N. C. y Bowden, R. (2022). «D'ya like dags? A survey on structure learning and causal discovery». *ACM Computing Surveys, 55*(4), 1-36.

Willig, M., Zečević, M., Dhami, D. S. y Kersting, K. (2023). «Causal Parrots: Large Language Models May Talk Causality But Are Not Causal» [Preimpreso ACM].

Índice alfabético

E